JIHEN NIYIN JI

屐痕泥印集

定甲奉题

赵寅松　著

民族出版社

三代同堂

慈父与大舅合影

花甲之年合影

参观祥云县王
德三故居

七十初度

2015 年天安门
前留影

云南省人民代表大会参会期间与马曜先生（左二）合影

与妻子同上井冈山

与冯骥才先生（右三）一行合影

与日本学者横山广子合影

与张文勋教授（左二）、段炳昌教授（右一）合影

在《中国白族通史》
编委会会议上发言

《中国白族通史》
编委会成员合影

《中国白族通史》
编委会成员合影

陪民族出版社原社长禹宾熙参观白族文化研究成果展

接受宾川电视台采访

与宾川华侨农场首任场长合影

应冯骥才先生之邀参加北京会议

与知识产权出版社领导共审书稿

与台湾金荣华教授（右三）一行合影

野外考察

与张文勋教授（中）、林超民教授（左一）合影

退休当天与全所人员合影

目　录

民中岁月

筚路蓝缕　虽苦犹乐

史海拾贝

记忆中的人

杂　录

Contents

Historical Research

The People in My Memory

Miscellanea

引　言

俗话说“光阴似箭，日月如梭”。弹指一挥间，那场令中国人刻骨铭心的“文化大革命”已经过去近五十年了，改革开放也已过了不惑之年。不要说当年发动或参与“文化大革命”的许多当事者，无论是加害者，或是受害者，不少都已经作古，就是像我等当年不知天高地厚，高喊着“问苍茫大地，谁主沉浮”的十几岁红卫兵也早过了花甲之年。人们常说，年轻人喜欢憧憬未来，老年人却常想过去。

2010 年退休以后，过去长期没有联系的同学不时聚会，常讲的话题自然是各自的经历。其间既有美好的回忆，也有不少唏嘘感叹。但有一点是共同的，那就是对改革开放四十年的由衷赞美。这就萌发了我将这段经历写出来的冲动。

2015 年，我以《我们曾经这样走过》为题将稿子送出版社，由于各种原因，一直未能面世。最近，接受出版社的建议，以《屐痕泥印集》为书名将我在改革开放四十年的亲历和心得体会出版，以就教于读者。

本书以 1978 年恢复高考开始，主要记录了我的大学四年点滴体会，在大理白族自治州（以下简称大理州）民族中学供职二十年的辛劳与愉悦，筹建大理州白族文化研究所以及退休以后继续耕耘在大理、白族历史文化园地的收获。虽然其中不乏班门弄斧，也难免管中窥豹，但敝帚自珍。我相信同龄人看了会和我一样有同样的感受，其他读者看了也不至于觉得太浪费宝贵的时间。

毛泽东说过：“错误和挫折教训了我们，使我们比较地聪明起来了，我们的事情就办得好一些。任何政党，任何个人，错误总是难免的，我们要求犯得少一点。犯了错误则要求改正，改正得越迅速，越彻底，越好。”[①] 人们已经看到，浴火重生后的中国，在党的十八大以后，发扬社会主义民主，加强法制建设，已经迈开了实质性的步伐，中国正以在世界上有影响的大国形象自立于世界民族之林，向世界讲述中国故事，传播中国声音，是每一个中国公民的义务。

《旧唐书·魏徵传》载：“夫以铜为镜，可以正衣冠；以史为镜，可以知兴替；以人为镜，可以明得失。”白族也有句格言：“老人不摆古，晚辈失了谱。”正因为书载口传，才能让我们与古人对话，向后代嘱托。

我经常遇见原来州民族中学毕业的学生，他们中许多人在各行各业都有不俗的表现，有的走出国门，职务和收入都比我高出许多，但每次遇见，他们都亲切地叫我一声“老师”，千篇一律地表达同一个话题：感谢大理州民族中学改变了他们的命运。我总是说：“是改革开放改变了我们师生的命运，回望从鸦片战争开始的一百多年的中华民族苦难历史，我们都有义务讴歌载入中华民族历史的改革开放这一伟大的时代。”生活中不如意在所难免，但纵观世界，到处都充斥着战火、动荡和贫困，我们生活在无数先烈用热血浇铸起来的平安中国，我们理应为祖国母亲点赞。国泰才能民安，有国才有家。这也就是我有勇气出这本小书的原因之一。

① 毛泽东：《论人民民主专政》，见《毛泽东选集》第四卷，1489页，北京，人民出版社，1991。

民中岁月

治穷先治愚，扶贫先扶志。为了加快山区民族地区的发展，20世纪70年代末80年代初，云南省人民政府决定新建40所全寄宿制民族中小学。大理州民族中学就是其中之一，坐落在风景秀丽的西洱河畔，面向大理州十二个县市山区少数民族招生。我刚毕业就被分配到新建的民族中学，一干就是二十年。白天执教于三尺讲台，晚上勤于笔耕，假期就去家访。挑水带洗菜，边家访边进行田野调查，收获颇丰。年富力强的时光都在民族教育上度过，看到数以千计的民族中学学生在国家各条战线上建功立业，我感到十分欣慰。我虽然为民族中学的发展出了一些力，但民族中学对我的回报更加丰厚，让我获得了很多崇高荣誉，同时留下了宝贵的记忆。随着时间的推移，有的未必准确，但毕竟是当时的所思所想，在此选录了其中部分文章。

红梅报春

俗话说，光阴似箭，日月如梭。弹指一挥间，那场改变了中国命运的改革开放已经40年了，作为改革开放的见证者、亲历者，同时又是受益者，有太多的美好回忆永驻心田。

《吕氏春秋·察今》中说："故审堂下之阴，而知日月之行，阴阳之变；见瓶水之冰，而知天下之寒，鱼鳖之藏也。尝一脟肉，而知一镬之味，一鼎之调。"尽管各人在这四十年中经历不尽相同，但有一点，我相信每一个人都感同身受，那就是改革开放让中国亿万家庭的精神生活和物质生活都发生了翻天覆地的变化，这是毋庸质疑的。我所亲历的恢复高考，就像口嚼橄榄，越回味越甜蜜。

恢复高考，可以说是改革开放的破冰之旅，也是邓小平运筹帷幄写下关系中华民族前途命运的大手笔，许多美好回忆挥之不去。

2008年初，原昆明师范学院历史系七七届学生聚会母校，共同庆祝恢复高考30周年。30年前正当盛年的老师如今都已是古稀长者，30年前满怀豪情共圆大学梦的同窗学友均已到知天命之年。师生欢聚，抚今追昔，感慨良多。共同的话题，自然是30年前那场改变了数十万青年学子命运，乃至改变了祖国命运的高考改革。盛赞以邓小平为代表的那一代人为开启中国改革开放伟大事业所创立的不朽功勋。作为他们中的一分子，许多令人难忘的往事自然而然像电影一样涌上心头。

记得1978年，已经在农村经历了十年回乡知青生涯的我，与千百万中国农民一样，过着日出而作，日落而息的农耕生活。突然有一天，父亲从县城回来告诉我，中央有文件，允许“老三届”参加高考。为了抚慰父母热切的期盼，我抱着试试看的心态参加了1977年底的高考。出人意料的是，不久就收到了体检的通知，接着是昆明师范学院史地系的录取通知书。

8号宿舍，令人终生难忘的房号。来自上海、大理、玉溪、昆明、保山、文山、曲靖的8位同学从此一住就是4年。入学时我已是一子一女的父亲，所带行李比较简单。来自上海，在西双版纳农场上山下乡的孙澄同学，主动将他的一笼蚊帐和一床垫褥借给我，一用就是四年。当时讲授古代史的金老师是腾冲人，他讲了一段时间后，突然要同学们将笔记交给他查阅。当时为图方便，我将中国古代史和世界古代史笔记分别从头尾两端向中间记。金老师在查阅后，用红笔写了一段话，肯定了我的笔记记得好，同时又给我钉了四大本道林纸笔记相赠。也许是金老师以为我来自农村才惜纸如金。这四本笔记我至今珍藏。

当时的大学学习条件、生活条件是很艰苦的。讲义几乎都是老师们用蜡纸刻出的油印稿，就连堆积十年的垃圾都是我们自己用东风车一车车拉走。刚刚走出牛棚，还未抚平时代伤痛的人类灵魂工程师们，忘情地全身心投入到教书育人中，似乎要把十多年未能“传道、授业、解惑”的“欠账”一次补完。手上还长满老茧的莘莘学子也是夜以继日地发愤读书，近在咫尺的学校礼堂，仅5分钱一张电影票的周末电影似乎也离同学们很远。甚至我们班的女同学每人还自备了一盏小马灯，那是照亮人生旅途的智慧之火。

到了大学三年级，渴求知识的我，除了完成学校规定的学业外，还主动师从云南民族研究所的王叔武先生，向他讨教民族历史方面的知识。接受王先生的建议，每星期周末我都到云南省图书馆三楼的历史文献部查阅线装书。当年的省图书馆自然没有今天的气派，但简陋的阅览室里座无虚席。在历史文献部看书的大多是古稀老人，我一个黑发青年十分显眼。记得有一天，我抄阅手抄线装书时，对白居易的一首长诗用律诗习惯去断句，横竖念不通。我去请教邻座的一位老先生，老先生说，对面头发花白的那位老先生是音韵学家，你去请教他好了。我虚心求教，老先生抑扬顿挫地给我讲了诗词格律的许多常识，白居易的诗中途转韵，不能用七字一句去标点，让我受益匪浅，至今难忘。毕业以后，我供职在大理州民族中学，不仅用大学里学到的知识去教育学生，更用大学期间校内外师长们高尚师德为楷模去践行着“人类灵魂工程”的崇高使命，与民族学生结下了难忘的师生情谊。

在我收到录取通知书时，我的儿子已经6岁（高考前我是民办教师）。我的同事们说，您去上学，把您的儿子送来，我们帮您带。到了大四，我儿子也已经读到四年级。有一天，我收到儿子的来信，全班同学争相传阅，在历史系成为美谈。其实像我一样，父子同上学，母女共读书的现象，在我们这代人中也非个别，这也算是那个特殊年代的特殊产物。

四年的大学生活，不仅改变了我的人生道路，也让我的许多同龄人对那段历史留下了许多美好的回忆。

改革开放三十年，在人类历史上只是弹指一挥间，但在中华民族发展史上却留下了浓墨重彩的一页。学习《邓小平文选》中的相关文章，结合许多当事人的回忆，我深深感到1978年恢复的高考，其意义远远超出了高考本身，成了中国历史发展的转折点。邓小平说：“同发达国家相比，我们的科学技术和教育落后了二十年。科研人员美国有一百二十万，苏联九十万，我们只有二十多万，还包括老弱病残。”“我们要实现现代化，关键是科学技术要能上去，发展科学技术，不抓教育不行。靠空讲不能实现现代化，必须有知识，有人才。没有知识，没有人才，怎么能上得去？科学技术这么落后怎么行？”[1]

高考改变了一代中国青年的命运，这代青年正在改变着中国的命运。

四年的大学生活在紧张而愉快中一晃而过，毕业后我被分配到正在筹建的大理州民族中学。

①《邓小平文选》第二卷，40～41页。

情系民中

1982 年 1 月，我结束了四年的大学生活，按照当时国家统一分配的政策，我们师范院校毕业的大理籍学生统一到大理州教育局报到。因为马上就要过年，接待我们的赵老师让我们先回家过年，过完年再回来分配。

过完春节，我再次到州教育局报到，办公室的李老师从抽屉里拿出派遣单，告知我分到大理州民族中学。李老师告诉我学校的地址：过了新桥，沿着西洱河大堤往东走，田坝心中间正在施工的工地就是民族中学。

真是无巧不成书，接待我的是我在洱源一中就读时的老校长。经历了“文化大革命”的风风雨雨，师生再度重逢并将在一起工作，傅校长和我都很激动。当年 11 月，学校在建好教学楼和学生食堂后，第一届就招了 100 名新生。这些来自大山深处的孩子许多都是第一次离开家门来到州府，从学习到生活，老师们既当老师，又当家长，师生亲密无间，那段美好的时光至今依然历历在目。

创业是艰苦的，虽然当时政府对民族中学给予了许多优惠政策，但大河水少，小河难满，办学经费还是很紧张。师生就自己动手，平整场地，绿化校园，年过半百的女教师职工也不甘落后。记得当时每到周末，我和杨文彪、李绍平、李柏林等年轻教师就开着校车，率领学体育的几个学生到巍山路上挖山基土，师生野炊，其乐融融。

民族中学的学生由于学习条件所限，普遍基础较差。有的学生进校前根本没有学过外语，但他们的勤奋在下关各级各类学校中是出了名的。

不论何时，西洱河畔，校园附近的田野里，看书背书的几乎都是民族中学的学生。早晚自习，老师们穿梭在教学楼里，没有人计较过是否有补贴，学校也确实拿不出钱来补贴。天道酬勤，辛勤的汗水换来了丰厚的回报。1985 年，民族中学送出了第一批毕业生，一炮打响，半数以上被高校录取，剑川马登的一个白族小伙子还敲开了清华大学的校门。1989 年、1990 年，赵彬、李远红摘取了大理州理科状元的桂冠。民族中学先后获得了“全国德育先进学校”“云南省民族团结进步先进集体”等称号，并于 1992 年作为云南省唯一的民族中学率先进入云南省首批十二所一级完中之列，民族中学的知名度不断提高。

近水楼台先得月，向阳花木早逢春。学校的舞台哺育我迅速成长。1984 年，民族中学组建领导班子，我挑起了校长的重担，护航的支部书记就是我当年的校长。我从民中起航，当选了两届省人大代表，获得一系列崇高荣誉。回想那时候的办学环境还是很令人向往的。记得有一年，州长带着他的秘书科长来到我家。州长对我说：“这是我的秘书科长，经常随我下乡，他也是少数民族。听说您的学校办得不错，能不能把他的孩子转到您的学校？”我不假思索地回答：“州长，面向山区少数民族招生是您们制定的政策。”州长连说支持、支持，就离开了。有人替我担心，但直到我离开民族中学也没有因此受到什么影响。有一年，我校在州体育馆开冬季运动会，正好国家竞走运动队在大理训练，由于他们占道影响了学生比赛，双方发生了冲突，我一个电话，分管的佘副州长就赶到现场。这位也曾经执教于三尺讲坛的佘副州长风趣地说：“赵校长，您看我是招之即来。”

大理州民族中学作为民族教育的窗口，经常接待海内外教育代表团参观考察。他们中有来自联合国教科文组织的，有泰国的，还有来自祖国宝岛台湾的。台湾教育代表团参观考察后说，内地对少数民族教育的关心比台湾要早几十年。

每到假期，我都喜欢邀一位老师或独自一人到各县山区进行家访，同时还搞点民族历史文化的田野调查，返校后再进行整理，有的当时就见诸报刊，有的材料在我调到白族文化研究所工作后派上了用场。我和肖老师曾徒步走遍了南涧县公郎、拥翠等乡镇，受到学生家长的热情接待，同时也看到了山区的贫困和山区群众对知识的渴望，肖老师由衷地说，看看这些学生的家庭情况，不好好教他们良心都不安。

最近我看了许多有关教育改革方面的文章，把教育改革描绘得千夫所指，一无是处，我觉得这是有失公允的。我没有去过欧美，不知那里的教育有多优越。但我觉得作为一个中国人，应该多想想我能为祖国教育事业做点什么，而不是整天只要求别人做什么。当然政府是主体，应该承担的责任是非常清楚的。我认为造成今天教育滞后的原因是多方面的，有社会的、家庭的，当然学校的作用最重要。我曾经看见一位在下关务工的年轻妇女，背着娃娃到幼儿园接小孩，她的小孩一出校门，就将幼儿园发的一个苹果递给妹妹，让人看了不禁眼眶潮湿。自古贫寒多俊杰，从来纨绔少伟男。独生子女让娃娃的生活十分优越，但也在不知不觉中消解了社会的自我教育、自我救助功能。当然师德的滑坡也是不争的事实。我听在大理州人大工作的一位朋友对我说，他们到县上视察教育，老百姓说，现在的老师很好打发，杀条狗打个电话都来，来了丢副麻将就可以玩一天。他们问一位老人，你们这里教育质量怎么样？老人回答，罗罗教罗罗，教出来的还不是罗罗（指代课教师太多）。我也听说个别教师上课不认真，不讲重点、难点，而将他留在有偿家教时，更让我回想起当年民中的那些默默奉献的老师。

发展民族教育与民族地区现代化

“科技兴州，教育为本”，这是大理州委、州人民政府的战略决策。加快大理州边远山区、少数民族地区的发展，引起各级领导和科技工作者的关心和重视。作为民族教育工作者，有必要将自己调查和考虑到的一些有关民族教育的问题写下来，权作引玉之砖，以求教于专家学者和同仁。

（一）治穷须治愚是几十年民族工作实践得出的结论

社会主义制度的建立，为民族地区经济发展繁荣和文化的振兴开辟了广阔的前景，摆脱了民族压迫和阶级压迫的各族人民，以崭新的精神面貌在中国共产党的领导下沿着社会主义道路阔步前进。从昔日不同的社会发展形态同步进入社会主义的各族人民，以不同的速度发展着各自的民族经济和民族文化，民族干部队伍和科技队伍迅速成长壮大。所有这些，都是有口皆碑的。但是总结历史的经验教训，我们忽视了一个基本的事实：即过分强调了上层建筑对经济基础，生产关系对生产力的反作用，自觉不自觉地陶醉于各少数民族从原始社会末期，奴隶社会、封建社会一步跨入社会主义的喜悦，而不下大功夫去认真研究生产力决定生产关系、经济基础决定上层建筑，这一马克思主义的基本原理如何与少数民族地区的发展实际相结合并正确运用的问题。所以，今天我们不得不去面对这样一个严峻的现实：国家对少数民族地区的物质支援和救灾救济款不能算少，但时至十一届三中全会前，一些民族地区的温饱问题依然没有解决。有些山区少数民族地区仍然缺乏各类专业人才，许多自然优势没有给他们的生产生活带来多少改善。相反，掠夺性的开采和人为的破坏造成少数民族地区，尤其是山区生态环境严重恶化。“山头脱帽子，山腰掀被子，山底泻肚子，田里盖沙子”的情形随处可见。“越穷越砍树，越砍树越穷；越穷越生娃娃，越生娃娃越穷；越穷越不读书，越不读书越穷”的恶性循环状况也不鲜见。党的路线、方针、政策和各种科学技术到了深山峡谷、穷乡僻壤就像山泉流进沙滩，没有显示出应有的的威力和效益。马克思主义关于民族问题的理论基石是各民族不分大小一律平等，团结互助，共同繁荣。但由于历史的、自然的诸多原因，各民族之间事实上的不平等仍然存在。相反，因为起跑线不同，某些方面的差距反而拉大了。列宁曾经说过：“文盲是站在政治之外的，必须先教他们识字，不识字只能有流言蜚语、传闻偏见，而没有政治。”① 中华人民共和国成立后，各民族都翻身成了国家的主人，他们选出了自己的人民代表参与了国家的管理。但要不断提高参政议政的水平，为建设社会主义民主，加强社会法制做出自己应有的贡献，没有坚实的文化科学知识作基础是难以办到的。这方面的例子是很多的。

勤劳勇敢、淳朴善良的少数民族，以比较落后的生产方式和简陋的生产工具顽强地与大自然抗争，发展了民族地区的经济，拓展了中华民族的疆域，为统一的多民族国家的建立和发展做出卓越的贡献，写下了光辉的篇章。但是，我们也应该看到，由于文化落后，交通闭塞，教育滞后，思想跟不上时代的步伐，很容易滋生守旧、怠惰和安于现状的思想，严重阻碍了少数民族地区的进步和发展，这也是不容回避的现实。如屡见报端的一些少数民族地区法律遭到践踏，封建迷信、家族统治沉

① 《新经济政策和政治教育的任务》，见《列宁全集》第33卷，52～60页，北京，人民出版社，1988。

渣泛起，新中国成立后受到遏制的旧思想死灰复燃，都可以从文盲和科盲上找到原因。而要开发智力，提高民族素质，就必须大力发展民族教育。但是发展民族教育又面临着许多实际问题：少数民族多聚居在边远山区，地域辽阔，村落分散，俗话说："说话听得见，见面走半天。"国家耗费巨资去建学校（且不说建不起）能产生多少办学效益；提高教育质量靠教师，但现在是山区教师调进难，留住长期工作更难，没有合格的教师靠谁去提高教育质量？山区学生信息比较闭塞，家庭经济困难，要开发智力、培养能力没有一定的外部条件谈何容易，等等。有鉴于此，由党和政府拨出专款，在政治、经济、文化、交通比较优越的城镇、村落创办寄宿制和半寄宿制的民族中小学，逐步形成具有中国特色社会主义民族教育体系，经济开发和智力开发并重实现了从理论到实践的跨越。寄宿制和半寄宿制民族教育虽然起步不长，但正以无限的生机和活力展现在人们面前，成为通向民族地区现代化未来的金桥之一，可以说是毋庸置疑了。

（二）发展寄宿制民族教育是提高民族素质的重要措施，具有广阔的前景

1981年，云南省人民政府拨出专款在省教育厅的统一布置下，依靠各地的办学积极性，率先创办了40所全寄宿制的民族中小学，其中民族中学有三种办学形式：一是白手起家，单独建校；二是将原地、县办学条件较好的一所学校办成民族中学；三是一个学校，两块牌子。但无论何种办学形式，都为云南省创办寄宿制民族教育迈出了可喜的一步。一石击起千层浪，从那以后，寄宿制和半寄宿制民族中小学遍布了云南的高山峡谷、穷乡僻壤，为提高少数民族地区的民族素质发挥着越来越重要的作用。而且这是一本万利的投入，随着时间的推移，会越来越展示出寄宿制民族教育的优越性。以大理州为例，从1981年到现在，短短几

在留京学生家做客

年，大理州就初步形成了寄宿制半寄宿制民族高中、民族初中、民族小学的普通教育网络和与之相配套的大理州民族师范学校。1989 年大理州寄宿制半寄宿制高小 265 所，在校学生 23788 人。半寄宿制高小的设置，促进了大理州普及初等教育“四率”的提高。1988 年入学率达 93.3%，年巩固率达 94.4%，毕业率达 96.8%，12—15 周岁学龄儿童普及率达 92.5%。截至 1988 年底，全州已有 9 个县、市（大理、漾濞、宾川、弥渡、南涧、巍山、永平、剑川、鹤庆）72 个乡、镇实现了普及初等教育。1995 年，全州在普通中学举办的民族初中部（校）达 51 个班，在校学生 2050 人。1982 年，在省人民政府支持下，经州人民政府批准，创建了大理白族自治州民族中学，属高中层次，计划在校学生 600 人以上。为解决山区民族教师质次量少的矛盾，1988 年，在省人民政府的关怀下，创建了“大理白族自治州民族师范学校”，定向招收全州山区少数民族的初中毕业生，每年招生 200 名，学制四年。从而使全州各级各类学校少数民族在校学生接近或超过少数民族人口占全州总人口 47%的比例。

这些措施无疑有助于少数民族地区的现代化建设。

“见一叶而知秋”，为了展示寄宿制民族教育对培养少数民族各种人才中所显示出来的生机和活力，我们不妨对大理州民族中学9年来走过的建校道路作一下简单的回顾。

大理州民族中学是1981年省定的全寄宿制民族中学之一，1982年元月1日破土动工，当年11月1日招进第一届100名初中毕业生，至今已历九届，有1000多名全州12个县（市）的山区少数民族学生在学校就读，其中600多名已学成毕业，50%以上升入全国各级各类大专院校继续深造。1989年升学率达83%以上。而且1989年和1990年大理州理科第一名都是我校少数民族学生。1989年以598分考入北京大学的白族学生赵彬入学时中考成绩仅312分，1990年以596分居云南省理科第三名考入中国科技大学的白族考生李远红，入学时也是300多分。目前，从东北林学院到华南热带作物学院都有我校山区少数民族毕业生在校学习，其中有几位学生以自己品学兼优的好成绩考入北京大学、清华大学、中国科技大学。有位学生入学时仅153分，经过三年高中拼搏，考入云南教育学院深造。用一位州民委负责同志的话来说，大理州民族中学创建以来，为我州填补了部分山区少数民族没有大学生的空白。许多少数民族学生家长在送子女入大学时，特意到学校向民族中学教师致谢，感谢党的民族政策，圆了他们几代人想进大学的夙愿，称赞民族中学是党和政府为少数民族创建的“自己的学校”。这些事实充分说明，山区少数民族学生智力并不亚于坝区和城镇学生，一旦为他们提供较好的外部学习条件，他们勤奋、诚实的优势就能得到充分的发挥，加之辅以良好的德育熏陶和严格教育、严格管理，许多优秀人才就会脱颖而出，茁壮成长。

升学的是如此，未能升学的同学表现又如何呢？1985年和1986年，大理州民族中学为未能升学的同学加授一年的师范教育课程，有90位同学（其中有5个山区县送的25名高中毕业生）接受了为期一年的师资培训后返回故乡任教。根据实地的追踪调查，尽管他们中的一部分至今仍然以代课教师、合同教师身份耕耘在家乡教育战线上，以每月50多元的微薄收入在艰苦的工作条件下奋斗，但许多人表现都相当不错，受到家乡人民的好评。北京师范学院刘准教授来大理州调查民族教育时听说这一情况，执意要亲自去看一看。她在看望了漾濞县彝族学生王兴进等同学后感慨地说，你们的学生真是太好了。王兴进同学说，现在我们地区缺老师，我教初中，将来师专毕业生多了我就去教小学，反正我不离开自己的故乡。后来刘准教授将这些调查写入她的文章《民族教育之花》中。洱源县乔后大麦地白族学生何林盛，不仅全心全意教授学生，还用自己微薄的收入为学生买练习本、铅笔，乡教办几次要调他都因群众挽留而未能成行。洱源县双廊白族学生杨德佳在任民办教师期间，为防止学生免遭意外伤害，将被大风刮断的电线拉上房顶时意外摔成重伤，各级政府和群众为他的治疗倾注了极大的关怀。当教师的为家乡民族地区的教育事业做出了贡献，经职业技术培训后回乡的学生也深受群众欢迎。经过对毕业生的跟踪调查，1987年和1988年大理州民族中学先后向云南省民干校、楚雄民干校输送了50多名毕业生，这些学生毕业后有的从事司法工作，有的当了乡农技员、林业员，表现都不错。

几年来，笔者利用暑假到州内几个贫困县对毕业生和在校生进行了广泛的家访调查，有相当一部分毕业生都能在家乡建设中贡献所学知识。南涧县彝族学生何国富在省民干校学习了林果栽培后在浪沧乡林业站工作，该站同志反映他工作很好。他在谈了自己的工作体会后说，山区太需要各种实用技术人才了。同时他说在浪沧乡推广实用技术要比拥翠乡难度大。我们到了拥翠乡，一下就明白了。原来在南涧县，拥翠乡是最重视发展教育的乡镇。全乡节衣缩食办教育，升学和在外地工作的人之多堪称南涧之冠。用拥翠人自己的话来说，我们拥翠人多地少，每平方公里人口密度173人。所以，拥翠人的口号是“种好责任田（普通教育），盘好自留地（职业教育），出去一人，送走一家，减少拥翠‘地球’压力”。以向外输送人才的教育目的的提法未免偏颇，但拥翠人重视教育的眼光是值得人赞赏的。今天，中国农民的眼光已不再只是满足于生活上“三转一响”（手表、单车、缝纫机、收音机），生产上仅仅是“化肥、农药、籽种”了，他们已经向更高层次迈进。电饭煲、收音机、电视机等电器化设施已开始进入农民的家庭，说到农业生产，开口“系统工程，复合肥料”，闭口“土壤结构、植物生长素”。因此，只有依靠普通教育奠基，逐步实现农、科、教统筹，互相促进，协调发展，从根本上去提高民族的科学文化素质，山区民族地区的现代化才大有希望。

（三）发展寄宿制民族教育需要解决的几个问题

寄宿制民族教育由于符合云南民族教育发展的实际情况，从1981年倡导以来，得到了迅速的发展并收到了一定的成效。几年来，在各级政

国家教委领导来大理州民族中学视察

府和教育行政部门的关心和领导下，边发展、边完善，也取得了大家公认的成绩。对于发展寄宿制民族教育的经验及其在实现民族地区现代化中的作用理所当然应该充分肯定和认真总结，这是不言而喻的。但我们在总结经验，盛赞成绩的时候，也要实事求是地看到目前民族教育乃至整个普通基础教育所面临的一些实际问题并需认真逐一加以解决。否则会影响和制约民族教育的进一步发展和教育教学质量的提高。

首先，进一步提高各级领导对发展民族教育的认识仍然是十分必要的。这看起来似乎是老话题，实际上由于教育投入的超前性和效益的迟效性，长期以来认为花钱办教育是光投入不产出的消费性事业的认识根深蒂固，加之领导更替的频繁和不同领导对教育重视的程度不同，所以在实际工作中，特别是从理性认识的深层次上来思考教育还是不够的。这方面的表现可以列举种种：比如在对教育的投入上，我们虽然承认“百年大计、教育为本、科技兴滇”，把教育提到“战略高度来认识”，但实际工作中，评估一个学校时往往只看升学率的多少和在本地区的名次，或把解决问题仅仅停留在排危、建房等改善办学条件认识上。诸如对教育的长远规划，教育如何从升学教育转向素质教育，如何结合本地区实际将智力开发和经济开发并重不甚了了，或人云亦云，缺乏特色。我们不能希望各级领导都成为教育的行家，但如果对教育缺乏理性的深层次思考，要想把教育真正摆在战略首位是很难落实到实处的。正是由于对教育往往缺乏科学的研究和深层次的思考，所以就出现许多随意性的言论。比如对教师工作的认识，随着党和政府对教师政治地位的提高和经济待遇的改善，要求教师不断提高教书育人的责任是完全应该的。但个别领导由于对教师艰苦的创造性劳动缺乏深切了解，对个别不称职的教师，开口闭口抱怨现在小学教师的工资比县委书记和县长还高，有些教师还不好好干，这种简单的类比不仅不科学，还会挫伤教师的积极性。

事实上，今天我们离陈云同志所希望的“让教师的职业逐步成为全社会最受羡慕和最受尊敬的职业”的要求还有很大的差距。纵观国外经济发展的经验，经济腾飞往往离不开教育的振兴。这些地区，最好的房子是学校，最令人神往的职业是教师，而我们现在的情况则差强人意。家长期望自己的子女读书时遇上好老师，却不愿自己的子女报考师范院校；群众有钱把庙宇盖得金碧辉煌，学校却没钱打围墙，都说明让全社会都真正重视教育和关心教育，形成“人民教育人民办，办好教育为人民”的良好社会风气尚需做许多艰苦细致的工作。又比如一些具体政策，由于没有充分注意到教师工作的特点是集责任感、自尊心、荣誉感为一体，许多工作靠单纯的定量管理是难以评估的，所以，援引其他科研部门和技术工种，甚至企业某些做法常常有削足适履之感。这就是为什么经过技术职称评定，大幅度提高教师经济待遇后，师德并未像人们预想的那样同步增长的原因之一。我们常说要加强和重视对年轻教师的教育和培养，因为他们代表着我们教育事业的未来和希望。但现在的实际现状是评上高级职称的大都因年事已高难以在第一线冲锋陷阵，中年骨干教师数量不多，在第一线顶班干的多数是青年教师。由于从 1987 年以来，职称评定实际上已经是“只听楼梯响，不见人下来”，加上目前学校管理还缺乏“流水不腐，户枢不蠹”的活力，所以很难形成优胜劣汰、你追我赶的竞争机制，影响了教学质量的提升。充分考虑到教师工作的特点并更好地体现按劳取酬、多劳多得、优劳多得的原则，笔者曾经思考过中小学教师的工资完全可以走小级差，勤评估，多升级的办法，简单易行，便于考核，便于计算。有些地区推行“校长负责制，教师聘任制，结构工资制”的“三制”改革，虽然尚需进一步完善，但是，唯有深化改革，教育战线才能充满生机和活力，这是应该肯定的。

其次，要正确处理好普及与提高的关系，把农、科、教三者并重真正落到实处。

由于历史的、传统的和现实的诸多原因，我们的普通教育一直在“学而优则仕”或“读书无用论”的翘翘板上跳舞，极大损害了教育作为提高整个民族的思想道德素质和科学文化素质功能的发挥，寄宿制民族教育发展起来以后，也不同程度地受到影响。以大理州民族中学为例，办学伊始，就展开了培养目标的讨论。有的主张创办寄宿制民族中学就是为少数民族上大学搭一座金桥，如果不能培养出更多的大学生，国家花巨资建民族中学何用？因为在民族地区，几乎所有学校的民族学生都占相当的比例。另一种意见则认为，民族中学应该为山区少数民族培养有一技之长的，有科学文化知识的劳动的后备军。持这一种观点的同志进一步论证说，现在有些山区民族地区没有工匠，大学毕业生也留不住，结果培养出来的人都去了先进地区，反而成了落后地区支持先进地区。孰是孰非呢？

我们组织了对山区民族地区的实地考察，广泛听取了学生家长和基层干部的意见，确定了着眼于民族的未来，应该尽可能多的为山区民族地区输送更多的大中专毕业生，即使他们不能回来，也会间接为改变山区封闭的陈旧思想观念起到积极作用，为发展山区教育树立榜样。同时，通过他们参加祖国的四化建设，还可以将信息、科技知识传回故乡，为故乡脱贫致富作贡献。另一方面，从山区民族地区现阶段的实际出发，对未能升入高校的学生开设各种职业技术培训课，让他们在高中毕业后再接受一定的职业技术培训，学成后返回故乡服务。几年来，先后由学校通过“3+1”培养了 90 名教师，又委托云南省民干校和楚雄干校培训了 50 多名司法、林果、兽医等人才。如前所述，这些同学虽然还有这样那样的不足，但总的表现是不错的。由于坚持了“两点论”，学校在社会上和民族地区都享有一定声誉，基本上达到了省州创办寄宿制民族中学的目的。

实践告诉我们，只有从实际出发，实事求是地分析校情，因地制宜，才能使我们的事业少走弯路。既然我们承认云南的省情是发展极不平衡，立体地形气候，立体植被农业，就不可能只有一个模式来发展云南的民族教育。升学教育是长期形成的产物，用马克思主义存在决定意识来考察，其根本原因是植根于三大差别的存在。千军万马过独木桥实质上是千军万马挤就业。不从根本上解决问题，拓宽不同层次的就业渠道，光靠学校是难以奏效的。云南教育落后，高层次的人才不是很多，问题是在于要切实纠正片面追求升学率而不是不要升学率，如果我们的眼光不是着眼于“三个面向”去赶超，分类办学，分类指导，我们的基础教育还会落后。我这里丝毫也没有鄙薄职业技术教育。事实上，职业技术教育也要有赖于经济的开发和生产的发展，当人们真正感受到没有科学文化知识就不能适应现代化的生产和生活时，各种科学知识的普及和技术的传播就容易多了。

总结大理州民族中学多年开展职业技术教育的经验教训，我们为把职教开展好，学校是大会宣传、小会讨论，动辄提高到端正办学指导思想上来认识，但实行起来真可谓步履艰难，矛盾甚多。首先是就业问题，不包分配是对的，但由于我们现在推行的是多种就业途径，同样的学历和工作实绩，不同的待遇标准，难免引起学生的心理失衡。由于各单位各自为政，正规教育部门培训出来的还不如各系统急用先学的立竿见影，职业教育怎么能在社会上产生信誉呢？其次是课程设置和课时安排，民族中学的招生对象多数是山区少数民族学生，知识缺漏多，复读生多，在三年高中阶段完成高中学业然后参加全国统考已属不易，如果再拿出大量的课时开设劳动技术课，学生学习质量就很难保证了。再次是实践环节，过去教育与生产劳动相结合是与三级所有、队为基础的生产关系相适应，现在农村实行联产承包责任制，统一安排实践有一定困难。

谈了开展职业技术的诸多困难，是不是职业技术教育就不要发展了呢？显然不是。今天我们的教育现状仍然是从小学到大学，能够顺利升入高一级学校继续深造的人毕竟是少数，多数人要在各个层次上进入社会，学会一技之长参加建设当然是必要的。问题是首先应该正确地处理好普教和职教的关系，使二者相得益彰。其次，要进一步从观念更新到办学形式上率先办好现有的中专技校和各县业已形成的农职业中学，探索出一条适合各地特色的招生、培训、使用的路子。第三，要真正为普通中小学开展实用技术教育创造条件，铺平道路，毛泽东同志早就说过，我们的任务是过河，但不解决桥和船的问题，过河就是一句空话。由于职教涉及问题还多，应专文探索，兹不赘述。

此外，发展寄宿制民族教育还有如何根据少数民族学生特点，正确处理好把德育放在首位和继承弘扬各民族优良传统的关系；如何加强师资队伍的建设，建设一支教书育人并重的教师队伍；如何进一步增加投入，完善业已建成的寄宿制民族中小学的办学条件等问题，都需要认真加以研究解决，容当另述。

略谈乡土教材的编写与教学

《中学历史教学大纲》规定："中国历史在完成大纲规定的教学任务以外，各省、市、自治区可以自编地方乡土教材，补充教学。"这是教育改革的一项重要内容，它对于贯彻落实教育必须为社会主义建设服务的方针，改变教育脱离当地社会经济发展实际和本地区社会主义改革的状况，使教育更好地为当地社会主义建设服务，具有十分重要的意义。结合云南乡土历史教材征求意见稿的讨论和几年来的教学实践，就这个问题谈点粗浅的体会，以就教于同仁。

（一）编写乡土历史教材要有助于展现各民族共同缔造伟大祖国历史的主题

毛泽东同志在《中国革命和中国共产党》一文中说："从很早的古代起，我们中华民族的祖先就劳动、生息、繁殖在这块广大的土地之上。"[①] 在这块土地上，各族人民辛勤劳动，友好合作，共同缔造了伟大的祖国。创造和发展了祖国历史的各族人民的历史活动，都是中国历史的范围。中华人民共和国成立以后的中学历史教科书，几经讨论和修改，基本上突出了这一主题。我们编写各地的乡土历史教材，既要突出它的地方特色，使师生从中受到热爱家乡、热爱民族的爱国主义教育，激发师生民族自豪感和自信心，从而更加关心家乡的经济发展和改革，同时也要注

① 《毛泽东选集》，584 页，北京，人民出版社，1966。

意使乡土历史教材有助于增进师生对祖国历史是统一的多民族共同缔造的历史、汉族和各少数民族谁也离不开谁这一主题的认识。历史上，由于统治阶级的民族偏见，大肆宣扬“尊王攘夷”。中华人民共和国成立初期，历史教科书中也自觉不自觉地注重了汉民族的王朝更替，而对少数民族地区涉猎甚少。现在，我们编写乡土历史教材，绝不能从一个极端走向另一个极端，特别是地处祖国边疆的少数民族聚居区，尤其要注意这一点。

事实上，祖国历史自古以来就是一个不可分割的整体。由于历史发展的多样性和复杂性，聚光点有时在北，有时在南。以祖国西南各族历史发展进程为例，最早人类的起源就有170万年前的云南元谋人。随着黄河流域文明的崛起，中国历史的绚丽画卷才在黄河流域展开。战国时，“西南外徼，庄跻首通”，秦时开道置吏，西汉时设立郡县，唐宋时期，南诏、大理国政权长达500多年，但与中原王朝的联系从来没有间断。元时设行省，明、清以后开始改土归流，它始终作为中国历史的一部分，开拓和捍卫着祖国的西南边疆。只有这样编写和讲述，云南乡土教材才能把云南历史讲清楚。我们不能只见树木，不见森林，反之亦然。

（二）乡土历史教材的讲授要与统编教材有机结合起来

中学历史教学，由于教材内容多，跨度大，课时少，加之学生其他课业负担重，不少学校对历史教学不够重视等原因，历史教师为完成教学大纲规定的教学内容，已感力不从心。现在再增加乡土教材，负担自然加重。所以，处理不好，就会出现编时兴师动众，热情很高，具体到各个学校，或者束之高阁，或者随便点缀一下，不仅达不到预期目的，而且还会损害乡土教材的声誉，达不到教育改革的目的。近年来，我在处理乡土历史教材和统编教材的关系时，尽量发掘二者之间的有机联系，互相渗透、相得益彰。具体做法是：

一是对于那些在统编教材中提到的内容做适当的延伸，以增强学生对本地区、本民族历史的了解，陶冶学生爱家乡爱民族的情操。

如原始社会一章中，课文一开始就讲到“在云南发现的元谋人，距今约一百七十万年，是我们已知的祖国境内的最早人类”。我接着介绍说，元谋人远较著名的北京猿人及陕西蓝田发现的蓝田猿人为早，在元谋猿人化石发现地附近，还发现了打制石器和用火痕迹，说明云南可能是人类最早活动的地区之一。同时还列举了遍及云南各地几处有名的古文化遗址，学生们听后很受鼓舞。在讲到西汉时，结合张骞出使西域，我给学生介绍了汉武帝派唐蒙出使南越，司马相如出使西南的历史典故，告诉他们在祖国的西南，也有一条可以和西北的丝绸之路相媲美的贸易商路——蜀身毒道。同时又风趣地讲了“夜郎自大”的故事，使他们懂得各民族之间要互相学习，取长补短，才能共同进步的道理，学生从中受到很好的启迪。讲到唐、宋部分时，结合南诏的建立，忽必烈远征大理，我给学生们介绍了南诏、大理国政权长达500余年的历史，列举了《南诏德化碑》中的故事和岳飞的“岳家军”中有许多将士骑着“大理马”作战等具体例子，指出，在奠定祖国辽阔疆域的斗争中，建立南诏、大理国政权的白族、彝族和其他各族人民曾经做出了不可磨灭的贡献。今天他们仍然奋战在祖国的南疆，捍卫着祖国的南大门不受侵犯。学生们听后豪情勃发，民族自豪感油然而生。又如，在讲现代部分时，结合教材内容，我又介绍了曾经战斗在白山黑水间、为东北抗日联军光辉战史增光添彩的白族将军周保中和清华大学第一个进步社团“暑假修业团”的创始人、我党早期的共产主义和国际主义战士、白族施滉等同志的光辉业绩。学生们受到了深刻的革命传统教育。如此事例，还可以举出很多。每讲一项内容，都力求做到课前精心准备，尽量寓教于学之中，避免为讲乡土历史而冲淡或取代统编教材的教学内容。

二是对于那些在统编教材中没有出现的内容，根据它们与统编教材的内在联系，找到它们之间的共性，作适当补充。

比如讲到战国时湖北随州出土的全套编钟和四川成都出土的赏功宴乐铜壶时，我介绍了在云南祥云大波那出土的铜棺，它形制的宏大，造型之精美，都属国内罕见，反映了我们祖先高超的冶铜技术和精湛的铸造工艺。讲秦汉文化时，结合介绍司马迁的《史记》，我讲了司马迁首创专篇叙述西南少数民族的历史。《史记》中的《西南夷列传》将西南地区作为中国版图的一部分与其他列传并排在一起。这样介绍，既加深了对统编教材内容的记忆，又增强了学生们对自古以来祖国就是一个统一整体的认识。讲三国时，我联系诸葛亮安定南中的内容，讲了诸葛亮“七擒孟获”的故事，由于诸葛亮采取“和抚”政策深得少数民族的拥护，所以诸葛亮的各种动人传说至今仍在云南各地流传。接着吟诵了剑川白族学者赵藩写在成都武侯祠上的对联“能攻心则反侧自消从古知兵非好战；不审势即宽严皆误后人治蜀要深思”。告诉学生各民族之间“和则互利、战则俱伤”的谁也离不开谁的道理。在讲述近代史时，结合热情歌颂冯子材指挥的镇南关大捷，给学生们介绍了白族将领杨玉科率领白族健儿在镇南关前英勇杀敌、壮烈牺牲的史实。在讲现代史时，我介绍了施介的事迹以及内蒙古自治区用他的名字命名的“施介中学”“施介医院”的情况，激励学生继承先烈遗志、为中华各民族的共同繁荣而勤奋努力学习。

三是参观历史博物馆和名胜古迹是进行乡土历史教学的重要补充。

大理是国务院首批公布的全国 24 个历史文化名城之一，又是全国 44 个风景名胜区之一。这里历史悠久，山川秀丽，文物古迹遍布各地。有些名胜古迹在国内外均享有盛名，如建于唐代的大理崇圣寺三塔和“南诏德化碑”；有些名胜古迹则是为纪念白族人民中的英雄豪杰或表达白族人民对和平安宁美好生活的向往，如建于唐代的蛇骨塔，相传是为纪念舍身斩蟒的白族英雄段赤城而用磨碎的蛇骨拌和石灰建成的；“观音塘”则是根据历史上一个动人传说而建成的，相传，为使洱海地区人民免遭刀兵之灾，观音老母变化成一位白族老妇人身背硕大无比的巨石，吓退了入侵的敌兵。随着参观，一幅幅历史画卷展现在学生们眼前，一阵阵历史的风雷激荡着学生们的心扉。这些都是进行乡土历史的活教材，只要善于发掘，安排得当，效果就很好。

发掘民族文化遗产、陶冶热爱民族情操

几年来，大理州民族中学对德育工作进行了积极的探索和多种方法的尝试，其中之一便是利用假期让民族学生充分发挥人熟地熟的优势，开展对民族历史文化，优美的民间故事、歌谣、谚语、格言，丰富多彩的民间习俗的调查，从而达到教育学生热爱家乡、热爱民族的目的。1985 年以来，学校在暑假前都发给每位学生一份调查提纲，把搜集整理的范围、方法、途径教给学生，让学生利用假期向自己的爷爷、奶奶、父母等长辈进行广泛调查，许多同学都踊跃参加了这一活动。同学们搜集整理了数百份民族历史、民间故事、歌谣、习俗的材料，这些材料具有一定的民族性、真实性、地区性特色，既有研究价值，又生动可读。在校的白、彝、回、傈僳，苗、傣、土等民族的学生通过了解自己民族源远流长的历史，丰富多彩的习俗，收集脍炙人口的歌谣，进一步加深了对本民族的了解，增强了民族自豪感和自信心。在调查材料中，有歌颂民族地区壮美山河的故事，有追溯民族习俗来龙去脉的传说，有关于动物、植物的故事，有赞扬各民族英雄和机智人物的传说，有反映大理水乡泽国特色的龙的神话，有反映各族人民喜怒哀乐、情趣爱好的歌谣。这些充分证明了各民族都有自己的优秀传统文化。从而使学生增强了民族团结的意识，出现了相互尊重、互帮互学的可喜现象。

来自剑川县马登乡的白族女生李茂花收集的《对牛叹》中这样唱道："五月相会在田埂，我对水牛吐苦情，世间牛和犁田汉，一样的光景。天还不亮就下田，一直苦到黑沉沉，从早到晚难将息，皮苦塌三层。开墒翻犁千斤重，烈日晒得汗淋淋。你扛牛轭我掌犁，停也不敢停。万不得已把鞭举，鞭打你身我心疼，只为生活来奔波，不是我心狠。”这是对旧社会的血泪控诉。又如南涧县彝族学生李常孝和巍山县彝族学生扬增新收集到的《彝族打歌的由来》都共同揭示了一个主题，即古代各族人民主张友好相处，反对民族压迫和欺凌。漾濞县彝族学生张旺收集的《太阳和月亮的传说》，剑川县李茂花收集的《日月的起源》，从另外一个角度展现了彝族、白族先民对自然界的看法，表述了他们朴素的唯物主义道德观，在众多的传说中歌颂正义，鞭挞邪恶，颂扬机智，嘲讽自私。这些故事，有些就是各族历史上的真人真事，经过各族人民的再创造，赋予了传奇的色彩。有些是各族人民心目中美好的化身，经过代代相传不断充实，成了各民族妇孺皆知的故事。这些故事本身就有潜移默化的行为规范教育，反映了各族人民的道德观念和审美情趣。尤其值得一提的是，有些传说故事在各民族中惊人相似。比如白族、彝族中都有龙借碗盏给穷人，后来有些负心人不讲信用才停借的故事，说明了古代各族人民之间的友好往来和文化渗透。事实上各民族人民之间的友好往来都是你中有我，我中有你，只有这样，各民族才能共同繁荣和进步。这样的调查有助于学校加强民族团结的教育。几年来，学校民族团结蔚然成风，从未发生各族学生因民族问题引发的不团结现象。

就像待开发的山区资源一样，山区民族地区的历史文化遗产蕴藏量十分丰富，认真组织好民族文化遗产的发掘与整理，可以为我们开展以爱家乡爱民族为重要内容的思想教育提供源源不断的鲜活教材。

普通中学学校管理改革之我见

《文汇报》(1988-9-11)“中学不安的灵魂——中学校长忧思录”一文给人们深刻启示之一，就是新时期的校长们均感步履艰难，体质下降甚至早逝。这种情况的出现，原因之一就是因为我们对教育改革理论研究不够，缺乏入耳入脑的舆论准备。有鉴于此，我想就我的工作实践对学校管理谈点不成熟的意见，供参考。

(一)新形势下的校长需要奉献，更需要理解和支持

改革的春风吹遍祖国大地，教育战线面临着严峻的挑战。教育的超前性和迟效性，教育通过潜移默化的言传身教来铸造人的灵魂等特点不是一下子就能为人们所认识和理解；广大知识分子从过去极左思想压抑下解放出来，对新时期的中学校长期望值理想化；教育长期积累起来的问题解决有一个过程；千军万马过独木桥的就业途径使社会和家长对学校要求过高；青少年在新旧体制的转换过程中思想比较活跃，可塑性大；等等。所有这些问题都比较敏感地集中反映在担负着两亿多人甚至更多的国民教育任务的教育战线。许多学校的校长是开学躲(怕因复读、转学、插班而络绎不绝的说情风)，高考愁(怕升学率不高而受到家长和社会的责难)，平时四处跑(要钱、要物、要人)。上管党的教育方针的贯彻落实，学生德、智、体、美、劳全面发展；下管建校创收、工、青、妇，计划生育，综合治理……责大权小，两手攥空拳。人事上，风吹得进来，牛拽不出去。经费上，粉笔数到根，白纸数到张，还要迎来送往，检查评比，四面出击，八方求人，如果没有一点献身精神和家庭的大力

支持，内外夹攻，怎能不造成心力交瘁，甚至早逝呢？何况许多当校长的人本身就是教学业务骨干，职改中不难评个高级职称，为了公正廉洁成为教职工表率，经济待遇只会少不会多。有的校长专业知识和其他方面基础比较扎实，有志于在学术研究方面有所建树，一旦卷入行政事务，学业便日渐荒疏，再好的人际关系也难免随着时间的推移而磕磕碰碰，瞻前顾后，灵魂何依？所以新时期的校长需要献身精神，同时更需要理解和支持，帮助和提高。

（二）越是推行奖勤罚懒，多劳多得的利益挂钩制度，越要加强思想政治工作和感情投资

作为对几十年形成的生产上的大锅饭，分配上的平均主义的巨大冲击，各种联产承包责任制应运而生并在各种生产领域发挥了显著效益。一段时间，好像“千行百业，一包就灵”，有些同志也想在教育战线援引这种看来在很多地方显示了生命力的管理方式时，结果是弊端横生。原因是工厂企业物化劳动可以用各种规格定性与定量管理，而教育面对的是充满各种情感的随时发展变化着的人。当奖金作为刺激生产者积极性的催化剂在一些部门大显神通的时候，教育战线的奖金一是发不起，二是也没有取得预想的结果。你要对迟到早退的教职工罚款吗？那好，我就踩着铃声进学校，进课堂；你要把一切都量化吗？那谁还会去干那种“润物细无声”的无法量化的个别谈话，不分时日地伏案批改作业呢？你要承包及格率，升学率吗？各种加班加点，猜题押题，“考，考，考、教师的法宝，分、分、分，学生的命根”漫天飞舞。至于学生是否德、智、体、美、劳全面发展，那是不管的。政教、教务、政工干部、任课教师、职员工人，反正是“铁路警察，各管一段”。“为人师表”的美好形象蜕变成一切向钱看，教书育人的神圣阵地也出现了饵丝、米线的叫卖声，甚至在口干舌燥的授课之余还要向学生兜售“爱校冰棒”。有识之士惊

呼，我们到底要塑造21世纪什么样的人才，靠钱能塑造出德、智、体、美、劳五育并重的学生吗？然而，不进行改革，一些问题难以解决，诸如一方面办学经费严重短缺，上上下下都眼睛盯着国家大包大揽；另一方面办学效益不高，条件较好的城镇学校能教不能教的都蜂拥而入，人浮于事，边远农村地区教师紧缺，质次量少。

如何解决这些矛盾呢？有些地方实行校长负责制，教师优化劳动组合。然而，不说全国，至少一个地区如果没有形成人才合理流动的良性环境，校长未必就能真的名副其实地负责。且不说需要时人未必能进来，就是富余的人向何处去就是一大难题。说是自我消化，学校不比企业，消化富余人员谈何容易。而且从已经实行并取得了一些成功经验的试点学校来看，经济收益丰厚的勤工俭学作为学校进行改革的一大经济支柱是实行校长负责制，教师职务聘任制，工资总额包干的重要经验被推广。但由于发展不平衡，不是每一个学校都可以创收。靠国家拨款，许多学校除工资外（个别地区尚有职改增资，但10%的增资是无法兑现的）教师人均公务费几毛钱，拿什么去兑现实行优化组合后的结构工资的增加经费呢？现在的教师收入普遍不高，如将这点有限的收入从这个人的碗中拨到另一个人的碗中，那只能造成新的思想混乱并给改革增加难度。

鉴于此，我认为教育战线的改革要坚定不移，但要认真研究教育自身的特点和规律，充分理解和尊重教育本身在塑造人的灵魂，提高国民素质和培育民族精神方面不可替代的作用。这里汇集的是文化层次比较高，人数比较密集的知识分子队伍。他们渴求民主，知书达礼，每天颂扬的是真、善、美，鞭挞的是假、丑、恶。毋庸讳言，由于体脑倒挂的不合理，在新旧体制转换过程中出现各种分配不公的混乱现象，他们更易显得敏感和愤懑，也需要提高待遇改善生活。但不应该也不可能将工厂、企业的管理模式照搬到学校。何况随着改革的深化，有远见卓识的企业家们也开始把注意力转移到提高广大职工主人翁意识上来。我们要随时牢记学校的一切管理是对活动着的充满七情六欲的人的管理，正是由于人的感情是不断发展变化的，从而也就决定了学校管理的复杂性和艰巨性，这种动态管理也就不可能寻找到一种一劳永逸的固定模式，而需要因校制宜、因人制宜，经常调查研究，不断创新。大锅饭应该打破，奖勤罚懒，奖优罚劣无可厚非，将目前这种静态的工资发放变为根据责能勤绩的动态报酬势在必行，但越是在推行各种物质利益与劳绩挂钩时，越要注意做人的思想工作，越要舍得花力气去进行感情投资。物质利益不能没有，但物质利益毕竟取之有限而人们的需求无底。我们不是常讲“身教胜于言教”吗？“园丁”的素质和形象预示着我们的未来和希望，有经验的教育者都非常注意自己的言行举止，因为他们知道美好的形象会成为学生终身为之效仿的楷模。

教师待遇的提高主要应随着国民经济的发展由社会妥善解决，蜡烛精神不仅不过时，而且更加需要我们发扬光大。当前亟待解决的是要采取各种措施，以促进教师职业真正成为最受尊敬和最受羡慕的职业，导向更多的优秀人才流向教师队伍。只有量的保证才能谈得上质的提高。当然作为学校的校长应随时把教师的冷暖挂在心上，创造条件，主动关心。如果真的出现校长标价授课，教师待价而沽，那才是真正的教育的危机。我们能够看清一场录像对青少年的影响，为什么不能预见所有教师都向钱看时对学生产生的影响呢？

（三）教育的功能是提高民族素质，教育者的自身素质应当率先提高

校长是学校的管理者，担负着按照党的教育方针，设计和组织学校广大教职员工实施教书育人伟大事业的重大责任，被誉之为学校的灵魂和心脏。广大教职工是学校的主体，他们希望也应该参与学校的管理。按理说，校长和教职工的关系应该是唇齿相依、水乳交融，然而现实生活中的

干群关系却未必都是这样，这当然有其历史根源和现实原因。

从历史的渊源来看，我国自古以来就有尊师重教的优良传统，作为教师的领导校长也享有较高的威望。“文化大革命”时期，知识分子较集中的教师队伍首当其冲备受摧残。其间也不乏涌现出令人敬仰的爱才、惜才、重才的好校长，但在靠运动治校的大气候下，校长和教师的关系犹如猫鼠。表面上看校长在学校里拥有绝对权威，但实际上是同教师缺乏感情的交流和真诚信赖。

“文化大革命”结束以后，广大知识分子如释重负，扬眉吐气，敢说敢讲。特别是大学恢复招生，大批年轻教师不断充实到教育战线，他们带来了来自不同渠道的信息，充满着生机和活力。但其中一些议论难免失之偏颇。有些同志因缺乏良好的工作实践的锻炼，工作不尽如人意。一些校长就留恋“文化大革命”前的一些管理方式，并羡慕“文化大革命”前的校长形象，感到工作越来越难做，加上如前所述校长面临的不是社会办教育而是学校办社会的许多难题的干扰，怨天尤人情绪自然产生。事实上，社会上各种思潮对学校的影响不能低估。诸如腐败现象，分配不公，物价上涨，社会治安，评职调资，住房福利，许多教职工虽然也明知这些问题与学校领导关系甚少甚至不沾边，但怨气牢骚找不到发泄口，校长便成了矛盾的焦点，群众的出气筒。有些单位，由于各种主客观原因，不仅存在干多干少一个样，干好干坏一个样的情况，甚至还出现不干工作的却整天去评头品足干工作的，工作干得不好的却整天去苛求别人的反常现象。

上述种种，向我们揭示了一个道理，那就是作为管理学校的校长和参与管理学校的全体教师都要不断地自我完善，都有通过学习来提高自身职业道德修养的必要。当然，校长作为矛盾的主要方面更应该成为教职工的表率。一般说来，深化学校内部改革的实践，各校的情况千差万别，但作为校长，可以说面临的选择有如下几种情况：

一是，校长勇于探索，积极进取，在实践中不断寻求科学的管理方法，强化学校各种定量定性管理，同时，更加深入细致地做好教职工思想工作，满腔热情地关心教师，花大力气进行感情投资，以求得学校各部门之间和谐运转，协调发展，校风学风教风好，能不断增强对社会上各种影响的抗干扰能力。

二是，过分迷信各种奖惩的制度管理，把主要精力放在研究如何制定各种规章制度以强化定量定性管理，埋头于各种考核数据表格，放松了思想政治工作和感情投资，结果表面上看起来校纪、教学质量都还不错，但干群关系紧张，教职工各自为政，学校缺乏凝聚力和向心力。

还有一种情况是，比较注意教职工思想工作，注意改善教职工的福利待遇，但科学管理情况一般，规章制度不严，其结果是学校像结皮的热稀饭，表面平平静静，互相客客气气，而内心却各打肚皮官司，学校工作较难有突破性的进展。

只要取向对路，我想难当的校长也会感到不难了。

鸿雁传书——思想教育的新渠道

大理州民族中学具有面向边远山区招生和全寄宿制的特点，但又不可能经常召开家长会。根据这一实际情况，我校采取与家长书信来往的形式，密切学校与家长的联系，同时还利用本校学生毕业后在全国各地学有所用或在家乡建设中表现突出的学生的来信以及利用我校选送到国外或高校进修的教师来信，对学生进行教育。一年多来，我们在《大理民中》板报上连续开辟了“鸿雁传情”“海外来信”“家长之声”“校友信箱”等栏目，登载家长、教师和同学的来信，配合学校各个方面的工作，共同对学生形成了教育的合力，收到了较好效果。

早在1985年，我校首届毕业的87名学生中，有51名考入全国大中专学校继续深造，为了感谢初中阶段老师们的辛勤培育，学校给每个学生的母校都寄喜报感谢，效果很好。漕涧中学校长说：“民族中学给我们寄来的喜报太好了，我们在全校师生中宣读，大家很受鼓舞，希望能坚持下来。”由此我们感到给学校写信能收到这样好的效果，如果调动起全体学生家长不是力量更大吗？为此，学校便利用寒假给每位学生家长写信致意，介绍学校的情况，汇报学生的学习和生活，宣传党和人民政府对少数民族的关怀，希望家长继续对学校工作给予支持、监督和协助。许多家长都非常负责地给学校回信，有些还用挂号信寄回。封封来信的字里行间都表达了对党和人民政府的感激之情，对学校和子女的殷切期望，一经登载和宣读，师生都备受鼓舞。高二学生高某说：“我父母及所有的家长对自己的儿女远离家乡来民中读书十分放心，对学校非常信任，在学校里就像在家里一样处处都充满爱，在老师和同学的关心下，我感到无比地幸福，我一定要好好学习，不要身在福中不知福。”具有丰富学校管理经验的杨校长敏锐地看到了家长来信对师生的激励作用，他说：“要很好总结发掘，对学校的德育教育是很好的帮助，师生都可以从中受到教育，得到鼓励。”

已毕业的民族中学学生有三年民中生活的经历，到了新环境后，眼界更加开阔，经过比较，都非常留恋民中的学习和生活。他们的昨天就是在校生的今天，由于年龄相近，心理相通，他们通过自己亲身经历所分享的感受一般都非常受学生欢迎，这比教师们苦口婆心地说教更能打动学生的心弦。这些毕业生的来信内容广泛，涉及面广，既有对民中美好生活的回忆，对民中教职工的诚挚感谢，也有对大学生生活学习的评论，对社会现象的思考。在云南师范大学政教系读书的巍山县彝族学生罗某刚进入大学不久，就给母校写信，对大学生厌学、纪律松弛、浪费粮食、轻视劳动、污言秽语等现象给予了尖锐的抨击。许多学生更是用诗一般的语言感激师恩浩荡，在大理医学院的云龙县白族学生李某给杨老师的信中说：“在不久的将来，无论我成为挺拔的乔木，还是低矮的灌木，老师，我都将以生命的翠绿向您致敬。”在北京大学、中央民族大学读书的同学都纷纷给学校来信。

上大学的学生不忘母校，回乡的学生也同样为母校增光添彩，成了在校学生看得见学得上的榜样。北京师范大学教授刘淮来到我校听了师资班的介绍后，执意要上山看望学生，后来去了临近的漾濞县。刘老师回来后盛赞民族中学为山区办了实事，她说：“你校毕业生表现太好了。王兴进同学对我说‘现在由于山区教师缺乏，让我教初中，将来师专毕业生多了，我就教小学，反正我不离开故乡教育阵地’。”她的调查后来都写入了《民族教育之花》的文章中。这几年我们先后选送了部分教师参加为期一两年不等的在职进修，他们也经常写信给学校汇报思想、学习和生活。我们两次摘登了在美国进修的徐老师的来信，在师生中引起了很大反响，常常一登出，就引来许多师生驻足观看，议论纷纷。高三云龙县白族学生杨某说："《大理民中》刊登的书信对我教育很大，特别是徐老师的信，他通过自己的亲身经历比较了中国和美国，说明美国也不是什么都好。徐老师说他过去并不真正了解自己的祖国，通过比较得出做一个中国人是很光荣的（结论），这对我就是很实际的爱国主义教育。"曾一度休学的高 14 班赵某同学说："从徐老师的信中，我看到生活中真正的强者想的、追求的是什么？应该怎样做才有出息。真的，民中的老师是可亲可敬的，我愧对父母和老师，我要专心学习。"熊某同学说："我也要像徐老师一样，掌握好知识之后，不忘家乡，不忘记母校，做出一番好成绩，报答老师、父母对我的爱……"

将家长、校友、进修老师的来信有机地融入学校德育工作，学校虽然才刚刚起步，但已展示了很好的前景。我们要继续总结经验，使原来散存在教师、同学手中的信函更好地发挥积极作用，成为德育教育的重要内容，使之日臻完善。

历久弥新的回忆

俗话说，三十而立。弹指一挥间，大理州民族中学已走过而立之年，作为民族中学前二十年创业和发展的亲历者和见证人，2001 年虽然奉调筹建大理州白族文化研究所，但至今仍然住在民族中学，耳闻目睹了跨入新世纪后民族中学的新发展。正因为如此，民族中学为庆祝三十年校庆编撰出版《我与民中》一书时，希望我也能写几句话。然而，回忆的闸门一经打开，千言万语却不知从何说起。思来想去，还是谈几段难以忘却的回忆与曾经朝夕相处的民中师生和正在为民族教育建功立业的老师，为民族未来勤奋学习的学生分享。

事情还得从民中创建说起。诞生在改革开放春天的大理州民族中学，尽管各级政府给予了许多政策上的倾斜，但当时大河水少小河难满，建校资金还是很紧张，所以平整校园，绿化美化校园都是由师生们自力更生来完成，许多年过半百的老师与学生一起挥汗如雨。从早操到熄灯，值周、辅导没有一分钱津贴，老师们却争先恐后地早早等在教室门口与学生一起上早晚自习。针对民族学生起点低，基础差的实际情况，有的老师常将自习当正课来讲。有的教师怕耽误学生学习，将生病的小孩留在宿舍，坚持给学生上课，许多班主任像关心自己的子女一样呵护少数民族学生，有的老师还不断用自己的工资资助困难学生……20 多年后，事业有成的丁坤专门回校宴请教过他的老师。赵振华老师感慨地说，这些民中毕业生真好！我说，这是对当年各位老师无私奉献的真情回报。

记得 20 世纪 90 年代，我到北京出差。我有好几位民族中学毕业生在京工作，所以决定去看看。我抽空找到最高人民检察院，看到我这个带着乡土气息的陌生人在最高人民检察院大门外徘徊，门卫友善地问我有什么事反映。我说是来找我的学生。他们问我是谁？我回答叫罗庆东。他们略显惊讶地说，罗庆东是你学生？我非常肯定地点点头。一个电话进去，罗庆东小跑步出来迎接。几年后，罗庆东到西藏挂职任自治区副检察长，当时我已调离民中，他专程来我办公室话别。最近，中央电视台正在调查什么是幸福，如果问我的话，我会理直气壮地回答，当一个学生没有忘记的老师最幸福！

退休后，有一段时间我寓居昆明。有一天，接到在云南大学任教的博士后茶学秀电话，她作为交流学者要到德国留学一年，临行前想请我吃顿饭。我十分高兴地告诉她，这顿饭一定吃，同时希望她能将民族中学在昆明的几位老师一起请来。见面后，我眼前的茶学秀，除了岁月增加了几分成熟外，依然是当年那位质朴的彝族姑娘。记得1989年，茶学秀作为民族中学品学兼优的毕业生被保送进云南大学。高考期间，她成了全班女生的义务服务员。席间，肖丁和我一起回忆起当年家访到南涧公郎，随后又爬山几个小时来到坐落在回龙山上的茶学秀家，受到他们家盛情款待的情景。茶学秀说，现在赵老师再去就不需要爬山了，公路已修到村口。当我得知这里边也有茶学秀的功劳时，我非常高兴是民族中学改变了这些山区青年男女的命运，而他们今天正在用自己的知识回报社会和家乡。

记得有一天，突然听到敲门声，开门一看，门口站着一位留着大胡子的青年，笑着对我说，赵老师，还记得我吗？我略一思索，就说，您不是李禄久吗？原来在校读书时，一次李禄久因跑步回宿舍，猛喝了一缸冷开水引起急性喉头水肿造成窒息，我马上要了一辆车与杨老师将他送到州医院，一直抢救到半夜才缓过气来。毕业后他考上郑州工学院，后来供职于云天化集团。想不到过去了这么多年，他还想起来看看当年的老师。

这样的事例，还可以举出很多很多。有时我也想，我在民中供职二十年，不可能每一件事情都做得尽善尽美，让师生们心悦诚服。但我可以问心无愧地说，我用自己微薄的力量为民族中学的创办和发展做了自己应做的工作。我想，在民族中学工作过的教职工和在民族中学学习的学生一定会与我有同样的感受。

让我们共同珍藏在民族中学的这份美好的回忆，共同祝愿民族中学拥有更加美好的明天。

野外考察

筚路蓝缕　虽苦犹乐

2001 年，我奉调筹建大理白族自治州白族文化研究所。建所伊始，我就确定了工作方针：办好一个刊物，即《白族文化研究》；编好一套丛书，即《大理丛书》；建设两库，即人才库和资料库；促进三通，即通向政府、通向学者、通向社会。达到四个有利于，即有利于保存白族独有文化、继承传统文化、弘扬优秀文化，使之成为代表白族先进文化的窗口和阵地；有利于大理地区的经济发展和社会全面进步；有利于实现州委、州人民政府“把大理建成滇西经济中心，中国通向东南亚、南亚国际大通道的滇西枢纽，中国一流，世界知名的旅游胜地，全国两个文明建设的最好的自治州之一”的战略目标；有利于国家统一，民族团结，边疆稳定。在实际工作的推进中，根据形势发展不断补充完善。特别是后来与中国民间文艺家协会合作，编辑出版了几套丛书，在社会上产生了积极影响。我国知名学者马大正教授在看了我们所的成果后对随行的云南大学方铁教授说，大理州白族文化研究所是将文化作为事业来做，而且做得非常成功。云南大学张文勋教授用了“不虚此生，无愧后人”的赞语来鼓励我。我自己也因此先后应邀出席了中国民间文艺家协会第七

原大理州州长何金平来大理州白族研究所调研

次、第八次全国代表大会，捧回了中国民间文化遗产抢救工程贡献奖奖杯。对此，我总感到党和人民给予我的荣誉太多，而自己的贡献却很小，思之汗颜。为了将参编人员筚路蓝缕，存史教化之功告知后代，从中体味“书山有路勤为径，学海无涯苦作舟”的乐趣，我先后为每套丛书写了一些序、跋、前言，忠实地将编辑过程予以介绍。这里收录的就是其中的一部分。

《大理丛书》编纂始末

盛世修志。随着《大理丛书·史籍篇》第一期十三卷的正式出版，历时二十多年，数以百计学者参与其中的《大理丛书》终于以原计划10篇（《艺术篇》已有编辑方案）的完整面貌与广大读者见面了。我有幸组织和参与了这一鸿篇巨制的文化工程，既有如释重负的由衷喜悦，又深感有将《大理丛书》编纂始末忠实记录的责任。

党的十七大提出：要“推动社会主义文化大发展大繁荣”“建设和谐文化，培养文明风尚”“弘扬中华文化，建设中华民族共有的精神家园”。南诏、大理国传统文化中蕴藏着许多有关维护祖国统一、弘扬各民族团结友爱、和睦相处，倡导人与自然和谐、人与人和谐的文化元素，我们要在党的十七大、十八大精神的指引下，拓宽领域、多角度深入开展对大理历史文化的研究，“取其精华，去其糟粕，使之与当代社会相适应，与现代文明相协调，保持民族性，体现时代性”。首先就要将先辈留下的宝贵文化遗产整理出版，供后人研究。白族先贤张子斋、马曜、杨明、王云倡导编辑出版的《大理丛书》就是一项功在当代、泽被子孙后代的文化工程。

正像中华五千年文明既有让世人仰慕的精华，也积淀下与时代前进的步履不相适应的糟粕一样，南诏、大理文化也不例外。要让南诏、大理国文化成为建设中华民族共同精神家园的有机组成部分，就要真正做到重视历史，以史为鉴，充分发掘和吸收南诏时期敢为人先、尊师重教、求贤若渴、开拓进取的开放奋斗精神；大理国时期兼容并包、亲仁善邻、倡导和谐的海纳百川的开阔胸襟，让历史文化资源真正成为昭示光辉未来的灿烂霞光。

（一）《大理丛书》编纂的缘起

大理是镶嵌在祖国西南边疆的一颗璀璨明珠，因其集优美的自然风光，悠久的历史文化，浓郁的民族风情而闻名于世。生活在这片土地上的白族和其他各民族都拥有悠久的历史和灿烂的文化，各族先民创造了距今5000多年的银梭岛贝丘文化和距今4000多年的宾川白羊村原始社会稻作聚落文化，是云南迄今发现最早的最具代表性的新石器文化遗址。距今3000多年的剑川海门口青铜文化遗址，是云南乃至云贵高原最早的青铜文化遗址。在这深厚文化基础上建立起来的几乎与唐宋相始终的南诏、大理国，并由此而形成的独具特色的南诏、大理文化，使大理成为元以前云南政治、经济、文化、交通的中心，从而奠定了大理成为云南历史文化源头的地位而载入史册。

大理是祖国西南最早开边置郡的地区，被称为南方丝绸之路的蜀身毒道和茶马古道在这里交汇，使大理成为中原文化、秦蜀文化、古越文化、荆楚文化、吐蕃文化和古印度文化碰撞与交融的理想栖息地，从而形成了以白族文化为代表的独具特色的地域文化，多姿多彩的民族风情，浩瀚博大的文献典籍，脍炙人口的诗词歌赋，遍布苍洱的名胜古迹。正因为如此，大理成为首批荣获中国历史文化名城的城市，此后又先后荣获国家级风景名胜区、中国优秀旅游城市、中国最佳魅力城市等一系列殊荣，使大理成为人一生最值得亲历的地方。抚今追昔，云南边疆稳定、经济发展、民族团结、社会和谐，这是白族和云南各民族对中华民族做出的巨大贡献，影响极其深远。

白族是大理历史的主要创造者之一，数千年的文化传承从未间断。党的十六大指出：“民族精神是一个民族赖以生存和发展的民族支撑。”在五千多年的发展中，中华民族形成了以爱国主义为核心的团结统一、爱好和平、勤劳勇敢、自强不息的伟大民族精神。纵观世界各国历史，穿越时空去寻觅文明古国的踪迹，只有中华民族一脉相承，历久弥坚。这是因为在五千年的文明进程中，各民族共同创造和不断丰富了中华民族伟大的民族精神，让各民族在长江黄河的滋养下同气连枝。同样，在大理漫长的历史进程中，生活在苍洱怀抱里的白族人民，以开放包容的胸襟，主动汲取外来优秀文化的成果，取精用宏，形成了具有地域民族特色的优秀传统文化。它们既有中华民族伟大民族精神的共性，又有鲜明的地域民族特色，是中华民族伟大民族精神的组成部分。如何让悠久的历史、厚重的文化、与时俱进的民族精神所迸发出来的昂扬向上的精神状态，成为我们全面建设富裕民主文明开放和谐大理的精神财富，让魅力大理永葆生机与活力，这就需要在继承中发展，在发展中不断创新。

历史因时间而悠远，文化靠积淀才深厚。1988 年秋，著名白族学者张子斋、马曜、杨明、王云，云南师范大学图书馆馆长杨世钰、副馆长李鹏翔，北京图书馆副馆长徐自强，敦煌研究室主任黄振华等联合发起，倡导编辑《大理丛书》，当时预计全书共 10 篇（100 册）。我国著名学者费孝通、季羡林、任继愈、王希季闻讯，欣然出任丛书顾问，楚图南先生挥毫题写书名。时任云南省人大常委会主任尹俊和云南民族学院院长马曜分别作序，云南、大理乃至国内外的众多专家学者、领导为丛书的编辑出版多付辛劳。从 1988 年到 1993 年 12 月，首篇《金石篇》10 册出版发行，在海内外产生了积极的影响。但由于各种原因，《金石篇》出版后，《大理丛书》实际上已经停顿。值此为建设民族文化大州，中共大理州委、大理州人民政府决定成立大理白族自治州白族文化研究所之际，经多方调研，广泛听取了州内外专家学者的意见，并结合我所的实际情况，将《大理丛书》这一存史、资政、创新的浩大文化工程继续组织完成，从而达到中共大理州委、大理州人民政府通过“出古书”来保存白族独有文化，继承白族特色文化，弘扬白族优秀文化的目的。中共大理州委、大理州人民政府对我所的这一建议非常重视，赵立雄州长听取汇报后，果断决策，妥善处理了原《大理丛书》遗留的历史问题，对重新启动《大理丛书》的编辑出版作出明确指示。杨宴君副州长召开专题座谈会听取意见，张如旺秘书长做了许多协调工作。在此基础上，大理州人民政府以大政办〔2001〕67号文明确指示：“科学组织实施《大理丛书》文化工程编辑出版工作，使之成为继承光荣历史传统，弘扬优秀民族文化，代表先进文化前进方向的旗帜，团结凝聚史学工作者为建设民族文化大州作贡献。”云南省人民政府李汉柏副省长、刘平副省长对这一文化工程十分关心并给予了大力支持。经大理州相关部门通力协作，州内外专家学者的积极参加，《大理丛书·本主篇》很快面世，其余各篇也按计划有条不紊地进行。

（二）《大理丛书》编纂的经过

“大理丛书”的编辑始于20世纪80年代，当时预计共编辑出版10篇计100卷。首篇《金石篇》动员了全州12个县市的文物工作者参与。经过“文化大革命”破四旧的浩劫，许多有价值的碑铭都遭到破坏，参与者克服各种困难，跋山涉水搜集散落各地的碑刻，一丝不苟地拓片、释读、抄录、拍照，最后编辑成《金石篇》由中国社会科学出版社出版。由于多种原因，1993年12月《金石篇》，出版后，《大理丛书》的续编工作陷入了停顿，当时收集到的经卷、方志、族谱等材料暂存于云南师范大学图书馆。

2001年1月，大理白族自治州白族文化研究所在中共大理州委，大理州人民政府的支持下，妥善解决了《大理丛书·金石篇》出版中的遗留问题，在杨世钰教授的配合下，将暂存在云南师范大学图书馆的资料运回大理，重新启动了《大理丛书》的编纂工作。《大理丛书·本主篇》充分利用了大理地区热心白族文化的专家学者们长期调查积累的成果，同时组织力量前往昆明、湖南桑植等白族散居地区开展调查收集整理。2004年3月由云南民族出版社出版发行，在国内外产生了积极的影响，从而揭开了重启《大理丛书》编辑出版的序幕。

为了加快《大理丛书》编辑出版的步伐，《大理丛书·方志篇》、《大理丛书·大藏经篇》委托北京民族出版社出版发行。

《大理丛书·方志篇》虽然是影印出版，但由于所征集的资料分别来自图书馆、档案馆、文化站、州县地方志办公室等不同单位，经反复复印，字迹漫漶不清缺页漏行随处可见，校勘修版难度极大，参编的有关人员和承印的云南省地质矿产开发局印刷厂经过艰辛努力，于2007年5月将煌煌10卷本5736千字的《方志篇》奉献社会。这是云南迄今校勘最为严谨的方志，为研究者检索资料提供了极大的便利。2008年，历经20多年校勘的5卷本5050千字的《大理丛书·大藏经篇》，在大理三月街民族节期间在大理崇圣寺举行了首发式，中共大理州委、大理州人大、大理州政府、大理州政协的领导和北京民族出版社原社长禹宾熙同志共同出席了首发式，省内多家媒体竞相报道。《大理丛书·大藏经篇》中的许多资料都是首次面世，它所提供的信息极大地丰富了学者们的研究领域，对进一步深入了解大理文化、白族文化与汉文化和其他文化的交流与融合，对地域文化的传承与弘扬提供了新资料，展示了大理文化、白族文化的开放与包容。

《大理丛书·白语篇》是一部开创性的专著。它基于党和国家对各民族的关怀，在中华人民共和国成立后，百废待兴的情况下，各级政府组织了阵容强大的专业队伍，展开了对各民族的社会调查。白语资料就是在这种背景下由中国社科院组成调查组调查整理而成。在中国社科院民族研究所

民族出版社原社长禹宾熙与研究所职工合影

《大理丛书·大藏经篇》首发式上的合影

的支持下，《大理丛书·白语篇》的词汇部分充分利用了当时的调查成果，同时汇编了国内外对白语白文的田野调查资料和有代表性的学术研究成果。孙宏开教授和黄行研究员欣然出任本篇顾问。徐琳研究员不顾年过古稀，承担了本篇的主编，段伶、李绍尼、王锋以其研究白语白文的深厚功力无私奉献，终于使这部迄今为止集白语白文大成的《白语篇》得以出版，在此基础上召开了首届白语白文国际学术研讨会。

《大理丛书·族谱篇》收录的65部族谱，既有名门望族专门编纂的族谱，也有寻常百姓为彰显先人的功德，教育后代修撰的谱牒资料；既有正式刊刻的正规版本，也有手工抄录的简易材料。入选的材料部分征集于档案馆、室，大多数却是寻访于民间寻常百姓家。其中国内著名学者宋伯胤先生提供了自己早年调查的资料，云南大学文学院院长段炳昌教授联系了宜良段氏后裔段昌俊先生提供了宜良白族的资料，云南省图书馆王水乔副馆长提供了赵藩世系，大理州文化局长杨政业同志提供了流居缅甸的白族后裔资料，我所特邀研究员段伶提供了贵州白族资料。尤其是大理市党史办薛琳同志为征集和校勘巍山回族、彝族的族谱做了大量的工作，可惜他未能看到《大理丛书·族谱篇》的出版。此外，为《大理丛书·族谱篇》提供过资料的还有祥云县档案馆、腾冲县原博物馆馆长李正、巍山县陈文鼎先生、洱源县右所镇杨雄飞、大理学院民族文化研究所张锡禄研究员、大理州博物馆馆长谢道辛、大理州博物馆田怀清研究员、大理州民族师范学校马寿康主任、鹤庆县学者陈亮旭、弥渡县学者盛代昌等。正因为如此，参编人员考释纠错颇费功力，尤其是阿惟爱先生不顾年老体弱，用了两年多时间，逐字逐句地三校其稿，才有今天比较规范的《族谱篇》。这部囊括了大理州白族、汉族、彝族、回族迄今所能征集到的比较有代表性的族谱，对于研究各民族的变化发展必将发挥重要的作用。

近年来，考古文集出版了不少，为了将这些文物考古资料和学术研究成果集中展示，《大理丛书》之《考古文物篇》应运而生。被云南省民族博物馆木基元研究员誉为“立足大理、辐射滇西、服务云南”的《大理丛书·考古文物篇》，历经三年，于2009年初正式出版发行。《大理丛书·考古文物篇》堪称是一部大理乃至云南省考古文物集大成之作。大理历史悠久，地上地下蕴藏着极其丰富的文物古迹，如果上溯到南诏、

与云南大学方铁教授座谈

大理国时期，文物古迹更是遍布祖国西南。所有这些，都是研究历史，破解历史之谜的无字“天书”。在这里我们尤其不能忘记云南省博物馆、云南省民族博物馆、云南省考古所的积极协助和大力支持。黄德荣研究员、木基元研究员、杨德聪研究员为本篇提供了许多珍贵的资料。在大理从事考古研究的田怀清研究员、李学龙副研究员和其他参编人员做了大量基础工作后，云南省博物馆黄德荣研究员、李保伦先生对《考古文物篇》进行了终审、补充，从而保证了《考古文物篇》在为研究者提供详实资料的同时，尽可能保障所收录资料的可靠性。

《大理丛书·建筑篇》首次对大理古今重要建筑作了较全面的普查和介绍。遍布苍洱的白族民居、寺观塔幢、桥梁道路是承载各民族文化的凝固的“艺术”，但由于不可抗拒的自然因素和人为破坏，许多有历史价值的建筑会不断消失，为了留住这些记忆传之后代，《大理丛书》专辟《建筑篇》。在大理州人大副主任尚榆民，大理州政协副主任李滤、孙明的共同主持下，依靠大理州从事建筑规划设计的专业技术人员和从事大理建筑研究的学者，从田野调查入手，充分运用文字、图片、线描、图纸、图表等各种表现形式，尽可能将现存的各种建筑资料汇集在《建筑篇》中。需要说明的是，《建筑篇》参编人员多数都承担着繁重的日常工作，只能利用休息时间来完成。由于《建筑篇》收录的建筑物分布在大理州 12 个县市城乡，参编人员还自费前往拍照、测绘。正是这种严谨的治学态度和无私的奉献精神，使《建筑篇》得以顺利出版，从而为后代子孙保存了许多弥足珍贵的资料。

《大理丛书·艺术篇》目前仅从绘画艺术、石窟艺术、雕塑艺术、民间艺术等方面介绍了大理的艺术遗产。大理既是南诏、大长和国、大天兴国、大义宁国、大理国五朝定都之所，又是白族、彝族等十多个民族生息繁衍的故土，绘画艺术、石窟艺术、雕塑艺术、民间艺术蕴藏量都十分丰富。被誉为与宋朝张择端《清明上河图》堪称“南北双绝”的《张胜温画卷》，就是绘画艺术的杰出代表，而剑川石窟以浓郁的地域民族文化特色早在 1961 年就跻身于全国文物保护单位。至于以甲马、服饰为代表的民间艺术更是色彩斑斓、绚丽多姿。《大理丛书·艺术篇》计划精选其中的部分代表作结集出版，专门聘请白族美术家杨郁生先生负责主持并联络相关专家学者，共同完成了《大理丛书·艺术篇》的编辑，向世人展示了大理以白族为代表的各民族艺术的丰富多彩。至于艺术领域中还包含的戏剧、音乐、舞蹈等尚待今后继续编辑出版。可惜未能正式出版，实为憾事。

《大理丛书·史籍篇》是《大理丛书》中体量最大的一篇。云南省图书馆无偿提供了由大理州白族文化研究所按经、史、子、集列出的近 280 种书目材料，保证了《史籍篇》的顺利编辑出版。为了搞好协作，王水乔副馆长还亲率云南省图书馆历史文献部的郭劲等工作人员到大理考察座谈。随后，云南省图书馆又安排专人并提供设备，历经两年多保质保量完成了文献资料的拍照校勘。在云南民族出版社和承印厂家的共同努力下，《大理丛书·史籍篇》（先期出版13卷）第一次比较全面，比较翔实地提供了研究大理历史文化，乃至云南历史文化的原始材料，对正在进行中的大理民族文化强州，云南民族文化强省的建设做出了积极的贡献。

《大理丛书·金石篇》从1988年启动，历经六年多，到1993年12月付印，凝聚了大理州文物工作者和当时参编的一大批学者们的心血和汗水。但限于当时的条件，编辑中也存在一些诸如拓片和释文分离不便检索，印数少、装帧豪华，不便于普及和推广等问题。尤其是1993年以后，随着考古的深入，人们对文物古迹的普遍重视，又发现了不少古碑的线索。此次再版就是在补充了100多通古碑，调整了版式设计的基础上完成的。需要说明的是，云南省博物馆黄德荣研究员和他的同事，多次深入玉溪市通海县，发掘整理出弥足珍贵的近30通大理国时期的碑刻，其形制、文字结构具有迄今尚未收录的新特点。云南省民族博物馆木基元研究员提供了唐初藏龙卧文碑。楚雄彝族自治州学者，年届古稀的张方玉同志两次到大理交流，提供了28通散布在楚雄境内与大理有密切关系的古碑。保山市博物馆副研究员李枝彩，大理学院民族文化研究所，弥渡文化人张昭也提供了不少古碑。大理州文管所李学龙、宾川县文管所原所长杨兆亮、巍山县文管所原所长陈文鼎、祥云县文管所原所长郑允昌参加了释读、录文。受聘于大理州白族文化研究所的田怀清研究员更是亲率研究所的同志，走遍了有古碑线索的大理州境内县、市，逐一补拓、拍照、释读、编辑，个中辛劳只有业内人才能感知。先后任职中共大理州委书记的刘平、顾伯平、刘明、尹建业，州长赵立雄、何金平还拨冗为《大理丛书》的每一篇作序。

可以说《大理丛书》的每一篇都是集体智慧的结晶，没有云南省人民政府、中共大理州委、大理州人民政府的大力支持，没有参编的数以百计的专家学者们的群策群力、无私奉献,《大理丛书》的编辑出版只能是美好的构想。

《大理丛书》时间跨度大、内容涵盖广、编辑要求高、出版周期长、投入经费多,如果没有几届中共大理州委、州人民政府接力赛一样的全力支持,没有数以百计的不同学科专家学者们的辛勤工作,完成这项跨世纪的文化工程是难以想象的。为了彰显为《大理丛书》的编辑出版献计出力的相关人员的贡献,除分篇列有当篇顾问和参编人员外,在《大理丛书·金石篇》中专辟总顾问、顾问栏目,相信广大读者在阅读、运用《大理丛书》时不会忘记所有为《大理丛书》编辑出版付出辛劳人员的存史之功,奉献之情。

(三)《大理丛书》的基本内容

《大理丛书》卷帙浩繁,涵盖面广,是迄今为止保存大理历史文化资料最多的大型资料库。为便于读者检索,现将《大理丛书》主要内容简介如下。

《大理丛书·金石篇》 8开本,200印张,10卷本,中国社会科学出版社,1993。

搜集大理地区及云南省其他地区有关大量的金石资料1000余件,分为四个部分:碑刻、摩崖、器物铭文;梵文碑、神道碑;砖瓦铭文;官印。每件资料均有说明、图片及录文,并对录文作了标点。1993年由中国社会科学出版社出版。为了将1993年后发现的新碑补录,2008年再版,增加了100多通新碑,增修后按16开,5卷本,2010年12月由云南民族出版社重版。

《大理丛书·本主篇》 130万字,51张彩色照片,16开,两卷本,云南民族出版社,2004。

书前用彩色照片收录白族本主有代表性的图片资料。上卷收录了搜集于大理地区和其他白族地区白族本主信仰调查资料，下卷收录百篇国内外研究白族本主信仰的主要成果。

《大理丛书·方志篇》 16开，10卷本，民族出版社，2007。

汇集大理地区府、州、县志及云南省志（三部）共近四十多种，影印出版。

唐宋时代，云南及邻近地区，为南诏、大理国所统治。南诏、大理国几乎与唐宋相始终，创造了彪炳史册的南诏、大理文化，为开发和稳定祖国边疆做出了巨大的贡献。为体现南诏、大理国和白族在云南民族发展史上的重要地位和作用，故选录三部云南通志作为《大理丛书·方志篇》的首卷，即明陈文纂修的景泰《云南图经志》、李元阳纂修的万历《云南通志》、刘文征纂修的天启《滇志》。

大理地区置府始于元初，1956年成立大理白族自治州，下辖12县市。本篇收录的府、县志有：李元阳修嘉靖《大理府志》残卷；清代黄元治纂修的康熙《大理府志》；清陈钊镗、李其馨修道光《赵州志》、民国周宗麟修《大理县志稿》、无名氏修《凤仪县志》三部；清周钺修雍正《宾川州志》和民国李文浓修《宾阳志书》、黄炳堃修光绪《云南县志》、弥渡收录油印本和手抄本《弥渡县志稿》、康熙《蒙化府志》、乾隆《续修蒙化直隶厅志》、民国《蒙化志稿》三部；杨书纂修的康熙《定边县志》一册、江逢僧修《永平县志稿》、陈希芳修雍正《云龙州志》、康熙《续修浪穹县志》，咸丰《邓川州志》，光绪《浪穹县志略》、王世贵、何基盛、张伦修康熙《剑川州志》、康熙《鹤庆府志》、光绪《鹤庆州志》及民国《鹤庆县志》。

大理山川雄奇，风光秀丽，闻名遐迩。其中有国家级自然风景名胜保护区苍山、洱海，有国家级重点文物保护区剑川石宝山石窟，有中国和东南亚佛教圣地宾川鸡足山，有南诏发源地和道教名胜巍宝山，等等。

故收录范承勋修康熙《鸡足山志》，高奣映修康熙《鸡足山志》，赵宗瀚修宣统《石宝山小志》等三部山水志。

《大理丛书·大藏经篇》 16开，5卷本，民族出版社，2008。

搜集1956年在大理市凤仪镇北汤天法藏寺，1958年在崇圣寺千寻塔及其后在大理市佛图塔发现的南诏、大理国写本佛经数十件，并附有元明时期所刻佛经若干卷。

大理在南诏、大理国时期，佛教开始传播并得到迅速发展，大理由此获得“妙香国”的美誉。虽然历经历史风雨，大理许多佛教典籍惨遭毁坏，《大藏经篇》所收录的仅为冰山一角。尽管如此，书中收录的《法门名义集》是迄今大陆现存的唯一经卷，书中许多硃批夹注被语言学家认定为“古白文”，书中还收录“大黑天神”“白洁圣妃”经等，都具有鲜明的地域文化特色和极高的研究价值。

《大理丛书·白语篇》 16开，5卷本，云南民族出版社，2010。

比较全面地搜集白语词汇，白语谚语、俗语、歇后语、儿歌，并给予科学的记录，汉、白、国际音标注音。同时尽可能汇集国内外研究白语白文的研究成果。

《大理丛书·谱牒篇》 16开，5卷本，云南民族出版社，2009。

搜集整理大理地区以白族为主的家谱族志，科学地予以规范标注。由于历史上南诏、大理国的疆域不止于今天的云南，为便于对白族及其他民族形成、发展、迁徙、融合的研究，本篇还收录了缅甸、湖南、贵州、宜良白族的部分家谱，同时还收录了大理周边如腾冲等地的部分家谱。

《大理丛书·考古文物篇》 16开，10卷本，云南民族出版社，2009。

本篇本着立足大理、辐射滇西、服务云南的宗旨，收录凡有关云南地区的主要考古调查报告、重要论文、重要文物资料。由于历史上南诏、大理国的疆域不止于今天的云南，为便于对南诏、大理国历史的研究，云南相关的周边地区部分考古文物资料也在本篇收录之列。

《大理丛书·建筑篇》 16开，8卷本，云南民族出版社，2015。

本篇分资料和学术两部分。资料按概述，古城、古镇、古村，传统建筑，传统民居，近现代城乡规划与建设，风景园林，桥梁与古道，建筑施工技术，建筑装饰，建筑材料等章节纪实撰写。学术篇收录与建设篇相关的论文，与建筑篇相关的论著简析和论文、论著篇目索引。为方便读者，本篇还配有数千张照片和其他与建筑相关的图片，图文并茂。

《大理丛书·史籍篇》 16开，已出版13卷本，云南民族出版社，2012。（第一期13卷编辑出版“经、史部分”）

汇集从汉代以来的正史、云南地方史籍及私家著述中有关大理地区的历史资料近代280种，其中近120种为手抄本。按经部文献（易类、诗类、经总义类）、史部文献（古代历史文献，近代史料文献，人物传记，日记杂录，大理人撰写的历史著作、游记、奏议公牍）、子部文献（儒家类、兵家类、天文类、算法类、杂家类、释家类）、集部文献（明清诗文集、诗文总集、合刻集、诗文评类、近代别集）、地理文献五大类等二十一小类影印出版。

（四）编辑出版《大理丛书》的意义

自然遗产、文化遗产是先人留下的不可再生的宝贵资源，后代子孙拥有与我们同等的权利，这就是代际公平，将这些遗产完整地传给后代，是当代人义不容辞的责任。尤其是文献典籍，它不仅展示各民族的自尊、自信与自豪，而且是传承文化的载体。

1939年5月20日，毛泽东同志在延安在职干部教育动员大会上发表讲话，其中谈到了学习历史的问题。他说：“古人讲过，‘人不通古今，马牛而襟裾’，就是说：人不知道古今，等于牛马穿了衣裳一样。什么叫‘古’？‘古’就是‘历史’，过去的都叫‘古’……‘今’就是现在。我们单通现在是不够的，还须通过去。延安的人要通古今，全国的人要通古今，全世界的人也要通古今，尤其是我们共产党员，要知道更多的古今。”

《大理丛书》的编辑出版，从多个层面较好地记录了大理历史文化并使之传承永远。它的价值自然要有待历史的检验，但仅就目前认识而言，至少可以有以下几点：

第一，《大理丛书》保存了大量的珍贵历史。

《大理丛书》内容极其丰富，其出版和发行保存了大量珍贵的历史资料。由于自然的因素和人为的破坏。《金石篇》中所刊载的许多珍贵碑刻大多已经毁坏，当年经专家学者认真校勘考释的释文许多都是首次面向读者。《族谱篇》中所刊载的许多族谱都是私家珍藏的手抄本，经过整理出版后，就可以得到较好的保存。《建筑篇》中收录的许多材料，随着城镇化现代化进程的快速推进，人们很难在现实世界中找到他们的踪迹。《白语篇》收录的数百万字白语词汇和其他白语资料，随着白族生活方式不断变化，许多词汇所表述的生产工具、生活资料，甚至儿童的娱乐形式、玩具，这些白语称谓也将渐被遗忘。如果没有《白语篇》的真实记录，后代子孙很难了解他们先辈生产生活的真实情况。诸如此类的珍贵资料在《大理丛书》其余各篇中都随处可见。

第二，《大理丛书》为研究者提供了不可替代的信息平台。

俗话说：“登东山而小鲁，登泰山而小天下。”研究历史需要占有大量的资料，只有尽可能拥有翔实可靠的资料才能为辩彰学术，考镜源流提供坚实的基础，避免“一叶障目，不见泰山”。《大理丛书》的编辑出版，无疑为学者们的研究提供了方便。如《考古文物篇》，将大理地区乃至云南及其周边一些地区的考古资料汇于一炉，又将考古文物研究的有代表性的成果集中展示，这样既可以避免低水平的重复劳动，又为研究者开阔了视野，拓展了研究空间。《史籍篇》收录的许多资料限于条件，一般人很难轻易查阅到。通过《史籍篇》的公开出版，许多珍贵的孤本、善本书所记录的史料，普通读者也可以查阅。其中如多种版本的《南诏野史》在同一书中同时刊出，相信对学者们通过比较研究，不断启迪思考，取得研究的新突破肯定是有意义的。《建筑篇》中收录了诸如大理市不同时期规划图，显然为“以史为鉴”，面向未来，兴利除弊，科学规划大理的发展蓝图也是不无裨益的。

第三，《大理丛书》的编辑出版对唤醒全民文化自觉，从而珍爱自己的文化也是不可或缺的。

大理素有“文献名邦”之美誉，这不光是指文献典籍多，文化人薪火相接，更应该表现为一个地区全民文化意识的增强和文明素养的普遍提高。20 世纪 30 年代英国人类学家 C · P · 菲茨杰拉德在他的《五华楼》一书中就写道：“事实上，在这不存在复杂的民族问题，这种少有的现象让人感到惊奇。对于欧洲人来说，这是一个让人头疼的问题。在这儿，人们不但没有根据不同的民族来把自己区分开来，也很少会想到把民族问题作为区分他们和他们邻居的因素。有无教育和语言能力，才是衡量个体身份地位的标准。”从一个侧面反映了文化对一个地区社会发展的重要作用，这也正是今天我们倡导建设和谐社会所必需的。

正如一首白族民歌中唱道：“古时候的天地现在还有，古时候的日月现在还明，古时候的山河现在还在，古时候的人现在不见了。”是文化让我们能与古人对话，向后代嘱托。所以，每一代人都有责任将文化接力棒代代相传。《大理丛书》的编辑出版，不仅传承了文化，而且会更将激发生活在大理的各族人民为自己先人创造的灿烂文化的自豪感、自尊心、自信心，从而为建设富裕民主文明开放和谐的大理提供精神动力和智力支持。

毋庸讳言，编辑出版这样一套大型文化丛书，尽管参编人员攻坚克难，尽了极大的努力，但由于古籍整理的难度，专业知识要求的深度、广度，其中错误在所难免。以《大理丛书·大藏经篇》为例，将残篇断简，漫漶不清的出土经卷准确无误地整理出版绝非易事。所以，我们热切期望各方面的专家学者不吝赐教，并以《大理丛书》为平台，不断推出新的研究成果，共同推进大理文化、白族文化乃至中华民族文化的繁荣发展，可以说，这就是我们编辑出版《大理丛书》的出发点和归宿。

最后，还是让我们用时任大理州委书记的刘明同志2008年5月9日致信大理州白族文化研究所时的一段话作结，可以说这是对编辑出版《大理丛书》的意义最恰当的表述。刘明同志写道："《大理丛书》涵盖了政治、经济、文化、艺术、建筑、考古等多个领域，内容极其丰富，是弥足珍贵的大型资料丛书。该丛书不仅是研究白族历史文化重要的参考文献，同时也是一份珍贵的文化遗产。我相信，《大理丛书》的出版发行，将对大理经济社会建设和社会主义精神文明建设产生积极的推动作用和深远的影响。"

留住集体的记忆

中国是世界文明诞生最早的国家之一，有几千年的文明史。中国各族人民以高度的智慧和创造力，创造了光辉灿烂的中国文化。城镇是一个国家，一个民族从不文明走向文明的标志之一。在四大文明古国中，中国是唯一文化没有断流的国家。我国众多的名城、名镇、名村就充分说明了这一点。分布在神州大地上星罗棋布的名城、名镇、名村既是物质文化，也是非物质文化。但是，应当看到在当前现代化、城镇化的过程中，很多历史文化名城、名镇、名村遭到了严重破坏，有不少古村落的原貌已荡然无存，即使遗留下来一少部分，也都面临文物建筑被损毁、文化遗迹被侵蚀、传统文脉被割断、文物原生态环境被瓦解或乱开发的命运，许多珍贵的历史记忆渐行渐远。这是一个十分严峻和亟待解决的问题。

为了让广大读者更多更好地了解我国名城、名镇、名村的遗物遗址、文物古迹、风景名胜、掌故传说和时代风貌，同时更好地保护它们，中国民间文艺家协会和国家知识产权出版社联袂推出中国民间文化遗产抢救工程——《中国历史文化名城·名镇·名村全书》。这是一项利在当代，功在千秋的善举，值得关注。

历史因时间而悠远，文化靠积淀才厚重。悠久的历史成就了大理众多的文物古迹。大理历史文化名城、名镇、名村很多，本次只收录了其中的一部分，它们比较集中地展示了大理历史文化的精华。

大理悠久的历史，厚重的文化，与大理得天独厚的区位优势息息相关。根据学者们研究，先于西北丝绸之路两百多年，在祖国西南也有一条重要的“丝绸之路”，即“蜀身毒道”。还有经大理达西藏的“茶马古道”，从大理到安宁南下出海的“步头路”，奠定了大理滇西交通枢纽的历史地位。今天，大理是全国同时拥有民航、铁路、高速公路因而交通四通八达的民族自治州。便捷的交通使大理吸纳中外文化精华，故而人文蔚起，薪火相接，代有名流；里巷传仁德之懿，父老有述古之风，享有“文献名邦”的美誉。秀美的山川、灿烂的文化与悠久的历史相得益彰，无疑是建设幸福、美丽大理的根脉，也是大理吸引中外游客纷至沓来的魅力所在。

靠文化扬名，提高品位；靠文化发展，一兴百兴。在这一点上，大理的经验值得借鉴。当前，保护“三名”（名城、名镇、名村）已进入攻坚阶段，各级政府都纷纷出台保护办法，但还不够，还必须加大宣传力度，增强人民群众对“三名”保护意识的自觉性。历史文化是人民创造的，也要人民来保护。正因为如此，我们便自告奋勇地承担了《中国历史文化名城·名镇·名村全书》大理白族自治州十二卷的编撰任务。近两年来，大理白族自治州白族文化研究所联合州级文化部门，在大理州委、州人民政府的大力支持下，团结和依靠热心文化事业的有识之士，群策群力，完成了编撰任务。

参加本次编撰工作的既有年过七旬的学者，也有正当盛年，承担着繁重日常工作的中青年新秀，但他们都怀着对历史负责，为子孙谋福的崇高理念，攻坚克难，争分夺秒，或多次深入所承担的地区开展田野调查，走访熟悉地方历史文化的有关人士；或沉迷于史籍档案，考稽钩沉，运用文字和照片，将各城、镇、村的山川名胜、人文历史、文物古迹、文学艺术、民风民俗、风物特产真实地记录下来，最大限度地将各地文化精华展示给广大读者。同时，各卷密切联系实际，对名城、名镇、名村的保护提出意见和建议。

谚云：“看得见山，看得见水，记得住乡愁。”历史的辉煌值得自豪，更是留给每一个当代人的一份沉甸甸的责任，守望好这片热土，再创新的辉煌，在各自不同的岗位上，做出能够告慰先人，无愧后人的业绩，应该是每一个大理人不懈的追求。相信这套“丛书”能在大理各族人民建设幸福美丽大理中进一步增强民族文化自觉，留住集体的文化记忆。

彩虹依旧映苍洱

人事有代谢，往来成古今。只有文化生生不息，历久弥新。正是基于这样的认识，大理州白族文化研究所（简称“白研所”）在中共大理州委、大理州人民政府的领导和关怀下，成立不久就推出了以人立卷的《情系大理·当代白族作家丛书》（十四卷），将徐嘉瑞、罗铁鹰、马子华、欧小牧、王定明、马曜、杨明、张文勋、杨苏、杨亮才、晓雪、那家伦、景宜等14位当代白族作家的代表作结集出版，用以展示当代白族作家的群体形象和创作实力。为了溯源疏流，进一步发掘、梳理和研究白族作家创作，白研所又组织了一批专家学者，选注出版《情系大理·历代白族作家丛书》（十八卷），将有资料可稽，特别是明清以来的白族学人李元阳、王崧、赵藩等人的代表作，以人立卷，结集出版。对大部分有目无书，只留下少量诗文难以独立成卷的学人统一编辑成《综合卷》，共收录200多位学人的作品，分18卷出版，让被誉为“文献名邦”的大理更熠熠生辉。

（一）

云南是人类发祥地之一。距今170万年前的元谋人，迄今仍然是我国境内发现的最早人类化石。作为云南世居民族之一的白族先民，以至后来形成的白族，其文化肇始于商周，历数千年绵延不绝。剑川海门口出土的锥镞，开启云南青铜文化之先河；祥云大波那铜棺的发现，说明战国时期，祖国西南已有王者之雄。汉代，洱海区域的白族学者主动接受和学习汉文化已蔚为风气。《南诏德化碑》记载，南诏时期，建孔庙，上层统治阶级“不读非圣之书”。宋王朝因穷于应付北方边患，与大理国比较疏远，但大理国一而再，再而三地与宋王朝主动示好。在双方来往的经贸活动中，文化交流别具特色。《桂海虞衡志》中记载：“乾道癸巳（1173 年），大理国人李观音得、董六斤黑、张般若师等，凡二十三人，至横山议市马，出一文书，字画略有法。大理所需的《文选五臣注》、《五经广注》、《春秋后语》、《三史广注》、《本草广注》、《五藏论》、《大般若十六令序》、及《初学记》、张孟《押韵》、《集圣历》……百家之类。”经贸交流不忘购买如此内容广泛的汉文典籍，可见汉文化对白族的浸润之深。

大理因其特定的地缘优势，成了中原文化与西南乃至东南亚各种文化交会的重要枢纽。正因为如此，今天，在内地消失的一些文化在大理的洞经音乐、抄本写经中仍有保留，这种“典籍失于朝而求诸野”的现象，说明白族文化的兼容并蓄、海纳百川、厚重绵长。抢救、收集、整理这些文化遗产，不仅仅是保护白族文化的需要，对弘扬中华民族优秀文化同样具有重要意义。

（二）

苍山如屏挹秀，洱海似砚涵文。在大理，这片被称为“妙香古国”的风水宝地上，曾建立强大的南诏、大理国，其疆域比现在的云南省大：“东至普安路之横山（今贵州普安）；西至缅甸之江头城（今缅甸杰沙）；南到临安路之鹿沧江（今越南莱州省的黑河）；北至罗罗斯之大渡河。”[1]声威远播东南亚。五朝（南诏国、大长和国、大天兴国、大义宁国、大理国）故都大理又是先于西北丝绸之路 200 多年的西南丝绸之路——蜀身毒

① 宋濂等：《元史·地理志》中华本，975 页，1898。

道和茶马古道的交通枢纽，大理是得天独厚的地方："天气常如二三月，花枝不断四时春。"对一般城市来说，"择乐土而居，作佳山川之游，二者不可兼得，唯大理得而兼之"。明状元杨慎谪居大理后，在《游点苍山记》中写到："余自为僇人，所历道途万有余里；泛洞庭，越衡庐，出夜郎到碧鸡而西也，号称名山水盖一闻而厌见矣。及至叶榆（大理），一望点苍，不觉神爽飞越，山则苍笼垒翠，水则半月拖蓝。城廓奠山海之间，楼阁出云烟之上，香风满道，芳气袭人。余时如醉而醒，如梦而觉，然后知向者未尝见山水，而见自今始。"一方水土养育一方人，成就一方文化。这片以白族文化为主，和而不同的多元文化与自然和谐共融的乐土，是迸发创作激情和诞生奇思妙文的地方。它不仅吸引了无数外来的迁客骚人，为之动情讴歌，也成就了白族无数文人墨客。他们的诗文，有的收入《全唐诗》，载入中华民族文库；更多的则是珍藏于民间，世代相传。只可惜明洪武年间，明军到达大理，段氏兄弟被俘，械送南京。南诏、大理国历时五百余年苦心经营的羊苴咩城（大理城）被夷为平地。大理的众多文献典籍被明军焚于一旦，许多诗文有目无书，一些名冠当时的家庭诗人群，如世称"一门五代六诗人"，被誉为"白族诗人之家"的何氏都难以独立成卷，留下了无法弥补的缺憾。但仅就现在能够收集到的资料，仍然可以让我们看到历代白族知识分子的丰采。略举几例，以斑窥豹。

明嘉靖年间，"杨门六学士"之一的杨士云，为官40年，以清贫自守。他涉猎广泛，著作颇丰。现存《杨弘山先生存稿》12卷。他热爱故乡山水，写诗赞道："何必桃源更问津，花间流水石粼粼。玉芝瑶草无人识，应使青山冷笑人。"他同情人民疾苦，在《青苗》一诗中，他愤怒写道："青苗正苦雨连绵，斗米于今费几钱。县吏催科星火急，囊中羞涩更何言。"热爱人民的诗人自然也受到人民的爱戴，乡亲们亲切地称他为弘山夫子。

李元阳，明代云南著名的文学家和史学家。他在江苏做官，外抗倭寇，内抚黎民。书联“顾名而不顾民，良心何在；催税却忘催耕，暴政频施”以自勉。离任时，当地百姓“流涕遮道百余里”，为他建生祠，还勒碑：“述善事百余事。”嘉靖十八年（1539 年），李元阳回归故里，在长达40 年的田园生活中，他著书立说，编纂的万历《云南通志》和嘉靖《大理府志》是两部重要的地方志。他的诗文主要有《艳雪台诗》《中溪漫稿》《心性图说》等。其中《火把节登鼓楼》写道：“万炬森里彩翠浮，宛然今日似仙游。上天下地星辰满，恍惚无人辨斗牛。”今天读来，仍然使我们仿佛置身于当年白族人民在苍洱间欢度火把节的盛况。李元阳与杨升庵过从甚密，经常结伴出游，留下了大量脍炙人口的诗文，是研究这一时期大理历史文化的珍贵资料。

剑川向湖村是文才辈出的地方。赵炳龙是继杨士云、李元阳之后卓有成就的白族诗人。与同时代的高僧担当、大错等都结有文字缘。他的《满贤林》，“列障千寻起，悬岩百刃雄。云飞疑不动，霞敛觉山空。面壁达摩洞，菇芝黄绮翁。所欣逢胜侣，何暇问崆峒”，是其代表作。可惜他的不少诗词，如《宝岩居词》等已散轶，此次入选全靠罗江文教授考稽钩沉，才勉强成卷。

清代的师范是此次入选中著作最多的学人之一。他知识渊博，多才多能。在望江为官，刚正清廉，不畏权势。“以爱土恤民为己任，敦礼节，厚风俗，义之所在，虽死生利害弗挠。”病逝于馆，身无余财，唯存书籍千卷，士民悲泣。他一生著有《南诏征信录》3 卷，《金华山樵夫》2 卷，《雷音集》12 卷，《荫春书屋诗话》1 卷，《小停云馆艺兰》10 册，以及《二余堂诗稿》等。他编著的《滇系》一书，计 40 册，约 45 万字。是治云南史学者的必读之书。

赵辉壁，洱源县凤羽人，道光年间进士。存世著作有《古香书屋诗钞》《古香书屋文钞》。其诗文多以说理咏史来抒发自己的思想感情。如《星回节怀古》一诗，叙述了星回节（即火把节）的两种起源传说，盛赞阿南和邓赕诏夫人高风亮节。诗中写道："石烂江枯丘陇平，精光长照苍山雪。八百年来岁月深，沧桑触目几消沉。但看今夕千株火，犹见双妃一片心。"展示了白族文学的深刻内涵。

哲学是民族先进文化的集中体现，各个民族历史上出现的优秀哲学家、伟大哲人是一个民族先进文化的反映，也是一个民族精神的一面镜子。收入《情系大理·历代白族作家丛书》中的高奣映，据传他的著作达81种之多。他对"无极"的批判，对汉儒深入剖析并提出独到见解。姚安县志曾将他与同时代的顾炎武等著名学者相提并论。

著有《说纬》的学者王崧，洱源玉湖镇人，被称为清代云南经学巨擘。他在山西为官讲学，生徒云集，蜚声全晋，就是在全国也称得上是渊博之士。他一生著作很多，除《说纬》6卷外，还有《乐山制艺》《乐山诗集》等。他编纂的《云南备征志》在云南文献中也是数得着的。王崧对诗歌研究造诣很深，他主张"言必由衷"。写诗要有真情实感，提倡"诗不必袭三百篇之体，而深有合于三百篇之趣"。反对抄袭模仿，主张在前人的基础上有自己的创造，强调诗要有"垂教"作用，育人功能。

近代白族知识分子的杰出代表赵藩，因其成都武侯祠的"攻心联"受到毛泽东同志的赞誉而声名鹊起。赵藩生于清王朝急剧动荡年代，直到42岁才出任酉阳直隶州州牧。他为官始终保持清正廉洁、勤政为民的良好风范。作为州牧，他多次书联："焚香告天，苟妄索案中一钱，阴谴重矣；设身处地，敢不为堂下百姓，平情由之。""身家所系，性命所关，切毋罔上营私，报应从来最速；囹圄之苦，词讼之累，但愿替人着想，方便落得多行。"以自励和告诫属下。这与他后来受到人们交相传诵的"能攻心，则反侧自消，从古知兵非好战；不审势，即宽严皆误，后来治蜀要深思。"的

“攻心联”的思想境界是一脉相承的。为文，他著作等身，相传光诗文就近万首。但都为时而作，有感而发，从不作无病之呻吟。他赠章太炎诗：“君为浙西一疯子，我是南滇赵病翁，先生岂狂我岂病，补天浴日此心同。”表现出“位卑未敢忘忧国”的高尚情怀。为人，他襟怀坦荡，与时俱进，紧跟时代脉搏。他一生著作颇丰，已刊者有《咸同滇中兵事记》20卷，《诗集》64卷，词8卷，《别集》4卷，《鷦巢小识》12卷，《金石书画题跋》12卷，《介庵楹联集》3卷，《书札》30卷。他主持编辑的《云南丛书》，收录205种1402卷，集云南文献之大成早已载入史册。

作为云南最早东渡日本求学并加入同盟会的李燮羲，他一生积极投身民主革命，且音乐和诗词造诣都很深。他谱曲的岳飞《满江红》、儿歌《蜜蜂歌》、《新纂云南通志》被“播于全国，人皆颂之”。他的《剑虹诗稿》收录300多首诗。其中“投笔远为万里游，扶桑三岛久勾留，富强学术资研究，希望将来展一筹”，表达了他试图以知识救国的愿望。他心系桑梓，一首“大好河山是故乡，前横玉洱后银苍，一庭明月非钱买，两扇清风犹扇凉”来赞美自己的家乡大理。

领导编纂266卷648万字《新纂云南通志》的周钟岳，出身贫寒，少时刻苦自励。23岁就将所著《守约斋诗稿》呈赵藩赐教并即席作诗：“一州作牧著贤声，儒术学兼济物情。竟说文翁能化俗，旋闻平子竟归耕。莼鲈味好萦乡思，琴鹤轻装便客程。所喜高堂新位在，三巴引领有苍生。”深得赵藩好评，书赠“践履笃实，志趣远大”嘉勉，周钟岳终成大器。著有《法占安南始末记》《惺庵诗稿》《惺庵日记》《天南电光集》等存世。

此外，入选本“丛书”的李於阳、杨琼、董正官、杨绍霆、赵式铭、赵甲南、段居等人都是当时的俊杰之士。他们的诗文“桃红梅白”，各有千秋，从不同的侧面反映出他们所处时代的喜怒哀乐，离合悲欢，如李於阳《买儿》之叹、赵式铭的《白文考》、杨琼的《滇中琐记》等，是研究云南民国历史的珍贵资料。

俗话说“文以载道”“文如其人”。收集、整理、编辑众多先贤们的诗文，不仅是抢救、保护民族文化遗产的需要，而且更主要的是通过继承优良传统，不断丰富和发展民族精神的内涵，以造福于人民。

需要说明的是，民族是人类社会发展到一定阶段的产物。白族在历史发展的过程中，不断融合其他民族发展自己，白族也被其他民族（尤其是汉族）不断融合，史有明载，迄今不断。所以，收入本“丛书”的众多作者，有的民族成分，学术界虽然存在不同看法，如高奣映、师范等。但并不影响苍山洱海的灵山秀水，南诏、大理的古老文化，激发了他们的创作灵感，成就了他们的鸿篇巨制；而他们的如椽妙笔，又为苍洱文化增光添彩，丰富了白族文化的底蕴和深刻内涵，故一并收入《情系大理·历代白族作家丛书》，以告慰先人，激励后人去推陈出新地弘扬民族优秀文化，使之代代相传。

还需要说明的是，由于白族没有本民族的文字，历史典籍和书面文学作品，都是用汉文字记载的，即使是白族文人，也都是用汉字创作的“白族文学”，不像彝族毕摩、纳西族东巴那样用本民族的文字符号记载本民族的历史文化。这样固然具有白族知识分子容易吸收汉族先进文化，促进自己发展的进步意义，但同时也带来原汁原味保存白族文化的难度，从而也就造成白族文化研究中过多的趋同、求同的一面，而不是从浩瀚的汉文献、汉字记录的“白族文化”中寻找本应属于自己的那部分。然而，就像生物的多样性是自然得以存在和发展的基础一样，文化的多样性同样是人类社会得以存在发展的基础。面对世界范围各种思想文化的相互激荡，民族文化保护显得日益重要和珍贵，这同样适用于白族文化的研究和保护。

（三）

1981 年，《中共中央关于整理我国古籍的指示》即中发〔1981〕37 号文件中指出："整理古籍，把祖国宝贵的文化遗产继承下来，是一项十分重要的，关系到子孙后代的工作。"1984年国务院国办发〔1984〕30号文件又指出："少数民族古籍是祖国宝贵文化遗产的一部分，抢救整理少数民族古籍是一项十分重要的工作。"云南省领导、大理州领导对我所古籍整理工作给予了大力支持。李汉柏副省长，原州委书记、现任省人民政府副省长刘平一直关心和支持这项工作。州长赵立雄听取汇报并明确指示："要重视质量，不要搞低水平的重复劳动，所出成果对当代要有用，对后代值得流传。"他与州委书记顾伯平还为本丛书作序予以支持。州委副书记赵济舟、州政府副州长杨宴君也多次听取汇报，及时给予指导。我所聘请的顾问和特约研究员马曜、张文勋、杨亮才、李缵绪、尹明举、张如旺等或为丛书的编纂出谋划策，或为丛书资料征集献计出力，多付辛劳。

古籍整理是一项艰苦而细致的工作。少数民族古籍中，记录了各民族艰苦创业和生存发展的历程，凝聚着祖先文明创造的成果，体现着不同民族认识世界和观察世界的特殊视角和方法。然而，由于时势沧桑，许多古籍或毁于天灾人祸，或散轶在浩瀚史籍和广大民间。这次入选的作品，都是编注者或从浩如烟海的史籍，诸如《云南丛书》《丽郡文征》《丽郡诗征》和多种方志及手抄本中千淘万滤，精选而成；或从海内外亲友手中征集到的只言片语连缀成篇。参加编注的有年过八旬的原剑川政协副主席张文渤先生，早已退休颐养天年的原昆明市政协李泰来先生，原云南省纪委常委李景华先生，原云南省计委高级工程师李建国先生，原大理州文联副主席施立卓先生，原楚雄州文联主席芮增瑞先生，云南师范大学中文系余嘉华教授，原大理州文化局文化科长张明曾先生，弥渡县地方史专家盛代昌先生，云南省高级记者王明达先生，大理学院赵定甲教授，中共大理州委宣传部高万鑫主任编辑，云南大学中文系主任、博士生导师段炳昌教授，云南大学中文系副主任罗江文教授，大理学院旅游系主任张建雄副教授，大理州志办杨光复编审，大理州图书馆馆长杨锐明副研究员。可喜的是大理学院的一批年轻学者周锦国、杨云飞、赵建军，大理州白族文化研究所李公，大理市图书馆李革生、段甲成也参与这一盛事，达到了出成果、出人才的预定目标，使白族文化既展示了辉煌的过去，又预示着美好的未来。尤其需要说明的是，作为第一次大规模对白族文学的系统整理，从征集资料到选注考释，处处凝聚着参与者的心血和汗水。首先是征集资料难。此次入选的学人，他们的文集连故乡都无法查找。如王崧的《说纬》等，全靠热心这一文化事业的专家学者鼎力相助才征集到手。其次是注释难。白族许多学人大都在外地为官，如董正官长期在台湾从政。他的许多即兴唱和之作，很难追根溯源。参编的专家学者常常伏案尽日，冥思苦想，仍觉不无缺憾。在此，我谨向所有为《情系大理·历代白族作家丛书》给予了大力支持、帮助、做出贡献的人们表示衷心的感谢。

最后，我们还要感谢民族出版社和欧光明、斯陆益、罗焰、马非等同志，正是你们创造性的劳动，将一本本装帧精美的精神产品送到了广大读者手中，为传播白族文化同样做出了积极的贡献。

千淘万滤虽辛苦　吹尽黄沙始现金

《中国木版年画集成·云南甲马卷》的编纂工作，在中国民间文艺家协会和云南省民间文艺家协会的领导和支持下，经全省各地领导及众多民间文化工作者的共同努力，已如期完成，并由中华书局出版。这是中国民间文化遗产抢救工程的又一成果，它的编纂出版，无疑对我国目前正在进行的抢救、保护民间文化遗产，开展科学的深入研究，都将具有深远的历史意义。

（一）

根据中国民间文艺家协会对中国民间文化遗产抢救工程之一的《中国木版年画集成》的总体策划，《云南甲马卷》主要在云南省境内普查、征集，并编纂出版，甲马流布最多的大理州自然成为此次普查的重点地区。

云南简称滇或云，是祖国西南的重要门户。东部与贵州省、广西壮族自治区接壤，北部与四川省隔金沙江相望，西北部毗连西藏自治区。西部和南部分别与缅甸、老挝、越南三国为邻，国境线4060千米。云南又与东盟各国和南亚各国为近邻，既是祖国的西南边陲，又是面向东南亚、南亚各国的开放前沿，具有独特的区位优势。

作为此次甲马搜集最多的大理州，位于云南西部。它东连楚雄州，南与思茅、临沧地区毗邻，西接保山和怒江傈僳族自治州（简称怒江州），北与丽江市接壤，总面达29459平方公里。山区面积占总面积的83.7%，坝区仅占16.3%。全州境内有108个大小盆地（当地叫坝子），是人口主要聚居区和农业耕作区。

在这块广袤、富饶、美丽的土地上，1956年11月22日，成立了大理白族自治州。下辖12个县、市，即大理市、漾濞彝族自治县，巍山彝族回族自治县、南涧彝族自治县、永平县、云龙县、宾川县、祥云县、弥渡县、洱源县、剑川县、鹤庆县。自治州首府设在大理市。

大理州现有人口约326.09万（1999年末），其中少数民族人口160.5万，占人口总数的49.22%；少数民族人口中白族108.5万人，占总人口33.27%；大理州内汉族不少，约占自治州人口的半数左右。

大理是祖国西南边陲开发较早的地区之一。据最新考古发掘，早在一万多年前，大理地区就有人类居住。著名的“南方丝绸之路”与“茶马古道”在这里交汇，使大理成为连接东南亚、南亚的重要交通枢纽。

悠久的历史，灿烂的文化，便利的交通，使大理成为各种不同类型的文化碰撞、交流、相互吸纳的理想栖息地，甲马既有自然崇拜的原始神，也有巫教鬼神，还有道教神、佛教神、世俗神、本主神等，这也是为什么甲马在大理特别丰富多彩的原因。

除大理州外，保山、玉溪、昆明、曲靖、丽江等地区甲马流布都很丰富，参与此次普查的成员早在20世纪五六十年代，就开始了在上述地区收集甲马，并分门别类地予以珍藏。根据《中国木版年画集成》的要求，普查组又在上述地区再次作了调查，深入村寨、店铺、摊点，与从事甲马生产的艺人和甲马销售的店主、摊主促膝交谈，征集、拍摄了大量甲马雕版照片。楚雄地区，历史上曾有过甲马，但现在已不多见，普查组也找到当地一些老人访问落实。在迪庆藏族地区，当地的甲马印制、使用与其他地区有别，普查组也作了调查，并征集到部分藏族使用的甲马，力求使这次普查形成的《中国木版年画集成·云南甲马卷》建立在坚实的田野调查基础之上。

（二）

甲马是一种比较古老原始的木刻版画。白族称“纸符”，流行在滇西、滇南、滇东北广大农村，以大理一带白族甲马最有特色。旧时，大理、巍山、弥渡、洱源、剑川、鹤庆、云龙都有专卖冥物和祭祀品的商店，常年有甲马卖，也有专门制作甲马的手工艺人。从春节贴在门框上的“招财童子”、“利市仙官”至灶君“奏善堂”，庭院中的“天地堂”都是造型各异的“甲马”。平时祭祀本主、上坟、驱邪祭神要烧甲马，以沟通人神之间的联系。甲马制作比较简单，只有刻版、印刷两道工序。刻版即用斜口刀、平口刀、圆口刀在梨木、杜鹃花或水冬瓜木版上刻出反形画面，多为阳刻，也有少数阴刻，以作画印版用。再用锅灰调成墨，刷印在纸上。甲马种类很多，有大、中、小三种，大的约为 26 厘米 ×18 厘米，中的是大的一半，小的约为中的三分之二。内容有上刀山甲马、喜事甲马、盖房甲马、招财甲马、送岁甲马、祭灶甲马、祭祖先甲马、谢山神土地甲马、防病驱瘟甲马、求六畜兴旺甲马、求子甲马等。各地甲马虽有刻工的风格不同，但构图和造型都基本一致。这些甲马大概都是民间艺人雕工刻的，故其中错别字比较多。这些出自水稻农耕者之手的艺术品，大都具有农民画的特点：朴拙、厚重、粗犷、刚健。甲马作为民间艺术的一个独特品种，它具有多方面的价值。首先，它是一种民俗文化，各地甲马几乎无一例外地同信仰民俗密切相关。其次，作为美术作品，它开了我国木版画的先河。它大胆的想象和独出心裁的构图，虚实结合的表现手法以及刀法的严谨和刚劲利索，都令人折服。如今，甲马已逐渐失去了它的实用价值，但其艺术价值依然是存在的，更是研究民族文化的一个重要载体。甲马纸是民俗研究的一个重要内容，它蕴藏着丰富的文化内涵，从中透露出云南各族祖先在远古时期的自然崇拜，如风神甲马、树神甲马、石神甲马等的存在，说明人类早期对风、雨、雷、电产生的自然现象无法理解，以为风有风神、雷有雷神，产生了原生态的宗教。然而，由于过去将甲马一概斥之为封建迷信予以全盘否定，“文化大革命”破四旧中又首当其冲。甲马店被查封，雕版被付之一炬，许多出售、使用甲马的店主、朵兮薄（巫师）更是在劫难逃，致使许多甲马已难觅其踪。尤其是对各种甲马的文化内涵能讲清楚的人就更少。此次《云南甲马卷》中的许多资料，都是靠钟情于民间文化的热心人千方百计保存下来的，可以说是劫后余生。

大理山茶别样红

《中国民间故事全书·云南大理分卷》（县卷本，包括 12 个县市）的编纂工作，在中国民间文艺家协会、云南省民间文艺家协会和中共大理州委、州人民政府的领导和支持下，经大理州各地文化部门及民间文艺工作者的共同努力，已如期完成任务，由知识产权出版社出版。这是继中国民间文学“三套集成”之后的又一重大文化工程。它的编纂出版，无疑对我国目前正在进行的抢救、保护民间文化遗产，弘扬祖国文化和进行社会主义精神文明建设，都将产生深远的历史影响。

（一）

大理州位于云南西部。它东连楚雄彝族自治州，南与思茅、临沧地区毗邻，西接保山和怒江傈僳族自治州，北与丽江市接壤。总面达 29459 平方公里。山地面积占总面积的 83.7%，坝区仅占 16.3%。全州境内有 108 个大小盆地（当地叫坝子），是人口主要聚居区和农业耕作区。

大理大部分为纵谷区，属横断山脉南端。地势呈南北走向，西北高，东南低。境内最高山为剑川西部的雪邦山，海拔 4295.3 米，最低点是云龙县怒江边的红旗坝，海拔 724 米。金沙江、澜沧江、怒江、红河（元江）穿境而过，160 多条大小河流遍布全州。境内湖泊主要有洱海、剑湖、西湖、茈碧湖、海西海、青海湖、草海、天池等。

大理地区山脉属云岭山脉和怒山山脉，著名的苍山十九峰将全州切割为东西两部不同的地理环境。西部是崇山峻岭，高山峡谷，东部则地势平缓开阔。大理名山不少，除著名的点苍山外，还有罗坪山、雪邦山、老君山、无量山、哀牢山、鸡足山、马鞍山、天马山、石宝山等。

苍山，又名熊山，白语叫“极造赛”，意为老熊出没的地方。这里由于气候适宜，雨量充沛，很适合植物生长。据有关部门统计，森林中的高等植物类，仅大理苍山上就有 182 种之多。云南八大名花——山茶花、杜鹃花、玉兰花、报春花、百合花、龙胆花、兰花、绿绒蒿，苍山上都有生长，尤以山茶花为最。大理是山茶花的故乡，素有“云南山茶甲天下，大理山茶甲云南”之誉。

大理市距省会昆明 398 公里，是国道 214 线及 320 线的交汇点。大理自古以来既是滇西政治、经济、文化中心，也是滇西的交通中心。中华人民共和国成立以来，大理的交通事业有了飞速发展。如今被当地群众称为“铁公鸡（指铁路、公路、飞机场）”的广（通）大（理）铁路，楚（雄）大、大丽（江）、大保（山）高速公路、均已全线开通，大理机场也已经启用，大大缩短了大理与内地的距离，促进了大理地区工农业、文化以及旅游事业的发展，这是 20 世纪末和 21 世纪初大理交通史上的一件大事。

大理州是一个以白族为主体的少数民族自治州。全州现有人口约 326.09 万（1999 年末），其中少数民族人口 160.5 万，占人口总数的 49.22%，少数民族人口中白族 108.5 万人，占总人口 33.27%，大理州内汉族不少，约占自治州人口的半数左右。人们喜欢把少数民族称为兄弟民族，这不无道理。因为很多民族的创世神话，都说各民族是一母所生的亲兄弟。居住在大理的各民族，历来都友好相处。今天，大理各族人民在党的民族政策的光辉照耀下，“秉苍山洱海之神韵，承南诏大理之荣光”，更加团结和睦，同心协力，共同建设自己的美好家园。

（二）

大理是祖国西南边陲开发较早的地区之一。据考证，远在 4000 多年前，大理地区就有人类居住。自20世纪30年代以来，在以洱海为中心的200多公里范围内，已经发现或发掘出旧石器、新石器、金石和青铜器遗址近百处，其中以宾川白羊村文化遗址、大理佛顶、马龙文化遗址、剑川海门口文化遗址、祥云大波那文化遗址等最为典型。白羊村遗址出土文物516件，除大量手制陶器和部分石器外，还有猪、狗、牛、羊以及其他野兽的骨、角、牙器和蚌器等，屋基内还有稻作文化遗存。这说明，洱海地区的居民当时已开始经营农业，并已形成定居的村落。经测定，白羊村遗址距今约4000年，相当于夏王朝的早期。海门口遗址出土文物近1000件，其中陶器最多，而且还有制陶工具。陶器中有不少陶网坠，还出土有铜钓钩，说明这里居民以捕鱼为业。同时出土有麻石制作的工具。海门口遗址距今约3200年，相当于夏王朝晚期。海门口的铜石并用文化是洱海区域的新发展。大波那出土一具以楠木为外椁的铜棺，随葬品90多件，绝大多数是青铜器，其中有锄、锛、矛、剑、钺、尊、杯、勺、斧、匕、杖等器物，有鼓、钟、葫芦笙等乐器，还有房屋、牛、马、羊、猪、鸡的模型和其他饰物。该墓葬距今约2400年，相当于战国中期。这些文化遗存表明，在很早以前，大理各族先民就已在以洱海为中心的这片辽阔的土地上繁衍生息，他们一步步从新石器时代走向铜石并用时代，再走向青铜时代，他们通过自己的智慧和辛勤劳动，共同创造了大理的历史和文化，创造了洱海文明。

大理一向被称为“亚洲文化十字路口的古都”。所谓十字路口，是说著名的“南方丝绸之路”与“茶马古道”在这里交汇，使大理成为连接东南亚、南亚的重要交通枢纽。“南方丝绸之路”，又称“蜀身毒道”，是一条从四川经大理通往印度及中亚的民间商道。从成都到大理的路线实际上有两条：一条称灵关道，也称西路，是从成都经雅安、西昌、盐源、会理、大姚到大理；一条称五尺道，也称东路，是从成都经乐山、宜宾、昭通、曲靖、昆明、楚雄到大理。而从大理经永平、保山、腾冲到缅甸、印度一段称博南道。大理刚好在灵关道、五尺道和博南道的交汇点上。

茶马古道，是滇川藏进行商业贸易和文化交流的通道。它是以大理为中心往东经楚雄到昆明，再到内地；往南经巍山到茶叶主产区云县、凤庆及普洱、思茅等地；往西经保山到缅甸，再到东南亚诸国；往北经丽江、中甸到西藏，再到印度、不丹、尼泊尔诸国。在这条古道上，大理各族先民们早在2000年前就已做着马匹、盐巴、茶叶、药材和皮毛的生意了。

据文献记载，早在先秦时期，大理地区已出现了以从事农业生产为主的部落，而且有了君长，出现了不同的族称，如僰、叟、昆明、嶲、白蛮、乌蛮等，大理的多民族性此时已初步形成。

西汉元封二年（公元前109年）汉武帝发巴蜀兵征云南，滇王投降，汉武帝以其故地置益州郡，下辖24县，大都在云南境内，郡治在滇池县（今晋宁）。从此，洱海地区便完全置于中央王朝直接管辖之下。

东汉时期，为了加强对洱海地区的统治，东汉王朝将益州郡中的不韦（今施甸）、嶲唐（今云龙西南）、比苏（今云龙）、叶榆（今大理）、邪龙（今巍山）、云南（今祥云）划出，加上新设置的哀牢（今腾冲）、博南（今永平）二县，置永昌郡，治所在不韦（今保山东北）。永昌郡地域广大，史称“东西三千里，南北四千六百里”。除包括今天的整个大理州外，还包括保山、德宏、西双版纳和临沧的部分地区。

三国时期，诸葛亮平定南中（即今云南贵州一带，史称南中），进一步推行郡县制。建兴三年（225年），从益州郡中划出弄栋（今姚安），从永昌郡中划出叶榆、邪龙、云南三县，从越嶲郡中划出遂久（今丽江）、姑复（今永胜）、青蛉（今姚安）三县，合七县设立云南郡，治所在今祥云县。

隋末唐初，天下大乱，云南大部分部落支离，各据一方。此时洱海地区有蒙嶲诏（今漾濞）、邓赕诏（今洱源邓川）、浪穹诏（今洱源）、施浪诏（今洱源东北）、越析诏（今宾川）、蒙舍诏（今巍山）先后崛起，史称“六诏”。蒙舍诏因地处南部，又称南诏。唐开元二十五年（737年），南诏在唐王朝的支持下，征服其他五诏，统一了洱海地区，建立南诏。先建都太和城（今大理太和村），后迁都羊苴咩城（今大理古城）。南诏共传十三代，历时165年。

乾宁四年（897年），权臣郑买嗣杀死南诏王隆舜，后又杀死隆舜子舜化贞及南诏王室800人于五华楼下，夺取了南诏政权，建立了大长和国。天成二年（927年），权臣杨干贞又杀死郑买嗣之孙郑隆亶，灭大长和国，立赵善政为王，建立大天兴国。10个月后，杨干贞又废赵善政，自立为王，改国号为大义宁国。

后晋天福二年（937年），“白蛮”段思平联合滇东“三十七部蛮”进军大理，推翻了大义宁国，建立了大理国，定都羊苴咩城。大理国共传22代，历时316年。

元宪宗三年（1253年），元世祖忽必烈率10万大军，分三路进攻大理，忽亲率中军，“革囊渡江”，攻破大理，国相高祥被杀，国王段兴智逃至押赤城（今昆明）。翌年（1254年），城破，段兴智被俘，大理国遂亡。宪宗六年（1256年），元宪宗蒙哥赦免大理国王段兴智，封他为“摩诃罗嵯”（大王）称号，并授予管理大理各部的权力，世称大理总管。终元之世，段氏世袭大理总管，传十一世。

明洪武十四年（1381年），朱元璋以傅友德为统帅，蓝玉、沐英为副，调集30万大军征讨云南，很快攻占昆明、大理。梁王自杀，大理总管段明兄弟被俘。明军攻下大理后，实行改土归流，废除世袭土官，改大理路为府，在大理地区设置大理、鹤庆、蒙化（今巍山）府。

清顺治十六年（1659 年），清军兵不血刃，进入昆明。清军占领云南后，仍沿用明朝建制，大理地区分属大理府、丽江府、永昌府和蒙化厅。大理为迤西道治所、云南提督驻地。

清咸丰六年（1856 年），在滇西爆发了以回族杜文秀为首的各民族起义。起义军很快攻占大理，杜文秀做了总统兵马大元帅，在大理建立了元帅府，势力扩大到了滇中、滇西 50 多个县，大理政权存在达 18 年之久。

宣统三年（1911 年）10 月 10 日武昌起义，各省纷纷响应。10 月 30 日（农历九月初九），云南人民在昆明举行“重九起义”，随后在昆明五华山成立“大汉云南军政府”（即大中华国云南军政府）。云南军政府成立后，改迤西道为滇西道，后为腾越道。民国十八年（1929 年）废除道制，实行省县两级制，大理地区设置祥云、弥渡、宾川、凤仪、蒙化、大理、永平、云龙、漾濞、邓川、洱源、剑川、鹤庆 13 个县市。

（三）

大理是一个美丽神奇的地方。以产大理石和山茶花闻名的点苍山，峰岚岩岫，气象万千。19 个山峰，由北向南，像一座天然的屏风，矗立在洱海边上。18 条溪水从山顶倾泻而下，像一条条闪光的银链，悬挂在山峰之间。山顶上，古木参天，萦云戴雪，四时不消。山上冰天雪地，山下温暖如春。

苍山对面的洱海，湖水碧蓝，酷似大海。极目眺望，由南至北，浩淼汪洋，烟波无际；从西向东，纤细秀美，形如新月。巍峨的苍山与柔美的洱海相映衬，构成了一个令人遐想的神话世界。

大理好就好在山水相依。在我国所有的高原城市中，恐怕也没有能与大理相比的风光。在这里，山和水都凸现了它们的极致，互相依偎，互相衬托。如果大理只有山而没有水，那么无论苍山怎么高峻，他也如同一位单身的俊男，虽俊但未免感到寂寞；如果大理只有水而没有山，那么尽管洱海多么清蓝，她也只像一位单身的美女，虽美但毕竟感到孤单。大理真是天作之合，有山有水，山水相依，阴阳调和，刚柔并济，真是再美不过了。

大理的美就美在自然景观与人文景观兼而有之。一个地方，如只有自然景观，而无人文景观，就如同一位未曾受过教育的村姑，打扮得很漂亮，但没有气质，美却不耐看，这种美是不完全的美。大理得天独厚，老天赋予大理的美是完全的美：即有自然之美，又有人文之美，二者可谓相得益彰，使人看了心旷神怡。

大理，一幅美丽的风景画。

大理，一部厚重的历史书。

大理是风花雪月之都。风花雪月原是曲牌名称，但把它用在大理的生态环境上，是再合适不过了。所谓风即下关风，花即上关花，雪即苍山雪，月即洱海月。当地民谣："身披下关风，脚踏苍山雪，早看上关花，晚观洱海月。"下关风猛如虎。它从苍山与哀牢山之间呼啸而来，至下关天生桥峡谷口，风势便由下往上蹿，出现了一些奇异的自然景象。下关一年四季风吹不断，故有风城之名。上关花是指上关有棵奇花——十里香树，花大如莲，其果黑而坚硬，可作朝珠，故又名朝珠树。《大理府志》载："花树高六丈，其质似桂，其花白，每朵十二瓣，应十二月，逢闰年则多瓣，俗以神仙遗种。"今此花已不见，但"上关花"的传说却一直流传下来。苍山，即点苍山，苍山雪是指苍山顶上一年四季不化的积雪。洱海，又名昆明池，古称榆泽，因湖状如耳，故名洱海。每逢农历十五之夜，泛舟洱海，仿佛见到洱海月在上空，天上月掉进海中。苍洱风光，千变万化，构成了下关风大、上关花艳、苍山雪莹、洱海月明的四大奇景。此外，大理的苍山玉带云、望夫云、花甸坝、蝴蝶泉、天生桥，还有宾川的鸡足山，云龙的三江并流天池风景区，洱源的清源洞、鸟吊山和九气台热水城，剑川的三江并流老君山自然保护区等，也都很美、很有名。

从人文景观看，大理更是一颗熠熠生辉的明珠。由于大理曾是古南诏、大理国建都的千年古城，因而留下了许多文物古迹，最著名的有大理崇圣寺三塔、蛇骨塔、太和城遗址、南诏德化碑、元世祖平云南碑、剑川石宝山石窟、弥渡南诏铁柱、大理古城、巍山古城、喜洲白族民居建筑群，以及万人冢、段功墓、杜文秀墓，等等，都是闻名遐迩的名胜古迹。

大理的美就美在人与自然的和谐。当你走进大理白族村落的时候，就会深深地感受到这一点。

一棵大青树、一面彩绘照壁、一座戏楼，就是一个白族村落的村口。

那盘根错节、枝叶茂盛的大青树，仿佛记下了村落的漫长岁月与民俗；它的浓荫至今还在庇佑着村落子民的安宁，难怪当地人把它称作“风水树”。

照壁设计也独具匠心。“壁”就是“避”，有两层意思，一是不让村里的“风水”外泄；二是不让外面邪气进村来。所以在大理地区，不仅村口有照壁，就是宅第和寺庙中，也能常常看到。

不少村子都有戏台，每逢重大节日，如春节、火把节、本主会等，村民们都要在此举办各种演出活动，娱人娱神。

在大理地区，最惹人注目的，莫过于白族民居建筑了。走进大理，给人的第一个印象就是村落整齐、美观。白族是一个尚白的民族，不仅服装喜用白色，墙壁、照壁也多为白色墙。走在用卵石铺成的街巷里，淡淡的花香扑面而来，路旁是一条清澈见底的小河，苍山上的雪水就是沿着这条河流遍全村，这就是人们通常说的“家家流水、户户养花”了。两旁的房屋，其结构、布局、造型大抵与北京四合院相同。不同处是北京不太注意照壁和门楼，而大理白族则十分注重门楼和照壁的装饰。在当地，一正两厢带照壁的宅院称“三坊一照壁”；四坊围合，有四个小天井和一中心庭院的称“四合五天井”“走马转阁楼”；由一个“三坊一照壁”和“四合五天井”组成的两进宅第，称作“六合同春”。大理民居建筑多用石头砌成，远远望去，一色的白墙青瓦、耀人眼目。民谣云：“大理有三宝，石头打墙不会倒……”大理以风景优美著称，大理人民很会利用自然条件来营造自己的住房，人工建筑与自然风景融为一体，互为映衬。

大理白族民居建筑中，喜洲白族民居最受关注。2001 年，喜洲白族民居建筑群已被国务院列为国家重点文物保护单位。

据记载，远在 13 世纪，亚洲文化十字路口的古都大理，是当时世界十四个大城市之一，名列世界第十三、中国第二（当时我国在国内外影响最大的城市有二，一是宋都开封，名列第二，一是大理国都大理，名列第十三）。

1982 年 3 月大理被国务院公布为第一批全国（24 个）历史文化名城之一；同年 12 月，大理又被国务院公布为第一批（44 个）国家级重点风景名胜区之一；1994 年，巍山古城被国务院公布为第三批全国历史文化名城；2004 年，大理又获中国最佳魅力城市的殊荣。剑川三江并流、老君山自然保护区、云龙三江并流天池风景区，被联合国教科文组织列入世界自然文化遗产名录。如今大理地区拥有国家级重点文物保护单位 6 处，省级重点文物保护单位 33 处，可供浏览的景点达 130 个。

一个地方有如此多的优美的自然风光，如此悠久的历史文化和如此浓郁的民族风情，这在其他地方是很少见的。

大理的湖光山色就是天下最醇香的美酒，不饮自醉。大理本身就是一首最美的诗。杨奇鲲走了，“风里浪花吹又白，雨中山色洗还清”的诗还在；杨渊海走了，“蝴蝶梦残滇海月，杜鹃啼破点苍春”的诗还在；邓子龙走了，“唯有苍山公道雪，年年披白吊忠魂”的诗还在；杨桂楼走了，他创作的咏苍洱胜境的《山花碑》却永存天地间……

（四）

美丽而富于变化的大理自然景色，成为大理人民幻想的一个源泉。苍山洱海之间每年旧历冬腊月出现的风暴，产生了著名的传说《望夫云》；周城一年一度的蝴蝶会，产生了同样著名的《蝴蝶泉》传说；罗坪山上每年中秋前后有候鸟迁徙，产生了著名的《鸟吊山》传说，上关常年不败的花朵，下关四时不息的风都产生了各自的优美传说。可见大理优美的自然环境，对大理人民的思想感情，对他们所创作的传说故事，都有不小的影响。

大理山茶别样红。大理的民间传说故事，如同大理的山茶花一样，见风就长，遍布苍山洱海、大街小巷，俯拾皆是，且常开不败，别具特色。

一个地区的民间传说故事是这一地区人民经年累月口传下来的精神食粮，大理也不例外。大理的民间传说故事主要也是靠口头流传。大理称讲故事为“讲古本”。这种“讲古本”的形式今天还有。大理地区历来重视民间传说故事的搜集记录整理工作。从中华人民共和国成立初期就开始搜集，至今不断。其中规模比较大的有四次：

1956 年秋，中国科学院文学研究所和中国民间文艺研究会组织民间文学调查组，由毛星带队，成员有李星华、孙剑冰、刘超、陶阳等，对大理地区的民间文学进行了第一次调查采录；

1958 年，中共云南省委组织了以云南大学为主的大理民间文学调查队，由张文勋带队，深入大理、洱源、剑川等县，对大理地区民间文学进行了第二次调查采录；

1980 年，云南民族文学研究所、云南省民间文艺研究会组成联合调查组，对大理地区的民间文学进行了第三次调查采录；

在河南开封与冯骥才先生合影

1984—1988 年，大理白族自治州民间文学集成办公室组织各县集成办，对大理地区的民间文学进行了第四次拉网式的调查采录。

这四次调查、采录成果都很大，为后来大理地区的民间文化遗产抢救、保护工程奠定了坚实的基础。

大理的民间故事源远流长，内容丰富，包括神话、传说、故事、童话、笑话等，充分表现了大理地区悠久的历史文化传统和大理的“一地风情”，有浓厚的民族特色和地方特色。

在大理民间传说故事中风物传说特别多，特别丰富，这可能与大理优美的自然环境有关。《望夫云》《蝴蝶泉的故事》《鸟吊山》《辘角庄》《牧笛》《火烧松明楼》《蛇骨塔》《大理石和玉带云》《感通寺》《三月街》《绕三灵》等都属于这一类。

其次是龙的故事。在大理地区，尤其是洱海周围地区，龙的故事特别多，流传也很广。主要作品有《九隆神话》《雕龙记》《掷珠记》《浪穹龙王》《小黄龙与大黑龙》《玉白菜》《金猪窜三海》《龙母神话》《金鸡和黑龙》《大官与恶龙》《牧童与龙女》等。收集到的大概已有100多篇。大理民间故事中，龙的故事之所以如此之多，是与大理一带水多有关系。古代，大理人居住的地方，大小河流纵横，湖泊沼泽密布。水给人们带来了幸福，也给人们带来灾难。古代人的观念是有水就有龙，龙主水。于是就有很多龙的故事产生。在龙的故事中，有好龙，也有恶龙。好龙普施雨露，造福人类；恶龙兴风作浪，危害人民。于是就有好龙与恶龙斗争的故事产生，而且又通常是好龙战胜恶龙。这反映了古代大理人民同自然作斗争和战胜自然的理想和愿望。

再次是本主故事。本主是白族崇奉的保护神。白族本主故事是大理民间故事中最有地方特色的。主要作品有《大黑天神》《白崖天子》《红沙石大王》《石宝大王》《沙漠大王》《段赤城》《猎神杜朝选》《柏洁夫人》《九坛神》《药神孟优》《太阳神》《黄牛本主》《金沙圣母三姐妹》《海神姑娘》《南诏始祖细奴逻》《段思平开创大理国》《中央本主段宗牓》等。

本主故事，生活气息很浓。本主本身有父母、兄弟、姐妹、爱人，甚至情人。有嗜好和忌讳，有男女的欲望。如大理喜洲本主《九坛神》，在人们求雨时，被邀去赴宴，竟然醉倒，至天明，无法回到神坛。大理河涘村本主娶了村里一个美少女做妻子。鹤庆东山本主与民间妇女私通，被人捉住，还丢失一只鞋子，所以他现在是一只脚穿着靴子，一只脚穿着绣花鞋。还有一个本主，有一个情人，他要经常和她幽会，所以本主庙的东墙总是倒塌。人们多次修，多次倒，总修不好，因为这位本主要从这里进出偷情。这些故事多有意思，在至高无上的神坛里，竟然出现此等事！这哪是神啊！

在这些本主故事中，人与神往往交织在一起。在白族人民心目中，本主也是人，是和自己生活在一起的。他们把本主看作神，具有超人的力量；又把本主看作人，他有优点，有值得颂扬之处，但也有缺点错误，甚至卑劣行为（除男女关系还有偷盗的本主）。人们可以歌颂本主，也可以批评、讥讽和嘲笑本主，这是白族本主故事的一大特色。

再是木匠故事。剑川是有名的木匠之乡，木雕工艺十分发达。工匠之多，盖过全滇。因而在剑川一带，木匠故事特别多。具有代表性的作品有《拉木经和压木经》《木马浸水一分三》《师傅带徒弟》《黄贡爷吹仓仓》《二七一两三》《木匠翰林》《鲁班传木经》等。这些故事大都是传授生产知识和经验的，它多方面且形象地反映了木匠艺人的生活。

人物故事也比较突出。明建文皇帝朱允炆，明谪迁大理的成都人状元杨升庵，本地文人杨桂楼、艾自修等都有许多故事在民间流传。特别是段功和杜文秀的故事，颇受人们喜爱，令人荡气回肠。段功是大理第九代总管，著名的《孔雀胆》故事就是演绎着他与梁王之女阿盖公主之间真实的阴谋与爱情的故事，可歌可泣，是真正意义上的爱情悲剧。

杜文秀也是一个值得歌颂的人物。清咸同年间，他领导着大理各族人民起义，反对腐败的清朝廷，建立了大理政权。但最后还是失败了。当清军兵临大理城下的时候，他知道大势已去，回天乏术。他表示愿意用自己的生命去换取全城数万民众的安全，义无反顾地带领着他的家眷集体服下孔雀胆，演出了又一幕惊天地泣鬼神的孔雀胆故事。

此外还有历史故事、民俗故事、地名故事、生活故事，等等。

著名民间文学家李星华（李大钊之女）1956年来大理采风，历时三个月，深入民间，采集了不少白族民间故事。经她记录整理的《白族民间故事传说集》由人民文学出版社出版，在白族地区产生广泛影响。之后还由日本学者君岛久了译为日文在日本出版，受到日本读者的欢迎。

民间文化遗产是一个民族精神情感的重要载体，是民俗风情的结晶，是普通百姓代代相传的文化财富。在当代现代化发展的狂潮中，民间文化面临着“摧枯拉朽”般的灾难，为了保护这些不可再生的文化遗产，中国民间文艺家协会发起了抢救收集、编辑整理出版《中国民间故事全书》

这一功在当代、泽被深远的文化工程。大理州民间文学工作者无不欢欣鼓舞，作为民间文学蕴藏十分丰富的大理地区，古往今来，许多有识之士以“衣带渐宽终不悔”的奉献精神，做了大量工作，据不完全统计，全州各民族民间故事有2500多个，其中1949年以来已出版的各县故事书45本，共541万字，除去反复选用的300多个故事，也有200多万字，为这次故事书系的选编，奠定了基础。加上此次广泛深入调查，又有200多个故事发掘出来，基本查清了全州各民族民间故事的家底，有效地抢救和保护了这一批民间文学遗产。

需要说明的是，对这项工作，中共大理州委、州人民政府十分重视。州委书记顾伯平、州长赵立雄欣然出任顾问，州委副书记赵济舟、副州长杨宴君听取了汇报后，都表示大力支持，并指示要按中国民间文艺家协会的要求把工作做好。各县、市党政领导都给予了大力支持和配合，各县、市委宣传部、文体局更是积极参与。尤其是直接参与这项工作的民间文学工作者更是不辞辛苦，查资料、下基层、调查收集、编辑整理，付出了艰辛的劳动。他们中有毕生耕耘在民间文学园地中的老民间文学工作者施珍华、菡芳、章弘宇、李洪文、张昭、王丽珠、谢道辛等，也有热爱民间文学的新秀李文波、杨义龙、赵才、杨伟民等，大家不计报酬，乐于奉献，从而保证了大理州各县、市卷的顺利完稿。本书各卷送到北京后，民间文学著名专家陶阳、刘魁立、段宝林、王一之、陶立璠等都拨冗分别进行了审阅，并提出了宝贵意见。

在此，我们向所有支持、参与这一文化工程的人们表示衷心的感谢。同时，也向倡导这一文化工程，并自始至终指导这一工程顺利实施的中国民间文艺家协会主席冯骥才先生、副主席白庚胜先生致以崇高的敬意和衷心的感谢！

爬梳剔抉　继往开来

《白族研究百年》一书是大理州白族文化研究所（简称“大理州白研所”）建所近六年来调查、收集、整理、研究白族文化的重大成果之一。

2001年，中共大理州委、州人民政府决定成立大理白族自治州白族文化研究所。五年多来，大理州白研所走过了从建所到创业的艰苦历程，留下了一串坚实的脚印。几年来我所编辑出版和即将出版近百部各类有关白族文化的著作，其中《白族文化研究》（50万字）共出版了8集；《大理丛书》已出版了“金石篇”“本主篇”“方志篇”“大藏经篇”“白语篇”“族谱篇”“史籍篇”“建筑篇”等；以人立卷的“白族作家丛书”《情系大理》出版了32卷；与中国民协合作，得到中国社科基金资助的中国民间文化遗产抢救工程《中国民间故事全书》，作为全国示范卷出版了大理州12县市卷（400万字，400幅图片）；《中国木版年画集成·云南甲马卷》（含专题片）也由中华书局出版。此外，由我所组织出版的重要著作还有《五华楼——一个关于云南大理民家的研究》、《大理1936——1938》老照片集、《在祖国首都的大理人》、《二艾遗书选注》、《白族的文化》、《南诏史稿》、《和谐的社会——中国白族本主文化》、《守望精神家园——中国白族节日文化》、《茶马古道上的世外桃源——凤羽》、《南诏大理历史文化国际学术讨论会论文集》、《航天元勋王希季》、《南诏史论丛》（第四辑、第五辑）等，得到了各级领导的充分肯定和社会各界的好评。

“问渠哪得清如许，为有源头活水来。”大理州白研所之所以能在较短的时间里取得较为丰硕的成果，得益于中共大理州委、州人民政府的高度重视和大力支持，科研经费有保证；得益于社会各界的鼎力帮助，尤其是聘请的尹俊、李汉柏、刘平、张文勋、杨亮才、李缵绪、杨世钰等51位顾问和特约研究员的奉献与支持，调动了白族文化研究的人才资源；得益于省人民政府、中国民协和冯骥才主席等的指导帮助，拓展了白族文化研究的发展空间；得益于长期热爱白族文化，致力于白族文化收集、整理、研究的专家学者们的积极参与，实现了不求所有、但求所用。当然，大理州白研所的各位职工也作出了各自的贡献。

总结白族文化研究工作，一个不容忽视的问题也日益凸显，那就是白族文化研究在新时期如何实现新突破的问题。这就有必要对以往的各种研究成果进行梳理，为研究者提供较为翔实的研究资料和信息平台，以避免低水平的重复劳动和单打独斗的个体劳作，尽可能整合各种资源，联合攻关，努力创造白族文化研究人才辈出、成果丰硕的新局面。鉴于此，大理州白研所集思广益，组织有关专家学者编辑出版了《白族研究百年》，从上千篇论文中选编了130多篇代表各个领域白族文化研究成果的论文结集出版，特别是尽量将那些开创性的研究成果收入其中。由于篇幅或能力所限，难免有遗珠之憾。为此，特将迄今能收集到的近1600部（篇）专著论文目录附后。如果因为我们的工作，给跋涉在白族文化研究这条崎岖道路上的研究者垫上一块石头，递上一根拐杖，我们的编辑意图就算功德圆满了。

《白族研究百年》如果能为研究者和喜爱白族文化的广大读者青睐的话，那是因为我们的工作是在前人铺平了道路的基础上开展的，如果没有大理州文化局、大理州图书馆的大力支持，如果没有白族学会主编的《白族学研究》、张旭主编的《南诏·大理史论文集》、杨仲录、张福三、张楠主编的《南诏文化论》、杨政业主编的《大理文化论》《20世纪大理

在北京大舅家

考古文集》、林超民和杨政业等主编的《南诏大理历史文化国际学术讨论会论文集》、李一夫等主编的《云南白族的起源和形成论文集》、大理学院民族研究所赵怀仁主编的《大理民族研究论丛》等所做的卓有成效的工作，一切从零开始，要想在短期内完成这项艰巨的工作是难以想象的。在《白族研究百年》付印之际，理所当然要向上述单位和参编人员表示崇高的敬意和衷心的感谢！同时要衷心感谢大理州白研所顾问尹俊、李汉柏、张文勋、杨亮才、李缵绪，在本书编辑过程中，欣然出任顾问。中共大理州委书记顾伯平、大理州州长赵立雄拨冗为本书作序。

需要说明的是，在白族文化的研究中，对白族历史上的诸多问题，尤其是与白族形成和发展血肉相连的滇文化、爨文化、南诏大理国等诸多问题，学术界见仁见智，一直未能形成统一的见解，这是完全合乎历史发展的规律和百家争鸣学术传统的，因为历史现象和古今民族的内涵和演变本来就是错综复杂的。尤其是白族历史，由于没有自己文字记载的信史，容易造成古代历史因时间的流逝而扑朔迷离，特别是元明以来历经沧桑的历史变革，许多文献典籍被焚毁，名胜古迹遭到破坏，所以有些历史问题的澄清尚需考古资料的不断发现和理论研究的继续深入。正因为如此，入选本集的文章难以涵盖各方面的观点和不同看法，相信读者是会理解的，好在书后附上的“白族论著要目索引”可以弥补这一缺憾。同时，入选本书的文章，从20世纪初到21世纪初，时间跨度大。随着学术研究的不断深入，许多提法都发生了很大的变化，为尊重作者，入选时都基本保持原貌，相信读者在阅读和使用时会辨析。比如范义田先生的“滇西民家人史略——民家人为汉族构成之汉氏混种之考证”等。

最后需要说明的是，当我们向聘请的顾问、特约研究员和部分专家学者发出了编辑出版《白族研究百年》的“约稿函”后，各位专家学者，不仅积极建言献策，还身体力行地踊跃赐稿，短期内就收到40多篇，其中像张文勋教授、方铁教授、王明达先生、李东红教授等一人就寄来数篇。但限于篇幅，只能忍痛割爱，在选用一篇后将论文标题安排在书后的“要目”中。云南大学杨文辉博士还千方百计征集到范义田先生文章。在入选的文章中，因通讯联络的困难，有些文章未能征得作者的同意，在此一并致歉并表示感谢！

《白族研究百年》的顺利出版，还要感谢全体参编人员夜以继日的工作，感谢我所在下关的特约研究员们的积极参与，感谢民族出版社的领导和欧光明同志，由于他们的辛勤工作，才使这部装帧精美的巨著呈现在读者面前！

一位外国人眼中的大理

大理州白研所与澳大利亚悉尼大学费晓梅教授合作出版费晓梅父亲20世纪30年代在大理考察研究的成果，即专著《五华楼》和大理老照片项目，经过双方一年多的共同努力，目前《五华楼》已由刘晓峰先生、汪晖女士翻译完毕，300多幅精美照片已由费教授扫描录入后全部交付我所。我所组织有关专家学者对这些珍贵资料认真研讨，并为照片撰写说明，对《五华楼》文稿进行校注、审读，并与出版社共同努力付印出版奉献读者。

《五华楼》是费子智先生1936—1938年在大理生活、考察研究后撰写的学术专著，全面、真实地记录了20世纪30年代大理的湖光山色、白族人民的日常生活以及大理经济、社会发展，对外交流的情况。费子智先生热爱大理的山山水水，与白族人民友好相处。正如他女儿费晓璞女士在《五华楼》一书的“序”中写道：“在他的床头，有两张放大的照片一直陪伴着他，直到生命的最后一刻。一张是从他在大理的住宅一眼望去的苍山和庭园；另一张则是洱海普陀岛上的寺庙。年轻时在大理度过的时光是如此刻骨铭心，那里的一草一木早已成为他往后岁月中最难以割舍的记忆了！”“2001年，我和女儿敏娜重返大理，有幸亲眼目睹《五华楼》中描绘的许多传统节庆和活动。看着书中生动描述的许多根据四季轮回的传统农业和节庆习俗仍历历在目，我怀想起父亲的往日情怀，禁不住百感交集。大理古城西门外三月街沿街搭起的货摊，水牛耕作和插秧打麦的景象，袅袅升起的炊烟，古老的建筑物和木雕，路边采石工正精心雕琢着富有特色的石墓碑，而这些石碑最终将安然坐落在苍山的怀抱中——在父亲费子智六十年以前的论述和照片中，就已栩栩如生地描绘了这一切！”“2001 年 4 月 13 日，父亲的十周年祭日，恰是大理那种美妙的‘晴光万里’的春日。我们坐着骡子上了苍山，去中和寺郊游。正如父亲也是我女儿的外祖父在《五华楼》第五章中所描述的，山路上去扫墓的人们络绎不绝，望着这些寻根祭祖，缅怀先人的同路人，一路上我们并不孤单。当年父亲最钟爱的休闲活动是步行上苍山，而今我们一路将他的骨灰撒向漫漫山路：爸爸，您又可以回到您魂牵梦萦的大理了！今天，这部作品的重新出版，也是让父亲重返精神家园的另一种方式。”一个外国人如此钟情大理，足以证明大理的无穷魅力，是人一生中最值得亲历的地方。

与《五华楼》珠联璧合的，是费子智先生还为我们提供了数百幅照片。白雪皑皑的苍山，碧波荡漾的洱海，诗画般的田园风光，海边渔村；现已荡然无存的文物古迹，以及白族人民劳作、生活，丰富多彩的民俗活动。当然也有苍洱毓秀掩盖下的大理人民当时的贫困，那是在 20 世纪 30 年代，一个内忧外患民族的真实写照。所有这些都为我们提供了不可多得的了解大理、了解白族的生动资料。

此次对历史文献资料的抢救得到了中共大理州委、大理州人民政府、大理市人民政府领导的大力支持。使这一项有意义的工作得以顺利进行并取得成果。

需要说明的是，我所在下关的特约研究员们为编辑出版提出了许多好的建议，王峥嵘先生为照片撰写了言简意赅的说明，大理州民族中学的高级英语教师杨文彪、何光云做了英文的翻译工作，在此一并致谢。

白族历史文化研究的新探索

王耀庚老师至今与我尚未谋面，我了解他是从他不断给大理州白研所，大理州南诏史研究会寄稿开始的。也许是同为中学教师的缘故，我深知要当好一名中学教师不容易：白天，面对上百双渴求知识的眼睛，字斟句酌，不敢有丝毫马虎，生怕误人子弟；夜晚，埋首在学生的作业试卷中，生怕由于自己的疏忽，扼杀了莘莘学子思想的火花。有责任感、事业心的教师，甚至连节假日也搭在“传道、授业、解惑”的神圣事业上。在这样繁重的工作压力下，王耀庚老师还不断有研究文章面世，足见他对自己民族、故乡的挚爱，并将这种情感转化于持之以恒的田野调查、深入思考、勤于笔耕之中，敬意油然而生。

去年底，挚友张如旺君托人送来王耀庚老师的大作《白国古都大波那》，嘱我提提意见并为该书作序。坦率地讲，我自己长期耕耘在三尺讲坛，自诩当一个合格的中学历史教师还勉强够格，至于从事白族文化研究，纯属半路出家，怎敢轻言作序。但有感于如前所述对王耀庚老师执著追求的感佩，同时有感于如旺君热心支持故乡文化事业的赤子情怀，抽时间对王耀庚老师的大作反复拜读，就算写点读后感略抒情怀。

在云南历史上，祥云是一片值得关注的热土，这不仅因为大波那出土了罕见的木椁铜棺而声名远播，更主要的是在南诏崛起以前，祥云作为滇西乃至云南开发最早、文化底蕴深厚的地区之一，这里尘封了太多的历史故事。只是由于岁月沧桑，随着南诏、大理国的建立，云南的政治、经济、文化中心西移苍洱地区；降至元代，赛典赤治滇，又将云南政治、经济、文化重心东移昆明。然而，大波那的铜棺对每一位治云南史、乃至西南民族史的专家学者们都是无法绕开的一个研究对象。正像大波那铜棺的发现纯属偶然一样，我坚信，在祥云这片土地上，深埋的不光只是一个铜棺，只是至今我们尚未发现罢了。王耀庚老师充分利用自己长期在祥云大波那执教的有利条件，或跋涉于田野，或躬亲访问于乡贤，或埋首于书海，综合运用考古学、民俗学、语言学等多学科知识，以大波那铜棺为切入点，提出了许多有新意、有创见的大胆设想，尽管有些设想还需要进一步深入探讨，还需要寻求更多的证据予以支持。但王耀庚老师这种勤于思考、大胆探索的精神还是值得称道的，他必将给治云南史的专家学者们以有益的启迪。

研究历史，破解历史之谜，当然离不开前人为我们留下的丰富的文献资料，但由于云南地处边疆民族地区，祥云又是古代蜀身毒道的交通要冲，明以后大量汉族移民率先进入，物是人非，给研究祥云历史，还祥云历史的本来面目带来更多的困难，这就需要有新的视角，寻求新的研究方法，才会有所突破。正像迄今为止许多重大考古发现大都不是专业考古工作者有目的发掘的结果，而是广大群众在不经意之中提供了重要线索一样，我们当然要尊重专家学者们的研究成果。但同时像王耀庚老师一样，长期工作在基层，没有专家学者们拥有的研究条件，正因为如此，他们的文章较少书卷气，却多了泥土的芬芳；他们的观点较少引经据典的繁琐考证，却多了大胆构想的思想火花。珍视他们的研究成果，从中获得有益的信息，无疑对破解云南许多历史之谜不无裨益。从这个意义上说，王耀庚老师《白国古都大波那》从行文到立论，虽然还有许多值得商榷，值得进一步研究的地方。但我相信，这本书的面世，对推动白族历史文化的研究会起到它应有的作用，作为在这个领域工作的我，正是怀着这种喜悦的心情，祝贺王耀庚老师用自己不懈努力，将自己长期的劳动成果奉献给广大读者。

口嚼橄榄回味甜

大理因其集优美的自然风光、悠久的历史文化、浓郁的民族风情而让人心驰神往，从而也就激发了古往今来无数文人雅士、迁客骚人的创作热情，其中不乏许多精品力作，致使后面的文人不免有李白登临黄鹤楼发出“眼前有景道不得、崔颢题诗在上头”的感慨。但近日拜读了赵敏君为“云南旅游小镇丛书”撰写的《大理古城》一书，却有平中见奇，爱不释手，拿起就想一口气看完的冲动。掩卷沉思，还有吃橄榄般越嚼越甜的感觉。

大黑天神的传说在大理可以说是家喻户晓，赵敏君将其作为此书的切入点却赋予了新意，开宗明义地点出大理是一处让天上的神仙也嫉妒的地方，从而激起了读者强烈的阅读欲望。接着全书从七个方面娓娓道来，引导读者解读云南历史，品味大理文化，领略白族风情，浏览苍洱风光。正可谓秀才不出门，便知天下事。还未亲临其境，便对大理产生了强烈的向往。

与国内许多超百万、超千万的城市相比，地处西南边疆一隅的大理很小，人口不足两百万的白族在 56 个民族兄弟中也不占多数，但许多人记住了大理，记住了白族。这是因为大理之大大在文化。正如白族著名学者马曜所说：“环顾城内名胜，既饶壮丽之自然景观，又富悠久历史文化，兼之者其大理乎！”作为南诏大理文化直接传承者的白族，在长期的历史发展过程中，兼容并蓄，广泛吸收并包容了汉族文化、彝族等其他少数民族的优秀文化，道教文化、佛教文化，国外优秀文化，从而形成了和而不同的地域文化。多姿多彩的民族风情，浩瀚博大的文献典籍，脍炙人口的诗词歌赋，遍布苍洱的名胜古迹。

明代学者王士性在他的《广志绎》中赞美大理“乐土以居，佳山水以游，二者尝不能兼，唯大理得之”。由于工作关系，我曾多次有机会陪同学者游览大理名胜古迹。驻足在千寻塔前，同行的学者说，你们的祖先真聪明，在这里建塔，南眺北望都看不到边，真是大气。在了解到白族独有的宗教信仰——本主崇拜不以成败论英雄，不以民族辨是非，不以男女定尊卑时，同行的学者说，这充分反映出白族文化的开放与包容。看到古城装下五洲肤色，四海乡音，同行的学者说，这里的人非常友善，讲礼貌。大理文化，白族文化的这些鲜明特色在赵敏君为“云南旅游小镇丛书”撰写的《大理古城》一书中都得到了很好的阐释。这得益于赵敏君对前辈学者们的研究成果在认真学习基础上的撷取，同时又有自己深刻的感悟和研究，比如书中对茶道的诠释和对“洋人街”的介绍。这就使本书成了学者看了有启迪，普通读者看了增知识；熟悉大理的人读了亲切，不了解大理的人想来大理的一本雅俗共赏的好书。

赵敏君的大作我拜读了多本，这位从三江（指怒江、澜沧江、金沙江）彩屏，比苏（汉代云龙县名）神韵走出来的云龙文化人，他的文字就像他家乡的山水一样质朴、率真。读他的书，总有一种像小时候爬山爬得嗓子冒烟，突然发现山涧里汩汩流下的山泉被好心人用几块石头围成一泓清泉，扑下去就是一通畅饮那样的惬意和神清气爽。

可能受篇幅所限，《大理古城》一书还有言犹未尽之感，殷切期望再版时再增加一些能反映大理文化，白族文化的鲜明特色的文化元素，尤其是那些在人民群众中有旺盛生命力的优美传说。可能审校原因，书中偶尔出现的错别字也让人有美味佳肴的盛宴中飘落微尘之憾。

白玉有瑕，瑕不掩玉，《大理古城》一书是我看过的介绍大理的好书之一。

《凤羽志》序

松武老师在杨茂铨、杨铭铨两位先贤筚路蓝缕编撰《凤羽志》初稿的基础上，以“衣带渐宽终不悔”的执着，历时一年多进行修编，书成后，我有幸成为最早的读者之一。松武老师要我为之作序，有感于松武老师的精神，恭敬不如从命，权当读后感与广大读者分享。

盛世修志是中华民族文化的传统之一，杨茂铨、杨铭铨两位先贤身处改革开放的大好时机，以对桑梓，对民族高度负责的使命感，知难而进，在外无充足的文献资料可供参考，内无前辈留下的完整记录可资借鉴的情况下，或伏案于为数不多的现存志书和屈指可数的零碎诗文，或跋涉于村头巷尾求教乡贤故老，终于写成十多万言的初稿，令人感佩。由于白族没有规范完备的白文可供传世，据传诸如《白古通记》等几部白族史书又毁于明军用兵大理时，在官之典籍，在野之简编全部付之一炬，致使白族历史的许多问题扑朔迷离，《凤羽志》中本应言之凿凿的历史源流都只能用古老传说来叙述。被誉为“文墨之乡”的凤羽，崇文重教蔚为风气，父老有述古之风，里巷传仁德之懿，所以许多口耳相承的传说也不全是空穴来风。有些就与白族族源的传说异曲同工，可见流布之广，影响至深。

《凤羽志》中，对凤羽的名胜古迹、古风流韵都作了生动传神的描述，这是十分珍贵的资料，他将多姿多彩的凤羽呈现给广大读者。即便是土生土长的凤羽人，也会有久处芝兰之室不闻其香之憾。特别是民风民俗，他是为适应各民族生存发展的需要而产生的，世代相沿就形成各具特色的民族文化。由于各民族的生存环境不断变化，民风民俗也自然与时俱进。正是靠文化传承让我们可以与古人对话，向后代嘱托。在现代化、城镇化浪潮的席卷下，凤羽的一些民风民俗我们只能在杨茂铨、杨铭铨两位先贤的笔下去品味。从这个意义上说，《凤羽志》出版的意义可见一斑。

《凤羽志》用较多的篇幅记述明代大旅行家徐霞客在凤羽流连忘返的经历，历代文人墨客杨升庵、李元阳、赵辉璧、戴应昌、李采等赞美凤羽山河毓秀、历史悠久的诗文。透过该书，我们似乎看到当年大官路上的车水马龙，听到茶马古道上马帮铜铃声声。分享凤翔村长街短巷中那些前舗后店中人声鼎沸、生意兴隆的喜悦。2001 年，古镇凤羽荣膺中国历史文化名镇殊荣实在是实至名归。相信随着该书的面世，会吸引更多专家学者莅临凤羽探微寻幽，更多文人墨客创作采风。这也正是编撰者希望看到的。

我国修志有着悠久的历史，各种志书在中华文化宝库中熠熠生辉，并形成一套约定俗成的体例。从凤羽的实际出发，《凤羽志》在体例方面也多有创新，相信读者不至于求全责备。

经济全球化，城乡一体化是当今世界潮流。在全面决胜小康的征程中，中国历史文化名镇凤羽如何既留住乡愁，又不在小康路上掉队，这是摆在各级领导和广大凤羽父老乡亲面前的话题，由于志书存史、资政、教化、育人的功能较其他读物更显突出。所以我相信《凤羽志》出版后，一定会收到领导有参考，学者得启迪，读者增见闻的预期效果，凤羽的知名度美誉度将得到进一步提升，杨茂铨、杨铭铨两位先贤和松武老师的辛劳也就得到回报了。

回眸二十年

俗话说，光阴似箭，日月如梭。大理州延安精神研究会已经走过了二十年，作为第一批参加的老会员，抚今追昔，思绪万千。深感二十年在人类历史上不值一提，但对个人来讲是十分重要的。能将自己最年富力强的时光伴随着延安精神研究会度过，收获还是很多的，仅择要写出来与同仁们分享。

收获之一，通过在延安精神研究会的学习与实践，让我知敬畏、明戒惧、辨是非、懂善恶。

延安精神研究会主要是由长期受党教育，有较高的党性修养和丰富阅历的老同志发起成立并发挥骨干作用的。他们不仅自己清正廉洁，艰苦奋斗，言传身教，而且始终把学习放在学会工作的首位。二十年来，不管学会领导班子如何变化，这一传统始终不变。学习的内容都是紧跟时代步伐，坚持正面教育，通过对不同时期党和政府的重要方针、政策、文件，有代表性的文章的学习、讨论，始终围绕党委、政府的中心工作开展活动。这让我在错综复杂的形势下，能够保持清醒的头脑，知敬畏、明戒惧、辨是非、懂善恶，所以从 1984 年起，我先是在大理州民族中学任校长，后来又到大理州白族文化研究所任所长，但都能以延安精神要求自己，自觉抵制各种诱惑，没有辜负党的教育和人民的信任。看到许多也曾经为党和人民的事业做过一些工作，结果在荣誉和权力面前丧失警惕，不能慎独慎初，害人害己的，我觉得参加延安精神研究会的选择是对的。

毋庸讳言，改革开放三十多年，人们的物质生活都有了显著提高。但随着价值取向的多元化，许多人一味追求声色犬马的生活，没有信仰，缺乏目标，为了金钱，什么伤天害理的事都敢干。我也听见一些人不无调侃地对我说，现在是什么时候了，你们还搞什么延安精神研究会，真是多此一举。但我始终认为，当年我们背诵的“没有正确的政治观点，就等于没有灵魂”是有道理的，人在任何时候都应该有信仰，不放弃追求，参加延安精神研究会正好满足了我政治上的需求。

收获之二，通过参观学习拓展了视野，提高了认识。

除了学习外，二十年来，延安精神研究会还多次组织会员到革命圣地参观学习，到大理州延安精神实践活动搞得好的地方考察。我自己也有幸先后到了延安、井冈山、韶山参观学习。这些地方早在读书期间，经过老师的讲解，可以说是耳熟能详。但书上得来终觉浅，欲知此事要躬行。亲自来到当年革命前辈们生活和战斗过的地方，抚摸着革命前辈们用过的一件件实物，心灵的震撼是不言而喻的。在撒满革命先烈热血的土地上，我真正读懂了当年华侨领袖陈嘉庚为什么那样盛赞延安是中国的希望。由于历史发展的复杂性，我们党也犯过许多错误，但只要粗通中国近代百年屈辱历史的人，想想是谁领导中国人民昂首挺胸自立于世界民族之林，那种完全否定我们党奋斗历史的企图是完全站不住脚的。知易行难，我们应该多一点换位思考。我将自己所思所想分别以《为有牺牲多壮志　敢教日月换新天》《延安散记》为题写下来，既是自我教育，也与同事们分享。

祥云、宾川、鹤庆是1936年中国工农红军二、六军团长征经过的地方。当年红军过祥云、战宾川、经鹤庆，以自己清廉、为民的美好形象赢得了当地群众的信任和爱戴。红军不仅播下了革命的种子，祥云、宾川、鹤庆还有数以千计的热血青年参加红军，有的献出了自己宝贵的生命，长眠在长征路上。为了缅怀革命先辈们的英雄事迹，学会组织会员先后到各县参观学习。会员们一边回想当年红军征战的艰苦岁月，一边参观各县今天发展的大好形势，每个人都受到深刻的革命传统教育，我也不例外。面对我们今天并不太平的星球，许多地方因为战乱、疾病，数不尽的家庭每天都有面临失去亲人的痛苦，面对疾病的折磨。我们生活在先烈们用生命换来的安定和祥和的祖国，每个人都应该倍加珍惜。

2015 年，我又随学会到滇西参观了抗日遗迹，虽然此前我也到过腾冲，但在抗战胜利七十周年的日子，重温当年先辈们慷慨赴死，从容就义的英雄事迹，结合当今依然弱肉强食的世界形势，感触就完全不一样了。我将此行写成《滇西行》发表，希望能引起更多人的思考，为了伟大祖国不再受辱，每一个中国人都应该多想想我为自己的祖国做了什么？

收获之三，自加压力，锻炼成长。

延安精神研究会成立二十年来，为了反映学会的研究成果，不定期地编辑出版论文集和通讯。每次组稿，学会领导都要我写文章，这既是对我的信任，也是对我的鞭策。为了写出的文章不至于献丑，不管文章长短，都需要认真准备，这样就免不了查阅资料，实地调研，反复思考，不知不觉中自己也就得到锻炼提高。说实话，如果没有学会的鞭策，好几篇文章也就不会变成铅字发表。听见有的会员看了我的文章后的赞扬，虽然我知道有些是溢美之词，但还是有成就感涌上心头。

为了推动延安精神进校园，根据学会的安排，我先后到大理州民族中学、大理州技工学校宣讲延安精神。参加听讲的不仅有两校的师生，大理州关心下一代工作委员会领导，大理州延安精神研究会领导都到场指导。这让我既感到光荣，也深知责任重大。每次都认真准备，查阅大量资料，尽量用当代学生喜闻乐见的形式释读延安精神。看到自己不辱使命，心里就非常欣慰。

二十年经历的人和事远不止此，随着岁月的流逝，许多已经淡出自己的记忆，写下这一鳞半爪的回忆，权当是对二十年的纪念。

回眸三十年

俗话说，光阴似箭，日月如梭。大理州南诏史研究会已经走过了三十载，作为老会员，感慨万千。三十年弹指一挥间。能将自己最年富力强的时光伴随着南诏史研究会度过，收获甚多，现仅择要写出来与同仁们分享。

一、三十年的收获

收获之一，通过在南诏史研究会的学习与实践，使我加深了对南诏、大理国历史文化的认识，走上了参与探索南诏大理国历史文化之路。

我是在经历了十年回乡知青生活后赶上了 1977 年恢复的首次高考，有幸就读于昆明师范学院（现云南师范大学）史地系历史专业。刚刚经历过文化教育的荒漠，迎来了文化教育的春天。我们那代人就像久旱逢春雨的幼苗，如饥似渴地追求新知。我除了学好学校规定的课程外，经人介绍师从云南民族研究所的王叔武先生，利用周末到王先生家请教，当然学习是无偿的。

王先生学识渊博，诲人不倦又很健谈，但讲了几个周末后，王先生就让我到省图书馆三楼抄线装书，一抄就是三年，让我积累了不少资料。王先生又指导我利用假期对家乡的本主信仰逐村作了调查，并开始在《云南日报》副刊，《山茶》《地名集刊》上发表了一些“火柴盒”式的文章，增强了我的自信心。

阴错阳差，毕业后我未能如愿以偿地从事学术研究工作，而是被分配到正在建设的大理州民族中学，不久又承担起学校管理的重任。教学和管理的双重责任，落到我这个新兵肩上，自感力不从心，离学术研究工作自然也就渐行渐远了。正当我陷入困惑的时候，大理州南诏史研究会为我提供了实现自己爱好的平台。

大理州南诏史学会的发起人都是热爱自己民族历史文化，长期致力于考籍钩沉，重视田野调查，学有造诣的专家学者。他们中有德高望重的张旭、李一夫、周祜等领军人物。以前，由于长期受极左思潮的影响，他们的学术成果得不到彰显。在打破了学术界的桎梏，迎来了社会科学发展的春天后，他们不仅竭尽全力为抢救保护民族文化遗产不遗余力，而且为传承学术，积极倡导和发起成立南诏史研究会，为广大有志于南诏、大理国历史文化研究的老中青文化人提供了施展才华的舞台。我当时正当盛年，也就义无反顾地加入了南诏史研究学会。在老一辈学者们的耳提面命下，不断锻炼成长。

我的第一篇《试论南诏王室的族属问题》就是与杨永新先生合作共同完成的。杨老阅历丰富，博闻强记，口才很好。文章首先由杨老提出他的观点，提供他掌握的资料。由于杨老长期从事领导工作，提供的材料丰富多彩，但较多的是民间传闻，需要各种史料予以佐证。我就利用自己在大学里学到的知识予以规范，其间还请大理师范倪仲昌老师斧正。功夫不负有心人。我们的文章后来被《民族研究》全文刊载，得到学术界的认可和肯定，我们自己也很有成就感。为今后继续跋涉在南诏、大理国历史文化的研究征程上增强了信心。

南诏史研究会成立之初，在张老等前辈们的积极奔走下，每年都召开年会，既交流学术，又广交朋友，还不定期编辑出版《南诏史论丛》，为会员的研究成果提供了展示的窗口。学会工作开展得有声有色，在海内外产生了一定的影响。

随着张老等几位专家学者的先后谢世，学会工作一度停滞。后来在李一夫先生的主持下，学会工作重新开展起来。但当时学会处于无经费、无办公场所、无工作人员的“三无”状态，工作开展难度可想而知。在李老的果断决策下，将学会挂靠在刚成立不久的大理州白研所，同时由州白研所的领导任会长，学会有了稳定的办事机构，每年定期召开年会，通常都围绕一个主题展开讨论，定期出版会刊，学会工作走上了常态化、规范化的轨道。

收获之二，学会重视田野调查，重视考古发掘资料，努力做到论从史出，持之有据，言之成理。

俗话说，巧妇难为无米之炊。研究问题首先需要占有资料，这就需要将前人的研究成果了然于胸，而且还要注重田野调查，收集尽可能多的第一手资料。南诏史研究学会的首任会长张老一辈子都重视田野调查，并将调查材料与史书记载进行比较研究，取得了许多新成果。在他言传身带下，我们也利用一切可以利用的条件，积极开展田野调查，不仅拓宽了视野，而且为开展研究准备了许多第一手资料，获益良多。

迄今让我无法忘却的是张老亲自带领我和苏松林到怒江开展了为期一个多星期的社会调查。由于张老在怒江的威望很高，我们调查进行得非常顺利，取得了丰硕的成果。在张老的积极努力下，我们的调查成果在中国少数民族社会历史调查资料丛刊《白族社会历史调查》上发表，为更多专家学者开展研究提供了第一手资料。今天，当年我们的调查对象都已经作古，随着社会的急剧变化，许多当年的生产生活情景也发生了巨大的变化，人们却从我们的调查资料中去了解了他们先人艰苦创业的足迹，这让我们深感欣慰。

南诏史研究学会会员来自各个领域，这让会员们可以跳出自己的专业思考问题。特别是会员中有许多来自考古战线的专家学者，他们及时地将考古信息提供出来与大家分享，这使得大理州历史文化研究在前人的基础上有不少新突破，我自己也受益匪浅。

收获之三，学有所成，学有所获。

早在昆明师从王叔武先生学习期间，王先生就谆谆教导我，做学问没有什么神秘的，关键是要从字里行间发现问题，解决了这些问题，学问也就做成了。这就像衣帽店里的挂钩，平时准备好，然后分门别类挂上去，研究文章就是这样写出来的。王先生还说，做学问切忌好高骛远，要立足实际。有一位书贩子，一边收集各种古书，同时将各种书的版本、内容简明扼要地记录下来，编辑成一本《贩书偶得》，不经意间成就了他的学问。当时对这些至理名言体会不深，参加了南诏史研究学会以后，有机会接触更多的专家学者，再回过头来思考王先生的教导，在实践中不断消化吸收，收获颇丰。

遵循王先生的教导，在大理州民族中学供职期间，我一边利用假期进行家访，一边开展田野调查。我几乎走遍了大理州的山山水水，既加深了与民族学生的感情，又取得了许多调查成果，稍加整理后，分别在各种刊物上发表，与广大读者分享我的感受，自己也得到锻炼提高。

正是在民族中学打下的基础，当组织上指派我负责筹建大理州白研所以后，许多南诏史研究学会的会员成了白研所依靠的中坚力量，当年思考的许多问题也有了付诸实践的可能。

二、两点建议

为了使南诏史研究学会永葆生机与活力，作为南诏史研究学会老会员，仅提两点建议供参考。

一是要不断继往开来，推陈出新，也就是我常说的创新。

云南大学林超民教授根据自己多年治学经验，在《中国白族通史》编撰工作座谈会上语重心长地说，写史离不开资料，引用资料，要认真做好注释，这是学术规范。注释很重要，注释说明资料与观点的来源。但

“注”只是敲门砖。打开门以后见到的是你自己，要展现自己，所以关键是自己独立见解。“注”是讲前人，“文”是接着讲自己。“注”表示严谨，讲自己才是你的创新。“注”的目的是不淹没前人；讲自己，是要创新，是要胜过前人。引用资料同样是照着讲，而不讲自己。但只讲前人不讲自己学术就没有发展。资料堆砌就变成照着讲。我们既要照着讲，又要接着讲，更要讲自己。既要科学严谨，又要创新发展。我自己深受启发，现转引在此与同仁们共享。

创新不是随心所欲的演绎、推理，更不是无中生有的杜撰。“问渠那得清如许，为有源头活水来。”只有广泛阅读，深入思考，充分运用人类研究的最新成果，最新方法，创新才能建立在坚实基础之上，得出的结论也才不会以讹传讹，误导后代。

二是要不断贴近实际，聚焦热点，拓展研究领域。

人们习惯把研究分为理论研究和应用研究，结合南诏史研究学会会员多数从事实际工作，缺乏系统了解学术研究全局，深入细致研读前人成果的条件，所以更多的只能是结合工作实际，依靠接地气的优势开展应用研究，这就更需要贴近实际，借鉴古人的智慧和经验，为我们现实工作提供智力支持，我们的研究才能不断取得实际成果，自己也从中享受研究的快乐。

唐太宗李世民说，夫以铜为镜，可以正衣冠；以古为镜，可以知兴替；以人为镜，可以明得失。研究历史的目的之一就是更好地服务于当前。今天大理州也和全省一样，正在为建设全国民族团结示范区，中国面向南亚、东南亚辐射中心，全国生态文明建设排头兵的宏伟目标而努力。南诏、大理国治国理政的实践提供了许多宝贵的经验，当前的研究还远远不够，大有文章可做。

长期以来，南诏史研究学会会员研究的关注点比较集中在族源、政治、经济等领域。其实，南诏、大理国时期的文化、民族关系与对外关系、人物等领域研究还很不够，尤其是文化，今天已经把它上升到国家软实力的战略层面。事实上，今天云南边疆稳定，民族团结，文化的桥梁和纽带作用不可低估。

收到学会约稿函，作为会员，这是应尽的义务，由于近期忙于《中国白族通史》的编撰工作，无暇兼及，故写下以上的一些思考碎片与同仁们共勉。

史海拾贝

早在昆明师范学院史地系求学期间，我便利用课余时间拜当时云南民族研究所的王叔武先生为师，向王先生请教民族历史的有关问题，学习王先生的治学方法。

王先生学识渊博，博闻强记又诲人不倦，十分健谈。在接触了几个星期后，王先生说，这样泛泛而谈做不了学问，他要求我先到云南省图书馆古籍文献部将相关古籍全部抄下来，即使暂时理解不了也不要紧。王先生说，做学问就要从字里行间无字处着眼，学会看书的背面，只有发现问题才能解决问题，解决问题的过程就是学术研究。王先生还说，积累资料的过程就像衣帽店里的衣钩，平时准备好，需要时就可以随时挂上去。在王先生的耳提面命下，读书期间我就试着在《云南日报》《山茶》等刊物上发表火柴盒式的小文章。毕业后，我虽然没有如愿进入学术研究机构，但还是利用假期家访开展田野调查，收集了大量的第一手资料，同时在《民族研究》《云南师范大学学报》《地名集刊》《中学德育》等刊物上发表文章。我到研究所以后，有了更多的机会学习和思考。我又写了几篇探讨性文章，虽然论述未必精当、准确，有的地方还前后重复，但说了几句自己的话，提出了一些思考，这也算是我在学术研究道路上探索留下的足迹，也应该属于我们曾经这样走过的心路历程。

试论南诏王室的族属问题

南诏王室的族属问题，一直争论较多，有氐羌说、傣族说，最有影响的是彝族说。笔者认为南诏王室和清平官、大军将并不存在由两种民族成分构成的问题，在南诏政权建立之前，在洱海地区有众多部落，随着南诏的统一，这些部落就形成了同一部族的共同体——白族。本文拟就此谈点不成熟的看法。

（一）从张乐进求逊位细奴逻看南诏王室的族属

南诏先人，源于哀牢夷。《后汉书·西南夷传》载："哀牢夷者，其先有妇人名沙壹，居于牢山，尝捕鱼水中，触沉木若有感，因怀妊，十月，产子男十人。后沉木化为龙，出水上，沙壹忽闻龙语曰：'若为我生子，今悉何在？'九子见龙惊走，独小子不能去，背龙而坐，龙因舐之。其母鸟语，谓背为九，谓坐为隆，因名子曰九隆。及后长大，诸兄以九隆能为父舐而黠，遂共推以为王。后牢山下有一夫一妇，复生十女子。九隆兄弟娶以为妻。后渐相滋长。"《华阳国志·南中志》和《后汉书》的记载几乎如出一辙，唯改"沙壹"为"沙壶"，并说"南诏昆明祖之"。剔除其荒诞的成分，这段记载为我们提供了这样的历史线索：第一，九隆时代是哀牢夷由只知其母，不知其父的母系氏族社会逐步向一夫一妻制的父系氏族社会过渡的时代。第二，哀牢夷是洱海地区昆明族的先人，他们因种族繁衍，“乃分置小王，往往邑居，散在溪谷”。[1] 蒙舍诏（南诏）是他们中的一个支系，到唐初，开始活动在巍山一带，势力逐渐强大，其社会形态尚处在部落联盟向阶级社会过渡，并不断向外扩张自己的势力。张乐进求逊位细奴逻的传说应是在这种历史背景下产生的。

关于张乐进求，很少见于正史记载。《白古通记》中说：“战国时，楚庄跻据滇，号为庄氏。汉元狩间，庄氏后有尝羌者，与白崖主争衡，武帝乃立白人仁果为滇王，而跻氏绝，仁果传十五代，为龙佑那。当蜀汉建兴六年（实为建兴三年），诸葛武侯南征，师次白崖，立为酋长，赐姓张氏。遂世据云南，或称昆弥国，或称白国，或称建宁国。历十七传，当唐贞观世，张乐进求以蒙舍酋细奴逻强，遂逊位。”[2] 它书还有这样的记载：“先是细奴逻同其父龙迎独避难，从哀牢山至蒙，耕于巍山之麓。细奴逻数有神异，孳牧繁息，部众日盛。时张乐进求为云南大首领，因祭铁柱（按：弥渡遗址尚存）。铁柱者，武侯所立，岁久剥泐，进求重铸之，既成，合酋长九人，祭天于柱，细奴逻与焉。有鸟五色，飞集于柱，久之又飞憩于细奴逻左肩，众以为异。如此者十八日，鸟乃去，于是众心咸归，张乐进求妻以女，且逊位焉……城龙玗图山上，号大封民国，称蒙舍诏。”[3] 这段文字，看起来荒诞不经，但给我们探讨张乐进求和细奴逻的族系提供了一些线索。

过去人们对“白子国”是否存在的问题颇有异议，有的根本否定有“白子国”。今天，随着弥渡白王古城遗址的发现，“白子国”的存在，应该是肯定的。当然我们还不能断言，“白子国”已具备了国家的性质，但

① 范晔：《后汉书·西南夷传》，中华书局点校本，2000。
② 王叔武：《云南古佚书钞·白古通记》，昆明，云南人民出版社，1996。
③ 倪蜕：《滇云历来传》。

作为一个部落联盟的存在应该说是没有什么可怀疑的。基于这样的认识，张乐进求的逊位显然不单纯是一个神话故事，而是有其特定的历史含义。恩格斯的《家庭、私有制和国家的起源》、摩尔根的《古代社会》都有关于古代部落酋长的更替，要举行庄严的盛大集会，全体氏族、胞族和部落的男女老幼都要参加，进行民主选举的内容，中国历史上把它重笔渲染推重为“禅让”。很清楚，张乐进求的逊位正是通过一次盛大庄严的部落酋长联席会议，经过民主选举与罢免而进行的。即：在铁柱前举行一年一度的部落酋长会，细奴逻作为蒙舍的部落酋长前来参加。张乐进求让位后，同时也就理所当然地将以金鸟作为图腾衣饰的象征权力的衣裳披在细奴逻肩上。古代部落联盟是按种族、氏族、部落繁衍分支自然形成的，它有严格的界限。显然张乐进求和细奴逻应属同一氏族系统，否则细奴逻既无资格参加部落酋长会议，更不可能接受张乐进求的“禅让”。

过去论者常常引证樊绰《蛮书》中“六诏并乌蛮”和《新唐书·南诏传》中“南诏乃哀牢夷后，乌蛮别种也”为论据，又置“别种”二字不顾，简单地将乌蛮和彝族画等号，以此来证明南诏王室是彝族。且不论乌蛮和白蛮是普通名词，不是专用于民族称谓（对此许多学者已有精当论述，兹不赘述），仅就这句话本身来解释也很难得出六诏即乌蛮，乌蛮即彝族的结论。南诏故地几乎囊括整个滇西，既然六诏即乌蛮、乌蛮即彝族，那白族到什么地方去了呢？怎么到南诏时期会突然冒出一个经济、文化都高度发达的白族，进而占据了南诏的清平官、大军将等所有重要位置呢？古人由于历史条件的限制，不可能如同我们现在这样去作认真的民族识别，但古人仍意识到六诏和乌蛮不能等量齐观，所以用“别种”二字，以示区别。值得珍视的是李一夫在《南诏王室族别初探》一文中，征引了与南诏同一时代的西藏《墀都松墀德宿藏传略》称：“在南边的底地国土中有章地的一部称为白蛮，他们的国君有许多人民，但是在告诉他国家的广阔，富庶的长久的看法，白蛮国君阁罗凤，即时对他致敬。”并进而推断说明洪武年间云南第一布政使司张紞在他写的《荡山寺记》中称“蒙、段二氏皆白人”是有依据的。这些记载都是其他民族的古人做的，特别是吐蕃，它和南诏的关系至为紧要。天宝之战以后，双方曾结为兄弟之国，接触频繁，又是紧邻，这些记述应该说是可信的。联系南诏历代国王多次自称“大封民国”“大封人”，“古读‘封’如‘帮’，‘封人’或‘封民’即‘白人’或‘白民’”。[①] 南诏王室的族属问题应该说是没有什么疑问的。

有的学者为了坚持南诏王室是彝族说，又要照顾南诏王室后来在彝族中后继乏人的问题，就提出了南诏王室彝族白族化的观点。这有没有可能呢？纵观古今中外的历史，民族之间的同化和分离是经常发生的，但这主要指民族的个体而言，如果作为一个民族整体，要想将它彻底征服是不容易的。例如欧洲人征服美洲以及美国早期采取野蛮的种族灭绝政策，对印第安人进行骇人听闻的屠杀，但印第安人作为一个民族至今依然存在。南诏时有三十七部，直到明代仍见于记录，同样证明一个部族具有的顽强生命力。根据我们实地调查，姚安、祥云、弥渡等地是历史上白族聚居、繁衍的重要地方。洪武十四年（1381 年），明军打开大理，大规模进入云南后，对大理实行屯田制，沿弥渡、祥云、鹤庆、宾川设置了无数的“营”“屯”包围圈，进行屯田军垦，实行强制同化。在鹤庆至今还流传着“逢屯必汉，逢村必白”的说法。因此在姚安、弥渡等地，原先众多的白族居民不见了，被融化在汉族居民当中，祥云、宾川还零星剩下一些白族村寨。但在白族经济、政治、文化的中心地区大理，

① 见王忠：《新唐书南诏传笺证》，北京，中华书局，1963。

却不是汉族同化了白族，而是相反。如大理的上下湾桥、上下波罗旁、北五里桥都是明代进来的汉族军户，由于长期与白族错居杂处，婚娶往来，有的已完全白族化，有的形成了白族话开头，汉话结尾或者汉语白语掺着说的白族。在少数民族受压迫歧视的历史时代，诚然也有一部分白族知识分子为了在仕途上争一席之地，有时也把自己的家谱改为汉族，但自然的法则依然是个体的异族人常常能较快地融合进当地人口占多数的民族中，这种例子不胜枚举。大理南甸中村的张家是昆明来的汉族职工，剑川欧家是内地到剑川做官的，现在都是地道的白族了。解放前说“剑川无汉”，不是无汉，而是融合了。这些例子无非证明：融合个体是容易的，也是正常的，但要融合一个民族是困难的。如果学者说南诏就是彝族，而当时云南彝族不是少数，那么如此强大的彝族一直作为云南的一个重要民族延续下来了，而仅作为南诏王室的彝族却白族化了呢？南诏曾经雄踞西南，统帅六诏，唐王朝加以注目，吐蕃不敢小觑，声威远播东南亚，但至今仍未发现用彝文记载的南诏王室的谱碟，这也是让人难以理解的。

此外，在南诏发展史上，许多派遣到唐和吐蕃的重要使节都是白族大军将、清平官。他们在南诏政权的内政外交中起着举足轻重的作用。如蒙法时，“遣宰相赵隆眉、杨奇琨、段义宗朝行在，迎公主。高骈自扬州上言：‘三人者，南诏心腹也，宜止而鸩之，蛮可图也。’帝从之。隆眉等皆死，自是谋臣尽矣，蛮亦衰”。[①] 过去论者常常用蒙古族和女真人入主中原，利用汉人做官建立起强大政权，来引喻南诏王室是彝族，而广大臣民是白族的情形。表面看来，的确蒙古人和女真人都是少数，他

① 王忠：《新唐书·南诏传》，中华书局点校本，1963。

们的朝廷中也有汉族官吏，州、县两级政权多半委之汉人，但他们都拥有自己的嫡系部队，主要军政大权是绝不委诸异族人的。清朝后期稍有变更，那是国内外形势变化的结果。

（二）南诏多数地名为白语给我们的启示

白语是白族的通用语。洱海地区是白族自古以来生息、繁衍的主要地区。一般喜欢近水居住，从事农耕，栽培水稻。在长期的交往中，形成了互相交换劳动产品的集市，如大理三月街、邓川渔潭会等。赵式铭在《云南白文考》一文中曾说："凡滇西人相接，一操白文，辄曰：我白子一家也，则皆喜，若故交者，其远而益亲如此。"① 问题是南诏时期通行的语言究竟是彝语还是白语？对当时语言保存较丰富的《蛮书》卷八载："言语，白蛮最正，蒙舍蛮次之，诸部落不如也。""大虫谓之波罗，犀谓之矣，带谓之佉苴，饭谓之喻，盐谓之宾，鹿谓之识，牛谓之舍，川谓之赕，谷谓之浪，山谓之和，山顶谓之葱路，舞谓之伽傍。加，富也。高，阁也。诺，深也。苴，俊也。"持南诏通行白语说的学者解释："虎为罗，州为赕，带为佉苴，饭为喻，阁高也，苴俊也等，直到现在的白语中都是这样。""如盐，白语叫'闭'，'宾居'叫'闭更'［ pi^{35}kɯ^{35} ］；南诏劝利晟呼王磋巅为大容，白语兄弟叫容胎［ zɿ̩^{35}the^{44} ］。"② 大容就是大哥，至今依然。倪蜕在《滇云历年传》中说："昔人谓夷别音在音不在字，华别字在字不在音，理则然。"在此剖析南诏几个地名，以资南诏通行白语说的佐证。

关于"诏"的含义，长期以来论者多引证《新唐书·南诏传》中"夷

① 转引自《云南白族的起源和形成论文集》，昆明，云南人民出版社，1957。
② 引自李一夫：《对白族的起源和形成的意见》，见《云南白族的起源和形成论文集》，昆明，云南人民出版社，1957。

语王为诏”来解释。有的学者进一步推论：“氐族曾称王为诏，六诏地近氐族，而符秦势力曾经远达川滇，称王为诏，自不足怪也。”① 近来有的学者对“诏”字的含义作了深入的调查和新的探索，认为“诏”字的本义应该是指组成“群”“伙”的氏族、部落、部落集团。② 笔者认为“诏”是白语，意为“一片地方”。在今天的白语中，“诏”的用法仍很普遍。如称“一片荞子地”为“古诏”［ kv̩^{21} tsɔ^{42} ］，“一片麦子地”为“孟诏”［ mɯ^{33} tsɔ^{42} ］，“一片开荒地”为“坑（去声）诏”［ khɯ^{55} tsɔ^{42} ］，不胜枚举。因此，“六诏”原意指“六块地方”“六片地方”，或者是“六个人群居住的地方”。南诏在诸诏之南，所以叫“懒诏”［ na^{31} tsɔ^{42} ］。又，白语叫巍山为“闷火”［ mɯ^{33} hɔ^{31} ］，巍山为南诏故地，蒙氏主之，因此闷、蒙变音，指的就是蒙姓。“火”即聚居集团，和“诏”意相同，也与“家”“氏”相通。后来这些聚族而居的氏族开始向部落或部落联盟过渡，原来的氏族首领开始称王称尊，“诏”就开始由地理概念变成了包含象征权力的“王”的意思，难怪汉文献后来把“诏”与“王”混为一谈。又以邆赕诏为例，显然是指“盛产豆子的地方”。白语的“等”［ dɯ^{31} ］就是豆子，“等”“邆”同，后来改称邓川也还是出产豆子的坝子之意，与邆赕之意没有什么变化。这也足证“诏”的本意是“一片地方”。也许有人会问，在白语中，“赕”为“川”的解释已成定论，“邆赕”本身就含有“产豆子的坝子”之意，怎么会把坝子和地方重复呢？其实在白语中，“赕诏”相连的说法并不少见。从严格意义上讲，“赕”与“诏”是有区别的。“赕”一般泛指坝子；而“诏”则专指坝子中的某一部分，也有一群人居住的意思。

由此可见，“诏”本意非王是很清楚的。今天白语中“王”“头目”一

① 见王忠：《新唐书南诏传笺证》，北京，中华书局，1963。
② 王元甫：《南诏和白族的几个问题》，载《大理文化》，1981（9）。

般叫“秃等”[thu^{55} $tɯ^{31}$]，当然我们不能以此上溯说南诏时也是如此称谓，但也没有表现出“诏”即“王”的痕迹。《新唐书 · 南诏传》载：“元和三年，异牟寻死……子寻阁劝立，或谓梦凑，自称‘骠信’，夷语君也。”《资治通鉴》称浪穹诏主为“时傍昔”，李京《云南志略》中载：“蒙氏名细奴逻，城蒙舍之龙圩图而都之，自称奇王，云南建国称王始此。”笔者认为，南诏语中的王可能是“信”“昔”，而“信”“昔”“细”是同一意思的不同译写，因为在今天白语中，称祖先为“细武”[$çi^{55}ŋu^{33}$]，不确指一人，泛指已过世的列祖列宗，寄托着尊敬和崇拜，这样解释似乎更近情理一些。

清代地理学家顾祖禹在其《读史方舆纪要》西洱河条中说：“西洱河亦名洱水，以形如抱珥也。一云，如月生五日。亦曰洱海，亦曰西洱海，杜佑谓之昆弥川。”其实，洱海的“洱”字也是白语。大理白族叫洱海为“耳稿”[$er^{33}kɔ^{21}$]，“耳”是指下边，“稿”（去声）指江河和海。“耳稿”就是“下边的海子”。白族一般以水流方向定上下，苍山十八溪注入洱海，所以称洱海为“耳稿”。时至今日，大理地区仍有“冬如耳稿”[$tɔ^{33}$ $sv̩^{42}$ $er^{33}kɔ^{21}$] 的说法。“冬”是指上面的意思，“如”是山，“冬如耳稿”意为“上山（指苍山）下海（指洱海）”。此外，如喜洲叫“狠简”[$xɯ^{33}$ $tçi^{33}$]，是意译；鹤庆叫“恶凯”[$ɣɔ^{42}khər^{31}$]，意为鹤在的地方；浪穹叫“老后细”[$lɔ^{31}xɔ^{55}çi^{33}$]，意为水冒出的地方；“红岩”原名叫“白崖”。从这些地名的考察，无不说明这些地方是白族土生土长的故土。

《通典》卷一百八十七，《新唐书 · 南诏传》都记载：“昆明国，一曰昆弥，西南夷也，在爨之西，以洱河为界，即叶榆河也。”《读史方舆纪要》中也说：“赵州（今凤仪）南十四里，本名昆弥山。明初，平西侯沐英过此，更今名。”（指定西岭——引者），由此可知，“弥渡”[$mi^{21}tv̩^{35}$] 一词是白语，汉语意为在昆弥岭的东边。过去对“昆明”一词的解释多有歧义，其实，“昆明”“昆弥”是今天白语“稿米”[$kɔ^{21}mi^{31}$]的变音，意为住在海边的人群，说明这些地区都是白族活动的主要地区。

语言，是一个民族相异于其他民族的重要标志之一。但日常用语往往由于社会的不断发展，新事物的不断出现而容易更新，改变其最初的面貌。唯独地名，若无重大的外界因素，如沐英进兵滇西而改昆弥岭为定西岭，王莽镇压僰人起义而改胜休县为胜僰县外，往往能原原本本地保留下来。特别是白语，因本身没有文字符号可供记录，历代口耳相传，较容易保持古音古义。所以对地名的剖析，更能提供我们一些有用的历史线索。

在此，有两个问题可以启发我们思考。其一，所谓白蛮语言最正，蒙舍蛮次之，它是和什么语言对照而言？不论以汉语对照，或指白语的正次，都表明从语言上说白蛮和蒙舍蛮同操一种民族语言，只不过因为所处地点不同而有正次的微小差异。若说蒙舍蛮就是乌蛮，又与白蛮使用同一种语言，那不是不可思议了吗？其二，关于白语的问题，议论也很多，有的说是古汉语，有的则说是彝汉两语的混合，有的甚至求出其中的百分比例，这些探索研究，不是没有益处，事实上白语中借用了大量的汉语词汇和其他少数民族的词汇，这是民族文化交流，民族语言发展的正常现象。但不可否认的是，白族仍有自己的基本语言和词汇，有自己的文法，这是区别于其他民族的特点。

共同语言的形成根源于共同的经济生活。根据剑川海门口新石器时代的文化推断，近年来的大量出土文物以及最近下关大展屯古墓发掘出土的文物证明：第一，洱海地区早已种植水稻，人们早已定居。司马迁“毋常处，毋君长”的记述，不能概括洱海地区的全部历史状况。第二，从元谋人的发现，证明云南这片地区，早有人类先民栖息繁衍，并不是真空，洱海地区，自不例外。因此，根据司马迁《史记·西南夷传》中

“皆氐类也”一语，就推断出这里的先民都是氐羌之属，而且是从西北迁徙来的说法，已为出土文物所推翻。第三，庄蹻王滇西迁而成为白族先民建立南诏说，根据近年出土文物证明，滇文化和洱海文化显然系两种文化系统，从而使这种论点也无法成立。第四，根据古迹地名、出土文物推断，白族的先民繁衍就在古昆弥地区，也就是现在的洱海区域。至于“僰”“白”混淆，始于李京，李元阳已加以纠正，只是李元阳又将“僰”字加在傣族头上，不能不说是一个错误。

（三）本主信仰及其他

“本主”一词，是白语“武增”[$ɣ̩^{31}dsɯ^{33}$]的意译，即“我们的主人”。它在白族地区是一种与儒、释、道的信仰并行不悖的特殊的信仰，也是人所公认的白族宗教信仰相异于其他民族宗教信仰的重要标志。有的几村供奉一个，有的一村独敬几尊。他们是“神”，主管迎生送死和死去的人的阴魂，还可以主宰人们的吉凶祸福，赏善罚恶；他们又有“人”的禀赋，同样有七情六欲、离合悲欢，可以结婚恋爱、繁衍种族。相传大理河涘村的本主巡河大帝，夜间出去幽会，被人们捉奸，逃跑时裤子都来不及穿。又传龙佉村本主追风勒马景庄皇帝与丰呈庄的女本主相恋，因此丰呈庄本主庙北墙不能修好，以利他们往来，这哪有一点神的尊严呢？值得注意的是，在白族本主中有许多原来就是南诏和大理国的国王、清平官或大军将。白族人将南诏历代国王当本主供奉，没有文化渊源恐不可能。在洱源凤羽的南边，有几个村子信仰的本主叫大黑天神，他本是佛教的护法神，当地人说他的世俗名字是阁罗凤，封号是“弘道圣帝”。他“在世为国王，在庙为本主，在寺（指本地的鹤林寺——引者）为坛主”。有一副专门颂扬他的对联写道：“溯厥帝源流，读史采风，在昔膳楚□开，奠安僰国，诚纬武经文，聪明正直超六诏；考诸王世系，由神封圣，而今阴阳燮理，辅翼南坛，允佑民弘道，威灵显应障全滇。”此外，咸丰《邓川州志》中也记有："士登土主庙，旧志云蒙氏酋隆庙，伪谥宣武，岁以三月八日赛会"，"兆邑土主庙即蒙氏世隆，伪谥景庄，岁以正月旬有三日赛会"。

剑川古城隍景帝最为当地白族人民所崇奉，解放前旧历三月古城隍会非常隆重，要唱戏多日，在昆明的旅省同乡都要齐集会馆参拜，为不可少的团拜活动，相传这个城隍就是阁罗凤。最近，中国社会科学院民族研究所赵衍荪（白族）提供了一篇其先人赵式铭的遗稿，该稿是剑川旅省同乡祭古城隆景帝祝文。文中写道："惟帝生而利国，没而福民，风霜兵火，姓氏就湮。或云是普贤菩萨法器，或云是刚峰先生后身；甚或侈谈红袍之阻道，或夸传白蟒之围营。此里巷之所道，非缙绅之所凭。意当南诏之世，豪杰代兴，北通藏卫，西接锦城，白衣没命，无征不平。故生则有骠信之隆号，崩则有景帝之尊称。亘庙祀于西迄，历弈叶而如生。某等产于义督（即剑川——引者），旅于昆明，三月初吉，惟帝诞辰，在乡则合乐以作社，在客则集会以将诚。岂徼福于冥漠，用鉴古而劝今……"这说明不是迷信活动，而是"鉴古劝今"。白族人民这样虔诚崇拜在南诏史上建国有功的人物当绝非偶然的现象。

白族本主来源也是很复杂的。如段赤城以舍身斩蟒被崇奉；杜朝选因斩蟒救人受敬供；慈善夫人是邆赕诏主夫人，即柏洁夫人，以坚贞受祀。这些都是白族人民所崇拜的英雄人物。此外，也还有像大庄本主是被歼漏网的残兵，死在大庄刺丛里而被奉为本主。明军破攻大理后，把下关原来的居民逐出下关，他们落户在者么，原下关本主南诏国王异牟寻也随迁到者么，而把李宓封为上下村本主，封蓝玉为下关波罗甸的本主，傅友德为杉里木庄的本主，沐英为上波罗盘的本主。上下波罗盘过去都是明朝进来的军户，生时是他们的长官，死后是他们的本主。喜洲中央皇帝庙原来供奉的是大理国祖先段宗牓，元世祖占领大理，后来又做了元朝皇帝，就将段宗牓易位，把段宗牓塑成一尊小像，坐在元世祖忽必烈前面。可见统治阶级民族成分的改变，本主也就改变了。但对于南诏人物今天的白族却仍崇奉不变，如果没有深厚的历史渊源和民族感情因素，显然是不可想象的。

另外，在洱海地区还处在部落林立的时候，居民多信巫鬼。“夷人尚鬼，谓主祭者为鬼主，每岁出一牛一羊。”① 这种情况，在解放前白族聚居的山区仍有遗留。在洱源西山地区，由于山高谷深，长期与外界阻隔，直到解放初，还保留了较多的原始社会的遗迹。“呆害义拍”就是其中之一。“呆害义拍”[$tɛ^{31}$ xe^{55} $ȵi^{55}$ $ph\varepsilon^{33}$] 是白语，汉语可译为“捉生人魂魄”，是当地居民谈虎色变的一种迷信活动。据说一个村或几个村中只有个别人会这种勾当。如果一旦与会“捉魂魄”的人结下冤仇，魂魄就会被捉去整治，求生不得，求死不能，非常痛苦。当地人认为巫师可以帮助解脱，因而非常崇信大巫。这显然也是一种相袭的历史痕迹。又，早在六诏时期，佛教就乘势兴起，对南诏政治、思想文化都产生了重大影响。“观音伏罗刹”的传说，多为前人分析论述，这里不作详谈。南诏、大理时期大乘密宗佛教盛行，史不绝书，毋庸赘述。南诏最高统治者对佛教持重视态度，也有籍可稽：“(阁罗凤)遣弟阁陂和尚…… 献凯吐蕃，陂有神术，人马往来吐蕃，不过朝夕。”“此二役(指天宝战争)皆凤弟阁陂和尚及凤妃白氏幻妖术……韩佗僧用钵法，以致唐兵战败。”② 剔除其荒诞成分，佛教直接影响南诏的外交事务和军事行动应无疑义。最足以提供佐证的是在今天剑川石钟寺第二窟“阁罗凤出行图”中雕刻的阁陂和尚。从他所占据的位置看，在当时的政治地位是很高的。“自南诏叛，天子数遣使至其境，酋隆不肯拜，使者遂绝。骈以俗尚浮屠法，故遣浮屠

① 王忠：《新唐书·南诏传》，中华书局点校本，1963。
② 王忠：《新唐书·南诏传》，中华书局点校本，1963。

景仙摄使住，酋隆与下迎谒见拜，乃定盟而还。”[①] 唐天子的使者可以轻慢，和尚一到，却恭敬礼拜，佛教在南诏统治者心目中的地位可想而知。除文字记载外，至今仍然耸立在苍洱之间的三塔寺、一塔寺，雄踞石宝山的剑川石窟，誉满中外的《张胜温画卷》都无一不是南诏、大理国时期佛教盛行的生动记录。近年来大理地区大量出土的观音像、降魔杵更是最好的说明。恩格斯说：“宗教一旦形成，总要包含某些传统的材料，因为在一切意识形态领域内传统都是一种巨大的保守力量。”[②] 如果南诏王室是彝族，六诏都是彝族，怎么能设想南诏竟然能抛弃本民族的传统信仰而独尚佛教呢？而且，那样虔诚崇信佛教之事在今天彝族中却找不到任何遗迹！这不正好说明今天白族的文化是和南诏一脉相承，而彝族没有这种继承关系吗？在今天的大理，还有老妈妈初一、十五的拜佛会，她们念着一套似汉非汉，似白非白的所谓“佛经”，还有一套乐器和乐谱和声，显然它是佛教在大理民间演变的结果。

有的学者以“西爨及白蛮死后，三日内殡葬，依汉法为墓。稍富室广栽杉松。蒙舍及诸乌蛮不墓葬。凡死后三日焚尸，其余灰烬，掩以土壤，唯收两耳”，[③] 断言彝族是火葬，白族是棺葬，并以此为证据推断南诏王室的族别。殊不知，明以前的白族也是火葬。李京《云南志略》诸夷风俗白人条写得很清楚：“人死，浴尸束缚，令坐，棺如方柜，击铜鼓送丧，以剪发为孝，哭声如歌而不哀，既焚，盛骨而葬。”在今天的白语中，人死殡葬叫“受”[$su^{55}sɔ^{42}$]。现在洱源大果村后山上还有许多明代火葬墓，并有一块平地，称为 [$su^{55}ɕi^{33}ȵi^{31}pɛ^{31}$]，汉语译意是“烧尸坪”。大理白

① 王忠：《新唐书·南诏传》，中华书局点校本，1963。
② 《马克思恩格斯选集》第四卷，253 页，北京，人民出版社，1977。
③ 《蛮书》卷八，转引自向达《蛮书校注》，北京，中华书局，1962。

族改烧埋为棺葬是在明代强制推行的。可见，以是否用火葬来区别是彝族还是白族的论据是不充分的。

关于父子连名的问题，也是有的学者据以证明南诏王室是彝族的论据之一。其实白族也有父子连名。高氏、段氏都有父子连名的记载。[①]人们起先并无名字，只有氏族图腾，姓名的出现是经济文化发展以后的事。在经济文化落后的地区，今天仍然还没有姓，碧江白族中就有这种情况。有的学者经过研究，认为同是父子连名，白族是冠姓连名（如高氏、蒙氏、段氏），彝族是不冠姓连名，这是很有见地的。古代人名、地名、部落名相混，时而有之。王鸣盛在《十七史商榷》南诏蒙舍条中，根据家藏骆宾王集三本记载与史书记载的出入，提出了蒙舍、蒙俭和舍、蒙舍龙三人是人名译写相混或是人地名译写相混的疑问，可见此问题古人也早就注意到了。

再从地理因素看，今天大理白族地区肥美富饶的山间盆地，几乎都是由古代的湖泊演变而来。大理的洱海，李元阳编纂的万历《云南通志》中说："天桥（指下关西南里许的天生桥——引者）在府城南二十五里，观音大士凿洞山骨，使洱海水下趋处也。初未凿时，苍洱之间十之七，凿后水存十之三矣。""鹤庆太始为水泽，有异人卓锡窾其尾闾以泄之，故后人得平土而居。"[②]今天洱源县的谷仓凤羽，在古代也是"半浸于湖，西南高东北下"。[③]史载："诸葛武侯南征，师次白崖，封龙佑那为酋长，赐姓张氏。诸夷慕武侯之德，渐去山林，徙居平地，建城邑，务农桑。于是白种诸部有姓氏。"[④]诸葛亮到白崖的说法不足信，但这条资料

① 徐嘉瑞：《大理古代文化史稿》，北京，中华书局，1978。
② 诸葛元声：《滇史》卷十三，芒市，德宏民族出版社，1994。
③ （清）赵辉璧：《凤羽湖记》，载《大理文化》，1982（2）。
④ 王叔武：《云南古佚书钞》，昆明，云南人民出版社，2016。

在一定程度上反映了三国时期洱海地区的经济发展情况。到贞观二十二年（648 年）梁建芳讨松外诸蛮时，西洱河蛮已经发展到“凡数十姓，赵、杨、李、董为名家，皆据西川，不能役属。其土有稻、麦、粟、豆，种获亦与中夏同”，[1] 经济生活已经相当先进。值得注意的是，南诏王室的先人也是早就进入了务农桑的经济生活，这与白族先民的情况是一致的。《白古通记》就说：“时农逻与子逻晟耕于巍山之下。”

由于白族地区江河湖泊纵横，大多数地区古为泽国，水利和水害同时存在，因此关于龙的神话传说特别多。在白族人民的心目中，黑龙总是代表邪恶、残暴，在斗争中常常是战败者，这与白族的尚白密切相关。直到今天，雪白的服装不仅为白族青年男女所喜爱，就连老人百年之后也以能穿着白衣白裤离开人间为荣幸。无独有偶，早在一千一百多年前的《南诏中兴国史画》中，所画的细奴逻的妻子浔弥脚和罗盛的妻子梦讳都穿着白色长衣。[2] 这难道是偶然的巧合吗？如果简单照搬史书中六诏并乌蛮，并由此而引申为乌蛮即彝族，则大理、洱源这些六诏故地的许多民间传说（包括有关龙的传说）、地名是那样的相似，而今天这些地区又无可争辩地是白族地区，就无法作出合理的解释。

通过上面粗浅的论述，笔者认为白族自古以来就是以洱海地区为其主要活动区域的土著民族。汉族移民的迁入，汉族战俘的融入以及诸如西爨白蛮的迁徙对白族的形成和发展曾起过重大的作用，但从来没有取代过洱海地区的土著居民。白族是当年宜宾僰人的后裔说是没有根据的，白族人种外来说是难以令人信服的。在唐以前，他们的社会发展阶段已

① 梁建芳：《西洱河风土记》，转引自方国瑜：《云南史料丛刊》，昆明，云南人民出版社，1990。
② 徐嘉瑞：《大理古代文化史稿》，北京，中华书局，1978。

处于氏族向部落过渡的阶段，到唐贞观年间，已出现“数十百部落，大者五、六百户，小者二、三百户，无大君长”①的状况。唐初六诏或八诏的出现，正好反映了这一期间部落之间的矛盾纷争，并逐渐走向统一的历史趋势，南诏的统一正好完成了部落向部族的过渡。那些长期活动在河谷平坝的部落，组合成新的部族——白族的前身，另有一些散居山谷各地的部族则组合成彝族的各支系和其他民族。他们都是南诏、大理古文化的创造者，作为南诏、大理国多民族大家庭的一员一直发展下来。南诏王室蒙氏在部落向部族的过渡中就已经是白族先民的一个组成部分，他们并不存在彝族白族化的问题。

① 梁建芳:《西洱河风土记》，转引自方国瑜:《云南史料丛刊》，昆明，云南人民出版社，1990。

试论白族本主的源和流

“本主”一词，是白语“武增”的意译，即“我们的主人”。它在白族地区是与儒、释、道的信仰并行不悖的一种特殊信仰，也是白族宗教信仰相异于其他民族的重要标志。许多专著和文章对此都有论述。本文就白族本主源流问题，也谈一孔之见，以就教于这方面的专家学者。

（一）白族本主信仰的多样化反映了白族宗教信仰从原生宗教向人为宗教的过渡

白族本主信仰起于何时，已不可考。目前见于文字记载的主要有胡蔚校本《南诏野史》，该书载：“高宗显庆二年（657 年），凤鸣于浪穹，罗浮山乃改名凤羽山，封十二圣贤为十二山神。”王崧的《南诏野史》亦有类似的记载：“蒙氏平地方，封岳渎，以神民天子为国主，封十七贤，五十七山神。”但从至今流传的大量口碑材料中，我们仍可追溯到白族本主的来源。

白族的本主信仰，最先是产生于原始社会时期的自然崇拜。在原始社会时期，生产力低下，日月星辰，雨雪风霜，都会使白族先民感到神秘莫测，威力无穷，在这种对于自然界的异己力量完全处于屈服状态的情况下，就产生了万物有灵的自然崇拜。正如马克思和恩格斯所说的：“自然界起初是作为一种完全异己的，有无限威力和不可制服的力量与人们对立的，人们同它的关系完全像动物同它的关系一样，人们就像牲畜一样服从它的权力，因而，这是对自然界的一种纯粹动物式的意识（自然宗教）。”[①]

剑川马登地区有两尊本主，一尊叫“雪斑景帝”，一尊叫“黑煞景帝”。这两尊本主被崇奉，是因为马登地处高寒山区，每年雨雪来得比较早，如果马登西边的雪斑山积雪太早，则整个马登坝子的农作物都要减产甚至歉收。为了祈求大自然的庇护，人们就幻想能有一个“雪斑景帝”来帮助他们驱除雨雪，保佑丰收。过去马登地区很少栽培水稻，小麦是主要的粮食作物，小麦黑穗病又严重威胁着收成，人们就塑造了一个“黑煞景帝”来保佑免遭黑穗病的袭击。下关的本主也是如此，下关风闻名遐迩，它挟带着苍山顶上的冰雪气流横扫大理坝，给农作物生产带来不利影响。人们热切希望有一种超自然的力量能够帮助驱散苍山顶上的雨雪云雾，保障丰收。阁洞旁村本主“镇宁邦家福佑景帝”和“大圣妙感玄机洱河灵帝”以及“沧浪峰霞移溪得道有感龙王”就是在这种愿望中被创造出来的。

大理州江河湖泊纵横，大多数地区古为泽国，水利和水害同时存在。因此，象征雨水的龙的传说在本主传说中占有相当的比重，许多本主庙的墙上都彩绘着吞云吐雾的龙的形象。雨水是直接影响农业丰歉的重要条件，本主的主要作用也就多半同农业生产所需的水联系在一起。如邓川腾龙村本主“大圣东海龙王玉璧天帝”有 5 个儿子。除留在身旁两人外，其余三人分别被派到官庄、乾木南、社畔村做本主。

东海龙王不喜欢大儿子，因此就不给他水用。大儿子向母亲哀求，母亲给了他绣花针般大的一股水，所以现在头村缺水。东海龙王偏爱自己的三儿子，就给他一瓢水。老三欢天喜地往回走，路上遇见了四脚地

---

① 《马克思恩格斯选集》第一卷，35 页，北京，人民出版社，1995。

神，四脚地神认为东海龙王太不公平，所以一脚把老三的水踢洒了。老三再向东海龙王要时，东海龙王不愿再给，他只好哭告母亲，也照大哥一样又得了绣花针般大的一股水。洱源的九龙神龙王也有类似的传说。相传龙王之女九姑娘嫁到漏邑村后，由于漏邑水少，跑到洱源哭泣诉苦，回来时风雨大作，为此龙王用手棍戳通了山，引来了一股水分给女儿。从那以后，暴风雨就不再来了。所以洱源凤羽人路过漏邑村时，在沟里喝凉水叫喝家乡水。富于想象的白族人给大自然的不同恩赐彩绘了一幅奇异的图画。

大理白族地区今天肥美富饶的山间盆地，几乎都是由古代的湖泊演变而成。史载："诸葛武侯南征，师次白崖，封龙佑那为酋长，赐姓张氏。诸夷慕武侯之德，渐去山林，徙居平地，建城邑，务农桑，于是白种诸部有姓氏。"① 诸葛亮到白崖的说法不足信，但这条材料在一定程度上反映了三国时期洱海地区的经济发展情况。正是由于白族先民大多居于依山靠海的地方，林木茂盛，气候温湿，很适于蟒蛇出没，给白族人民的安全带来了很大的威胁，从而也就产生了白族本主故事中的许多斩蟒英雄人物。

早已为白族文学史所记载的杜朝选、段赤城的故事在苍洱地区几乎是家喻户晓，妇孺皆知。传说周城村本主猎神杜朝选，是大理海东人，以打猎为生。有一次从海东到大理，投宿周城村，看见一对老年夫妇相对哭泣，询问情由，知道是周城西神摩山箐内有一大蟒蛇，平时残害村民，而且每年村里要送一对童男童女去给它吃，今年正好轮到这对老夫妇的独生女儿。杜朝选听后，义愤填膺，决心斩蟒以救民。第二天，他

① 王叔武：《云南古佚书钞》，昆明，云南人民出版社，1996。

只身来到神摩山箐，果然看见一条大蟒蛇在箐中蠕动，杜朝选一箭射中蟒蛇，蟒蛇负痛逃走。杜朝选紧追不舍，在两个被蟒蛇摄入洞内的青年女子帮助下，杜朝选与大蟒恶战，刺死大蟒。当地人为纪念杜朝选，将他奉为本主。至今杜朝选的塑像手握半截剑柄，意思是剑锋已折断在蟒腹中，用以再现当年杜朝选与蟒蛇恶战的壮举。旁边塑两位年轻女子，相传就是被杜朝选解救而自愿做他妻子的那两位女子。

大理羊皮村的本主段赤城，相传是唐代元和年间同蟒蛇搏斗而献身的英雄。据《白古通记》："唐时洱海有妖蛇名薄劫，兴大水淹城，蒙国王出示，有能灭者赏半官库，子孙世免差徭。部民有段赤城者愿灭蛇，缚刃入水，蛇吞之，人与蛇皆死，水患息。王令人剖蛇腹，取赤城骨葬之。建塔其上，毁蛇骨灰，塔名为灵塔。"[①]

类似传说，在白族其他地区也很多。剑川沙溪本主叫"五百天"，相传他是乞丐，经常出进在人们吃斋念佛、求神奠祭的场所。当时沙溪有一山洞，前往祭奠的人都白日飞升，有去无回，人们都认为是成仙去了。一些年事已高的老人都自愿沐浴斋戒，前往"升天"。有一次，"五百天"在洞中拣吃残汤剩饭，心想好吃的都被"神仙"吃掉，一气之下，将一锅残汤烧沸，端起来往洞顶泼去，口中骂道："好酒好肉你吃完，干脆汤也一起喝。"谁料汤一泼上去，洞顶乱石飞扬，"五百天"抬头一看，只见半空中吊着一个斗大的蟒蛇，头被烫得左右晃动。"五百天"恍然大悟，原来成仙的人都被这畜牲吃了。"五百天"决心为民除害，身扎利刃与蟒蛇搏斗，蛇死人亡，死后被当地人尊奉为本主。洱源三营本主"大黑天神"相传是四川人，做官路经三营，见蟒蛇为害，舍身除蟒，被尊为本

① 杨慎：《南诏野史》上卷，台北，成文出版社，1967。

主，庙上大书“泽被蜀滇”的横匾。

岩石不寻常的外貌、泥石流的危害和岩石在人们生活上的效用，使白族人民对岩石既敬又畏，进而把岩石奉为本主。洱源西山的本主是一块巨石，相传有两弟兄抬着这块石头回家，中途歇脚后就再也抬不起来了。当晚两弟兄梦见石头告诉他们：“我是你们的本主，明天你俩继续抬我，我不走时，你们就在那里给我盖本主庙，我保佑你们清吉平安。”第二天，两弟兄遵嘱，把石头奉为本主。

大理上阳溪内光村本主也是一块大石头。相传有一年，洱海里滚上来一块巨石，抬不走，撬不动。这块巨石滚进一户人家的田里，那户人家只好点香祈祷，石头就滚进另一户人家的田里。这户人家也祭奠祈祷，石头就又滚进上一丘田里。如此一丘一丘往上滚，一直滚到山脚，岩石就再也不动了，于是人们在那里为石头盖庙祭奠，将它奉为本主。

洱源凤羽铁甲村本主相传是树根，大理海东金梭岛上的本主相传是灵猴，海东下秧村本主相传是老水牛，等等，这无一不反映了早期的白族先民，在万物有灵思想支配下，对天、地、日、月、山、川、石、树、动物的崇拜。随着私有制的产生，阶级的出现，人世间的苦难和权力的争斗也渗透到白族先民的意识形态中。白族的本主信仰也开始庞杂起来。这里边有的是历代南诏或大理国的皇帝，如细奴逻、隆舜、凤伽异、异牟寻、杨干贞、赵善政、段思平等；有的则是南诏或大理国的清平官、大军将，如段宗镑、郑回、杜光庭；有的是唐朝的文臣武将或汉族的官吏，如李宓、傅友德、王骥等；有的是义夫节妇，如慈善夫人、阿南圣母；也有的是孝子，如张保君、李文进等。甚至佛教的护法神大黑天神也挤进了本主的行列。同时，巫教的许多巫术也掺杂进本主的祭祀仪式中。所有这些五花八门的崇拜正好反映了白族本主信仰由原始宗教向人为宗教过渡的轨迹。

（二）白族本主传说故事再现了白族人民现实生活中的离合悲欢

白族的本主，遍布白族的每一个村落。有的几村供奉一个，有的一村供奉几尊。他们是“神”，主管迎生送死和死去之人的阴魂，还主宰人们的吉凶祸福，赏善罚恶。他们又有“人”的禀赋，同样有七情六欲，离合悲欢，结婚恋爱，繁衍种族。所有这些，经过富于想象、善于幽默的白族人民的不断创作，就出现了许多让人倾倒，为之叫绝的白族本主故事，它生动地再现了现实生活中白族人民的离合悲欢。

相传鹤庆城郊小校场本主叫白姐，小校场前村的本主叫白马将军，白马将军常去与白姐幽会。有一次，白马将军睡懒觉，直到天亮鸡叫还没有起床。鸡一叫，白马将军心慌意乱，错把白姐的一只绣花鞋套上就跑。白姐起来后找不到绣花鞋，只好穿了白马将军的一只将军靴。直到今天，鹤庆白马将军和白姐的塑像也是一只脚着绣花鞋，一只脚穿将军靴。

相传大理河涘村的本主巡河大帝，夜间出去幽会，被人们捉住，逃跑时连裤子都来不及穿。又传龙佉村本主追风勒马景庄呈帝与丰呈庄的女本主相恋，所以丰呈庄本主庙北墙不能修好，以利他们往来。这哪有一点神的尊严呢？其实，这恰好是古代白族男女青年自由恋爱生活的写照。今天，大理地区一年一度的“绕三灵”，白语叫“观尚兰”，剑川的石宝山歌会，一唱就三天三夜，当地人美其名曰：“白王纵民三日。”这些都是青年男女谈情说爱，自选佳偶的大好时机。只是今天这些活动已披上了各种神秘的面纱。无独有偶，在今天碧江的白族中，男女青年互相往来，唱歌对调，谈情说爱就叫“观兰好”，这正好是对大理地区“绕三灵”的最好注脚。

白族人民追求纯洁高尚的爱情，鄙弃和厌恶欺贫爱富的买卖婚姻，这在本主故事中也有反映。洱源凤羽爱民景帝张保君的恋爱生活正好说明这一点。相传凤羽南端弘道圣帝大黑天神有三子二女。有一天，他问儿女吃谁的福禄，几个儿子和大女儿都抢着说吃父王的福禄，唯有小女儿说吃自己的福禄。大黑天神一怒之下将小女儿赶出家门，伴随着小女儿的只有母亲留给她的与她朝夕相处的一头老水牛。她倒骑牛背，随意行走，结果老水牛将她驮到一座破窑前，里面住着从大理乞讨来到凤羽的张保君母子。小女儿不嫌他们贫寒，却喜欢烧炭郎张保君的忠厚、勤劳，执意要做张保君的妻子。虽然张保君靠烧炭度日，但是他们的生活充满着欢乐。后来他们又机智地挫败了大黑天神的刁难，整个故事以喜剧性的大团圆作结。当地本主庙一副对联写道："持栲养慈萱窑火热时母后何知子景帝，跨牛获圣配金桥嫁后父王方识女仙机。"

忠贞的爱情深受白族人民推崇，许多白族村寨，供奉的本主就是"护国慈云圣母"慈善夫人，又称柏洁夫人。相传唐代洱海地区六诏并存，蒙舍诏在唐王朝的支持下，为吞并其余五诏，宴请五诏诏主于松明楼。柏洁夫人聪慧、机智，觉察赴宴凶多吉少，劝夫勿行，未果，乃以一铁钏戴于其夫足上。结果五诏主被焚身亡，尸骨莫辨，唯柏洁夫人凭铁钏认夫骨归葬。蒙舍诏主羡柏洁夫人聪明美丽，欲强娶为妻，柏洁夫人坚贞不屈，设城固守，城破后跳井身亡。后被很多地方奉为本主。

此外，向往廉洁的官吏，嘲讽徇私枉法的行径，鞭挞愚弄人民的迷信活动的故事也反映到白族本主信仰中。

相传大理西城尾村本主"大圣妙权青慈圣帝"是明朝进士资阳县令。正月十五日是他的生辰，祭时只要一炷香，不用祭品，也不准请客。因为本主爱惜民力，不愿多花钱，铺张浪费会惹本主生气。这和那种宰猪杀牛的三牲九礼的隆重祭奠形成了鲜明的对比。

洱源凤羽南端上寺、义和、屯户三村本主，"弘道圣帝大黑天神"为官正直，可惜他有一个又贪又馋的老婆。人们平常的祭奠远远不能满足她的欲望，因此，她经常给小孩施放瘟疫。得了瘟疫的小孩不冷不热却惊哭不止，喷嚏连声但鼻涕毫无。人们知道这是大黑天神太太搞的鬼。只好自备祭品去本主庙旁偷偷祭奠。祭时请一年老妇人先装模作样地在本主庙门边探头探脑张望一番，等到确认大黑天神不在家时，就侧着身子一路小跑到神坛前，弯腰背起大黑天神的太太跑到预定地点，等到她吃饱喝足之后，悄悄地把她送回神坛。

大黑天神的小儿子也依仗着母亲经常在外边横行。每当除夕杀猪，他就将灰烬迎风乱扬，引起火灾。人们深受其害，到大黑天神前告状。天神大为震怒，天神太太只好哄小儿替她看头上的虱子，然后一把将他按住，横过一只脚拦腰将他夹起来。如今，人们塑本主像时，大黑天神太太面前塑一半蹲半跪的小孩，大黑天神太太右手按在他的天灵盖上，左脚横过来拦腰夹住。这些故事不正是白族人民现实生活的生动再现吗?

被收入《白族文学史》的《本主不吃牛》的故事为许多人所熟悉：相传洱源西山有一农民，妻子卧病在床，巫师告诉他要杀牛祭奠本主。耕牛是农民的唯一财产，杀了无法耕田，全家要饿死，不杀又眼睁睁地看着妻子病死。万般无奈，只好将牛牵到本主庙，拴在本主塑像身上，让本主自己宰杀。半夜，饿急了的老牛拖着本主跑回来。农民见了，打躬作揖地说："本主老爷，你不忍心杀吃小民的牛，托个信让我自己牵回来好了，怎么敢劳驾本主老爷亲自送回来呢?"难道这种嘲讽还不够辛辣吗？！

（三）儒、释、道进入了本主的行列反映了白族兼收并蓄的文化特点

白族是云南历史比较悠久的少数民族之一，经济和文化都比较发达。溯其原因，就是因为白族善于学习和吸收其他民族的先进文化。这种兼收并蓄的文化特点，也集中反映到白族的本主信仰发展过程中儒、释、道的逐步渗入并融为一体。

佛教唐代时在洱海地区就颇为盛行，宋代大理国时期推向顶峰。大

理国的22个国王中有7位（一说九位）就出家当和尚。郭松年在《大理行记》中说："此邦之人，西去天竺为近，其俗多尚浮屠法。家无贫富，皆有佛堂，人不以老壮，手不释数珠，一岁之中，斋戒几半。绝不茹荤饮酒，至斋毕乃已。沿山寺宇极多，不可殚记。"这种情况反映在白族本主中，就是一些白族村寨直接把观音菩萨、大黑天神作为本主崇拜。

大黑天神作为本主，在大理、巍山、洱源、剑川等白族居住的地区，有几十处之多。这是佛教传入苍洱地区与白族原始宗教互相影响的产物。大黑天神是佛教的护法神"摩诃迦罗"的汉文翻译。《新纂云南通志·宗教考·佛教》载："云南各县多有土主庙，所供之神非一，而以祀大黑天神者为多。塑像三头六臂，青面獠牙，狰狞可畏。何以祀此神像，民间传说多无稽之谈。近来留心滇史，稍有涉猎，乃知大黑天神为阿吒力教之护法神。盖其教以血食享祀，民间犹敬畏之，村邑立祠，疾病祷祝，初谓之大灵庙，后乃目为土主也。"然而，白族本主大黑天神的故事却别具一格。联想大黑天神娶妻生子的传说，这哪里还有佛教神的痕迹呢?

大理地区对大黑天神的传说，则说他奉玉帝的命令，背了装有瘟丹的葫芦到人间来撒放毒药，他感到百姓无罪，于是自己把瘟丹吃了，烧得难受，他就跳下洱海，结果把海水烧干了一寸，他的全身也被烧黑了。

洱源三营对大黑天神的传说，则说四川人张建勋知府做官路经三营，看见当地人哭哭啼啼地送老人到升天台上天，他感到奇怪，经过明察暗访，原来是蟒怪作恶。张知府身扎利刃，袍灌石灰，让蟒怪吞服后致死，他自己也全身发黑死去，被当地人奉为本主。这些大黑天神的形象完全白族化了，和原来佛经中的大黑天神已经完全不同，反映了佛教与白族原生宗教的互相渗透。

在西南边疆的各少数民族中，白族是接受汉文化比较早的民族之一。正如《新唐书·南诏传》载："人知礼乐，本唐风化。"统治汉族几千年的儒家思想在白族中的影响很深，在白族本主中，出现了许多有关孝子的传说。洱源凤羽本主中多数为孝子，其中凤翔本主敕封大圣威定四时惠国佑民景帝李文景，相传是禄丰人，因父母年老多病，久治不愈。听说凤羽西罗坪山上有好药可治，兄弟三人来到凤羽西罗坪山采药。后家人驳吉前来报丧，弟兄三人一起在西罗坪山跳崖自杀，驳吉也跟着自尽。被白族人民分别尊奉为凤翔（老大），振兴（老二），起凤（老三）三村本主，并书联赞扬道："采药竭乌情，越虹桥，渡鹉关，共主仆弟兄诚心爱日；着屐登凤岭，披凫藻，践鸿苍，统莪蒿杯棬痛念终天。""庙貌辉煌想当年忠孝节义，躬修纯粹仰今日正直聪明。"如今，在一年一度的迎送本主期间，人们还要让驳吉塑像骑在马上，表演一套跑马奔丧的喜剧性场面。

白族本主信仰同道教融合，集中反映在巫师在本主祭奠中举足轻重的作用。在白族地区"摄生人魂"是至今一些山区群众依然谈虎色变的巫鬼信仰，而"招死人魂"或叫"问先灵"却普遍盛行在白族居住的山区、坝区。主持这些仪式的都是自称"朵兮薄"的巫师，有的就直接在本主庙里进行。仅举"招魂"为例：白族人普遍相信人有三魂七魄，平时个别魂魄离开身体是常见的，只要从河里捡回七个石头，放在枕边，父母等病人熟睡后边捏石头边叫魂就行了。若魂魄被本主摄去，就意味着病势很重，需要请"朵兮薄"帮助招魂。办法是备下香烛纸钱、米、公鸡等物，并用红纸做一个椎形的招魂筒，在本主神坛前祭奠祷告。"朵兮薄"一只手拿一根小木棍，另一只手持张口的招魂筒，口中一边念念有词，一边在附近的树枝上敲打，见到有小虫被打落在招魂筒中，就算捉住了魂魄，赶快封好口，放在箩筐中，背回家后，轻轻地安置在灶君前。至于巫师在本主庙会期间表演爬刀山、登刀梯来蛊惑群众的例子就更多了。

最集中体现儒、释、道三教融合的是白族地区的寺庙格局。在白族地区，单一的寺庙是不多的，许多寺庙都是如来、玉皇、太上老君一堂香火。洱源凤羽的圣谕堂直接标榜忠恕、慈悲和感应，下设三教宫。三教宫经费由信徒自愿捐赠。在开乩讲经期间进行捐赠。教徒多是封建士绅。正如列宁所说："对于工作一生而贫困一生的人，宗教教导他们在人间要顺从和忍耐，劝他们把希望寄托在天国的恩赐上。对于依靠他人劳动而过活的人，宗教教导他们要在人间行善，廉价地为他们整个剥削生活辩护，廉价地售给他们享受天国的门票。"①

（四）白族本主的变异反映了历代统治阶级的内部矛盾纷争和封建王朝统治集团的更替

在白族本主中，有相当数量是南诏和大理国皇帝、清平官、大军将以及历代汉族封建王朝派往云南的文臣武将。这些人挤进本主的行列，从一个侧面反映了历代封建统治阶级内部的矛盾纷争和封建王朝统治集团的更替。

如上所述，白族本主应源于原始社会时期的图腾崇拜、大自然崇拜和英雄崇拜等。到南诏时开始被统治阶级利用，逐渐由官方提倡和封赠。后来南诏、大理国的一些主要国王也就成了白族的本主。凤羽南端几个村子的本主叫阁罗凤，凤羽北端的本主叫段思平，洱源上村本主是杨干贞，剑川古城隍景帝相传也是阁罗凤，下关者摩本主异牟寻。咸丰《邓川州志》中也记有："士登土主庙，旧志曰蒙氏酋隆庙，伪谥宣武，岁以三月八日赛会"，"兆邑土主庙即蒙氏世隆，伪谥景庄，岁以正月旬有三日赛会"。被认为大理国开国国王段思平祖先的段宗牓是大理地区"神明建国皇帝"，民间称为"神中之神"。

① 《列宁全集》第十卷，62页，北京，人民出版社，1988。

唐将李宓本来是唐王朝派往大理地区镇压南诏的将领，几经周折，死后也被追认为本主。跻身本主行列，享受汉族白族人民的香火。李宓的孙女也成了段宗牓的孙媳妇。昔日兵戎相见的冤家对头，今天化干戈为玉帛，缔结秦晋之好，这不是现实世界中民族融合在“天国”的再现吗？难怪封建文人赞美他：“惟大将军始可见忠心赤胆，是真名士方能镇洱海苍山。”

元世祖忽必烈征云南来到大理，就取段宗牓而代之。元世祖的像被塑成大像，段宗牓的像被塑成小像，坐在忽必烈前面。可是当地白族人只知有段宗牓，不知有忽必烈。忽必烈本主只是在少数知识分子中间流传。传说喜州商旅渡澜沧江时，因为澜沧江的大黑龙是被小黄龙从大理赶出来的，大黑龙恨大理人，经常掀起风浪，造成船翻人亡。但大黑龙又最怕段宗牓，只要一提段宗牓的名字，顷刻就风平浪静，因而这里被誉为“神州渡”。它说明历代统治阶级一方面力图改变当地白族人民的传统信仰，而当地白族人民总是要顽强地坚持自己固有的信仰，经过长期斗争，双方就达成妥协而成一堂香火。

云龙漕涧何姓白族自称唐将何履光的后裔，由大理迁入。在白族尚未进入时，这里为阿昌族故地。他们迁入后奉明代三征麓川的兵部尚书王骥父子为本主，建三崇庙祭祀。

大理海东下秧村本主原是一条老水牛，明军攻下大理后，有一阵亡将士的妻子据传化成一老太到海东，因老太给下秧人找到一股清泉，下秧人要奉她为本主，“牛王”不服，双方激战几场，胜负难分，后经观音调解，牛王居主房，老太占厢房，一齐享受下秧村民祭奠。这正好反映了白族历史上民族之间的矛盾纷争和走向自然融合的过程。如此事例，不胜枚举。

综上所述，作为白族特殊信仰的本主，迷信和真实相混，精华与糟粕并存，这种情况连封建史家也不讳言。《邓川州志》就说："庙祀者，典礼之大，非御灾捍患法施民劳者不得与，今祠宇相望，里巷间妇孺奔走拜跪以奉土主者，率东蒙段氏侈伪号、治侏离，历数百年而煙祀不辍，岂真功德在民耶。盖民志之惑也久矣，所当祛而定之。"事实证明，"人创造了宗教，而不是宗教创造了人。"[1] 只要充分占有材料，沙里淘金，就能搞清白族本主的源和流，这无疑对于研究白族历史文化是大有裨益的。

① 《马克思恩格斯选集》第一卷，1页，北京，人民出版社，1995。

打歌琐谈

“打歌”这种古老而淳朴的歌舞形式，在西南一些少数民族中广为流传，形式各具特色，内容丰富多彩，但对它的称谓，各民族叫法不一。“打歌”是汉语翻译时笼而统之的“他称”。对“打歌”的起源，族属，流传等问题，近年来也有一些同志作了有益的探索。有彝族说，认为“打歌”为彝族所特有，其他民族是跟彝族学的，或所流行的是与“打歌”相异趣的另一种歌舞；也有白族说，认为“打歌”是存在于白族中的一种诗、歌、舞三位一体的古老歌舞形式。本文拟就笔者近年来调查所得关于打歌的起源、流传、族属等问题谈点不成熟的意见。由于笔者调查了解的材料多是来源于滇西北一带，所以文中引证的多为滇西彝、白、苗等民族的“打歌”材料，既求教于专家学者，也是作为对此问题研究的引玉之砖。

怒江白族的“打歌”

怒江白族，自称“白尼”，他称“勒墨人”。相传祖籍兰坪，他们可口述历代先祖十七、十八代，分为鸡家、虎家、木家三个族群，人口大约一万人，其中6000余人聚居在怒江州碧江县洛本卓公社（四区）。由于这里山高谷深，交通闭塞，许多在大理一带白族中只留下一些蛛丝马迹的白族习俗在这里还保存完好。“打歌”就是其中之一。

每当夜幕降临，怒江白族村寨周围电筒光闪烁，歌声四起，山呼谷应，林涛伴随，使人乐而忘疲，这是白族青年男女在唱歌。特别是结婚喜庆，逢年过节的良辰，更是打歌的最好时光。热心好客的主人不断地为歌手们送上美酒，常常是通宵达旦，甚至有长达几天几夜的对唱。有时青年男女赶街相逢，或干活相遇，也会激起打歌的热情。这时青年男女们以大地作琴，怒江作弦，沉醉在歌声笑语里。

怒江白族“打歌”有两种调子，一种是集体对唱，少则几人，多则几十人不限，当地白语叫“白打歌哦”。演唱时一般由一人领唱，数人伴唱，领唱者先唱出第一句的前半部分，伴唱的就接下去唱第一句的后半部分和第二句全句。唱词没有现成的本子可循，主要是根据对方唱词内容即兴编唱。但因为它有一种约定俗成的程式，因此领唱的人只要唱出第一句的前半句，那么伴唱的不管有多少人，都会一起唱出余下的部分，不会发生混乱，让人听起来众口一音，韵调十分和谐悦耳。打歌的另一种形式是男女对唱，当地白语叫“少种苦”，汉意为“互相谈情说爱”。这种调子不能在公开场合对唱，一般是男女青年在第一种演唱活动中互相有了了解，感情产生了飞跃以后才进行。它往往要避开众人，或在悬崖清泉之下，或在幽谷密林之中，由男女青年面对面倾诉爱慕之情。它虽然有一定的韵律，但明白如话，严格地讲，只能说是在叙情，不能说有唱调。

怒江白族的“打歌”只歌不舞（舞另有专名，只舞不歌），唱时大家围成一圈，可坐可立，以手搭肩，男女各占一半，相接处也要以手搭肩，男的唱几段，女的就接唱几段，一直唱到对方无言以对，自甘认输为止。由于唱词都是唱的人根据当时当地的实际情况即兴编成，有时难免重复。但直抒胸臆，情真意切。唱到高兴处人们往往喜形于色，手舞足蹈；唱到伤心时也会涕泪纵横，泣不成声。主人则不断拿出大碗酒摆到歌手们面前，歌手可以一人独酌，也可以男女同时以口搭碗同喝，但喝时一定要喝两口，表示情投意合，成对成双。

怒江白族“打歌”一般是在同辈中进行，所谓“老有老伴，少有少伴”。不能跨辈对唱，且唱的内容也不相同。老年人唱的一般是倾诉衷情，如迎亲嫁女时互致祝贺或安慰，久别重逢的喜悦，双方说亲时的客套，内容广泛。下面节录的是迎亲嫁女时男女双方各推选出一位德高望重的老人的对唱。

男方：我家三代富，哪天不请客，请客杀羊子，羊角留下来，削成鸡蛋形，备好锥和丝，钻上洞三个，刻上刀三痕。彩线用来挂，洞子来定音，站在山头吹，一吹如蝉鸣，姑娘听见了，赶快飞出门，不顾被子掉，不顾枕头落，从此相认了，从此不相分。

女方：我女虽出米，麻皮脖上绕，麻团装腰间，要织新嫁衣。没地方洗麻，新衣织不成，站着光叹气，姑娘泪淋淋，没有新嫁衣，姑娘难出门。

男方：我家三代富，土地三处有，江头到江尾，江边到山头，背阴处有水，向阳处有井。河有十二条，塘有十二口，要啥就有啥，咋个洗不成。

女方：河多不消讲，井多不必说，我想洗麻布，一处就够了。只是你家里，三年不讨媳，只是你父亲，四年不娶妻，水都是死水，青苔石上长，想洗洗不成，只好站等老。

诸如此类，一问一答，互相诘难，直到把女方唱得心悦诚服才打发姑娘出门上路。

青年男女之间的对唱，内容则多数为谈情说爱，语句含蓄，多用譬喻，寓意深刻，余味无穷。人们往往能通过对歌考察对方的才学，从中选定终身伴侣。

在没有文字记载可供学习记忆，只靠口耳相传的高山峡谷中，能够创造出这样内容丰富多彩的“打歌”，是十分令人赞叹的。

洱源西山白族的诗、歌、舞及其他

洱源西山是人们公认的白族古文化保留比较丰富的地区之一。西山白族“打歌”久负盛名，西山调丰富多彩，西山舞婀娜多姿。许多研究白族文学史的都经常喜欢广征博引西山蕴藏的丰富文学遗产，然而在介绍古代白族文学形式的时候，人们又容易将西山白族“打歌”作为白族早期诗、歌、舞三位一体的代表。其实这是一种误解。西山白族早已跨越了诗、歌、舞三位一体这种人类早期的文艺表现形式，使得三者之间有明显的界线而自成体系。

“打歌”二字是白语音译，确切地讲应译成“胆锅”。“胆”是踩、踏，“锅”是调子。“胆锅”就是“踏着唱调子”的意思，通常是在喜庆时演唱，唱时中间烧一堆火，老人围火而走，一只手端酒，一只手杵拐棍，走一步用棍跺地一下，无乐器伴奏。通常是新郎家为一方，新娘家为一方，用问答式进行。由歌头领唱，其余伴唱。唱时分三句一组，歌头唱第一句，伴唱的重唱一遍；歌头唱第二句，伴唱的唱“哩涨哩”，同时用脚蹬一下，拐棍跺一下，歌头唱第三句时，伴唱的一起唱第三句的押韵部分，唱起来常常会通宵达旦，有时走累了，就坐下来唱，唱一会儿，又站起来边走边唱。内容主要是长篇叙事诗或长篇史诗。如《创世纪》是叙述盘古氏开天辟地的原始性史诗。《放羊歌》则是神话传说，其他还有《采花歌》《买牛买马歌》，等等。诸如此类，有十七八本之多。它具有长辈给下辈叙述历史、传授知识的性质，同时也是现实生活在西山白族中的再现。

西山调是流行最普遍、蕴藏量最大的西山白族人民的歌，差不多村村男女老幼都会唱，白语叫“纪枯”。儿童很小时便由父母教唱，父教子，母教女。子女与别人比赛唱调子，假若唱输了，那是父母的耻辱。每一村中还有一些人会即兴创作西山调的歌词，叫“编调子”。相传西山调的韵有36种之多。西山调所表现的内容无所不包，既有对以往劳动、生活、爱情的美好回忆，也有对未来幸福生活的憧憬。其形式活泼，千变万化，一般能很及时并生动地反映西山白族人民的生活。它是西山白族人民现实生活的一幅绚丽画卷。

西山舞白语叫“跳尼格歌”，汉义可译为“跳人舞”，这是一种在西罗坪山两侧（包括洱源西山地区，云龙宝丰，石门一带）白族中广泛流行的民间集体舞。它如同大理一带白族中把“耍狮灯”叫“打狮歌”、“耍龙灯”叫“打笼歌”、“鹤舞”叫“打鹤歌”的是一样的。每当逢年过节或办喜事，青年男女就在一起尽情欢跳，没有音乐伴奏。西山舞通常有16种动作，它们的白语称谓和汉意分别是：“西衣合”，汉义“洗衣服”、“洗麻线”；“五霜气施”，汉义“猴子织麻”；“脉尚爬”，汉义“马相踢”；“尚羽倒”，汉义“背靠背”“五子登科”；“该摆施”，汉义“鸡爬麻”；“滴滴打”，汉义“走来走去”；“王呆寡”，汉义“鹰展翅”；“罗利罗”，汉义“进进退退”；“咬支恩把”，汉义“羊羔吮奶”；“尚补嚷”，汉义“三步蹦”；“偶补嚷”，汉义“偶步蹦”“四梅花”；“暗绕快”，汉义“扭腰肢半边偏”；“双门合”“尚产敢”，汉义“互插队”。跳时中间烧一堆火，围火而跳，只跳不唱，人越多越热闹。父子、姐弟不能同跳，很显然，这些舞蹈动作就是西山白族现实生活的艺术再现。和西山一岭之隔的云龙宝丰、石门也跳这种“尼格歌”，动作也大同小异。只是在云龙，舞蹈时间或伴有该动作相应的象声词，比如像表演“羊羔吮奶”时，口中就不时发出“咩、咩、咩……”的叫声。

西山诗、歌、舞起于何时，何时开始分离已不可考。当地传说远古时有三个人从大理来到西山，其中有一人会打歌，一人会跳舞，一人会唱调子，后死在西山，所以流传至今。西山白族早年由大理、邓川、凤羽一带迁入是可信的，至今仍有许多家谱、碑刻可资证明。这说明西山白族和大理一带白族在音乐，舞蹈方面有一定的渊源关系。

西罗坪山麓的云龙白族与洱源西山白族同居于西罗坪山的东西两侧，他们之间的文化互有影响，但云龙白族的“打歌”却没有传授历史知识的性质，通常是在村中有丧葬仪式的时候进行。唱前先由男人手挽手地在棺木前跳一阵，然后在棺材前围火而坐，分成两组，其中一组由一人领唱，对唱哀歌。由死者亲属招待烟、酒、茶，夜餐，一般唱到黎明就停止。女人不参加“打歌”，只在棺材周围陪哭。哀歌的内容，大都是对死者的缅怀，赞扬他为村中人做过的好事，家中亲人对死去人的孝顺以及怀念。“打歌”的第一句，都要重复“尼暗老四嗯，容胎嗬，容胎嗬”，其意大概为“你老人家丢在后面的弟兄们，弟兄们”。

“打歌”一词在洱源凤羽坝区白族中也有遗留，但意思已经有变化。凤羽的“打歌”已不具有传授知识，追溯历史的内容，纯属民间娱乐歌舞，有时是把“耍狮灯”“鹤舞”“耍龙灯”“踩马舞”等笼而统之称为“打歌”。比如住洱源凤羽坝北端村庄的人在亲人去世后围着棺材周围的稻草上跳“踩稻草舞”，表示悼念。凤羽坝南端的人就嘲笑他们：“凤河男女踩稻草，衣是借来鞋是租，跳着跳着要回去，还跳什么舞。”考察这种演变的原因，是这些坝区白族受汉文化影响较深，一般知识的获得和历史的记载都有文字可循，靠口耳来传播知识的形式已不再是生活的必需，因而“打歌”的本意慢慢变化，而变成纯粹的娱乐歌舞了。

“打歌”在滇西彝族各支系中·

滇西彝族支系较多，自称有土族、罗武族、白衣族、彝族等，因此对“打歌”的称谓也因地而异。巍山彝族叫“安开”，“开”是跳，“安”是调子，直译为“跳着唱调子”。漾濞彝族叫“歌坑搬”，“歌”是唱调，“坑”是脚，“搬”是跳，直译为“用脚跳着唱调子”。南涧彝族叫“锅香”，“锅”是调子，“香”含义有二：一是指用脚跳；二是指吹笛子，直译为“吹着笛子跳唱”。鹤庆白衣人叫“歌欺”，“歌”是调子，“欺”是唱的意思，直译为“唱调”。虽然称谓不同，但基本特征是一致的。即：彝族的“打歌”是一种集诗、歌、舞三位一体的边唱边舞的娱乐活动。对此，历史上也有一些零星的文字记载。清嘉庆年间，山东曲阜人桂馥来云南做官，他在《滇游续笔》中记道：“夷俗，男女相会，一人吹笛，一人吹芦笙，数十人环绕踏地而歌，谓之踏歌。”明代李元阳《云南通志》中也载：“定边（即今南涧县）猡猡凡婚姻死葬，杀牛设酒，以一人吹芦笙为引首，男女牵手周施跳舞，歌笑以为乐。”《蒙化县志稿》中也有“婚丧宴客，恒以芦笙杂男女踏歌，时悬一足作商羊舞。其舞以一人吹芦笙居中，围绕唱土曲，其腔拍音节，皆视笙箫起止”的记载。蒙化就是今天的巍山，所有这些记载与今天彝族的分布地区和彝族打歌的表演形式是完全吻合的。

每逢喜庆节日，庄稼丰收或农事闲暇的夜晚，都会激起彝族人打歌的热情。这时只要选择一块村寨中心的平地，烧起熊熊的篝火，人们便头顶皎洁的月光，边舞边唱。人数越多越热闹，男女老少均可参加，如果碰上“火把节”（农历六月二十四日）和“打歌节”（农历正月十五日），更是彝族的盛大节日。许多彝族村民跋山涉水来到中心村落，参加“打歌”活动。开始，先是歌手吹着芦笙或闷笛，缓缓地踏着似走似舞的脚步，走进场心，引众人上场。彝族多居住在山区，顽强地与险恶的自然环境抗争，平时饮食、居住条件都很简单，靠篝火祛寒、驱兽。一旦碰上婚丧大事，本氏族，本部族的人欢聚一堂，食宿招待都是难以解决的问题，因此男女老少就围火而歌，既可消遣时光，又可增加欢聚的快乐，相沿下来，就形成了后来的“打歌”。《蛮书》描述当时这些部族的习俗时也说：“土多牛羊，一家即有羊群。终身不洗手面，男女皆披羊皮。俗好饮酒歌舞。”至于彝族相传“打歌”源于战争，这也是可信的，古人视火为神物，每当要向其他部族发动进攻或防御其他部族入侵时，人们往往燃起大火以报警。通常是部落军事首领手持武器率先围火而跳，自愿参战的随后加入，人越聚越多，等到队伍齐备，就开始出征。

近年来，“打歌”这种民族歌舞重新得到恢复和发展，只要加以正确引导，就会成为社会主义时期民族文化的有机组成部分。同时，对于继续整理和发掘古文化遗产，也是大有裨益的事情。

叶榆考释

大理是西南地区历史文化悠久的古城。对于大理的沿革，《新唐书·南诏传》载："南诏，或曰鹤拓，曰龙尾，曰苴咩，曰阳剑(睑)，本哀牢夷后，乌蛮别种也。"有的史书又将大理称为"叶榆"。

"叶榆"一词，最早见于《史记·西南夷列传》，此后史书方志多次提到，但含义时有变更。或河，或湖，或偏于今大理，喜洲一隅；或囊括洱源、大理、宾川之地。究竟谁是谁非，莫衷一是。本文想就个人所见，谈点不成熟的看法，以就教于识者。

(一)关于"叶榆"一词的几种解释

"西南夷君长以什数，夜郎最大，其西靡莫之属以什数，滇最大；自滇以北，君长以什数，邛都最大；此皆魋结，耕田，有邑聚。其外，西至桐师以东，北至叶榆，名为巂，昆明，皆编发，随畜迁徙，毋常处，毋君长，地方可数千里。"[①]这是在汉文献中关于云南历史最早的详细记录，也是"叶榆"一词在汉文献中的第一次出现。然而，司马迁这段记载，对叶榆并没有作具体解释，字里行间无法看出"叶榆"所在的确切方位。《汉书·西南夷传》关于叶榆的记载，几乎是照录《史记》，但在《汉书·地理志》中却把叶榆列为益州郡的一个县，并指明县东有叶榆泽。而在常璩撰写的《华阳国志·南中志》中，叶榆一词所指，又同"滇濮、

① 司马迁：《史记·西南夷列传》。

句町、夜郎、桐师、巂唐”并列而为侯王国的名字。[①] 但他们又是“编发左衽，随畜迁徙，莫能相雄长。”[②] 显然在这种情况下不可能有正式的郡县行政设施，纯属羁縻而已。至于叶榆的确切管辖范围，人们仍然不得而知。

5 世纪末期，地理学家郦道元撰写了《水经注》，对叶榆有了新的解释。郦书中说：“益州，叶榆出其县北界，屈从县东北流。”并进一步解释说：“县故滇池，叶榆之国也。汉武帝元封二年，使唐蒙开之，以为益州郡。郡有叶榆县，县西北十里有吊鸟山。众鸟千百为群，其会呜呼啁哳，每岁七、八月至十六七日则止……县之东有叶愉泽，叶榆木，所种而为此川薮也。”[③] 郦道元的记载，使叶榆一词包含了地名、侯国名、河名、湖名的多种意思。同时郦书中以鸟吊山作为叶榆县址的标记。这样，叶榆县址的问题似乎可以迎刃而解了。因为鸟吊山这一名胜至今犹存，历千百年而不易。若按郦记，叶榆县址西北十里有鸟吊山，则叶榆县址在今天洱源县风羽坝无疑。何况，郦的《水经注》又几乎成了后来史家们辗转引录的范本。但问题远没有解决，由于抄录的出入和后人对叶榆一词的各种解释，使叶榆的含义仍然扑朔迷离。

南朝宋史家范晔编撰的《后汉书·郡国志》注释中，对鸟吊山的方位则说：“有鸟吊山，县西北八十里，在阜山。众鸟千百为群共会，呜呼啁哳，每岁七月八月晦望至，集六日则止，岁凡六至。”除了鸟吊山由县西北十里的地方移到八十里外，其余记载与《水经注》一无变更。但这样一来，叶榆县址则又跑到今天的邓川一带了。

① 常璩：《华阳国志·南中志》，上海函芬楼本，1979。
② 常璩：《华阳国志·南中志》，上海函芬楼本，1979。
③ 郦道元：《水经注》卷十四，648 页，重庆出版社，2008。

唐以后，西南与内地的联系更加密切，有关西南历史的记载不断增加。特别是明清以后，云南各府、州、县撰修了很多的方志，为研究云南历史提供了丰富的资料。与此同时，对叶榆一词的解释更是众说纷纭，而有些人也已注意到“叶榆”一词含义模糊，并且力求为它做出合理的解释。

在各种方志中，以太和（今大理）、浪穹（今洱源）、邓川、宾川一部分为叶榆故地的说法较为普遍。但在师范的《滇系》中把赵州（今凤仪），《新纂云南通志》中把鹤庆都划归叶榆故地，不知著者所本。

认为叶榆即洱海的人解释说：“此泽（指叶榆泽——引者）以榆叶积渍而成。”[①]高桂枝却辩解说：“昔人为其水之黑似叶榆渍成……其说固非。”[②]明时李元阳专门写了一篇《西洱海志》说：“叶榆水，一名西洱河，出浪穹县罢谷山下……自太和县西北来，汇于县东为巨浸，形如月生五日，连县西南，出石穴中，盘亘点苍山后，是为漾水，与漾水合，又汇浪沧江而入南海。”[③]《宾川州志·艺文志》《洱海考异》也有类似记载，那么，“叶榆”一词确切含义应作何解释呢？

（二）叶榆最早应是部落名而非地名

云南自古以来是一个多民族聚居的地方，关于这方面的记载史不绝书。经过长期的同化和异化，发展成为今天的二十四种少数民族。在汉唐以前，云南各地部落林立，处于或“君长以什数”，或“毋君长”的状况，叶榆地区也不例外。我认为，叶榆一词最初应是部落的名字。至于《史记》说当地居民是嶲、昆明，则是族名，不能和部落名混为一谈。为

① 《正德云南通志·建置沿革》。
② 《云南通志稿》。
③ 《云南通志稿》。

什么会取这一名字呢?《水经注》为我们提供了一鳞半爪的史料，那就是当时当地有许多“叶榆木，所种而为此川薮也”。想来当时的嶲，昆明族来到后来被称为叶榆的这些地方，看到榆树遍野，所以称为叶榆是很自然的。这种以树为地名和把千年古树作为神灵崇拜的习俗在今天大理州的许多地区依然存在。榆树白语叫“咬嗯”，白语的“咬”又与“羊”“杨”字异而音同。据有的学者考据，在南诏、大理国176位有名可稽的清平官、大军将中，有42人姓杨。今天，带杨的地名遍及白族居住的许多地区，杨姓仍属白族中的大姓，这也决非是一朝一夕形成的。因为人类开始并无姓，而多以氏族图腾物为号。《资治通鉴》胡注中说“本叶榆泽，其君长以立号”，足资佐证。随着其不断迁徙和变更居住地点，叶榆范围也不断扩大，直到这些游牧民族开始过上定居的农耕生活以后，各地才对自己的居住地重新命名，这是很自然的事。

从史书记载来看，“叶榆”最初作为部落名也是清楚的。《华阳国志·南中志》中说：“南中在昔夷越之地，滇濮、句町、夜郎、叶榆、桐师、嶲唐侯王国以什数。编发左衽，随畜迁徙，莫能相雄长。”《后汉书·西南夷传》中说：“建武十八年，夷渠帅栋蚕与姑复、叶榆、弄栋、连然、滇池、建伶、昆明诸种反叛，杀长吏。”重印李修《云南通志》中也有类似记载，只是把渠帅栋蚕和后面诸部并列，少了一个“与”字，显然这些部落是各自独立的。可见，这时的叶榆是作为一个既是部落名，同时又是地名而存在的。如果说“叶榆”不是部落名，那么既然叶榆“境内又有姑缯夷”①，为什么重印李修《云南通志》中又说“昭帝始元三年，姑缯，叶榆复反”呢？可见叶榆和姑缯从部落上讲，双方是并列的。对

① 顾祖禹：《读史方舆纪要》第六册·卷一一七。

此，《资治通鉴》胡注中更明确指出："姑缯、叶榆皆西南夷别种，其所居之地在益州郡界。"

（三）"叶榆"一词的消失是经济发展和民族融合的结果

"叶榆"一词，出现于西汉，到唐初就消失了。原因何在呢？概言之，这是大理地区经济发展和民族融合的结果。

大理古为泽国，观音大士戳通天生桥而开大理的传说在大理十分盛行。重印李修《云南通志》中说："天桥，在府城南三十五里，观音大士凿洞山骨，使洱河水下趋处也。初未凿时，苍洱之间水据十之七，凿后水存十之三矣。"而且大理关于和龙争斗的传说也很多。这些都说明在远古时期，洱海水量比现在大得多，难以建立起较大的政治、经济中心。明时章璜《图书编六则》中说："汉唐以来，龙佑那渐出山林，徙居平地。"《大理县志稿》中也说："云南县有点苍山，神鹿所出，则今苍山洱海皆属汉云南县。地至上关，以北乃叶榆也。"可见叶榆县址唐以前不在大理，这和《水经注》说叶榆西北十里有鸟吊山或《后汉书·郡国志》中说叶榆西北八十里有鸟吊山的记载是吻合的。吴金鼎，曾昭燏所著的《云南苍洱境考古报告》中说："观苍洱地势，似今日之大理平原，为'古代洱海'湖床之部分，而其上多石之平地，则为'古代洱海'之海滩。本地人亦有此传说，谓古人皆居山上，海边即现实之山脚，故今之砖窑村西有系船处，佛堂村西南有钓鱼登；及洱水由天生桥初泄时，山下林薮蔽翳，人莫敢入，见双鹤日往来丛林中，迹之，得平地，居民乃迁入其地而开辟之。观今日所发现的史前遗址皆平地以上之缓坡上，似此种传说不无全无根据。"从马龙遗址东去洱海约 7 里，佛顶甲乙二址高出洱海分别为 300 和 450 多公尺，白云甲址高出洱海为 400 公尺来看，[①] 这种推断是可信的。直到今天，在太和城遗址东北面，还有一个地方叫“船码头”，今天这个地方离洱海边已有好几里，若非当年洱海水位直达太和城边，这些船无由得入。太和城是唐开元末皮逻阁逐河蛮而取之，名太和城。可见直至唐开元年间，洱海水位仍然是很高的。其实，这种水陆变迁毫不足怪，中华人民共和国成立之初，喜洲颇负盛名的海心亭今天已成“陆心亭”了。三十多年变化尚且如此，上千年变化更可想而知。

综上所述，叶榆县址在唐以前不可能在今天的大理，随着洱海水位的下降，大理坝子的开辟，一个有共同地域，共同经济生活的新的农耕民族在原来各部落的基础上形成了。他们对自己新辟的地方赋予新的名字，古老的“叶榆”消失了。随着统一民族的出现，那种既是部落名，又是地名的名称也发生了变化，以至日渐成为历史的遗迹。正如《大理县志稿》中说的“自唐及秦二千年间，土地人民尚无专一名称可指”。现在，随着经济的发展和民族的融合，专一名称出现了，名目繁多而又模糊不清的各种名称也就寿终正寝了。但历史的陈迹往往在人们的记忆中留下不可磨灭的印象，这就难怪今天有人还叫大理为“榆城”了。

① 吴金鼎、曾昭燏：《云南苍洱境考古报告》，中央博物院筹备处，1942。

白语地名调查片断

语言，是一个民族相异于其他民族的重要标志之一。但日常用语往往由于社会的不断发展，新事物的不断出现而容易更新，改变其最初的面貌。唯独地名，若无重大的外界因素（如沐英进兵滇西而改昆弥岭为定西岭，王莽镇压僰人起义而改胜休县为胜僰县等），往往能较原始地保留下来。白语，因本身没有规范文字可供记录，历代口耳相传，较容易保持古音古义。所以，对地名的调查和剖析，也能提供我们一些有用的历史线索，追溯我们祖先开疆拓土，繁衍生息的足迹。

（一）点苍山

点苍山为云南名山，闻名遐迩。但就其称谓，却有多种记载：常璩《华阳国志·南中志》称“熊苍山”，樊绰《蛮书》称为“玷苍山”，唐后史籍称为“点苍山”，又叫“灵鹫山”，白语则叫“极造赛”，孰为正确呢？调查考释如次。

称点苍山为灵鹫山，与洱海地区佛教盛行有关，这和称大理为“古妙香国”一样，是佛教徒的附会，属于后起，毋庸多说。

为什么又叫点苍山呢？樊绰《蛮书》作了这样的解释：“山顶高数千余丈，石棱青苍，不通人路，夏中有时堕雪。”这种解释受“苍，指颜色，青色，灰白”，显然有望文生义之嫌。其实，点苍山乃白语误译写，考之白语，问题迎刃而解。

点苍山，白语地名叫“极造赛”，由于苍山的称谓相沿袭已久，白语的称谓在苍洱地区的白族中已日渐遗忘，却完整地保留在白语民歌中。

有一首长期流传在白族语言文化保留较丰富的洱源西山地区的白族调中唱道：

原文	译文
富利想活活想蜜，	蜜蜂想花花想蜜，
脑利想我我想脑，	你也想我我想你，
想叭啊使你（唉咦哟），	想到哪一天（唉咦哟）。
害老保想极造赛（啊咦哟），	活虎只想点苍山（啊咦哟），
及务保想稿很须，	金鱼只想洱海水，
害利子想欠完好，	燕子它想青瓦房，
我想舍女胎（唉咦哟）。	我想小妹妹（唉咦哟）。

大理地区流传的一首白族特有的反义歌中也这样唱道：

原文	译文
漠草好脑耙呼歹，	茅草房上来烧猪，
欠碗好脑耙颇脉，	青瓦房顶去跑马，
极造赛脑耙抹以，	苍山顶上划龙船，
倒稿细很好时美。	洱海中间晒谷米。

这些歌谣一般不见于文献记载，只靠口耳相传，创作年代已不可考，但作为民间流传的口头文学，无疑是两首比较古老的白族歌谣。由此可知，点苍山，白语叫“极造赛”。“极造赛”是什么意思呢？简言之，就是指“老熊出没的高山”。

调查白语地名，以动物命名的地名比比皆是。洱源西山有一村名叫

“极稿”，汉语错译成“金涧”，这是受白语一音多义的影响。实际上应是“熊涧”。根据实地调查，当地人说，很古的时候，这里古木参天，没有人烟。有一外地人到山中解板，将楔子打入木头缝中后离去，当晚有一老熊来拔楔子，被木缝夹住下身而死。解板人意外收获一头老熊，从此叫“熊涧”，意为“老熊出没的箐沟”，后逐渐有人迁入，山沟名变为村名。

“造”是“出没的地方”，带有山凹之意。而在汉语译写时常常将“造”转译成“苍”，这在白语地名中也不泛其例。洱源凤羽有山名叫“老造获保”，意为“老虎出没野花盛开的山坡”，大理凤仪有两处地名叫“倒造”，“耳造”汉语译为“上苍甸”“下苍甸”，“澜沧江”白语就叫“老造号”。

从民间传说调查可知，古时苍山顶上经常有老熊出没，至今仍有许多熊洞，有关熊的故事也很多。有一个故事说，从前苍山上有很多熊，这些熊常常把砍柴烧炭的人拉到洞中，让这些人帮它们搔痒，梳头发，梳着梳着，熊就睡着了，机智的人就悄悄地把熊的头发绑在大竹上，然后逃下山。由于长期与危害人类的熊蛇作斗争，在大理地区流传着这样的格言：“遇蛇往上爬，遇熊往下跑。”意思是遇着蛇就往高处逃，蛇就爬不过人，遇见熊就往下坡跑，长毛覆盖住熊的眼睛，熊就追不上人了。

最足以证明点苍山叫“熊山”的文字依据，莫过于晋常璩的《华阳国志·南中志》了。点苍山一名唐以前不见于文献记载，《华阳国志》是唐以前记载西南风土人情，历史典故的一部权威著作。常璩在该书中说：“云南郡，蜀建兴三年置，属县七，户万。去洛六千三百四十三里，本云川地，有熊苍山，上有神鹿，一身两头，食毒草。有上方下方夷，亦出（当有曈字）华布。孔雀常以二月来，翔月余而去，土地有稻田畜牧，但不蚕桑。”明抄本淡生谈《南诏野史》中亦有“熊苍山”的记载。有的学者曾推断“熊苍山”是“点苍山”之误，若改成“点苍山”是“熊苍山”之误，那就顺理成章了。古字“点”和“熊”笔画复杂，下面都有四点，稍有疏忽，就容易抄错，而且从上面的白语调查可知，常璩的译写是准确的，它忠实地记录了当时白族对苍山的命名，从一个侧面证明了至少在晋汉时期，用白语作为共同语的白族先民就开拓和发展了苍洱境的经济和文化，白语地名反映了他们活动的足迹。

（二）洱海

清代地理学家顾祖禹在他的《读史方舆纪要》西洱河条中说：“西洱河，亦名洱水，以形如抱珥也。一云，如月生五日。亦曰洱海，亦曰西洱海，杜佑谓之昆弥川。”《云南图经志》卷之五也说：“西洱海，一名西洱河，即古之叶榆泽也。在府治之前。其源自丽江过剑川，邓川而来，合十八溪之泉而潴于此，首尾一百里，周围三百里……西出天桥，与样备江合流入澜沧江。”其实，洱海的“洱”字也是白语。大理白族叫洱海为“耳稿”，“耳”指下边，“稿”（去声）指江河和海，“耳稿”就是“下边的海子”。白族一般以水流方向定上下，苍山十八溪注入洱海，所以称洱海为“耳稿”。洱海源头的洱源县称下关为“耳国”。时至今日，大理地区仍有“冬如耳稿”的说法，“冬”指上面的意思，“如”是山，“冬如耳稿”意为“上山”（指苍山），“下海”（指洱海）。

（三）大和

《新唐书·南诏传》载，“开元末，皮逻阁逐河蛮，取大和城，又袭大厘城守之，因城龙口。夷语山坡陀为和，故谓大和。”该城曾经在皮逻阁和异牟寻时两度作为南诏的都城。今天，国内外驰名的《南诏德化碑》仍屹立在该地。《蛮书》中也说：“山谓之和。”持南诏盛行白语说的学者，在解释南诏著名城邑“大和”时，望文生义地说中间土阜高起，故谓之

“和”，我认为这是不确切的。大和建在依山靠海的山坡是事实，但无土阜高起。且当时洱海水位比现在高得多，大和东边还留有地名叫“以处可”，汉意为“停船槽”，说明当时大和住居山坡的地理环境还不突出，显然以“和”为“山”的解释难以自圆其说。其实认真考察白语的一音多义。说“和”为山是不错。在洱源西山有一村名叫“和窍”，译为“和曲”，意为“山空了”。这是因为该村背后的山坡中空而得名。同时“和”又有“村庄”和“王”的意思，今天怒江白族称村为“和”，大理一带白族称村寨为“因和”。白语又称第一为“大”，称“第二”为“文史”。以此来解释“大和”就理顺而意正了。也就是说，“大和”就是“大村”“第一村”。后来南诏另辟新城大厘（今喜洲）作为拱卫大理、大和的北部屏障，很快就发展成为“邑居人户尤众”的重要据点，所以又称“史城”，就是“第二村”“第二城”的意思。

（四）邓川

明艾自修《重修邓川州志》对“邓川”二字解释为“蹬川”，以川中凸出，土阜环绕，因名曰“蹬”。蒙氏以蒲蛇崆黑龙山坳如悬蹬形，石水少弯，直下合为“邓”字。“川”则水泽平衍，三河以川是也。在谈到邓川沿革时又说：“邓赕，汉叶榆也；唐为蹬备州，后为邓赕诏。即南诏并吞之，置邓川，改为德源城。蒙氏灭，传及郑氏，赵氏，杨氏，俱相篡。至段氏势强俱仍德源城。元宪宗改为千户所，又改邓川州，今仍之。”这种解释纯属望文生义。考之白语，“邓川”白语叫“等胆”，因盛产蚕豆而得名，这与相袭至今的邓川物产相一致。在白语地名中，以自然景观、植被、物产、气候、土壤来命名的不可胜数。祥云禾甸，白语叫“哦胆”，因主产水稻而得名。祥云米甸，白语叫“美胆”，荞甸，白语叫“估胆”，因主产大米、荞子而得名。苍山顶上有一鲜花盛开的山顶平川，汉语叫“花甸”，白语叫“获胆”。大理海东挖色坝，白语叫“孟胆”，取盛产小麦之意。如此事例还可以举出很多。

（五）宾川

宾川西汉为云南县地，晋咸宁五年（279 年）设云平州，属云南郡。唐初设越析州，唐南诏为越析。明弘治六年（1493 年）设宾川州，属大理府。民国二年（1913 年）改为宾川县。

宾川是白语“必造正”的译写。白语“盐”为“必”，“场”为“造”，“州”为“正”，意为“盐场州”，因古有盐场而得名（现已停煎）。宾川的宾居街，白语叫“必更滋”，不少人以“宾”为“盐”，其实大误。宾居和宾川不是一回事。挖色白族称宾居、牛井、力片角，平川为肯赕（里宾川），炼洞、大营、挖色、双廊、海东为洼赕（外宾川）。宾居有象山，街在山西，旧称象西镇。象山如象鼻勾起，白语称“必更”，汉意“鼻勾”，以山如象鼻勾起而得名。宾居在象鼻口，白语称“口”为“居”，称“街”为“滋”，“必更滋”就是“宾居街”。类似的白语县名还有，如“鹤庆”叫“恶凯”，意为“鹤在的地方”；“洱源”叫“老后细”，意为“水花冒出的地方”。

（六）奶金山

奶金山为宾川境内名山之一，白语叫“涨次”。“涨”为“蚕”，“次”为“身”，以山形如蚕身而得名。又叫“奶金山”，为什么叫“奶金山”呢？考之白语，原来白语称冶炼为“奶”，称金为“节”，“奶金山”应为“炼金银的地方”。直到今天，奶金山上的矿洞中还有被压死矿工的遗迹。后来，在海东一带就流传开了皇后娘娘奶上生疮久治不愈，皇帝下旨封矿后乳疮即愈的故事，并说奶金山由此而得名。其实这是在封建统治苛捐杂税盘剥下无以为生的劳动人民曲折的抗议。类似这种地名还很多。洱源有一地区名叫“炼铁”，白语叫“奶羌”，相传就是当年杜文秀起义时，为了在黑惠江上架铁索桥，以便运出乔后盐供军需，派了数百铁匠在该地日夜炼铸铁链而得名。

（七）乔后

乔后是滇西北盐城，坐落在洱源县城西部的黑惠江峡谷。所产食盐供应滇西各地，久负盛名。

乔后旧名箭杆场，白语叫“挤嘎早”。“挤”是箭，“早”是涧槽、河槽，形象地比喻黑惠江峡谷，像利箭一样，从剑川的沙溪坝子一直射下来，毫无转弯之势。顾炎武《日知录》中有：“剑川州之南，百里许，土人曰箭杆场。”乔后白语又名“五恩”，“五”“和”音近而指山，“恩”是后面的意思，“五恩”就是山后。它的地理位置在洱源县城西罗坪山之后，因此洱源一带称乔后为“山后”。又古白语“五”与“古”音相近，“古”即汉语“桥”，因此叫“乔后”。洱源凤羽一带又叫乔后为“必俭哀”，汉义“岩盐井”，地因物产而获名。

（八）大理地区白族村寨

七五村：下关城郊复兴村。原名七五村，白语叫“起午”，汉义为“刺蓬”。因原址有大刺蓬而得名，“七五”为音译。

孟赕：大理挖色坝叫孟赕。白语称“麦”为“孟”，称“坝”为“赕”，因盛产小麦而得名。元代设孟州，白语称孟正，明代废其城在今大城曲古镇北沙漠庙。《蛮书》称毛郎川，毛郎川即孟赕的音译。

米总村：凤仪米总村，白语称“美珠”，意“米种”。因米种优良而得名。村名反映了生活在河湖之滨的白族对水稻农耕的重视。

罗九邑：大理村名。白语称“罗格因”，汉义“虎家村”。南诏以虎为尊，国王都披虎皮，大军将、清平官有大功于国者也可享受披虎皮的礼遇，故虎在白族中以雄健刚勇被尊。

表素甸：大理海东表素甸，白语称为“表素赕”。牙齿草称“表”，花椒称素，甸称赕。表素甸，意为“长满牙齿草花椒树的地方”，村名因植被而得。

洱滨村：大理洱滨村，白语叫“圣恩周”，柳树白语称“圣恩”，后因村在洱海边而改名为洱滨村。

五官庄：大理五官庄，白语“乌国周”，汉义为“木瓜庄”，因盛产木瓜而得名，汉语译成“五官庄”，取其谐音而又儒雅之意。

东河阳：东河阳郡和东河阳县是晋朝永嘉年间在今大理挖色坝大城古镇以北沙漠庙建立的郡县。《滇系》载东河阳郡治在大理府城东。今白语还称沙漠庙为“冬咬稿展”（东河阳城），白语称榆树为“咬恩”，羊也称“咬”。大理多榆树，故有“叶榆泽”“叶榆县”“叶榆水”之称，东河阳意即“东叶榆”或“叶榆河东”，地名因物产而得名。

塔村：大理海东塔村白语称“汤陀”，意为“塔头”。民间传说南诏时有两师徒比手艺，分别在海东和海西修造三塔比赛。师傅在海东，徒弟在海西，师傅艺高心正，先在海东造好一座塔，准备造第二、第三座。这时候徒弟还未动工造塔，他就用纸和竹子裱了三座塔高高耸立在海西。师傅远望徒弟三座塔已造好，气愤之下，挥鞭打去了塔头，然后跳洱海自杀，塔头飞到塔村，塔村因此而称“汤陀”，据传师傅造的塔就是今天海东有身无头的罗荃塔。村名因自然景观附会优美的民间传说而世代相袭。

清平村：村在下关北郊，白语称“气摆”，意为“潮湿之地”。古时洱海水位比现在高得多，今天清平村附近深掘皆稀泥草煤，“气摆”村名反映了沧海桑田，地质变迁。

古生：大理古生村白语称“苟亥”，意为“放生”。白族南诏以后笃信佛教，传说佛教经书被鱼抬去，泥鳅将它抢夺回来，所以佛教徒每年七月要放泥鳅回洱海或江河，誉为放生。白语叫“苟亥”或“子亥”，该村为古放生地而得名。类似地名在白族地区不少，它反映了佛教在白族地区的传播和影响。

（九）洱源地区白语村寨

罗坪山：洱源凤羽西部高山，白语叫“乐比恼”。洱源西山地区称背后的高山也是“乐比恼”，剑川弥沙称碧罗雪山也叫“乐比恼”，意为“冰封雪锁上有平地的高山”。白族称“冰”为“少乐”，罗坪为汉语意译。因为白语“锣”也叫“乐”，所以译为“罗坪”，去掉金字边。这种采用同音歧义的字来翻译地名的情况在白语地名中比较普遍，往往给后人在释读时带来很多困难，若不认真分辨，往往会产生歧义而与原意大相径庭。

双廊：洱源县濒临洱海的一个区。白语叫“爨浓”，“爨”是岛屿的意思，“浓”是两岛之间的海湾。双廊人称双廊前面的两个小岛为“倒爨”“门爨”，意为大岛、小岛。当时洱海水量很大，两岛在海上裸露部分比现在还小，如今较为宽阔的双廊地区当时也仅只是一个海湾中的小小走廊。

干木廊：洱源右所一村名。白语叫“稿米努”，原为白族语的村庄。“稿米努”的意思是海边高起的土阜，村名与自然景观相吻合。明以后汉族大量迁入，白族迁走，现为汉族居住。译为“干木廊”，与谐意相近，但已与原意出入很大，无法反映村名的真实含义了。

龙底：洱源乔后丰乐一村名，白语叫“笼基”。当地人形容这里的自然景观是“两山千仞，一峡中通”。相传古代龙底的位置比现在高，是一个小坝子，弥沙河流经中间，这里土地丰肥，物产富饶。中有一龙潭，居住着一条黑龙，属后面望天坡一仙人管辖，白语叫“亥之尼”，直译为“天之骄子”。黑龙每年到东海龙王那里朝贡一次，东海龙王问：“别地三年一贡，你为什么年年进贡。”黑龙答：“我那里地方丰肥，所以一年一贡。”东海龙王叫黑龙画出龙底地形一看，果然是个好地方，有九道弯子，比东海龙王居住的地方还好。东海龙王非常忌妒，就在图中心画了一条直线，并派一条红龙尾随黑龙来抢夺这块地方。两条龙经过生死搏斗，本地黑龙战败，头上被砍了一刀，顺河被水冲走。从此这个地方越冲越深，原来的坝子不见了，龙潭现出了底，就取名“龙底”。富于想象的白族人经常融自然景观、原始崇拜和历史变迁为一炉，创造出许多脍炙人口的优美传说，这种白族文学的特点也自然而然地渗透到白语地名中。

上楼地，下楼地：白语叫“冷孟”，汉语译为上、下楼地，误也。原来这地方是猎人们祭猎神之处。在下扣，射猎前，猎人们总要在这里停一停，歇口气，白语叫“冷冷”，“孟”是地方。译为上楼地、下楼地，已失去原来的真实含义。

桃绕林：白语叫“打咬”，意为“偷羊人”。据传取这一名称的原因是赵姓的祖先偷过别人的羊，周围村庄就叫他们为“打咬好”，汉义为“偷羊人住的地方”，反映了当时社会舆论对不道德行为的谴责。后来觉得不光彩，就改名“桃绕林”。

青心坐：白语叫“贝细”，汉义为“机灵，清静”。原来这一村庄地处云龙、洱源、剑川三县交界。云龙要捐税就说已交给剑川，剑川要捐税就说已交给云龙，结果清清静静居住下来，故取名“青心坐”。

佛堂村：白语叫“委登”。相传薄巴（白族传说中一位厚道艄公）在此地接观音大士上鹤林寺，此间大家供奉观音大士，故名“佛堂村”。村名反映了佛教在白族地区的流传。

石明月：白语叫“早密旺”，是洱源罗坪山西侧一个松柏掩映的村落。相传该村背后石壁中有一轮石月亮，光芒正好照着这个村子，故村子年年五谷丰登，六畜兴旺，人丁发达。后来石月亮被洋鬼子盗走，当地人为了牢记盗宝之根，用石灰涂在岩壁的窟窿上，并取村名为“石明月”。

金鸡鸣：白语叫“及格满”。相传这里有一座叫马子庙的本主庙，本主老爷的神坛下埋藏有一对金鸡。后来这一情况被洋鬼子探得，就勾结当地无赖偷挖金鸡，结果金鸡冲天飞去，一只飞到大理三塔千寻塔顶，另一只飞到云龙拉鸡井。人们就把村名改为“金鸡鸣”，以便永远记住金鸡被盗的仇恨。

金盘和星灯：白语叫“极把”和“现登”。相传也是因为这里的两件宝贝金盘和星灯被洋鬼子盗去而得名。

在洱源类似的地名还有一些，它曲折地再现了白族人民与外国侵略者斗争的故事。就在上述村庄附近的沙凤村，19世纪末，法国人就在这里建有教堂，以传教为名，进行侵略活动。由于传教士为非作歹，引起群众愤怒，数百名群众手持锄头、木棒，放火烧了洋教堂，打死神甫，现在遗址无存，神甫坟只剩土堆。

除了上述部分白语地名外，还有许多利用物产、植被、自然景观命名的村落。如“大麦地”叫“倒孟纪”，“蒿子地”叫“汉库登”，“石坪”叫“照摆”等，不胜枚举。

（十）剑川地区的白语村寨

章嘎子：弥沙地区一个白语村寨。“章”为白语对一种杉树的称谓，“嘎子”意为几棵，“章嘎子”即长有几棵杉树的地方，村名因植被而得来。类似地名在剑川很多。

大栗箐：白语“抖夫走”。“抖夫”为白语对大栗树的称呼，故名。

白该：“白该”为白语对一种多年生草本植物的称谓。“白该坪”即长有“白该”的地方。剑川为白族主要聚居区，白族占人口总数的90%以上，许多村名就是白语的直接译写。

白萋箐：又有“白溪箐”。“白萋”为白语，意为“白栗树”。“白萋箐”即长满白栗树的山箐。

河头：又名“和头”，为古白语，音“哦”。白语对核桃的称谓。核桃为山区一大经济林木，对山区白族的生活有很大影响，所以取名“和头”，应译为“核桃树村”，译为“河头”已失原义，由此而解释为因村子在玉石河边山头上更是因文而生义了。

赤得干：现为傈僳族居住地。“赤得”是白语对红杜鹃树的称谓，“干”为山峡。“赤得干”意为“红杜鹃盛开的山峡”。说明白族曾经在这里居留过，后迁徙。

面姑坡：傈僳族村寨。“面姑”为白语，意思是野山药。“面姑坡”意思是“长满野山药的山坡”。

瑞谷庄：原名“最谷陇”，白语，意为“扫帚地”。该地遍生细山竹，乡人多到此处伐竹以制扫帚，故名。后乡人何晋认为“扫帚地”一名太俗，便改“最谷陇”为“端谷庄”，它反映了白语地名因受外来文化影响而起的变化。

呱啦曲：“呱啦”为白语“蕨菜”的意思。“呱啦曲”即生有蕨菜的山弯，它反映了白族祖先艰苦创业的足迹。

夫场：“夫”为白语对青冈栗树的称谓。“夫场”即长满青冈栗树的地方。

抖走大：“抖走大”是当地白语。“走大”是指砍去树木的烧荒地，“抖”为“大”的意思。“抖走大”即有一大块烧荒地的地方。它形象地再现了山区白族也有过毁林开荒，艰苦创业的过去。

门几盂：白语。“门”，发誓的意思；“几”，田地；“盂”，那个地方。“门几盂”意即发过誓的那几丘地。据传早先弥井村的人和干江村的人曾在此处为几块地的所有权发生过争执，弥井村的人一气之下，发誓不再耕种那几块地，故有此名。这与《华阳国志·南中志》所载，夷人，“其俗，征巫鬼，好诅盟，投石结草，官常以盟要之”，是一脉相承的。

沽泥盆：“沽泥”是白语，意思是“胶泥”，“沽泥盆”即有胶泥土的山间盆地。

温匡基场：该地为长乐地区西部后山箐，当地称为“温匡基总”，并解释说：“温匡”，温暖的小山凹；“基总”，箐底。“温匡基总”，即有一块温暖小凹地的山箐。这是不确切的。其实，“温”，白语“围捕”之意，“匡基”是“狗熊”，“总”是“箐谷”。合起来应是“围捕狗熊的箐沟”。现在是彝族村寨，它反映了山区白族也有狩猎的生活。

江长坪：当地白语称村名为“亥子坪”，意为生长芦苇的坪地。明朝天顺年间，改名“干场坪”，大失原意。清雍正年间，又改“葭长坪”，光绪年间再改“江长坪”，沿用至今。它说明越是对外交往频繁的地方，地名变异越大。

谷大安：原名“该董弄”，白语，意思是“长满芦苇的地方”。民国初年，村中有人认为“该董弄”一名太俗气，遂改村名为“谷大安”。寓五谷丰登，清吉平安之意，反映了白族地区受汉文化的影响。

会文村：本村白语称之为“永革”。有人解释，“永”白语意为“羊”，“革”意为“家”，并说“永革”原为赵土官放羊的庄户，至清朝中期，此地已发展成为一大村落，村中秀才商议改“永革”为“会文”，取本村居于文笔山下，村中有理当会文习墨之人之意。这种解释受白语一音多义的影响而产生误解。其实，“永革”就是杨家，因杨姓居多而得名。杨、赵、李、董为白族大姓，特别是杨家，遍及白族居住地区。后杨姓搬走，张姓居多，村名沿用，但解释已生歧义。至于会文一名，则是受汉文化影响，属于后起。

同革：有人释为明朝末年，张姓三弟兄至此置家舍。三弟兄均为文生，颇有才学，故取村名为“书家村”。当地白语称书家为“司革”。这种解释也是受白语同音歧义的影响。其实，“司革”就是施家。《蛮书》中说：“施蛮，本乌蛮种族也。铁桥西北大施赕，小施赕，剑寻赕，皆所居之地。”该书又说：“施浪，一诏也。诏主施望欠……望欠弟望千，当矣苴和城初败之时，北走吐蕃。吐蕃立为诏，归于剑川，为众数万。”“恫革”为施家所居村落。后由于民族迁徙，发生变迁。但白语村名沿袭下来，可佐证“乌蛮”和“白蛮”不可能和今天的彝族、白族画等号。

（十一）怒江地区白语村寨

怒江白族，人口近万人，主要聚居在碧江县洛本卓。他们自称从兰坪一带迁入，可以自述家谱十七八代。并说他们是“真白人”。大理一带白族是“汉白人”，但祖先同是一个。由于他们与外界交通阻隔，地名多受傈僳语影响，汉语影响反而很少。许多地名都是白语直呼直译，显得更原始、古朴。多数以地貌、物产、值被命名，更能保留白语古音古义，有一定参考价值，仅摘数条，以供参考。

威需早：白语，意为“有温水的箐沟”，因此地有温水冒出而得名。

干获登：白语，意为“种植棉花的地方”，因物产而得名。

孟纪干：白语，意为“小麦地”，因产小麦而得名，反映了怒江白族的经济生活。

气纪按：白语，意为“板栗地”，因盛产板栗而得名。

武纪登：白语，意为“黄色土地”，因当地土质呈黄色，地名因自然环境而得。

者供登：白语，意为“可以削箭的竹子地”。怒江白族生活在高山峡谷，每年都要有一定的时间去打猎，弓箭是重要的防身、狩猎武器。

咬登早：白语，意为“榆树地”。大理多榆树，类似地名很多，不想怒江白族也有此称，可谓异曲同工。

给假登：白语，意为“老地方，老村庄”。反映了怒江白族的迁徙。

乃登：白语，意为“栗树地”，因当地生长茂密的栗树而得名。

朵因：白语，意为“大村”，与“给假”一样，指原来居住过的大村庄。怒江白族村落分散，能有数十户以上聚居确属罕见，故取名“朵因”。

需造奔：白语，意为“水冲下的地方”。怒江地势陡峻，瀑布奔注，有的村庄就居住在瀑布附近，故名。

尼莫暗：白语，意为“埋死人的地方”。“尼”是“人”，“暗”是“山包包”之意。

旺哦：白语，汉意为“外边的村子”。

从上述部分白语地名的调查可知：

1. 白语地名也和其他民族地名一样，遵循了一条由简单、直观、古朴到复杂，寓意深刻，政治色彩浓厚的发展道路，它记录了白族文化发展史上各个历史阶段的轨迹。

2. 白语也和汉语一样，常常有一音多义，一意多音的现象，若不认真分辨，综合分析，往往会因误释而产生歧义。

3. 汉译白语地名时，一般采取对音对译，若无对音，就取近音。取近音的原则一般又是音域宽广，音质洪亮，寓意较好的同义字。有时无合适的同音字，就采用同音歧义的字来代替，几经转译，给释读带来较大困难。

由上述部分白语地名也可看出，苍山、洱海最早的称谓是白语。不仅如此，环绕苍洱的广大地区众多的村落，山水地名用其他民族语言难以释读的，用白语去释读，一读就通。今天的宾川、祥云、弥渡，多数居民已是汉族，但许多地名仍保留了白语称谓。剑川、洱源一些傈僳族、彝族居住的村寨，地名仍是白语，它反映了民族迁徙和融合，也从一个重要的侧面证明了这些地区是白族生息、繁衍、劳动过的故土。

洱源县西山、乔后、炼铁地区原生宗教调查片断

从滇西重镇，大理州首府下关溯洱海北上，经过长达70多公里的行程，途径大理、邓川，就到了洱海的发源地——洱源。从洱源县城继续乘车向西前进，绕过凤羽坝，翻越罗坪山，就到了西山、炼铁、乔后地区。广义可统称为西罗坪山区。

西山、炼铁、乔后地区是白族聚居区。在这南北绵延上百里，东西纵横百里以上的广大地区，到处重峦叠嶂，河箐纵横，林茂草丰，居住着数万白族。它东连罗坪山脉与凤羽茈碧相毗邻，西到云浪分疆（山名，云指云龙县，浪指浪穹县，古洱源县名）与云龙接壤，北达大麦地，丰乐与剑川县相接，南临猪拱岭与漾濞彝族自治县相接。这里由于山高箐深，崇山起伏，自然形成了许多星罗棋布的村落，大村几十户，小村七八户，还有单家独户一村的。居民绝大多数是白族，还有少量的彝族、傈僳族。在炼铁、乔后的黑惠江河谷，村落较大较集中一些，并有中华人民共和国成立前后迁入的少量汉族。从史籍记载和大量的口碑材料分析，这一地区的白族大多来自洱源县凤羽坝以及剑川县，甚至更远的白族其他地区。

中华人民共和国成立前，坝区的白族称这些地区为“佬武孟”，（即佬武人在的地方），人也称“佬武”（意为文化修养不高，含歧视的色彩）。这些地区的白族则叫坝区白族为“客人”或“哀好”（意即《华阳国志》所载“下方夷”之意）。由于这一地区长期与外界隔绝，甚至同周围的坝区也较少来往，所以较多地保留了白族固有的习俗。居住在这里的白族由于自然条件的恶劣，耕作粗放，常常是“种一山坡，收一土锅”，过着极其

贫苦的生活。但民风淳朴，待人诚恳热情。这里没有虚伪的客套，也没有封建礼教的束缚。既使是陌生人走进那简陋的木屋，坐在火塘边，许多素不相识的人也会和你亲切攀谈，递上自家种的草烟，亲如家人。

基于对上述自然环境的认识，我们选择了这一地区作为白族原生宗教信仰的调查点之一。介于宗教与民族节日、民族习俗有盘根错节的联系，有时也难免涉猎到。

西山、炼铁、乔后地区，除贯穿南北的黑惠江河谷地带自然条件较好，村落鳞次栉比、白墙青瓦、气候湿热、五谷丰登，信仰和各种祭祀活动已与大理、洱源等地白族大同小异外，黑惠江以西的西罗坪山区自然条件就恶劣得多。人们终年辛劳即难得温饱，雨雪风霜、电闪雷鸣、豺狼虎豹、疾病瘟疫都是人们无法抗御的。正是由于人们在自然界面前的软弱无力和恐惧心理，所以各种信仰都带上了浓厚的原生宗教的痕迹。下面述及较多的是黑惠江以西罗坪山区白族的原始宗教信仰情况。

（一）自然崇拜

西罗坪山一带的白族认为，自然界中与他们生活密切相关的天地万物都有某种神灵在支配因而必须加以崇拜。所谓“天有天神，山有山神，树有树鬼，五谷有五谷之神，田有田公，地有地母，河有河神，风有风神”，甚至怪石悬崖，奇峰垭口都有各种神灵在主宰。所以在西罗坪山区行走，你随时会在路边垭口，崖畔树下发现人为竖着的一块或几块石头，有的雕绘成简单的人物图像，有的就是未经斧凿的天然石块。那都是人们祭祀、祈祷的地方。下面介绍的是几种主要的祭祀活动。

1. 祭天神、星神、寺庙偶像

西罗坪山的白族居民祭天神、星神、寺庙偶像，在固定的地方进行，通常是每三年一次，主要作用是祈祷人畜平安、五谷丰收。祭天神、星神，白语叫“献亥”“献细”。祭时用四棵树埋在四角，然后搭成上下两层台子。用五谷酿成米酒，用作祭祀时的祭品。酿米酒的五谷不能去壳去皮，由各家自愿捐赠。但怀孕妇女家的五谷不能用，孕妇本人和家人也不能参加祭祀或观看。如果孕妇家要表示心愿，也只能请亲友代为捐赠，等到祭祀活动过后慢慢归还。

祭天神要用牛，这种牛不能随便指派，而是由“朵兮薄”（即神汉）去选定。“朵兮薄”指定了哪家的牛作为祭天用，全村人就以户为单位平均摊派牛价，宰杀后也是以户为单位平均分配牛肉。

祭天神有专门的“祭天坪”，白语叫“亥登摆”。这是全村人公认的最神圣的地方，平时不能擅自进入。甚至连祭天坪周围的树木也不能砍伐，否则会认为与杀人无异。祭星神除不杀牛外，其余仪式与祭天神一样。且祭天神是在村外固定的祭天坪进行，祭星神却在村内固定的地点进行。据说建设乡曾经有二人不慎去砍了祭天坪旁边的一棵树，结果树从树根到树梢烧裂成两半，一人吓得精神出了问题，另一人砍了自己的脚（调查时二人还活着），这种事情的发生更增加了天神的神秘感，也说明祭天神和星神的影响至今仍未消失。

2. 日月崇拜

在西罗坪山西侧，有一个白族村子叫“石明月”，白语叫“早密旺”。村名因村后悬崖上的一轮石头月亮而得名。崖上有一股溪水直泻而下，崖下水塘叫映月潭，映月潭畔是宝月庵，南面石崖上有映月宝塔。相传很久以前，天上没有月亮，罗坪山下的白族村民一到夜晚就看不见，早晚干活都要打火把。农活做不完，粮食收成不好，生活非常艰苦。人们希望有一轮月亮可以照明。有一天，大石崖上突然现出一轮石月亮，亮旺旺的，照得对面村子、水田清清楚楚，对面的田就改名为月亮田。接着人们看到石月亮向天空飘呀飘，一直飘到天上。每到夜晚把大地照得亮亮的。由于月亮是从大石崖里诞生的，山脚下的白族村民就在月亮诞生的石崖上立了月亮神，立庙祭祀，建塔纪念，年年设祭崇拜，迄今不息。就连附近几个村寨也改名叫石明月村，以作永久纪念。如今大石崖上月亮的痕迹还清晰可辨。这从一个侧面反映出白族对日月起源的朴素认识。

3. 祭火神

西罗坪山区气候湿润，山高土肥，森林蕴藏量十分丰富。中华人民共和国成立前不通公路，许多山岭都是林涛汹涌、虎啸猿蹄的原始森林。平时人们居住乃至家什器皿无不与木头有关。住房全部是用木料横架连接的垛木房。碗口粗的木料叠起来作墙壁，斧劈的薄木板盖屋顶。房子中间砌有齐腰高的火塘（叫“白灶”），一天到晚，通宵达旦，火都不熄灭。白天用以炊爨，晚上用以御寒。正是因为木料与白族的生活密切相关，而无情的火灾却随时可能毁灭一切。所以，西罗坪山区的白族对火神十分敬畏，进而加以崇拜祭祀。

祭火神没有固定的时日，完全是根据人们预感或“朵兮薄”的预言。比如某人说他在某天晚上看见一团火球掉在某村或某处，接着就是一片火光，但走近一看，却什么也没有，马上辗转相传，确认火神已降临某村某地，人们就争相邀约，请“朵兮薄”帮助祭奠火神。或有时“朵兮薄”告诉大家，人们也就信而祭之。当地人说平时不能将铁器埋入炭灰，否则就会变成火神。火神纵火后，通常自己躲在地下。

祭火神的方法一般是由“朵兮薄”摆设一个祭坛，旁边插一枝青松，祭坛上摆满各种供品，金银纸箔裹住预先烧得通红的犁铧的犁尖，然后用嘴咬住，手握一把香烛，嘴上叼着犁铧四处飞跑，意为找火神。当“朵兮薄”认为已经找到火神躲藏的地方时，他就立即将香烛或犁铧插入地下，一群肩扛手持锄头的人蜂拥而上，马上在香烛或犁铧插入的地方开挖，一直到挖出铁器为止。挖出的铁器就作为“火神”，判断它是否是真火神，如果“朵兮薄”认为已经找到了真火神，祭祀活动就继续进行。否则，“朵兮薄”将要重复上述找火神的仪式，直到认定找到真正的火神为止。

火神找到以后，“朵兮薄”就开始祭祀祷告，祝辞一般是说：“用三年的大红公鸡祭你，用三年的大肥羊祭你，希望你远远走开，离开我们这一村，离开我们这一方……”然后又问火神：“今天祭坛上摆设这么多东西，你是不是心满意足了？你还需要什么我去找，你还需要什么我去拿。”接着就自问自答。通常是要肉，要红布或绿布，要银子（一般只要象征性的一小点）。在场的人都洗耳恭听，如果“朵兮薄”点到要在场某某的什么东西，不管是谁都不能拒绝，一定要想方设法献出来祭奠火神。所有要求都得到满足后，再由“朵兮薄”询问火神向哪一个方向发送。“朵兮薄”一般都备有两个贝壳，贝壳的一面是花纹，另一面空壳处藏有一小块银子，然后用蜡封住。“朵兮薄”按照两面花纹或一花一白，或两面白色设下预言，进行占卜，以确定火神要去的方位。有时还要问火神是否想去森林或其他乡村，以此来占卜吉凶。

4. 祭山神、石头

居住在西罗坪山区的白族居民出门就是山，有山必有石。平时不种植水稻，主要是以种植苦荞、包谷，放牧牛羊牲畜为主。而人们普遍认为山神主管着六畜兴旺、五谷丰登、老幼健康。所以在西罗坪山区，山神遍布山山岭岭，沟壑垭口。只要人们在某地竖一块石头就代表山神。据此有的认为西山盛行石头崇拜，其实是山神石头浑然一体。

在兔子坪村上面有一巨崖，是各种怪石天然生成，当地白族称为“石公皇帝”。据传他是西罗坪山区包括漾濞，云龙，西山等地所有山神的总首领，其余山神如前所述，只要摆一块石头即可。

每年农历正月初三为山神会。这天要以村为单位举行集体祭祀活动，每户一只鸡，同时要将预先留下的过年猪头一瓣献祭山神。经过祭祀山神活动后，人们方能出门，上山、下地干活。平时祭奠就不分时日，只要人们觉得今年的自然灾害频繁，野兽伤害人畜过多，就觉得应该祭祀山神了。如果灾情严重或牲畜伤害具有普遍性，就相约集体举行祭祀活动。若是个别牛羊走失，家中亲人患病，或要上山狩猎，下地种荞，甚至刚从外地买回牲畜牛马或家中牛马添崽，都要去向山神祭祀以求庇佑。有时“朵兮薄”看出需要祭祀山神，家人就要备办祭品去祭。祷词都是大同小异，一般都是需要什么就向山神祈求什么。大型的祭祀活动要宰羊杀鸡，个别的祭祀或杀鸡，或用一片腊肉，一个鸡蛋，几炷香均可。有的山神有固定地点，有的山神不一定有固定地点，祭时只要把牲畜或病人去过的地方山名、沟名、水名祈祷完就行了，因为人们相信山神无处不在，无时不在。

当地白族各家坟地上都有专门山神守护，所以清明扫墓时也要先献祭山神，无论何种祭祀，所用碗筷器皿都要先用香柏叶或香蒿刷洗干净。祭前都要用清水泼洒在燃烧的香柏枝上到处熏熏，意为用它所产生的香气驱散各种污秽。

（二）神灵崇拜

1. 祭本主

和其他地区白族信仰本主一样，西山、炼铁、乔后白族也普遍信仰本主，有的几村供奉一个，有的一村独敬几尊，会期不同，但都很隆重。

各村祭祀本主除了各有自己的会期外，平时祭奠不分时日。祭奠本主的目的主要是为了保佑一年六畜兴旺、阖家平安。在本主会期，各家各户头天晚上就要到本主庙会齐，每家宰杀一只羊。每次祭祀都有共推的“出头人”主持，每三年一换。本主祭奠每三年举行一次盛典，这是当地白族与祭奠观音一样隆重的节日。在盛典期间，本主像要请画匠重新彩绘，全村男女老幼（除孕妇不能参加外）齐集本主庙前，观看“朵兮薄”表演“咬犁头”“上刀梯”等精彩节目。

“咬犁头”，白语叫“按基归”。盛典期间，场上烧起一堆熊熊烈火，将犁铧置于烈火中煅烧。“朵兮薄”脚穿新草鞋，围着火塘边舞边祷告，待舞蹈祷告完毕，“朵兮薄”一脚踹开火堆上的柴火，然后用两炷香撑在烧得通红的犁铧的耳朵里，并开始向犁铧询问，叫“审犁头”，先问一年中人清吉平安否，再问来年五谷能否丰稔，最后问六畜是否兴旺。每问一次，“朵兮薄”都要用舌头舔犁铧一次，以“吱吱”声响亮为吉利。“审犁头”结束，“朵兮薄”就用全银纸箔裹住犁尖后，一口将火花四溅的犁头咬住，抬着绕场舞步。在场者虔诚礼拜，气氛庄严，求神驱鬼，佑护一方。最后“朵兮薄”将犁铧放置地下，开始“上刀梯”的仪式。

“上刀梯”，白语叫“中以达”。三年一次的本主盛会或观音盛会方能举行。其法：先在场内竖一根两至三丈的青松，去枝，有的地方留尖（如乔后），有的地方去尖，上扎一木板供“朵兮薄”跳神用（如西山地区）。上面绑扎锋利的砍刀。砍刀由各家各户自愿贡献，必须是磨得锋利的新砍刀。若有旧的，缺口的或杀过狗的不能用。砍刀按台梯形式用蔑绳扎于两枝株中间形成一架刀刃楼梯。最低一、二层扎成双刀叉开的剪刀型，然后是单把平扎，或侧面，或偏左右，一律刀刃向上，不同角度团团扎满，直到顶端。其间最讲究的是在扎刀台时每台需扎上一道“甲马”符咒。刀梯四周用蔑绳拉住以防倾倒。“朵兮薄”在本主神坛前燃香祈祷、舞蹈，然后在鼓乐声中赤足走向刀梯。来到刀梯前面，首先“审刀梯”，看其中是否有旧的，缺口的或杀过狗的渗入，若发现不洁净的刀子，“朵兮薄”一口咬住甩出，旁人马上递上磨好的新刀换进去。“朵兮薄”身背五谷少许，挂着用五色纸缠绕的蔑圈，双手扶杆，脚踩刀刃，逐台攀登。在场善男信女纷纷将青香掷向刀梯，引人注目，极为肃穆。“朵兮薄”到了顶端，先向四方唱颂辞，启开天门。然后在刀梯顶端木板上举行沐浴更衣、舞蹈等仪式后，开始向天祈祷。先问五谷能否丰收，再问今年东西南北各方面有什么灾祸，人畜能否前往？一年中什么时候会发生雨雪风雹等自然灾害。祈祷完毕，“朵兮薄”就将用五色纸缠绕的蔑圈一节节折断丢下，围观的人争相抢夺。据传拿回去套在小孩手手腕上可以怯病免灾。同时将背上去的五谷向四面八方撒下，人们马上用衣襟，帽子接住，据传拿回去掺入当年籽种中就可保五谷丰登。“朵兮薄”走下刀梯后，人们纷纷涌向刀梯争抢“甲马”符咒，以求神灵保佑。

除了每三年举行一次上述盛典，平时小型的祭祀一年一次。照样请“朵兮薄”跳神，杀羊一只，求“朵兮薄”占卜一年的吉凶祸福。有病人的家属借机拿下一炷香请“朵兮薄”看香火，以探询是什么神鬼在缠病人，好怯病除灾。

通常祭本主的祭词是这样祈祷的：地方的本主，正王、皇帝、东王、南王、西王、北王，掌管文薄的文书，上天下地巡查的官员，追随本主的仆从马倌，今天我为 ×× 村的 ××× 人来祭奠你（讲村名要加后缀“翠学因狠”，讲人名不直呼其名，只讲属相，并加前缀“十分”（指男性）“七分”（指女性）。然后再讲明祭奠的原因，最后祈祷说，从今以后让他们身体健康，万事顺序。有时还将供品名字一一列出。

2. 祭观音

观音，白语叫“刮益嫫”，在西罗坪山区享有崇高的威望。当地人普遍认为，观音和本主一样是他们的保护神。他们把气候的好坏、年景的丰歉、疾病的有无都看成是观音保佑与否所致，所以观音庙遍布各地，且都喜欢修在高山头上。在观音庙中，泥塑的多为女像，木雕的多为男身。有时观音庙中也间杂有弥勒、伏羲、神农的塑像，但极为少见。有的观音庙中雕有数尊像，其中观音一尊，同座底盘上雕有双像计两尊，金童、玉女二尊。（双像疑为经常见于白族文物中的欢喜佛）观音塑像是面目慈善的老太婆，又有五缕白胡子。两缕分别从耳际垂下，两缕从口角长出，还有一缕生在下巴上，这与把观音塑成如花似玉的女身大相径庭，实属罕见，这也就是我们把白族化的观音归入原生宗教调查中的原因。

观音会一般在农历五月初五举行，当日吃斋一天。供品只能用香油煎的米干兰、清茶一杯、几块饵饫，连鸡蛋也不能用。观音会也和本主崇拜一样，一年一小会，三年一盛会。盛会期间，也像本主盛典一样，由“朵兮薄”表演“咬梨头”“上刀梯”。仪式和祷辞与本主盛典大同小异。平时遇上久旱成灾或连雨成涝，人们也常常相约到观音庙祭奠，祈求保佑。有趣的是在凤羽、大理一带的白族中，常常有迎送本主的习俗，在本主会期，这村送，那村接，极为隆重。但在西山地区，不接送本主而接送观音。接送期间，由“朵兮薄”选择一块石头放在观音怀中，接送结束，将石头安放在本主庙，石头三年一换。为什么西山地区对观音如此顶礼膜拜呢？当地流传着这样的传说：

相传西山地区白族的先人为三兄弟，他们替妙庄王看守金银仓库，由于金银仓库铺的地板年久失修，腐朽下陷，金银也跟着下落了一大截。一天，三弟兄打开库门检查，发现金银比原来低了许多，三弟兄害怕妙庄王怪罪，但又不知被谁偷去，寻思无计，就关好门窗，连夜携家人从大理逃到凤羽。到了一年一度检查金银仓库的日子，妙庄王派亲信大臣去查看，发现守仓库的三弟兄已不知去向。他们砸开锁进去一看，只见金银比过去少了许多，立即派人向妙庄王报告。妙庄王听后勃然大怒，马上派人去称，不料称出的斤数与账上分毫不差，大家都很奇怪，寻思再三，才发现是因木地板下陷所致。妙庄王想，三弟兄是大忠臣，并没有携金银逃跑。他们逃跑，也可能是见金银减少，害怕被惩罚，就派人去找三弟兄回朝加封。

三弟兄到了凤羽以后，在当地定居下来。一天，他们发现东山上下来一支骑马扛旗的队伍，仔细辨认，发现打着妙庄王的旗号，三弟兄十分惊慌，以为是妙庄王来捉他们，赶忙带上家人又往西逃，翻过罗坪山渡过黑惠江，跑进了层峦叠嶂、渺无人迹的西山区。妙庄王派来的人到了凤羽，打听到了三弟兄又往西逃走了，他们紧追不舍，一直追到黑惠江边，只见江水黑浪翻卷，对岸莽莽苍苍，虎啸啼猿，以为三弟兄已投江而亡，就回去禀报妙庄王。

三弟兄进入西山地区以后，由于仓促出逃，什么东西也没有带，又不敢返回坝区去拿，只好在山上穴居野处，打猎度日，生活极为艰苦。正当这时，观音来显化，设法为他们婚配，繁衍后代，教会他们种荞，所以西山地区居民十分尊奉观音。

由于三弟兄是逃到了凤羽，后又逃到了西山地区，所以坝区白族被称为“开西”（白语意为吓跑人）。现看来，实际上这就是一幅古代白族迁移的历史画卷。白族是一个喜欢近水居住的水稻农耕民族，西山地区不可能是白族的发源地。西山地区居民一般来源有三：一是为逃避兵役、劳役的贫苦农民；二是触犯了统治阶级刑律被迫逃亡或统治阶级更替时为逃避加害的人；三是破产农民为寻找生计而被迫迁徙的。由于自然条件的限制，他们大都较多地保留了白族固有的古老习俗。

（三）生殖器崇拜

在白族聚居的洱源凤羽起凤村、云龙县白石地区和剑川县石宝山都有男女生殖器崇拜的遗迹。在乔后和炼铁，也有类似的崇拜。

乔后旧时有个城隍庙，里面有个裸体太子像。每年庙会，裸体太子的雀（即生殖器）里就往外撒尿不停。新婚女子往往由婆婆领着，沐浴更衣，庄严地在裸体太子像前祈祷，以求多得子嗣，子孙兴旺发达。并用铜钱打太子雀，打着才心满意足而归。炼铁文昌宫有三尊大佛，南为文昌，北是关公，中间是观音大士，前面有个裸体太子像。每逢四月初八日，无生育或新婚女子沐浴更衣后，即到裸体太子像前祭祀祈祷。烧香磕头后，用铜钱打太子的生殖器，并用杯子接太子撒出的“尿”喝。据说这样回去即可怀孕。如铜钱打不着太子雀，就认为恶盖过功，要为善修行，改邪归正。

（四）鬼魂崇拜

西罗平山区地处荒僻，缺医少药，除少数人能用草药单方治病外，主要信神不信医。有病就求神问卜，请巫送鬼。当地送鬼的方法是：用木炭火一盆，放上少量的腊肉、猪骨、香面（一种野生植物的粉末），让病人吐口唾液，然后送到山凹或路边，白语叫“送蜡一瓦”，意思是送给鬼吃后使之离开病人。

西山鬼的种类很多。有死人鬼，白语叫“西尼蛊”，指那些非正常死亡尚不足十年的鬼。十年后这些鬼就变成大鬼，白语叫“倒蛊”。这些属于恶鬼，人若撞上，就会叫你求生不得，求死不成，只能请“朵兮薄”祭奠驱除。“朵兮薄”祭时捉一只小鸡，有时用嘴咬掉鸡头后抛上天空让鬼去抢。鸡掉下来后洗剥干净后再祭一次。然后用前面述及的“朵兮薄”特制的两个贝壳去占卜，意思是问鬼希望送到哪个方向，什么地方，以便发送。通常“朵兮薄”是不吃这只鸡的，据说是他们看见鬼撕抢鸡时抓得鲜血淋漓的，因而不敢吃。

据当地白族解释，人在行将断气时只要将银钱或米粮之类物件含在口中，白语叫“尼欺”（含口钱），就不会变成鬼。有的地方比较讲究，则早就备下“尼欺”。通常是将银豆瓣和米粒裹在大枣内，然后装在一个特别的小布袋中，小布袋用绿线拴住。在病人即将咽气时喂入口中，早了怕病人吞下，迟了又怕接不到气。用绿线拴住留线头在口角外，以备随时取出。

死人鬼可分三种：一种是死于非命，即遭受外界突然袭击非正常死亡的，如野兽伤害、电霹雷轰、刀砍斧剁等。第二种是亲属照顾不周，断气时没有含“尼欺”的。这类鬼又分为两类：一类是大限已到，只是因为没有接着气的老人，只要请“朵兮薄”举行招魂等仪式，礼请门神护卫，灶君让他进入祖宗堂即可。还有一类是大限未到，死后魂魄无依，门神护卫又不准他进入家宅享受家人的祭奠，这种鬼就要用香面炭火盆（用板瓦或其他石块盛），外加冷水拌饭送。或绑扎手指，用竹枝、桃枝驱赶。这种饿鬼几经家属做斋后也可逐渐消失。第三种叫“活人鬼”，一般依附在女性身上，白语叫“烧聘”，也就是人们所谓的“养蛊”，类似傣族的“琵琶鬼”。这种鬼可以传给女儿，他经常作祟于小孩，是人们又恨又怕的一种鬼。人们撞上了这种鬼，通常用面和成小面团，在小孩周身上下揉搓，边搓边用大拇指嵌按，口中念叨着被怀疑放鬼人的名字。然后或丢入火中焚烧，或丢入猪食泔水中浸泡，或喂给狗吃，以示惩戒。

阴兵，五方五鬼。阴兵一般属本主、城隍老爷统率的部队。人们若怀疑阴兵或五方五鬼作祟于病人，一般不能像发送死人鬼那样端一盆香面炭火发送，而是要请“朵兮薄”来看，弄清楚以后再礼送。通常都要杀鸡祭奠。

水花神、风神，白语叫“必获须惹”。主要是向他们讨还丢失的魂魄。按当地人的说法，人在受到惊吓后可散失三魂七魄中的部分魂魄。散失越多，病情越重。所以要请“朵兮薄”看香火确定魂魄丢失去向后再去找回。大人非常忌讳小孩在山上哭，认为会丢失魂魄。

除了送鬼以外，使当地谈虎色变的莫过于“呆害义拍”（意为“摄生人魂”），又叫“治生人”，通常是互相有仇隙就采取“呆害义拍”的方法整治对方。据当地人说，这种治生人的巫术，轻则可以使你卧床不起，重则置人于死地，所以当地人非常害怕。笔者调查的时候，这种巫术已少见，但年长的人谈起来仍然心有余悸。据当地人介绍，这种“治生人”的方法是，那些会“治人”的人（通常一村中只有个别或几村才有一个）只要设法把被治人的东西拿去一件，就是一根头发也行，念咒语就能把对方的魂魄拿去，用一块红布包住，再用红、黄、绿、紫、白五色线扎起，然后塞入瓶中或其他容器中。如果将所摄来的魂魄埋在土中，人就会感到萎靡不振，半身不遂；嵌入木头中，丢在东方，人就会浑身发抖；丢在火中或南方的火烧地里，人就会经常遭火烧；放入水中或藏在北方，人就会面色苍白，浑身无力；装在西方的岩石里，人就会经常遭刀砍斧劈。决定用哪种方法，除了分别东、南、西、北、中等方法以外，还要参照春、夏、秋、冬和一年中的土王日（即三、六、九、十二月的十六至三十日）。一般是春季治入水中，“土王日”治入土中。据说地师、“朵兮薄”能够帮助解脱，所以地师、“朵兮薄”在当地很受尊敬。通常人们对“摄魂打魄”的人又恨又怕，遇有机会，常欲置之死地而后快。由于愚昧无知，缺医少药，有些人常利用诬指某人会“治生人”而泄私愤，图报复，引起无谓的仇杀纠纷。

（五）祖先崇拜和丧葬仪式

西罗坪山区的白族和其他地区白族一样，对祖先崇拜不仅虔诚，而且非常盛行。这充分体现在竖碑立墓和预做棺椁上，棺椁，白语叫“喜好”，又叫“寿房”。一般人三十几岁就修好墓室，四十岁左右就筹措打碑立墓。墓立得越高大越好，说墓好就好像生前住青砖大瓦房，墓差就好像生前住低矮简陋的茅草棚。立墓的规矩通常是先立长辈，再立平辈。如果长辈不立就立自己，亲戚就会说你。有功名的人才能用圆圈口墓，无功名的人只能用六角形圈口墓。为什么人还活着就准备下棺材呢？当地解释有三：一是怕事情突发来不及准备；二是亲人可通过看自己的“寿房”了解子女的孝心，求得心灵上的安慰；三是具有祝寿之意，用“寿房”、墓穴来替身替命，可以延年益寿。同样，无功名的人只能用黑棺材，有功名的人才能用红漆棺材。无功名的人墓碑两侧都不能雕狮子，只能雕桃型装饰。

墓地一般选在山腰，取群山环抱之意。墓坐西向东。坟地前以有水为佳。墓分台，但前后墓不能直接相对，否则认为会给活着的人带来不利，造成家庭不和顺。父子可以在同一场地，但必须分开埋葬。

人病后，家人要昼夜值班，断气之际一定要喂“含口钱”。若不喂“含口钱”，祖先就不认，灶君、门神护卫不准进门。若父母不含“宝器”就离开人间，子女将遭到大家谴责，娘亲方面不答应。

人死后开始装棺，白语叫“入殓”。先将死者的衣服穿好，用布绕三圈，男由左到右，女由右到左。不能扣纽扣，不能穿裙子、带包头。然后用麻扎手足，脸上盖白纸，白纸上加盖红布。人要放直，且对准棺材中线，不能让身子移动。一切就绪，揭去红布，同时解掉麻线再盖棺材。由于山区多数家庭房屋窄小，棺材一般停放在院子中。引路幡上书“南无阿弥陀佛由九千五百三十六万亿大慈大悲观世音引进西方极乐世界”，两旁写“金童引进西方路，玉女接来极乐邦”。

送丧要择吉日，忌墓地山向及死者本命属相。如死者属鸡，可取属羊、属兔日。重丧，破日不能用。安葬时若山向不利，可以寄存于山。其法是用圆木钉成棺材房，将棺材放置在里面，等山向吉利后再下葬，有积存达一年的。

起灵用一个鸡蛋、一碗水，在棺材盖上劈一刀后，四个男子各抬棺材一角，口中大喊一声“起”，抬到村边收拾停当，再由村民抬往墓地。大儿子带着全部孝子孝眷向帮忙的人磕头致谢，并敬水酒一杯。抬出一段后，子女反向跪地，棺材从跪着的人们头上抬过。第二次又正向跪，棺材照样从跪着的人们头上抬过。意思是父母从小把子女背抱大，父母死后子女也背回父母一次以报恩。然后怀孕的妇女返回，男的从担抬人手中抢抬棺材以抱父母养育之恩。到了坟地后，子女抢着去解绳索。长子先进墓室中查看海水罐，点好长命灯（这些都是修墓室时下安置下的）。入葬后献土，用泥土拌水让孝子孝眷每人喝一口，表示不忘父母养育深恩。安葬完毕，帮忙人等将出葬时绑在棺材上的鸡在坟地上就地煮吃，“朵兮薄”用贝占卜死者魂魄愿随哪位子女回去，抬棺材的汉子们将抬杆点火烧掉，上撒香柏叶，其余的人也要洗手沐浴袪除污秽。“朵兮薄”指定的亲人手捧灵牌返家，一路不能往后看。

起灵和下葬时，当天的日子和自己的属相相克的要主动回避，不能在场观看。

送葬时，关系最亲的人送羊一只，其余的亲戚各送鸡一只，当天要宰杀一半。死者 30 岁以上才能吹唢呐。俗话说：“子女死伤心肝，父母死度新春。”意思是父母年事已高，死是他们的必然归宿，所以叫过春节；子女有孝养父母的责任，早夭不能尽其责任，所以叫伤心肝。当天还给死者送纸钱树、纸钱伞、“金山银山”“金童玉女”、狮、象、鹿、马，还扎一长方框，头上扎有双凤朝阳，二龙抢宝图案，中间铺六尺红布，请有功名的人领衔赐名，用以压邪并荣耀乡里。

从送葬那天开始，每三天到坟地祭奠一次，三次共 9 天，然后每七天又去坟地一次，三次共 21 天，这样前后共一个月。满月后全部亲戚每家送一只鸡，由大儿子主持，叫上大坟。从此就认为死者已去阴司报到，子女再守孝7天。

下葬后，在墓前长期供奉一碗祭物，过往的人都不去动它，认为那是不洁净的。

父母新丧，子女都要披麻布、系麻索，来送丧的人全部戴孝，男的直系亲属麻布帽子做两个耳朵，女的则做两朵小白花。子女在服丧期间，吃烟不能用烟嘴，不能打草鞋，不能织麻布，否则认为不孝。孝子孝眷戴的麻帽、麻巾要任其自烂，一般在满月后，女的就把麻巾戴在包头下，男的则把麻帽供在祖先牌位前。孝子在服丧其间，7天内不能到同村人家，21天内不能到亲戚家，不能唱歌对调，有的坚持达数年之久。

父母新丧，嫁出去的女儿分七月十四（农历）、清明节、春节三次回娘家，三年共回9次。七月十四送鸡一只，衣包、纸钱、香烛若干。清明节送肉，无肉送鸡、米、香纸一封。春节送肉。清明节直接上坟地，不留宿；七月十四日和春节则留宿一晚。

新丧周年内，亲属要把坟地上的各种未尽事宜处理完毕，然后请“朵兮薄”跳神，找回死者的魂魄。其仪式是设一祭坛，上供剪刀、鹿脚、猪鼻子、鱼、蒜；升斗中装满粮食，上插各种金银纸钱。“朵兮薄”口中念着咒语，从山神处找起，一直找到本主，阴司地府。寻找的路线是沿着炼铁，翻越罗坪山到凤羽，翻越天马山到上关（属大理市）、蒙化（今巍山）、凤仪（属大理市）、昆明，然后找到地府。（这种用历数地名去追溯自己祖先历史的做法与怒江州白族无异）地府中的设置显然是阳间的再现，完全是根据死者生前的所作所为相区别。比如死者生前是放牧牛羊的，就到放牧牛羊的地方去找；死者生前是打猎的，就到深山密林中去找。“朵兮薄”手敲牛皮鼓，边舞边找，找不到的地方烧化纸钱一封，表示打扰道歉。一直找到死者魂魄才返回。有时“朵兮薄”昏倒在地，以示死者魂魄附身，亲友可借“朵兮薄”之口询问死者情况，并探询有什么要求。有时“朵兮薄”边舞边讲，有时睡着讲，这和大理、洱源一带白族“问先灵”（白语叫“编细恩”）形异而实同。到第二天天亮前家属做12碗菜肴祭奠，“朵兮薄”烧金银纸钱于酒碗中，一次倾倒在祖先牌位前，表示将魂魄归位，交代给列祖列宗，享受一堂香火。若家属有疾病，可由“朵兮薄”借先人之口告之理由，用烧金银纸钱去赎罪，俗话说，“金钱能赎命，阎罗是贪官”。

（六）节日与占卜

西罗坪山区的白族，一年中的节日与坝区白族大同小异，只是过节的活动有所差异。

正月过春节，三十晚上全家守岁点大香，一直燃到天亮。山区白族和坝区相仿，有吃“生皮”（即烧过皮的生猪肉）的习惯，但吃法不同，坝区白族喜欢细切，用杨梅酱作成酸汤蘸着慢慢吃，山区白族则是大块拌干辣子面和盐一起吃。喜欢喝酒，一醉方休。互赠礼品叫“烧把止”，以赠酒为贵。正月初三山神会，全村男女老幼到村边做一顿饭吃，名曰献山神，初四开始出工。

三月清明节，家家上坟祭奠祖宗。若遇新丧，则往往集中百人以上，杀鸡宰羊。来客中属死者亲属者，要送一只鸡或一只羊，非常热闹。

五月五端午节，吃药酒，包手指。

六月二十五日火把节。与坝区不同，不竖大火把、不劳动，杀羊，羊杀好后在祖先牌位祭奠一番。点香两炷，不磕头。晚上全家到门外烤火，吃菜，喝酒，点明子火把。

七月十四日送衣包，但活动与坝区白族有别。坝区白族送衣包，首先在雕版印刷的衣包纸上按一定的格式填写上日期，送者姓名，与死者的关系，死者姓名，身份等，然后叠成长方形，象征箱柜，里面装金银纸钱，五色纸剪成的冥衣，封好后晚上念一包烧一包。山区衣包不封口，写上名字就烧，有时杀羊祭奠。九月九日，坝区白族过重阳节，煮核桃，板栗吃，西山地区则是在本主会进行。

西罗坪地区的白族看相、算命，显系后来从外地传入，当地占卜的手段主要看草标，看鸡骨，表现古老而原始。

当地山高箐深，牛马经常走失。当地人顺手拔几根草，先将自己预测的想法默祝祈祷，然后中间结一大结，再分别将两端相结，最后解开，看是否与预祝相符，反复进行，直至满意为止。

祭祀送鬼时杀鸡，可看鸡头、鸡舌、鸡脑壳、鸡下巴、鸡尾巴。通常是祭奠什么就看什么。用左手持住，中间一叉为祖，左边一叉表示主人，右边一叉表示客人。比如鸡头盖骨血红，表示财帛旺盛，鸡头盖骨阴黑，就意味着会死人，鸡尾巴高翘，表示六畜兴旺，反之则不昌。

看鸡骨。鸡一杀掉，即将大腿骨剔出，用筷子夹住斜削后，将筷子分别插入，看血流喷出的方向，再顺着血流方向插入竹签。俗话说“和八字不如看鸡骨”。竹签插入相齐为佳，说明夫妻寿命长。若一长一短，则长的相反命短。有时用于打官司，若两根相齐，说明案情不能一次了结。若长短不齐，以短为胜。有时用于占卜病人的死活，寻找走失的牛马。

西罗坪山一带地域辽阔，村落众多，许多原始宗教信仰不尽相同，而且习俗、节日往往交织在一起，很难寻找出明显的差别。用白族自己的话来说，叫做“哪山的人唱哪山的调”“隔里不同天”，所以虽经多次实地考查，难免挂一漏万，请有识者正之。

漫话白族文化的基本特色

（一）白族文化的产生

大理是镶嵌在祖国西南边疆的一颗明珠。因其优美的自然风光、悠久的历史文化和浓郁的民族风情而荣膺中国最佳魅力城市之一。生活在这片土地上的白族和其他各民族都拥有悠久的历史和灿烂的文化，大理也因此被誉为“文献名邦”。

大理既是全国唯一的白族自治州，同时又是祖国西南最早开边置郡的地区，被称为南方丝绸之路的蜀身毒道和茶马古道在这里交汇，使大理成为中原文化、秦蜀文化、古越文化、荆楚文化、吐蕃文化和古印度文化碰撞与交融的理想之地，从而形成了以白族文化为代表的独具特色的地域文化，多姿多彩的民族风情、浩瀚博大的文献典籍、脍炙人口的诗词歌赋，遍布苍洱的名胜古迹。

白族是大理历史的主要创造者之一，数千年的文化传承从未间断。白族优秀历史文化既有中华民族伟大民族精神的共性，又有鲜明的地域民族特色，是中华民族伟大民族精神的组成部分。今天，悠久的历史、厚重的文化、与时俱进的民族精神所迸发出来的昂扬向上的精神状态，已经成为我们全面建设富裕、民主、文明、开放，和谐的大理的不绝源泉。

（二）白族文化的基本特色

党的十六大指出：“当今世界，文化与经济和政治相互交融，在综合国力竞争中的地位和作用越来越突出。文化的力量，深深熔铸在民族的生命力、创造力和凝聚力之中。”“一个民族，没有振奋的精神和高尚的品格，不可能自立于世界文化之林。”白族文化源远流长，生生不息，其主要特色可概括为：

1. 白族文化的久远性

在人类史前史上，最初被认为与人类起源有关的猿类化石，是20世纪30年代在印度发现的腊玛猿（或称腊玛古猿）。我国先在云南开远小龙潭发现了腊玛猿的化石，时代大约在1000万年前；尔后又在禄丰发现了腊玛猿和西瓦古猿的材料，时代大约为800万年前，因此，越来越多的人类学家认为，云南或滇中高原及其邻近地区，很可能是人类起源的关键区域。此后，在云南元谋上那蚌村发现的元谋人门齿化石，经古地磁法测定，距今170万年，从而使云南成为迄今中国境内直立人最早发现的地区。

云南大理是祖国西南边陲开发较早的地区之一。根据考古发现，在以洱海为中心的200多公里范围内，已经发现或发掘出旧石器、新石器、金石和青铜器遗址近百处，其中以宾川白羊村文化遗址、大理佛顶、马龙文化遗址、剑川海门口文化遗址、祥云大波那文化遗址等最为典型。这说明被称为河蛮的洱海地区的居民已开始经营农业，并已形成定居的村落。虽然不能说上述考古发现的古人类遗迹就是白族的先祖，但与白族先民有渊源应无疑义。

据文献记载，早在先秦时期，大理地区已出现了以从事农业生产为主的部落，而且有了君长，出现了不同的族称，如僰、叟、昆明、嶲、白蛮、乌蛮等，大理的多民族性此时已初步形成。此后，洱海区域的族群名称虽然不断变更，直至南诏、大理国时期许多族群名称没有再从史书中出现，这是因为已经被统一称谓白人（明代叫民家）取代。说明白族的历史脉络清晰，从未间断。

1956年11月22日，大理白族自治州成立，是全国唯一的以白族为自治民族的自治州，下辖大理市、祥云县、弥渡县、宾川县、巍山彝族回族自治县、南涧彝族自治县、永平县、云龙县、漾濞彝族自治县、洱源县、剑川县、鹤庆县 12 个县市。

2. 白族文化的包容性

最能体现白族文化包容性的是白族的宗教信仰。

宗教是一种社会的历史现象，是人的社会意识的一种形态，是感到不能掌握自己命运的人们面对自然、社会与人生时的自我意识或自我感觉，因而企求某种超越的力量作为生命的依托和精神的归宿。白族开放、包容，同时对外来文化具有很强的融合能力，从而使多种宗教在大理都有存在的空间。佛教、道教、伊斯兰教、儒家思想乃至近代基督教和天主教在大理地区都有信仰人群。其中尤以儒、释、道为最。佛教和道家在白族地区经历了白族化和地方化的整合后，形成了被一些学者称之为“白族密宗佛教”的阿吒力教派，影响最广泛和深远。

为了更好地说明大理民族文化的包容性，我们实地考察了以剑川石宝山石窟为代表的几座白族寺观。

位于云南省西北部的剑川，早在汉朝设置郡县时就隶属永昌郡，此后建制虽几经变更，但从未间断。石宝山石窟主要雕刻在距离剑川县城 25 公里的石钟山石钟寺附近的悬崖峭壁之上。这里峰头涌起，如狮如象；古木参天，松声竹影相映成趣。每当暮春三月，以白杜鹃为主的奇花异卉灿烂崖谷，美不胜收。白族地区的许多寺观都选择在类似的地理位置，它从一个侧面反映出白族人民热爱自然的审美情趣。

石宝山石窟迄今已发现 16 窟，主要分布在石钟寺、狮子关和沙登村三个区域。

石钟寺八窟是剑川石窟中最重要的石窟，内容丰富，艺术水平也最高。其中第一、二两窟雕的是南诏王者的造像，场面宏大，人物众多，作品所反映的衣冠制度是研究南诏社会历史最为珍贵的资料。第三至第七窟都是佛像，线条细腻，造型优美，精雕细刻，是剑川石窟艺术的代表。在第六窟的雕像上，可以看到佛教艺术影响的痕迹。而第五、第七等窟的雕像，又使人联想到四川大足的石刻。尤其让人们引发许多思考的是第八窟，雕刻的是一具女性生殖器，当地白族叫“阿盎白”。“阿盎”是白语“姑娘”的意思。每年正月或八月的庙会，青年男女聚集在这里对歌谈情。朝拜“阿盎白”的多数是白族妇女，姑娘结婚时要去朝拜，望有子嗣；已婚女子或希望多育子女的妇女也常来朝拜，并用香油在上面涂抹，涂抹时还要偷偷地不让人看见。现在座前的石板上，由于跪拜的人太多，还留下两条深深凹下去的痕迹。对这种奇特的文化现象，专家学者们各执一词，至今尚无定论。

狮子关区共有三窟。这个与石钟寺隔沟相望的小山岭，因崖顶上一块巨石形似一只蹲踞当关的大雄狮而得名。第一窟是南诏王者全家的造像，民间叫做“全家福”。第二窟雕了一个人们称之为“酒醉鬼”的观音，身旁携一只狗。第三窟是一个人像，因旁边刻着“波斯国人”四字而出名，一般都管它叫“波斯国人像”。

沙登村区五窟在石钟寺的南面，雕的大都是佛像。

无独有偶，像石宝山石窟这种寺观格局在白族地区随处可见。在洱源县凤羽有两院寺观非常典型地再现了白族对“天国”的认识。一院是坐落地西罗坪山麓，被称为大理“三大名邑”的凤翔村旁的“三教宫”。这座寺观把儒释道和谐地统一在一起。庙廊柱和大门的楹联开宗明义地写道：“三教本同源，儒释道任谁行深般若，无非孝悌忠信；万法原归宗，智仁勇若登摩阿波罗，且从感应慈悲。”“三教本同源，儒释道开明宇宙咸觉路；万法原归宗，智仁勇常留天地不老春。”“三教同源，儒释道咸开觉路；十方是佛，天地人六合长春”。

凤羽南端鹤林山上的鹤林寺建造年代已不可考，据《洱源县志》载，明洪武年间曾重修，说明年代之久远。这座寺院依隆起的山脊而建，一进山门是天王殿，天王殿对面坐南朝北的是大雄宝殿。大雄宝殿西侧厢房供奉的是美若天仙的白族女子，旁边立着手持船桨，身材魁伟，身着黑衣、赤足、裤脚高卷的艄公——拨八。转过大雄宝殿东侧门后就看见建造在人造土丘上的玉皇阁，拾级而上就可看见端坐在里面的玉皇大帝。从玉皇阁侧边而过就到了被称为“瑶池胜境”的最后一院。这就是典型的白族寺观格局，这里神与神之间，人与神之间没有“唯我独尊”的你争我夺；没有尊卑贵贱的勾心斗角，有的只是在蓝天白云下，绿树鲜花丛中的和谐相处。

有人说，“儒重风骨，道重气韵，佛重神采”，白族取长补短，兼而融之。明代白族学者李元阳是明代云南著名的文学家和史学家，堪称硕儒名宦，为官很有政绩。返乡后在大理闲居40年，他寄情山水，著书立说，自号觉林道林，有手抄本《大方广佛华经卷》和不少著作存世，是集儒、释、道思想于一身的代表人物。

根据一些学者研究，中国宗教有两大思想基础：一是阴阳五行，这种自然主义的宇宙观，表达了“天道和谐”的思想；二是礼乐文明，这种人文主义的人生观，表现了一种“人情和谐”。白族宗教信仰完全体现了追求和谐实用的宗教观。在白族广大乡村，活跃着许多以男性为主的洞经乐队，以女性为主的莲池会，他们经常在宗教场所演奏、念经。

3. 白族文化的和谐性

民族文化因承前启后而能源远流长，民族精神因世代相传得以发扬光大，这是亘古不移的真理。

白族是一个有着悠久历史和深厚文化底蕴的民族。作为生活在云南古老土地上的一个世居民族，白族在饱啜源远流长的中华文明并不断补充、吸收各个时代先进文化的基础上，创造出自己特色鲜明的民族文化，向世人奉献出了流光溢彩、记录了本民族精神生活和心灵历程的鸿篇巨制。但无论是文字记载的精英文化，或是口耳相承的大众文化，都无不贯穿了倡导和谐，弘扬友善的精神。

20世纪30年代，英国人类学家C.P.费茨杰拉德在大理一住就是三年，在深入调查研究的基础上，他写下了《五华楼》一书。他在书中写道："联接中国和缅甸的茶马古道的北面，在滇西的崇山峻岭中，有一块狭长的，富饶的稻米之乡镶嵌在苍山和洱海之间，这里就是大理民家（白族）的家。在云南，民家是人口最多，最文明开化的少数民族群体之一。"又说："民家生性活泼、健谈快乐，还具备值得称赞的公共道德和礼仪。"白族人常说："只有千年人缘，没有千年威风。"这种亲人善邻、热情好客的处世原则反映在本主信仰中，不论是本民族，或是其他民族、外籍人士，只要为白族做了好事，或做了合乎白族倡导的道德规范的善事都可以成为白族本主。

坐落在苍山十九峰最南峰——斜阳峰怀抱里的"将军洞"本主庙，里面供奉的是唐朝征南败将李宓。史载：唐天宝十三年（754年），云南郡都督兼侍御使李宓，奉命征讨南诏，阁罗凤联络北边的吐蕃奋起抵抗，结果李宓20万人全军覆没，只轮不返。但阁罗凤不愿把事做绝，下诏说："生虽祸之始，死乃怨之终，岂顾前非而忘大礼。"遂收亡将部众，祭而葬之，以存恩旧。同时立大碑于国门，说明自己不得已叛唐的苦衷，期望有朝一日与唐重归于好。到了他的孙子异牟寻继位，与唐使者崔佐时在苍山会盟，重修旧好。李宓被奉为本主后，迄今下关地区的城乡居民常去祭祀，身着白族服装的白族老妈妈念着亦白亦汉的经文、祝辞，这种文化现象值得研究。

在白族地区，柏洁夫人（又称慈善夫人）被许多地区奉为本主，而且与"火烧松明楼"的优美传说久盛不衰。在"火烧松明楼"故事中，柏洁夫人是一位美丽聪慧、坚贞刚烈的白族妇女楷模；而制造火烧松明楼阴谋的皮逻阁是一个阴险狡诈、心狠手辣的反面人物。但当皮逻阁取得政权后，他和他的子孙却容许民间对慈善夫人的歌颂和祭奠，这又说明什么呢？

共同的本主信仰使白族从小家走向大家。平时祭奠本主，人们都喜欢邀朋呼友，一年一度的迎送本主节，更是举村的盛大节日，人们有钱出钱，有力出力，平时的恩恩怨怨在迎送本主的大喜日子里自然化解，久而久之，白族人之间自然形成了里巷相帮、助人为乐的良好风尚。白族人常说："结婚不请可以不去，丧事不请自来。"

4. 文学艺术的丰富性

大理是一个美丽、神奇的地方，物华天宝、人杰地灵，像一颗熠熠生辉的明珠，镶嵌在祖国西南边疆。

白族是一个开放的民族。她虽处洱海流域一隅，却能以开放的胸襟融汇中外文化之精华，勇开云南风化之先，并以自己对文明自由、对进步文化、对山水自然的热爱和追求，在泱泱中华的历史进程之中，在中华民族团结史、进步史的宏伟篇章中，谱写出属于自己的精彩一章。

白族善于学习先进文化。一部白族文化发展史可以说就是白族对中外先进文化，尤其是对中原及汉族先进文化学习的历史。白族善于兼收并蓄，不保守、不狭隘、不自满，对于各种有价值的文明成果，能以自己朴素而独特的方式加以吸收和借鉴，在保持自身民族特性的同时，不断发展、丰富自己的民族文化。

白族善于推陈出新。白族在哲学宗教、天文历法、科学技术、语言文字、文学艺术等精神生活领域以及在生产方式、日常生活、建筑雕刻等物质生活领域所创造的丰硕成果，无不彰显了一个有生命力和创造力的民族自己鲜明的特色。

白族也是一个充满文学灵感、想象力和激情的民族。白族创世史诗

《创世纪》与其他民族的创世史诗一样古老；白族的神话传说与其他民族的神话传说一样丰富；白族的民歌也与其他民族的民歌一样的动人。远在汉代，白族就已经出现了精通汉学的文人。见于史籍的有张叔、盛览等，相传张叔、盛览都是司马相如的学生。唐南诏时期，由于政治统一、经济发展，带来了文化的繁荣，出现了异牟寻、寻阁劝、赵叔达、杨奇鲲、段义忠、董成、王蛮盛等被称为“高手”的散文作家和诗人。杨奇鲲的《途中诗》，段义忠的《题大慈寺芍药》，董成的《思乡》《洞云歌》皆佳作，被收入《全唐诗》。元、明、清时期，白族作家薪火相接，出现“一时名流蔚起”的局面，还出现了家庭诗人群，其中以龚氏、赵氏、何氏家庭诗人群最引人注目。

学习汉文学，用汉文进行创作，是白族文学的一个传统。降至清代，人才辈出，文人作家很多。据《随园诗话补遗》《滇八家诗选》《滇中锁记》及地方志记载，比较有影响的作家就达50多人。其中，师范、王菘是全国著名的学者和作家。此外如龚渤、谷际发、龚锡瑞、杨履宽、赵廷枢、赵廷玉、杨戴彤、李于阳、师道南、杨晖吉、李崇阶、赵辉璧、杨绍霆等，都有较高成就。

辛亥革命前后，白族地区出现了一批思想比较进步的作家和诗人。如赵藩、赵式铭、周钟岳、李燮曦等。

在当代，白族同样有值得骄傲之人，他们取得了不逊先人亦不后于当代人的文学创造成就。大理州白族文化研究所以人立卷组织编写了历代、当代白族作家丛书32卷。比较系统全面地介绍了白族作家的创作成就。

白族不仅有历史悠久的作家文学，也有品类繁多的民间文学。它比起作家文学更丰富，主要靠口耳相传，蕴藏在民间。

在白族民间文学中，白族民间故事是最富有地方特色和民族特点的一种形式。它通过白族叫“讲古本”的形式在群众中广为流传。有神话、风物传说、龙的故事、本主故事、木匠故事。此外还有历史故事、民俗故事、地名故事、生活故事，等等。

大理州白族文化研究所编辑出版的《中国民间故事全书》大理州县市12卷，展示的也只是大理地区民间文学的冰山一角。

白族酷爱民歌。无论男女，都善于歌唱，有优良的歌唱传统。除平常歌唱外，白族还有固定的歌唱节日。如大理的“三月街”“绕山林”，剑川的“石宝山歌会”，以及各地的“火把节”“本主会”等。这样的大型民间歌唱活动，一年一次，从不间断。每次参加这种活动的少则千人，多则万人。白族民间歌唱活动之频繁，规模之大，都是其他地方很少有的。

白族调，又叫“白曲”，是白族各地区民歌的总称。白族调有大理、剑川、洱源三个基本流行区。这些地区白族调歌词差不多，基本上以“三七七五”（一个三字句，两个七字句，一个五字句）和“七七七五”（三个七字句，一个五字句）两个诗段组成，然而在音乐风格和音乐形式上却迥然不同。

大本曲，又名本子曲，是白族中流传最广，最为人们喜爱的一种说唱艺术。它是由白族民歌和民间故事发展而成。通常用汉字白语写成曲本，句法主要是“三七一五”句式，即“山花体”式。曲调有三腔、九板、十八调。三腔，实际是指大理城以南、以北和海东三个不同地区的流派。九板，是指平板（或叫正板）、高腔、脆板、大哭板、小哭板、大哭赶板、边板、提水板、阴阳板等9个主要唱腔。十八调是指“道情调”“花谱调”“家谱调”“琵琶词调”“放羊调”“思乡调”等有调名的曲调。每个曲本因内容和题材不同，所选板调也不相同。通常是由一人坐唱，一人以三弦伴奏。男女老幼团团围坐，聚精会神、鸦雀无声地听唱。传统曲目有《白王的故事》《火烧磨房》《观音得道》《梁山伯与祝英台》等。

此外还有白族唢呐伴奏的吹吹腔，它是白族创造的一种古老的民族艺术。据说已有 200 多年的历史。吹吹腔的唱腔非常丰富，深受群众欢迎。

白族的古代建筑，以其独特的取材、构造、造型与结构而闻名于世。在白族古代建筑中，最著名的是三塔寺和五华楼。

三塔寺，建于唐代，在大理城西三华里处。寺早已成为废墟，但寺内三塔仍巍然屹立。大理多次地震，都没有把塔震倒。今天已成为大理旅游品牌，门票年收入达数千万元。

雕刻方面，著名的有剑川石钟山石窟和南神庙木雕屏风等。

绘画方面，南诏画工张顺《南诏图传》(又名《南诏中兴二年画卷》《南诏画卷》《南诏中兴国史画卷》)和大理国画工张胜温的《张胜温画卷》，被称为“南天瑰宝”“大理双璧”。

另外白族的大理草帽、剑川木雕、周城扎染也都闻名遐迩。

5. 民间习俗文化的多样性

民风民俗是各民族历史上形成的物质文化和精神文化中带有传承性的东西。大理白族是一个以水稻农耕为主的民族，浓郁的民风民俗不仅丰富多彩，而且还蕴藏着深刻的文化内涵。一些民俗活动寓教于乐，让人们享受之余，还得到许多感悟和启迪。

白族服饰的较早记载是在唐初梁建方的《西洱河风土记》中。当时男女披毡，妇女穿绸子做的裙子、挽髻、赤足。南诏建立，服饰发生很大变化，一是贵朱紫二色和锦，以虎皮为尊贵；二是开始崇尚白色。宋代周去非的《岭外代答》中记述：“国王服白毡，正妻服早霞，早霞者，白色也。”这种尚白习俗，相沿成习。

在大理白族主要聚居区，男子的对襟衣和包头，女子的衬衣和外衣，头上系着缨穗等，几乎均为白色。年轻姑娘衣着艳丽，随着年龄的增长，服饰逐渐以素雅为主，妇女头饰和其他装饰品，各地又有自己的特色。

多种精美的刺绣图案，色彩搭配独具匠心，充分展示白族妇女的聪慧和巧夺天工的技能。在一些地方，服饰还注入了历史事件或美丽的传说。如凤羽、邓川姑娘爱戴“凤凰帽”，据说是为了纪念被国王逼死的两位勤劳善良姑娘。鹤庆姑娘打扮得犹如一只只仙鹤，是因为鹤庆坝的开拓与白鹤有关。

大理白族地区物产丰富，夏收麦、豆，秋割稻、荞。终年有鲜果上市，四季有新鲜蔬菜。山上多奇珍，河湖有鱼虾。所以，人们普遍重视饮食，讲究烹调技术，十分注意卫生。喜欢吃酸、冷、辣等口味，善于腌制螺狮酱、猪肝酢、油鸡棕等。洱源一带制作的乳扇、炖梅、杨梅酱远近驰名。在众多的饮食中，以吃生肴、砂锅鱼、八大碗和三道茶最负盛名。

白族喜食生历史悠久，元代李京《云南志略》中说：“白人贵食生，如猪、牛、鸡、鱼，皆生盐食之，和以蒜泥而食。”今天，吃生肴习俗依然存在，且更加科学卫生。其做法是：将猪杀死后，用麦秸火烧成半熟，去毛，用清水洗净使皮呈金黄色，经过检疫后，选择鲜嫩部位，切成肉丝或肉片；用姜、葱、蒜、醋、盐、辣椒、花椒等佐料做成“酢水”，将肉蘸而食之，别有一番风味。有些地区还吃“羊生肴”，做法与吃猪“生肴”相似，只是在羊杀死后，取出内脏，重新在肚里塞满香椿叶、花椒叶、香橼叶，重新缝合后，在炭火上边烤边涂猪油。当地人认为，吃猪“生肴”可以袪虫去火；吃羊“生肴”可以去寒补身，有益健康。

“八大碗”是白族在遇有婚丧嫁娶或重大节庆活动时待客的盛筵。这“八大碗”主要由“东坡肉”“千张肉”“酥肉”“蒸肉”“杂碎”“木耳”“凉拌粉丝”“百合圆子”等构成，除“东坡肉”和“酥肉”必备外，其他则因时因地而异。“八大碗”注意从健康和口味方面进行合理搭配。

白族三茶道具有丰富的文化内涵和悠久的历史。白族谜语中有“我家有个小姑娘，客人一来揪耳朵”（指烤茶小土罐）。尤其是深受国内外宾朋喜爱的“三道茶”，已成了集白族音乐、歌舞、品茗为一体的白族茶道。第一道为清茶，又叫“苦茶”“雷响茶”，味清香微苦；第二道为甜茶，茶中加入核桃仁、乳扇、柑皮、红糖制成；第三道为回味茶，茶中加入蜂蜜和花椒，品尝后回味无穷。以此寓意“一苦、二甜、三回味”，让人们从中去感悟人生哲理。

白族还以食寓意，把文化摆上餐桌。在剑川，客人来了，炒一盘花生上桌。花生，白语叫“弟兄子”，寓意大家亲如兄弟姐妹。新婚后，全家人吃百合，以祝愿夫妻恩爱。洱源凤羽，年末农历三十都要赶街，买点大蒜、鲜鱼，寓意一年顺顺利利，年年有余。

节庆活动是最能体现浓郁民族风情的载体。它是伴随着各民族生产劳动、繁衍生息，对自然的认识和对美好生活的憧憬而产生，以情景交融的活动叙述着各民族的悲欢。白族节日除与汉族大同小异的春节、清明节、端午节、中元节、中秋节、重阳节、冬至外，最富民族特色的有三月街、绕三灵、栽秧会、绕海会、火把节、石宝山歌会、骡马会、渔潭会等。至于村村寨寨的本主节，更是全民信奉，祭祀时间一年四季都有，祭祀方式，多种多样，异彩纷呈。

被称为“千年赶一街、一街赶千年”的大理三月街，每年农历三月十五日至二十二日在苍山中和峰下大理古城西举行。三月街历史悠久，古代又称观音节或观音会，它与《观音服罗刹》的美丽传说一起在民间流传。观音服罗刹不足凭信，但佛教传入大理后，弘扬佛法的僧侣附会观音，在中和峰下讲经授法，引起了不少白族善男信女礼拜听讲，天长日久，这种民间集会演变为大型民间集市贸易也是顺理成章的事。明代白族学者李元阳编纂的（万历）《云南通志》中就有“三月十五日在苍山下贸易各省货物，自唐永徽年间至今，朝代累更，此市不变”的记载。1991

年，“三月街”被确认为大理白族自治州的民族节，海内外客商更是纷至沓来。除了传统的骡马等大牲畜及山货药材交易外，会期还开展各种科技文化活动，民族歌舞表演。如今的三月街早已突破了《五朵金花》中唱的“一年一度三月街，四面八方有人来，各族人民齐欢笑，赛马唱歌做买卖”的情形，成了让大理走向世界、让世界了解大理的大舞台。

绕三灵，白语叫“观上南”，也是白族传统盛大的节日之一。每年农历四月二十三日至二十五日在大理举行。节日期间，数以万计的白族男女老幼身着节日的盛装、浓妆艳抹，以村为单位自然组队，每队都有两位年长的男女（过去是巫）前导，边舞边唱。经大理古城、崇圣寺、圣源寺、河涘城村洱河祠，到马久邑村后结束。活动期间，老人们念经拜佛，青年们在篝火旁歌舞娱乐。清代喜洲人赵来五用《竹枝词》描述绕三灵盛况：“三塔寺前新梦杳，一夜钟声敲到天初晓，真好心情哥也嫂，三灵约着对来绕。人山人海争大道，十里塘前还让人家早。四月清和天气好，一场兴趣知多少，曲唱民家随口到，竹杖斜抱弯挂葫芦稍。一路打通真不老，霸王鞭下长街扫……”难怪有人说，这是白族的“狂欢节”。

火把节，白语叫“福旺舞”“堆灰嘴”，意为“六月狂欢”“火把节”。有的地方叫“搭系回”，汉语直译为“接薪火”。通常在农历六月二十五日举行。怒江白族在八日至二十日之间任选一天过节，但多选逢“猎日”，且连续热闹三个晚上。

作为白族传统节日之一，火把节活动丰富多彩。通常是先选一根高约数丈的松树，树身上用篾片将干柴、麦秸、松明分层捆扎，上面遍插各种彩色小旗，并用竹条系上火把梨、花红等水果，顶端由村中手艺人扎制三级彩色升斗，上面墨书“五谷丰登”“国泰民安”“风调雨顺”“人寿年丰”等大字。竖好后全村男女老幼环伺火把周围，等到祭祀完毕，由村中德高望重的长者点燃火把，村民们绕着火把欢歌笑语，争抢火把上逐层烧掉下来的水果、彩旗、柴块。据说，火把上掉下来的水果可以强身健体，柴块可使家庭财源兴旺，彩旗可使家庭清洁平安，若抢到升斗，就会喜添贵子等。有些地方除竖大火把外。每人还点燃小火把，遇人就撒上松香，火苗乱窜、有惊无险，据说可以祛病消灾。洱海东岸有的还举行龙舟竞赛、跑马比赛等活动。洱源、剑川火把节还有女婿不住丈人家，小姑娘用凤仙花染红指甲的习俗，相传都与“火烧松明楼”传说有关。

关于火把节的起源，有诸多说法：一是南诏王皮逻阁火烧松明楼，吞并五诏，邓赕诏柏节夫人（慈善夫人）殉节，白族人民为纪念她而举行火把节。此说流布最广，深入人心；二是阿南丈夫为汉将郭世宗所杀，阿南誓死不从郭世宗逼嫁，祭夫时自刎而亡；三是源于诸葛亮南征；四是纪念大黑天神舍己救人类的行为。

其实，就像水是人类生命之源、幸福之源一样。自从人类发现火、使用火以后，生活中再也无法离开。这种对火的依赖进而发展到对火的崇拜，在许多民族中都存在，只是表现形式不同而已。

在洱源凤翔白族中，还保存有别有情趣的“尹尹悟”活动。每年正月初五晚上，凡七至十二岁的男女儿童，以街巷为单位组成若干小队，挨门挨户去进行“尹尹悟”祝岁。无论儿童贺年队走到谁家，都会受到热情欢迎。主人将他们迎进厅堂，排好队后，领队就指挥大家齐颂：“尹尹悟！尹尹悟！尹尹悟！新年新遂，万年万遂，尼格亥斯（白语，意为人员健康），格歹汉非（白语，意为鸡猪饲养得好），顺顺遂遂！”主人家齐声回答：“好！好！好！”在热烈祥和的祝福声中，儿童向主人告别，主人捧出乳扇、香肠、饵饮馈赠。活动结束，孩子们聚在一起，尽情欢乐。深夜12点后才散去。“尹尹悟”起于何时，无从稽考，但它所反映的白族人安我亦乐的友善心理，具有深厚的群众基础。

6. 自然名胜的独特性

大理因其优美的自然风光，悠久的历史文化、浓郁的民族风情而让人心驰神往。正如白族著名学者马曜所说："环顾城内名胜，既饶壮丽之自然景观，又富悠久历史文化，兼之者其大理乎！"像这样集全国历史文化名城、全国风景名胜区和国家级自然保护区为一身的地方，在全国也是罕见。这是大自然对生活在这片热土上的各族人民的厚爱和先人们披荆斩棘创业的结果，我们责无旁贷地应该给予珍视和保护。

苍山挺拔而秀雅、蕴涵无限的灵气；洱海恬静而妩媚，焕发着勃勃生机。苍山洱海的交相辉映，不仅形成了"晓色画屏""苍山春雪""云横玉带""凤眼生辉""碧水叠潭""玉局浮云""溪瀑丸石""金霞夕照"的苍山八景还形成了"山海大观""三岛烟云""海绕开关""岚霭普陀""碧波渔舟""四阁风涛""海水秋色""洱海映月"的洱海八景。

大理自然文化的无穷魅力，让许多旅居大理的名人雅士赞不绝口。明代学者王士性在他的《广志绎》中这样赞美大理：

乐土以居，佳山水以游，二者尝不能兼，惟大理得之。大理，点苍山西峙，高千丈，抱百二十里如弛弓，危岫入云，段氏表以为中岳。山有一十九峰，峰峰积雪，至五月不消，而山麓茶花与桃李烂漫而开。东汇洱河于山下，亦名叶榆，绝流千里，沿山麓而长，中有三岛、四洲、九曲之胜。春风挂帆，西视点苍如蓬莱、阆苑。雪与花争妍，山与水竞奇，天下山川之佳莫逾是者。且点苍十九峰中，一峰一溪，飞流下洱河。而河崖之上，山麓之下，一郡居民咸聚焉。四水入城中，十五水流村落，大理民无一垅半亩无过水者，古未荒旱，人不识桔槔。又四五月间，一亩之隔，却倏雨倏晴，雨以插禾，晴以刈麦，名“甸溪晴雨”。其入城者，人家门扃院落，捍之即为塘，甃之即为井。谓之乐土，谁曰不然？余游行海内徧矣，惟醉心于是，欲作菟裘，弃人间而居之。

如前所述的英国人类学家C·P·费茨杰拉德在他的《五华楼》一书中是这样描写大理自然景色的：

大理背靠苍山，苍山为其提供了源源不竭的水源。无数山涧溪水顺流而下，通过城墙下面的水道引入城内，顺着路两边的水道由西向东穿城而走。它们推动水车，用来洗衣服，灌溉农田，但饮水从城里到处都是的井里汲取。在城内的东半部，涓涓溪水，杨柳垂荫，竹林成群，农舍掩映在绿树之间，来访者会惊奇地发现自己身处城内却有如此怡人的田园风光。从苍山的高处俯视大理，这里更像一座披着绿色外衣长墙围绕的花园，一座四处翠绿、稻香浓浓的田野花园。

（三）白族文化的成因

南诏，大理国统治云南，上起唐玄宗开元二十六年（738年），下止于1254年，忽必烈灭大理国，共计515年。如果将南诏统一苍洱上溯三代，至细奴逻自立为王，大理国灭亡后，下延至元朝，大理段氏仍以大理总管的身份管理云南半壁河山，则前后相继约7个世纪，这对我国西南边疆多民族政治经济文化的形成和发展至关重要，对今天中国西南疆域的形成和民族团结，边疆稳定做出过卓越的贡献。但由于明军进入大理后，曾经将“在官之典籍，在野之简编”全付之一炬，致使我们今天研究南诏、大理国历史时，尤其是大理国历史时，常因“史料缺乏”而难以深入。然而，治中国史，不能不治云南等各少数民族史，治云南史则必先治南诏、大理国史。综观白族历史文化的发展，是否可以认为白族文化特色的形成源于地缘优势、白族的人文精神和当时历史发展的机遇。

1. 通达的地缘优势和宜人的人居环境是白族文化基本特色形成的重要条件

不了解云南的人，常常以为云南是一个地处偏远、交通闭塞、文化落后之地。其实不然，云南东部是亚洲大陆，处在汉文化的西部边缘；西边是亚洲次大陆，处在印度文化的东部边缘；北界西北高原，处于青藏文化的南部边缘；南联中南半岛，处于海洋文化的北部边缘。根据学者们的研究，先于西北丝绸之路200多年，在祖国西南也有一条重要的“丝绸之路”，即“蜀身毒道”。它由灵关道、五尺道和永昌道组成。始于四川成都，北与中原相联。南分东西两道，西道沿“牦牛道”而行，经雅安、汉源、越西、会昌、会理、攀枝花至云南的大姚、大理；东道经东山、犍为至宜宾，跨金沙江，沿“五尺道”，经云南盐津、大关、昭通、贵州赫章，再经云南宣威、曲靖、昆明、楚雄，在大理交汇后又经云南保山、腾冲、德宏至缅甸，抵达印度。此外，还有经大理达西藏、四川的“茶马古道”；从云南大理到安宁南下出海的“步头路”。云南大理由此被誉为“亚洲文化十字路口”的古都。交通要道达10条之多。大理刚好在灵关道、五尺道和博南道的交汇点上。

茶马古道，是滇川藏进行商业贸易和文化交流的通道。它是以大理为中心往东经楚雄到昆明，再到内地；往南经巍山到茶叶主产区云县、凤庆及普洱、思茅等地；往西经保山到缅甸，再到东南亚诸国；往北经丽江、中甸到西藏，再到不丹、尼泊尔、印度诸国。在这条古道上，大理各族先民们早在2000年前就已做着马匹、盐巴、茶叶、药材和皮毛的生意了，文化的传播也就不言而喻了。

纵横交错的地缘优势有利于各种外来先进文化与本土文化在这里整合和交融。

以苍洱为中心的大理是白族文化发祥地，这里山河壮丽、人杰地灵、气候宜人、物产富饶，是最适合人类居住的地区之一。今天这里依然焕发着勃勃生机。当年，南诏仿中原王朝封五岳：封苍山为中嶽，乌蒙山为东嶽，蒙乐山为南嶽，玉龙雪山为北嶽，高黎贡山为西嶽。生活在其中的白族和其他民族共同描绘着一幕幕波浪壮阔的历史画卷，这种一脉相承，历久弥新的文化现象是值得深入探究的。

2. 开放包容、尊师崇德的人文精神是白族文化基本特色形成的内在因素

白族倡导的亲人善邻，开放包容的处事原则作为基本国策影响着南诏、大理国的内政外交。史书多次记载，南诏、大理国不仅自己与中原王朝来往不断，主动学习和吸收中原文化，还成为将中原文化向周边其他民族交流和传播的纽带和桥梁，甚至经常将缅甸等国使团带到长安表演民族歌舞，加强文化交流。今天，云南少数民族人数众多，但边疆稳定，民族团结，这是白族对祖国历史发展做出的巨大贡献。

白族素有尊师崇德的良好风尚。根据史书记载，早在汉武帝元封年间，大理就有人跟随司马相如学习经学及诗词歌赋。到南诏时期，建孔庙，上层统治阶级“不读非经之书”。“传周公之礼乐，传孔子之诗书”。（胡兽《代高骈回云南牒》）。这种尊师崇德传统在白族地区至今有增无减。在白族地区，无论贫富，都以尊师求学为荣，甚至织席贩履，负薪卖炭，也要供子女读书。这也是白族文化薪火相传，人文蔚起的重要原因之一。值得一提的是白族对外来文化，既兼容并蓄、博采众长，又保持自己的风格，按照白族的道德观念予以解释，认为“三教本同源，儒释道任谁行深般若，无非孝悌忠信；万法原归宗，智仁勇若登摩阿波罗，

且从感应慈悲”。白族地区各种寺庙遍布，但与影响白族地区佛教文化很深的印度和我国西藏寺庙风格各异，与中原地区也只是形似，寺庙都是典型的白族建筑风格，庙内塑的佛像，尤其是大黑天神已经完全白族化了。白族老妈妈诵经礼佛唸唱的也是一套非白非汉的经文。《大理古佚书钞》中谈到大理国王多逊位为僧时有这样一段记载：“余观段氏史籍，国中君主多出家为僧。段氏以佛立国，崇佛敬德，国中大事高僧参与。国之灾祥祸福，皆前修今生因果，故有事难解，国中大事皆与在位皇帝有关。功过于帝，帝王失德或处事多，皆有语言涉帝，唯以出家则孽障可负去谴责，帝王出家与在朝何异？除剃光头，龙椅依旧，身披金线袈裟，执金钵吃饭，依然金盆洗脸，只是素食而已。”以上记载的真伪，尚需深入研究，但大理国王出家当和尚，未必都是向往青灯古佛、晨钟暮鼓的枯寂生活，考察今天尚普遍存在于白族社会中的宗教理念和崇教习俗，从一个侧面反映出白族对外来文化采取的去伪存真、为我所用的态度，由来已久。

3. 异源同流融合而成的白族是白族文化基本特色形成的内因

白族族源，一直是治白族史，乃至云南民族史学者们关注的热点问题。目前较为流行的主要有氐羌说、土著说、汉族移民后裔说、异源同流说，由于各种观点都能从史籍或口碑材料中找到支持自己观点的依据，故众说纷纭，莫衷一是。

《史记·司马相如列传·集解》中说：“僰、羌之别说。”徐嘉瑞先生在《大理古代文化史稿》中说，大理的民族和西北高原的氐羌民族有密切关系，进而认为：“氐族即是后来的白蛮，即古代的昆明夷，也即是今天的白族；而羌族即是乌蛮，也就是今天的彝族。”用白蛮、乌蛮直接对应今天的白族和彝族，有许多学者已有更具说服力的论述，但全盘否定氐羌说似乎也有悖历史。2006 年，白族学者杨亮才到甘肃陇南地区的西和县考察。该地区是氐羌故地，语言和习俗中保留了较多的氐羌文化遗传，令人惊异的是，他们的火塘烤罐茶，部分语言与远隔千山万水的大理白族十分相像，这绝非是偶然的巧合。大理白族在举行宗教活动时，要将干净水浇在上面覆盖艾蒿的烧红铁器上，绕场一周，白语叫“当素探”，意思是净化环境。杨亮才先生在考察山西大槐树洪洞县时，惊异地发现山西也有类似仪式，汉语叫“打素坛”，与白语从称谓到仪规，乃至宗教内涵几乎一模一样。大理与洪洞相隔数千里，但有不少习俗相同，这绝非巧合，说明要理清白族族源，需要跳出大理白族的狭小范围，才能取得更符合历史真实的结论。

持土著说的学者也是言之凿凿。《通典》卷一八七中说：“昆弥国亦曰昆明，西南夷也。在爨之西，洱河为界，即叶榆河。”元代李京的《云南志略》中更明确指出：“白人，有姓氏，汉武帝开僰道，通西南夷道，今叙州属县是也。故中庆（昆明），威楚（楚雄），大理，永昌（保山），皆僰人，今转为白人矣。”尤其是以苍洱为中心出土的从旧石器文化（最近云南省考古研究所在洱海银梭岛发掘的贝坵遗址，认为是旧石器遗址）、新石器文化（已发掘数十处，以宾川白羊村遗址为代表）、青铜文化（以剑川海门口为代表）从未间断，一些学者称这些遗址的主人为“古代洱海人”或“洱滨人”。没有资料证明洱海文明受到摧毁，“洱海人”也没有大规模迁徙，所以，合理的解释只能是“洱海人”不断同化和融合了不同时期不同称谓的其他部族成员，共同形成了后来的白族。众所周知，历史上谁也没有去规范不同时期的“族群”应该叫什么，今天，我们见到的各种称谓说到底都是历史上这些“族群”的自称和他称，由于转译汉文的限制，出现多种音近而字别的情况也是很正常的。

汉族在不同历史时期融入白族先民更是史不绝书。最早的晋常璩《华阳国志·南中志》中有“上方夷，下方夷”的记载，白语中有“上方人识音，下方人识宝”的说法。据田野调查，有人认为上方夷指的是土著，下方夷指外来移民。万历《云南通志》中记载：“诸葛营，在永昌府城南十里，诸葛孔明屯兵之所，孔明既凯旋，汉人有遗留于此，聚庐世居，至今犹称为旧汉人。”唐以后，不论是唐王朝用兵南诏，或是南诏多次进攻广西、四川，被掳工匠织锦妇女数十万计。明洪武十四年（1381年），根据《太祖实录》朱元璋先后派遣30万兵将进入云南大理，这些人后来大都落籍大理，故白族墓志铭中经常出现其先人来自南京应天府柳树湾，其中却也有部分土著知识分子为功名所系，冒籍江南的情况，但汉、白互相转换的现象也是不争的事实。且明以前，汉族融入白族较普遍，明以后白族改为汉族较多，这种你中有我，我中有你的情况，今天还在发生。今天，在大理一些地区，毗邻两村语言习俗不尽相同，人们说一些亦白亦汉的语言，就是汉族融入白族，又顽强保留传统文化的证据。白族本主中有许多汉族文臣武将，这种现象也值得研究。

值得一提的是，白族实行的是族外婚，尤其是如前所述的“招姑爷”。姑爷有财产继承权，同时又有孝养父母、抚育弟妹的义务。白族嫁娶不限民族，只要厚道、勤劳就好，耕读之家尤其受青睐。

综上所述，白族的形成经历了异源同流的历史过程。南诏时期，白族这一民族共同体日渐形成并走向成熟。大理国以后，白族一直生活、繁衍在苍洱大地，同时也创造了白族历史上比较辉煌的南诏、大理国文化，应该说是比较接近历史的真实，这也就不难理解白族文化为什么能博采众长，海纳百川。

4. 亲人善邻与周边民族友好往来是白族文化基本特色形成的外因

7世纪，活动在青藏高原的吐蕃势力日渐强大，直接威胁到唐王朝的利益。唐王朝为了抵制吐蕃南下，大力扶持南诏（蒙舍诏），形成西南屏障。在这种形势下，洱海地区的各部落首领，在盟主张乐进求的主持下，于铁柱祭天，举行了一次政治会盟，将盟主地位禅让给南诏王蒙逻盛（一说细奴逻）。此后，在唐王朝的支持下，南诏先后并吞了蒙巂、越析、石桥、蒙舍、邓赕、浪穹、施浪等诏。南诏王皮逻阁也由巍山迁到太和城（今大理城南）。738 年，唐王朝派中使李思敬册封皮逻阁（蒙归义）为云南王，进一步从法律上巩固了南诏在洱海地区的统治地位。

南诏统一后，不满足于偏处苍洱一隅，外交军事双管齐下，势力很快扩展到全云南。唐王朝感到自己的利益受到威胁，驻守云南的唐朝官员，没有处理好唐朝与南诏的关系，故意制造事端，酿成了两败俱伤的“天宝战争”。南诏审时度势，异牟寻继位后，重新谋求与唐重修旧好，唐德宗也接受了宰相李泌“北和回纥，南通云南，西接大食、天竺；如此，则吐蕃自困”的建议。794 年，南诏与唐王朝举行了隆重的“苍山会盟”。剑南节度使韦皋在成都设立学校，大量招收南诏子弟入学，“如是五十年”，前后学习达数千人。这对南诏文化的发展起了积极的作用。

大理国政权统治云南 300 多年，始终与宋王朝保持着密切的关系。尽管宋王朝因长期受北方矛盾纷争的困扰，顾不得经营云南，故有“宋挥玉斧”之说。但由于云南自古以来与中原血肉不可分割的关系，不得不在大渡河上造大船，“以济西南蛮之朝贡者”。并先后开放四川的黎州，峨眉铜山寨和广西横山寨等处，便利各族人民之间交易往来。大理国历代统治者也三番五次向宋王朝主动示好，广泛吸纳中原先进文化。加之大理国时期外患较少，内部安定，促进了大理文化迅速发展。史载，1103 年，大理国主派使臣高泰运到宋朝庭求书：“求经籍得六十九家，药书六十二部。”1173 年，大理商人李观音得、董六斤黑、张若般师等到广西横山寨卖马，同时买书。他们开列书单，要求购买《文选五臣注》《五经广注》《春秋后语》《三史加注》《都大本草广注》《五藏论》《大般若十六会序》《初学记》及张孟《押韵》《切韵》《玉篇》《百家书》等书籍。

大理州白研所出版的《大理丛书·大藏经篇》中许多从大理三塔、佛图塔和凤仪北汤天出土的经卷，不仅反映了当时大理国对经、史、子、集、佛、道兼收的文化现象。而且，有些典籍在中原已经失传，留存在云南的成了孤本，可谓“失之于朝，而求诸于野”，被《中华世纪坛》称为“大理文化之瑰宝”的《张胜温画卷》就是中原文化和佛教文化在大理地区长期传播和影响的结果。

对南诏时期的民族构成，学术界有不同看法，乌蛮和白蛮是否等同于今天的白族、彝族，学术界也有争鸣，但南诏、大理国时期是白族和形成白族文化的重要阶段则基本达成一致。

（四）白族文化特色的价值

现今主要聚居在云南西部以洱海为中心的大理州的白族，人口仅有100多万。然而，他们却因创造了南诏、大理文化而备受世人关注。令人惊叹的是，白族文化因其厚重绵长、泽被深远在少数民族历史发展中独树一帜。白族文化基本特色的价值是多方面的，若能取其精华，弃其糟粕，并与时俱进地赋予新的时代内涵，对我们今天仍能提供许多感悟与启迪。择要言之，主要如下。

1. 各种文明差异是正常现象，但通过博采众长的整合，可以从各美其美达到共融共美

白族文化的形成是白族兼容并蓄，开放创新的文化传承与多种文化整合的地缘优势相结合的产物。在各种文化的传入过程中，本土文化对外来文化排斥而产生冲突是难以避免的。以佛教为例，白族地区佛教主要来自中原，同时也受印度和我国西藏的影响。《观音伏罗刹》的传说在大理地区家喻户晓，有学者研究，认为这是反映了佛教传入过程中双方的碰撞磨合，但胜利后的观音已经完全白族化了。其他诸如白族自称白饭王后裔的传说，大黑天神进入白族本主后各地演绎出的各种白族化的

动人传说，无不说明不同文化虽有冲突，但绝非以一种文化去摧毁另一种文化并取而代之，而是经过整合后完全可以达到共融共美，各美其美。

道教传入大理白族地区后，很快与白族传统文化结合。最能反映这一文化现象的是遍布大理城乡的洞经音乐。它是以道教音乐为主，吸收佛教音乐和白族民间音乐而形成的一种地方民间艺术。演奏多在道教节日、佛教节日、白族本主节日、丧事等场合进行。演出时间少则一天，多则7天或9天。曲目也达数百种之多，乐队也多达三四百支，仅大理一地就有上百支。所用乐器除传统的打击乐器（锣、镲、钹、鼓、铃）、管弦乐器（笛子、古，筝、琴）之外，还吸收了白族的乐器诸如唢呐、龙头三弦、芦笙等。

2. 开放带来发展，重视教育是一个民族发展进步的动力

白族是一个豁达开放的民族，历史上南诏、大理国与周边民族频繁交往，友好相处，崇山峻岭，深箐江河阻隔不了云南对外交流，如前所述，当时云南东南西北都有对外交往的通道，可谓全方位开放。迄今保存在白族人民中的“招姑爷”习俗也从一个侧面反映了白族的开放意识。在白族地区，有女无儿的家庭可以“招姑爷”，“姑爷”对女方财产有继承权，实行双名字（即女方再取一个与原名相近的新名），下一代可归宗。难怪白族本主中有许多是外来的忠臣孝子。白族尊师重教的历史源远流长。在白族地区，通常不是以财富多寡荣耀乡里，而是以子弟读书成才为自豪。白族话说“吃斋念经，不如上学堂”，所以，白族盖新房，都乐意无偿提供出来做几年教室。有“文献名邦”之称的剑川，学校附近的居民，还自愿免费为莘莘学子提供住宿。平时白族的婚丧嫁娶、盖房立墓等仪式，读书人备受尊重。新春佳节，教师被奉为上宾，成为社会风尚。大理州的鹤庆县，是一个农业为主的贫困县，但年年高考录取人数名列云南省前茅，被业内人士称为“鹤庆现象”，许多家居州府的家

宾川武庙前留影

长都愿意送子女到鹤庆县就读，这绝非偶然。白族文化昌盛，人文蔚起，使得大理地区成了古往今来许多名人雅士留连忘返的地区。

3. 明耻笃行，积极进取，民族文化才能薪火相接

最能代表和集中反映白族文化的是一代代白族文化人，在他们身上，人们看到白族明耻笃行，开拓创新的美好形象。

李元阳，明代云南著名的文学家和史学家，云南的一代硕儒名宦。他在江苏做官，外抗倭寇，内抚黎民。书联“顾名而不顾民，良心何在；催税却忘催耕，暴政频施”以自勉。离任时，当地百姓“流涕遮道百余里”，建生祠，还勒碑“述善事百余事”。

明代被誉为“刁诈胁不动，财利惑不动、权豪撼不动”的“三不动”。御史杨南金就写了《居家四箴》，提出“夫以义为良，妇以顺为令，和平祯祥来，乖戾祸殃至”的见解。被称为“大小道学”的邓川学者艾自修、艾自新的《二艾遗书》，以语录格言的形式提出为官做人、修德养性的名言警句，认为“希圣功夫，以诚字觉察，以勇字下手，以智字觉察，以仁字联属”。“做人务在人不见处，人忽略处加谨”。“古人崇俭，

为天地惜物，为朝廷守礼，为自身养德，为子孙留福。”艾自新自己身体力行，每天“用红点恶，用黑点善。恶大则大点，小则小点。一日一记，旬日总考。善多恶少则优喜相伴，少则废寝忘食，其至堕泪”。

清代的师范知识渊博，多才多能。在望江为官，刚正清廉，不畏权势。“以爱土恤民为己任，敦礼节，厚风俗，义之所在，虽死生利害弗挠。”病逝于馆，身无余财，唯存书籍千卷，士民悲泣。

哲学是民族先进文化的集中体现，各个民族历史上出现的优秀哲学家、伟大哲人是一个民族先进文化的反映，也是一个民族精神的一面镜子。高奣映，据传他的著作达 81 种之多。他对“无极”的批判，对汉儒深入剖析并提出独到见解。姚安县志曾将他与同时代的顾炎武等著名学者相提并论。

著有《说纬》的学者王崧，被称为清代云南经学巨擘。他在山西为官讲学，生徒云集，蜚声全晋，就是在全国也称得上是渊博之士。他一生著作很多，除《说纬》6 卷外，还有《乐山制艺》《乐山诗集》等。他编纂的《云南备征志》与师范《滇系》为云南重要文献，影响深远。

近代白族知识分子的杰出代表赵藩，因其成都武侯祠的“攻心联”受到毛泽东主席的赞誉而声名鹊起。他始终保持为官清正廉洁，勤政为民的良好风范。作为州牧，他多次书联“焚香告天，苟妄索案中一钱，阴谴重矣；设身处地，敢不为堂下百姓，平情由之。”“身家所系，性命所关，切毋罔上营私，报应从来最速；囹圄之苦，词讼之累，但愿替人着想，方便落得多行”，以自励和告诫属下。

领衔编纂 266 卷 648 万字《新纂云南通志》的周钟岳，出身贫寒，少时刻苦自励。据说，周钟岳任国民党政府内政部长时，居所简陋，有时外面下大雨，屋内下小雨。手下人撑伞为他批阅公文遮挡雨水，他却多次谢绝手下为他维修房屋，认为国难当头，应该克勤克俭。

鸦片战争以后，白族和其他各民族一道，为维护祖国独立和主权，前仆后继，流血牺牲。白族将领杨玉科和许多白族儿郎就是在镇南关抗法战争中英勇殉国的。被誉为“中国近代法学奠基人之一”，辛亥革命后一度出任国民政府总理的张耀曾，抗日战争时期，留居危城北平，他声明“不做官、不卖国、不见日本人”，表现出高尚的民族气节。1922年就加入中国共产党，年仅28岁就积劳成疾，英年早逝的白族革命家张伯简；被誉为“清华大学第一个共产党员，清华大学的优秀儿子”的施滉；在常人难以想象的艰苦条件下，奋战在白山黑水间14年，让日寇丧胆，备受东北人民赞誉的民族英雄周保中等，这些都是白族人民的骄傲。

集中体现白族民族精神和优秀品质的这些代表性人物在白族历史发展进程中，代有传人。他们是白族的脊梁，后世学习的楷模，同时又是白族文化赖以传承弘扬的传承人。

亦神亦人的白族本主

白族是一个有着悠久历史和灿烂文化的民族。白族人民聚居的以洱海流域为中心的大理地区，是云南最早的文化发祥地之一。

白族文化是祖国文化宝库中一个重要组成部分。

本主文化是白族文化的重要组成部分，是白族一宗重大的文化遗产。

神是人创造的。白族也创造了神，那就是流传至今的白族本主。

白族本主一直是白族文化研究的热门话题，有关白族本主的专著就有好几部，至于论文就更多了。人们从不同角度解读本主，但见仁见智，各有各的道理。有的认为白族本主传说同希腊神话一样优美；有的认为白族本主崇拜是万物有灵的反映；有的认为本主崇拜是白族的宗教信仰，有的则认为是民俗活动。这里仅就瑰丽神奇的本主传说和对白族文化传承的意义略作介绍。

（一）瑰丽神奇的本主传说

白族本主人数众多，成分复杂，但几乎每一位本主都有动人的传说，本文仅选录几个故事以飨读者。

石头本主

大理七里桥呈庄本主是大石头，原来这是由苍山龙溪洪水冲下来的石头雕成的本主。相传呈庄要雕塑本主，苦于没有资金，就想到用从龙溪冲下来的石头，说来也怪，柜子大的石头，人们没费什么力气就抬到村子里，大家说："这块大石头，一定有灵。"

这么一说，大家越想越觉得有理，大石头显灵的事也就传开了。他们凑钱凑米，请来石匠，连夜开工雕琢。不到两天时间，本主的像雕成了，它有鼻有眼，有脚有手，活灵活现。于是人们又议论开了："那么一块丑石头，却能雕琢出这么好的像，若不是本主显灵，再能干的石匠也无法雕琢出来！"

从此，这块被洪水冲下来的大石头，便成为呈庄的本主，立在本主庙里了。

云南十八怪，石头当神拜，说的就是白族的石头本主。

树疙瘩本主

洱源县凤羽铁甲村的本主是树疙瘩。相传有一天，一个赵姓妇人去山上背水冲树疙瘩。她背了一个很大很大的树疙瘩往回走，一歇轻，二歇重，三歇四歇就走不动了，她只好回去喊自己的男人。第二天，夫妻俩提着斧子、背筐，准备将其劈开后再运回去。谁知一劈，斧斧见血，夫妻俩大惊失色，惊惶回家。当晚梦见树疙瘩说："我是你们的本主，明天你们继续抬我，到我不愿走的地方，就在那儿给我盖座本主庙。"

第二天，夫妻俩又去背树疙瘩，背到现在的本主庙的地方，就再也背不动了，夫妻俩把树疙瘩放下。村里人说："这树疙瘩太神奇了，我们村里没有本主，正好请它做我们的本主得了。"于是这树疙瘩就成了铁甲村的本主。

猴子本主

洱源西山五加大村的本主是猴子。民间传说：五加大村头有一棵檀香树，有一天，一只猴子跑到檀香树下玩，用一些檀香树枝烧起一堆火，结果香气与烟雾一起冉冉升上天空，飘入天庭，惊动了天庭和玉皇大帝。玉皇大帝为了能在天上天天闻到檀香树香气，就派天神顺香气寻找到人间，天神将猴子和檀香树一起带到天上，玉皇大帝让猴子在天上吃喝玩乐，将檀香木放进香炉中烧。但猴子生性好动，耐不住天上那种严肃、拘谨的生活，请求回到人间，玉皇大帝就奖给它桃和梨。猴子带着桃和梨跑回五加大村后，就把桃子和梨送给村民栽种。为了感谢猴子，村民在猴子死后将它奉为本村本主，并在本主节烧檀香木，供奉桃子、梨子来纪念它。

斩蟒英雄段赤城

段赤城是喜洲河涘城村本主，真有其人其事。

段赤城是羊皮村一个放羊的小伙子，有一天，他赶着羊群经过马耳峰山垭时，有几只羊突然飞进山垭里去了。他十分惊奇，便追着去看，忽然闻到一股腥臭气，又感到有一种吸力，就赶快退了回来。回到村子里，他把这事告诉大家，可大家都不相信。有的说："一定是他招呼不好，把羊丢失了，才瞎编出这种话来的。"段赤城同他们分辨不清。第二天傍晚，他再不敢领羊群从山垭口经过，却牵了一只狗到那里，让狗到山垭口吃东西。一会儿，那只狗竟四脚朝天掉进山垭里去了。他想，人们常来这里成仙，莫不是也像羊和狗一样飞进山垭里去了？难道狗和羊也会成仙吗？况且成仙为什么不往天上去，却往山谷里跑？后来经过仔细观察，发现原来是大蟒蛇作怪，他决心为民除害，便自告奋勇地说："我愿意双手拿刀，身绑利刃，去和蟒蛇拼个你死我活。万一它把我吸到肚里，我手里有刀，身上有刀，刀口有毒，也可以杀死它。"大家说："我们都来帮你，用石头、弓箭和蟒蛇拼斗。”

过了几天，一切都准备好了。附近村子里的人都置酒相送，像往常送战士出征一样。段赤城装束停当，手拿双刀，身绑利刃，辞别众乡亲，大步向马耳峰走去。众乡亲也各执武器，准备助战。黄昏时分，人们先将准备好的活羊和羊皮包着的生石灰袋送到了山垭口。一会儿，山风吹起来了，一股恶腥味迎面扑来。蟒蛇闻到了羊味，便一口吞下了那些活羊和羊皮袋，刀刃刺着蟒蛇的肚子，石灰腌着蟒蛇的肠子。它疼痛难忍，忽地跃起，摇动着巨大的身躯向洱海冲去。霎时，洱海黑浪滚滚，沿海的田园房舍好像快要被淹没的样子。这时，只见段赤城站在一块大礁石上，高声叫道："乡亲们！永别了。"说着，他腾空而起，纵身跳入洱海。洱海的浪涛更大了，恰似一匹发狂的怪兽，怒吼着，冲击着，直到东方的天空中露出了鱼肚白，海水才渐渐地平静了下来。

天大亮了，人们从四面八方涌来。在西洱河岸边，躺着一条比水桶还粗、头生鸡冠红毛、遍体粗鳞、长约5丈的大蟒蛇，口流黑血，一动也不动。大家壮着胆子把它肚皮剥开，发现段赤城也牺牲了。

乡亲们怀着悲痛的心情，盛殓了为民舍身除害的勇士段赤城，还举行了隆重庄严的葬礼，把他葬在羊皮村后马耳峰下的小山岗上，并立他为本主。

之后，大家把从蟒蛇腹里取出的金银首饰作为费用，又把蟒蛇烧化，用它的骨灰拌在砖泥里，烧出砖来，在段赤城墓前建了一座16级的宝塔，取名为"蛇骨塔"，(一说：蛇骨塔是由段赤城和蟒蛇的骨灰造成)作为对段赤城的永久纪念。一千多年来，蛇骨塔一直屹立在苍山洱海之间。

柏洁圣妃

唐初，洱海周围分布着6个大的部落，叫六诏，其中蒙舍诏在诸诏之南，又名南诏。南诏在唐王朝的支持下，经过皮逻阁、阁罗凤两代艰苦奋斗，终于统一了六诏。根据这一重大的历史事件，白族人民创作了“火烧松明楼”的美丽传说，塑造了一位美丽刚烈的慈善夫人，又称“柏洁夫人”。它与火把节一起流传千古。柏洁夫人和其他民族的文臣武将一样在白族地区多处被奉为本主，体现了白族本主不以成败论英雄，不按民族辨是非，不因男女定尊卑的特点。

大理城西门村，北门村本主柏洁夫人的传说是这样的：

六诏时候，浪穹诏主有个才貌双全的女儿，嫁给邓赕诏主咩罗皮为妻，称为柏洁夫人。

那时，蒙舍诏势力最强，诏主皮逻阁为了并吞五诏，暗地设下一个圈套，用松明做材料，建立了一座松明楼。新楼落成时，正好是六月二十五祭祖的节日。皮逻阁便邀请各诏诏主前来松明楼祭祖。各诏诏主接到请柬，不敢不去，只有越析诏主路远未来。

邓赕诏主在临走前与其妻商议，柏洁夫人劝阻道：“依阿侬看来，蒙舍诏主早有并吞五诏之心，这次造松明楼，邀请各诏主赴宴祭祖，怕有暗算在里面，大王不可舍了万金之躯，轻入虎穴狼窝！”

诏主道：“贤妻说得有道理，可是六诏同是一个祖宗，祭祖是件大事，如果不去祭祖，蒙舍诏主会说我不去祭祖是忘祖背宗，借机兴兵讨伐我诏。他强我弱，难以抵挡，数万黎民不保。不如我亲自去，封了他的口，使他师出无名，以解危机，保全我诏。”

柏洁夫人着急地说：“大王千万不能去！您虽想保诏，只怕他暗地加害，我诏无主，更难保全。我看倒不如同四诏联成一气，皮逻阁想吞并五诏，就没有什么办法了。望大王好好想想，早定大计。”

邓赕诏主考虑再三，决定还是赴宴。

柏洁夫人见丈夫执意要去，便取出自己的一只铁手镯，戴在丈夫手腕上，夫妻洒泪而别。

六月二十五日，各诏诏主齐集松明楼。祭过祖先，吃罢酒饭，皮逻阁把他们安顿在楼上就寝。半夜，他命人在楼下放了大火，四诏诏主全烧死在松明楼中。

凶信传到邓赕诏，柏洁夫人悲痛万分，她立即召集部族，连夜打起火把，赶到松明楼下。她强忍悲痛，用双手在焦炭堆里刨呀，挖呀，刨开了一堆又一堆的炭灰，挖出了一具又一具的尸骨。10个手指头都刨烂了，流血了。她强忍着揪心的疼痛，还是一个劲地刨挖，终于发现了铁手镯，认出了丈夫的遗骨。

皮逻阁得知柏洁夫人来了，赶到灰堆旁，见她花容月貌，不觉起了歹心，硬要娶她为妃。柏洁夫人为了给丈夫报仇，就假意许诺：“要成亲，得答应三件事：第一件，你要亲自披麻戴孝，设灵堂祭奠诏主；第二件，你要派人把诏主的灵柩发还故土安葬，起灵之日，还要送出十里之外；第三件，五七（距死难日三十五天）满日，你要到龙尾关（今下关）备办花船，从洱海水道亲自来迎娶。”皮逻阁被柏洁夫人的美貌迷住了，件件依从，一一照办。

柏洁夫人将灵柩运回邓赕诏后，立即召集部族臣子商议保卫诏土的大事。于是，大家在柏洁夫人的率领下，筹办粮草，训练士卒，加固城垣，日夜加强巡逻，积极准备迎敌。

皮逻阁得到消息，立即率领兵马，星夜赶到邓赕诏，攻打城池。双方经过一年多浴血苦斗，城破，柏洁夫人不幸被俘。柏洁夫人先是绝食相抗，后来想寻机报仇，就答应与皮逻阁同船回太和城。柏洁夫人穿着一身素纸做的衣服，在糊裱纸衣时暗藏了一把裁衣剪刀，趁皮逻阁喝得半醉，猛然抽出剪刀向他脑门刺去。不料只刺中肩膀，被他一拳打落剪刀。柏洁夫人怕被抓住，一纵身跳向洱海。皮逻阁慌忙一把抓去，揪住了衣服，可柏洁夫人穿的是纸衣，一抓就破，只抓着一把纸，眼睁睁看着柏洁夫人沉没在万顷波涛中去了。白族人民目睹这情景，对这位智勇双全的烈女万分敬佩。大家都撑出船来打捞。可打捞了三天三夜，从海头打捞到海尾，都没有找到她的尸首。

柏洁夫人行刺跳海后，皮逻阁又气愤，又惋惜，后悔不已。他看到百姓非常崇敬柏洁夫人，便封她为柏洁圣妃（又称宁北妃），立祠祭祀，门坊上还挂了一块题着“铁钏千秋”的横匾。

后来，白族人民为了纪念柏洁夫人，就把农历六月二十五日定为火把节。那天，火把点燃后，要举行赛马，跑“火马”——扎一个两节的纸马，人站中间，边放火炮边跑，象征火烧松明楼时快马驰救的各诏将士。八月初八日，洱海沿岸村落还要举行捞尸的耍海会，以表达对柏洁夫人的怀念。白族妇女还会把凤仙花和红丹根捣碎，包着手指，染成红色，以缅怀柏洁夫人刨挖丈夫遗骨时十指出血的事。大理城西门、北门、喜洲等地，还世世代代奉她为本主。

白族人民非常怀念柏洁夫人，在各地本主庙上，悬挂着许多颂扬她的楹联，其中一联写道：

城号德源怀古诏；
女称慈善吊奇贞。

求雨县官

在白族本主中，有许多是为民做好事的官员。县官求雨讲的是有一年太和县遭旱，连吃的水都没有，禾苗也快干死了。为了求雨，县官拿了一根链子，一头拴在自己的脖子上，另一头拴在本主庙里的神案脚上，表示他有罪，请求本主段赤城下一点雨给农民。段赤城便在晚上给县官托梦说："明日你到中和峰后面，那儿有一块大石头，旁边有三个老人下棋，你等他们走时，把当中穿黄袍的那位拉住，跟他说就行了。"

第二天，县官爬到山上，果然看见三个老倌在下棋，就躲在旁边，等他们走时，他一把将穿黄袍的老倌拉住，说明了求雨的事。那穿黄袍的老倌就给县官一个瓢，说："你到洱海里把海水戽三下，不能戽多。"县官拿着瓢来到海边，看看快要枯死的庄稼，就有意多戽了几下。这一戽，雨水就铺天盖地地下起来！县官急忙往回走，走到一个村子旁边，就被瓢泼大雨淋得浑身湿透，最后暴病死了。

村里的乡亲们见老天下了雨，都高兴地出来堵水灌田。大家见县官死在村边，手里拿着水瓢，知道他是因求雨而死的，就把村子改名叫夜梦村（今吉祥村），并把他尊为本主。

孝子本主

洱源凤羽凤翔村本主李文斌，振兴村本主李时中，起凤村本主李文景，相传是同胞兄弟。因家道贫寒，父母病了，无钱买药医治。他们听人说在遥远的罗坪山上，有座雪龙峰，峰上长满药草，可以治病。三兄弟就一路寻找来到罗坪山。当三兄弟采得好药准备回家时，村人驳吉匆匆赶来报信，告之二老已经病故。兄弟三人悲痛欲绝，心想采药是为救治双亲，现双亲已故，采药还有什么用，便一齐跳崖自尽。当地人有感兄弟三人一片孝心，就把大哥奉为凤翔村本主，二哥奉为振兴村本主，三弟奉为起凤村本主，立庙祭祀。同时把村人驳吉也塑在旁边。迎送本主的时候，凤翔村还把驳吉扶在马上，绕村奔跑，象征报丧。起凤村则用大车拉着本主从村头游到村尾，举行全村性的大型联欢活动。

郑回父子

大理城四门本主是郑回父子。郑回是唐西泸县令（今四川西昌），怎么也被白族奉为本主呢?

相传唐代，郑回任西泸县令，他的七个儿子都跟着他到西泸县做事。天宝年间，南诏王阁罗凤率领南诏大军远征巴蜀，攻陷了嶲州城。郑回一家人在这次征战中，老大、老二、老五、老六四人阵亡，老三、老四、老七及其家属，被南诏兵将俘获，带回大理。

郑回到了大理，阁罗凤知道他是一个博学多才的儒生，就请他在南诏王室里做老师，传授汉文化，教凤伽异、异牟寻等王室子弟。慢慢地，郑回对阁罗凤心悦诚服，尽力为南诏王治国安邦、开拓疆土献计献策。后来，又积极与唐王朝沟通关系，在异牟寻继位后，促成了南诏归唐，和唐王朝重修旧好。

因为郑回父子生前为南诏奔波操劳，为百姓做了许多好事，人们都很尊敬他们。他们去世后，大理城的百姓就把郑回奉为东门本主，老三奉为南门本主，老四奉为西门本主，老七奉为北门本主，父子一家都成了大理城的本主。

大黑天神

大理上湾桥、下湾桥两村本主叫大黑天神。相传在远古时候，天上有一位大黑天神，是玉皇大帝驾前的一员神将。因为他对玉皇大帝忠心耿耿，刚直勇毅，降妖伏魔，屡立战功，所以很得玉皇大帝的赏识。

有一天，玉皇大帝临朝议事，他偏信了巡天神的话，说“湾桥一带黎民人心日下，男不耕，女不织，上不孝，下不养，都变懒变坏了”，就派大黑天神将瘟药撒在上湾桥和下湾桥两村，叫他们家家染上瘟疫，户户断子绝孙，人人不得好死！

大黑天神带着瘟药来到人间，只见苍洱之间一片春光明媚，到处鸟语花香，人们都在田野里忙于耕种，犁田的犁田，灌田的灌田，栽秧的栽秧，一派欢乐繁忙景象。大黑天神不觉大吃一惊，心想：“这究竟是怎么回事啊？这里的人男耕女织，都很勤劳，并不像巡天神所说的那样。莫非他说的是假话？”他一路走，一路想，越想越觉得不对头，便打定主意先探访一下，再决定撒不撒瘟药。

他走的是一条田间小路，顺路走向西边，尽头就是上湾桥。小路上，有一个30多岁的女人，右手牵着一个五六岁的男孩，背上背着一个7岁左右的男孩，急匆匆地向着村中走去，大黑天神有些奇怪，就从云中降临路上，变成一个白发苍苍的老倌，弯腰驼背，手拄拐棍，慢慢走近那个女人，含笑问道：

“你这个女人也真怪！年纪小的娃娃你不背，反倒背着年纪大的娃娃，这岂不是弄颠倒了吗？你到底为哪样？”

那女人抬起头来，见问话的是一位老大爹，便恭恭敬敬地说道：

“老大爹，你老人家有所不知，年纪大的这个娃娃不是我亲生的，可怜他的亲娘早已死了，没有亲娘我应多疼他一些呀！”

大黑天神听后，心中惊讶，又问道：“既是如此，那你牵着的这个娃娃，该是你亲生的了，是不是？”

“是我亲生的。”那女人微微点了点头，指着那个年纪小的娃娃说：“他的年纪虽说小一些，可还懂事，我不背他，常常背着他的阿哥，他也不争不哭。”

大黑天神抚摸着娃娃的小脸，感慨地说：“你妈的心肠好，你的心肠也好，你们都是好人。难得！实在难得！”

大黑天神感动极了。就告诉女人：“回去在家门前栽棵小松树，再在门头上挂一双新草鞋，你们全家就能消灾免难。”说完就不见了，女人知道这是神仙在暗示，就急忙赶回家。

那女人回到家后，心想怎么能只顾自己呢，就与丈夫挨家挨户通知。当晚，大黑天神见家家如此，心想这里的人这么善良，怎么忍心加害呢，但不做又违抗玉皇大帝的旨意，左右为难，他干脆将瘟药吞服了。

玉皇大帝在天上知道大黑天神为救人类吞吃瘟药的事，赶忙派蛇神下凡抢救。

蛇神赶到上湾桥村，来到大黑天神身边，大黑天神已是口流黑血，奄奄一息。他立即召唤附近的大蛇小蛇，一齐出动，前来吸毒。霎时之间，大蛇小蛇来了一大群，它们爬在大黑天神身上，有的去吸脸上的毒，有的去吸手上的毒，有的去吸脚上的毒。可是，大黑天神服毒太多，中毒太深，毒火攻心，七孔出血，这些蛇又来迟了一步，蛇神也没有办法，眼睁睁望着他死去了。因为蛇来吸毒，他的脸上，手上，脚上，身上，都留下了百孔千疮，样子非常吓人。

大黑天神死后，上湾桥和下湾桥两村的人都感激他救命的恩情，为

与李一夫（中）、赵怀仁先生（右一）在学术研讨会上

他盖了一座本主庙，尊奉他为本主。

（二）传承白族文化的平台

白族本主文化，历史悠久，内容丰富，流布极广，已为学术界、文化界所公认。白族本主文化的价值是多方面的。除了学术研究价值外，还有社会价值和实用价值。当今而言，其社会价值和实用价值主要表现在以下三个方面。

一座鲜活的民俗博物馆

作为全民信仰本主的白族，本主文化蕴含了白族对自然、对生命的认识。本主故事本身就是白族丰富多彩传承文学的载体；本主庙的建筑又很好地体现了白族的建筑艺术、雕塑艺术、绘画艺术；一年一度的迎送本主，又是白族民族歌舞竞相绽放的大舞台；内涵丰富的本主庙楹联，风格各异的祭文、奏疏，碑铭匾额，既有对本主的追思溯源，又有对本主功德的颂扬赞美。白族人从孩提时候就一次次到本主庙祭祀，耳提面命，代代相袭，本身就是爱民族、爱家乡的启蒙课堂。村寨本主庙可以说是白族人民结社集会的理想场所，开展各种传承教育的文化中心，从某种意义上说，它就是白族的民俗博物馆。

一个美好的和谐社会

英国人类学家 C.P. 费茨拉德在《五华楼》一书中说："一个由不同姓氏的家庭组成的村子，由于崇拜一个本主而使村里家家和睦相处。"这话说得很对。共同的本主信仰使白族从小家走向大家，平时祭奠本主，人们都喜欢邀朋呼友；一年一度的迎送本主节，更是举村的盛大节日，人们有钱出钱，有力出力，平时的恩恩怨怨在迎送本主的大喜日子里自然化解。久而久之，白族人之间自然形成了里巷相帮、助人为乐的良好风尚。

白族学者李一夫说："白族人民对本主的信仰是虔诚的。无论有什么大小事情，他们都要向本主诚心祈祷，主要是祈求清吉平安，人寿年丰，五谷丰登，六畜兴旺。这就是他们的希望，他们既把本主看做是神，具有超人的力量，又把本主看做是人，有值得歌颂的行为，但也有错误甚至有卑劣之处。所以，白族人民对本主也有嘲讽，指责、怒骂。"在这里人与神似乎没有什么区别。对于神的错误，人也可以批评。人和神是平等的。人和神友好相处，共同构建和谐社会。

白族优秀文化的传习所

英雄崇拜在白族本主信仰中居于重要地位，这些被尊奉的英雄绝大多数都是为了百姓或公益事业急公好义、乐于献身的真人真事，它反映了白族人民的价值取向和人生追求。

最后还是用冯骥才先生在《甲马上的本主们》中的一段话作结语：

> 白族的本主庙不像佛庙道观深藏于山林之中。它们全在村内老百姓中间。村民心中有事，如同到邻居家一样，出门走几步，一抬腿就进了本主庙。用自己创造的神灵来安慰自己的心灵，便是古代人类最重要的精神生活方式了。白族的本主与汉族的妈祖有些相似，每年都要把神像抬出庙宇，以示“接神到人间”，同时歌之舞之，既娱神也娱人，沟通人与神的联系，使心灵得到安全感和满足感。但比较起来，白族人与他们本主之间更具亲情感。他们连本主的脾气、性情、爱好、吃东西的口味，全都一清二楚，并像关爱亲人一样照顾本主。每个本主都有一个传说。每个传说都是一篇美丽的口头文学，收集起来便是一部民间文学沉甸甸的大书。这些本主的“本生故事”，大多是曾经在人间的种种美德。白族人便以此来传承他们的生活准则、伦理模式、道德与价值观，以及审美。

凤羽访碑记

洱源县凤羽镇，是2001年被云南省人民政府命名的七个历史文化名镇之一。凤羽坝子四面环山，周围林木葱茂，山清水秀，居住在这里的几乎全是白族。明代大旅行家徐霞客赞美凤羽：“曲峡通幽入，灵皋夹水居，古之朱陈村、桃花源，寥落已尽，而犹留此一奥，亦大奇事也。”

作为北进西藏茶马古道的重要中转站的凤羽，历史悠久，文化底蕴深厚，这里有展示白族兼容各族文化精华又具有自己鲜明特色的唯一的宗教标志性建筑“三教宫”；这里有大理迄今唯一发现的喇嘛塔，当地称“留佛塔”；这里有与剑川石宝山石窟女性生殖器雕刻相媲美，但却天然生成的“崖母阴”，白语称“以之杲”（寻找儿子的地方），至今香火不断。所以，凤羽地上地下文物古迹很多。应洱源县档案局杨朝翥局长邀请，我所聘请了大理州考古文物专家田怀清研究员，李学龙副研究员专程到凤羽对元明古碑开展调研考察。

时间一推再推，直到7月24日才成行。我们的考察活动得到了洱源县、凤羽镇的大力支持，当时正值洱源县举办县乡村干部培训，但县人民政府王副县长、县政协李荣昌副主席、凤羽镇党委副书记仍拨冗一同前往考察，这不仅是对专家们的礼遇，更彰显出洱源县对文化的重视。凤羽镇民间文物收藏家杨汝雄，退休后几乎将所有退休费全部用于购买文物，17年从未间断，早已将许多元明古碑收藏在自己的庭院里，我们的工作就是鉴定拍照与拓片。

杨汝雄同志家几乎成了古董博物馆，我们的重点是考察他购买的元明古碑。由于时间紧，加之大雨如注，此次鉴定、拍照、拓片仅只能针对容易搬动的几通元明古碑，但它们所提供的文化信息就足以让人叹为观止。

《渤海郡高老官墓志》碑，为大理石汉白玉质地，通高 120 厘米，宽 40 厘米，厚 8 厘米，全碑刻 440 字，碑额还篆有 5 个梵文字，立于成化十五年（1479 年），撰文者自称“凤羽松风轩阿吒力僧首许森撰文篆额书梵”。碑中直书“刻做白词阿篇”，果然碑中多数地方只能用白族话才能释读。通观全碑，它为我们提供了至少如下的历史文化信息：

其一，明朝以前，白族知识分子能够直接篆刻梵文，由此推论，也能释读梵文。这就初步回答了古印度梵文早期可能外来梵僧所书所传，发展到元明时期，古印度梵文已为当地白族知识分子所书所传。

其二，碑中数处出现方块汉字形或汉字形多笔少画的字，用汉字难以释读，若用白族话一读就通，为古白文的研究提供了有力佐证。明代去大理国不到两百年，虽然明朝曾经对白族文化大肆摧毁，但植根于白族中的白族文化以顽强的生命力存续在民间，证明古白文的存在毋庸置疑。

其三，碑中提到“蒙氏十三皇帝高家做酋，段家做诏”，为“诏”字的释读提出新解。

《追为亡人施贤通神道》碑，残高 85 厘米，宽 50 厘米，厚 8.5 厘米。大理石汉白玉质地。该碑除中书“追为亡人施贤通神道”外，全碑篆刻的是“般若波罗蜜多心经”。

与此异曲同工的还有“杨实名”碑。

《追为慈考杨实名妣苏氏息神道》碑，通高 100 厘米，宽 40 厘米，厚 6 厘米。立于景泰元年（532 年），大理石汉白玉质地。该碑同样中间大字篆刻“追为慈考杨实名妣苏氏息道碑”外，全碑篆刻“佛说高王观世音菩萨经”。

此外，还有直接用佛名入名的“慈妣赵氏药师和神道”碑。两边刻有佛经，左边清晰可见刻有《佛说地藏菩萨经》，右边因漫漶无法释读。

值得一提的是，在杨汝雄收藏的古碑中，还有一块质地是青石的残碑，正面刻有阿弥陀佛像，上半截刻梵文，下半截刻汉文，因漫漶太甚，很难清晰释读。背面中间刻尊胜大佛母，两侧边除云纹外，还有龙首鱼尾纹，据田怀清研究员讲，这种纹饰除不久前在巍山双圈河发掘的大理国遗址中出现在滴水上外，迄今尚未发现，具有极高的研究价值。联系同在凤羽发现的青石质地的元碑“赵生忠碑”，该碑为就地取材的元碑应无疑义。

上述碑刻给我们什么启示呢？众所周知，明代以后，白族有立碑纪念先人的传统，通常有夫妻合葬立双墓或夫妻各葬立单墓两种。若双墓，则男性刻“墓志铭”，颂扬逝者生前的功业以昭示后人。女性刻亲属名讳，表示世代相袭，子孙繁盛。单墓则仅书亲属名讳。像这种全碑只刻“佛经”在明朝以后是没有的，联系上述明碑几乎无一例外，碑额刻“大佛母”“阿弥陀经”，周边刻梵文，饰以云纹。说明明以前佛教对白族民众影响之深，可以说到了家喻户晓，老少皆知的地步。对元明碑刻的研究，有助于对白族宗教信仰的深入研究，这也是凤羽访碑的又一价值所在。

凤羽元明古碑尚存不少，仅杨汝雄家就还有好几块因下雨搬运不便，尚未鉴定拍照，相信其他地方还为数不少。抢救、保护好至今尚存的元明古碑，应成为全社会的共识。

写在木头上的历史

剑川海门口青铜文化遗址因被学者们誉为“云南青铜文化的源头”而声名远播，从 1957 年、1978 年、2008 年，仅仅半个世纪便有三次考古发掘，就足以证明剑川海门口青铜文化遗址在全国，乃至全世界的分量。遗憾的是，1957 年、1978 年的两次考古发掘我都无缘接触，当我从文献资料上读到：“剑川海门口遗址出土圆木桩，距今 3115 ± 90（公元前 1115 ± 90）。标本由云南省博物馆提供，1957 年取自剑川县海门口遗址圆木桩木头。”[①]“遗址在海门口，距剑川湖尾闾 250 米，1957 年清理。”“建筑遗址，共发现柱桩 224 根，均松木。”“出土文物，共发现文物近千件……其中 14 件铜器，有斧、钺、刀、凿、锥、纺轮、穿孔兽牙……在本址还发现半块铜范。”[②] 读了这些新颖而古老的文字，我对海门口遗址早已心驰神往了。

天遂人愿。2008 年 4 月 28 日，冒着绵绵细雨，我和大理几位文化工作者高兴地来到剑川海门口青铜文化遗址发掘现场。放眼一字排开的 28 个探方，看到 1350 平方米上 2000 多根错落有致的木桩拄，我被深深地震撼了。且不说剑川海门口青铜文化遗址据测有 5 万多平方米，仅就已发掘的部分就让人叹为观止。因为这是 3000 多年前的人类创造啊！据介绍，这次发掘出土了 2000 多件重要文物，其中青铜器有箭头、凿、锥、

① 《考古》，1972（3）。
② 《考古通讯》，1958（6）。

镯、箍、铃、饰片、铜料等，这完全合乎历史发展轨迹。当人类即将告别石器时代，向青铜时代迈进的时候，青铜器因其稀少显得十分珍贵。所以早期的青铜器多数均为小件、祭器、饰物。随后出现铜箭头等兵器，那是因为战争不仅能给部族带来荣耀，而且战争还可以给部族带来财富和战俘。即便是今天，军队装备仍然是一个国家科学技术和国家实力的集中展示。我们的先人能够用简陋的工具完成这样庞大的建筑群，这是何等撼人心魄的创造精神。人们常说，历史文化可以浇灌心灵的绿洲。站在古人生息繁衍过的土地上，遥想当年古人披荆斩棘，艰苦创业的丰功伟绩，自豪之余，每一个人的灵魂都会得到洗礼而升华。

人们常将考古发掘比喻为解读一卷卷无字“天书”，这大概是“天书”常能出人意料地为人类破解历史上的悬案，同时又不断向人类提出一个又一个需要破解的难题。正因为如此，考古工作是一项极具诱惑又极具挑战的工作，海门口青铜文化遗址也不例外。海门口青铜文化遗址考古队长闵锐研究员，因为考古，使他与大理结下了不解之缘。近年大理 5000 年前银梭岛新石器文化遗址发掘，南诏时期的羊苴咩城遗址发掘，直至最近的海门口青铜文化遗址发掘，闵锐先生都亲自指挥并参与其中。他惊奇地发现，从 5000 多年前到 3000 多年前再到南诏、大理国时期，风格相似的带流陶器都相继出现，这种一脉相承的文化现象，令人信服地说明这是当地原住民创造的文化。这对学术界长期关注的白族族源土著说、氐羌说、庄蹻后裔说等，从考古学方面提供了有力的证据，说明被史学界称为“河蛮”或“洱河人”“洱滨人”为主体的白族先民，5000 多年来一直没有离开过他们生活的这片热土，他们不断吸纳外来文化的精华，融合了不同时期进入大理的其他民族，创造了独具地域民族特色的大理文化。

剑川海门口青铜文化遗址出土文物也为人们留下了太多需要破解的

谜：如果数以千计不同时期打下的木桩是为盖房，那这些房子是什么模样？这些房屋的主人们又是过的怎样的生活？海门口青铜文化遗址首次出土了身首相异的股骨、下颌骨、趾骨、盆骨碎片，那这些人的头颅又去了何方？是战争中被杀戮，头颅成了战利品被挂在刀矛上凯旋？或是祭祀？或是被斩杀的异族或俘虏？抑或干脆被吃掉？需知在生产力十分低下、个人劳动成果不足以养活个人时，恩格斯就曾经说过，俘虏是被吃掉的。只有当人的劳动可以产生剩余价值的时候，俘虏才被作为生产奴隶来使用。

小麦是人类重要的食物来源，但对小麦的起源却众说纷纭。有人说起源于中亚和西亚。有人说，近年中国西藏高原存在着普通小麦原始类型。那么，海门口青铜文化遗址中首次发现的碳化小麦究竟是中外文化交流的产物，抑或是我们先人对人类发展的伟大创造？或者云南就是小麦的发源地之一。随着学术研究的不断深入，人们自然会越来越走近历史的真实，而跳出小麦是“人类最古的粮食”“神下凡的时候留给人间的粮食”这样一些神造万物的说法。尤其值得一提的是，学术界认为某些种植物不过黄河的说法，随着剑川海门口青铜文化遗址的发掘而被改写。与北方的轮作相比，剑川海门口青铜文化遗址揭示的复种现象再次证明白族先民的创造。

剑川海门口青铜文化遗址这本“天书”随着2008年6月17—19日专家论证会的召开已经开启，“海门口遗址是目前中国发现的最大的水滨‘干栏式’建筑聚落遗址，在世界上也极为罕见。”“海门口遗址填补了中国西南地区的史前文化谱系的空白……是云贵高原青铜文化的源头之一。”“海门口遗址为重新认识中国古代稻麦复种的起源时间和地点提供了重要的线索。”……这些令人震撼的结论就足以让剑川声名远播，但对于完全揭示剑川海门口青铜文化遗址的奥秘才仅仅是开始。但我相信，人类不了解和不熟悉的东西从来都是比了解和熟悉的多得多，但正是人类从不放弃的孜孜不倦的探索，才使人类成为万物之灵，成了历史的主宰，剑川海门口青铜文化遗址的研究也不例外。

关于白文的思考

白族历史上有无文字？如有，是什么样的文字？对于汉文化浸润很深，多数人能娴熟运用汉语汉文的白族，创制白文是进步或是退步？什么样的白文方案才符合白族社会的实际需求？这些问题，长期困扰从事白族历史文化研究的学界，其影响所及，无论官方或民间，都难以回避。本文拟就这些问题谈点个人意见，以便于这一问题的进一步探讨并最终求得共识，共同促进白族文化研究的健康发展。

（一）白文古已有之，至今民间仍在使用

白族族源及其形成，白族早期的社会形态，白族与苍洱境内星罗棋布的新石器文化遗址，尤其是与云南迄今最早的宾川白羊村新石器文化遗址和剑川海门口青铜文化遗址有什么渊源，见于多种记载和传说的“白子国”能告诉我们哪些历史信息，至今仍众说纷纭，莫衷一是。然而，南诏、大理国在苍洱境建都立国500多年，几乎与唐宋相始终，白族在其间扮演着极其重要的角色，史有明载。所以说白族历史悠久、文化灿烂并非虚语。

语言作为思想交流的工具，白语与白族同生共存，直至今天，以大理白族自治州为聚居区的100多万白族人民仍在使用白语。散居在云南各地的白族有相当一部分语汇与大理白族互通，乃至从元代就已离开大理故土达700多年的湖南桑植白族，个别语汇、地名仍与大理白族相近，白语旺盛的生命力由此可见一斑。但对作为记录语言符号的文字，历史上有无白族文字，认识就不那么一致了，这主要是因为白族受汉文化影响较深，汉语尤其是汉文长期在白族地区通用，文献中据称用白文撰写的史籍又被明军付之一炬，对于今天留下来的汉字形又非汉字，用汉语无法释读的部分文字，有的学者肯定地认为，这就是古白文。它音、形、意兼备，已完全具有文字的功能。但有的学者则认为那是汉字记白音，汉字白读，汉字的多笔少画。然而有些字本身就不是汉字，多笔少画就汉字而言也只能算是错字，怎么能归并于汉字，显然是难以自圆其说的。

综上所述，历史上白族曾参照汉字形创制过方块白文。虽然大量的白文著述已毁于历代兵火，但现存唐、宋、元、明的文献和碑刻足以证明（参看《仁王护国般若波罗蜜多经》《故善士杨宗墓志》）方块白文的存在。我所出版的《大理丛书·大藏经篇》中许多眉批、旁注经学者考证也是白文。它们音、形、意兼备，已经是完全意义上的白文，而非汉字白读，或汉字多笔少画。世界上借用汉字形创制自己独立文字的民族国内外例子很多，比如宋时的契丹文字、女真文字；今天日本平假名、片假名中大量的汉字形日文，越南、朝鲜文中也有类似情况，总不能说它们

与徐琳教授共商细节

都是汉字别读吧！即使以英文为代表的拼音文字系统，字母相同或相近的也比比皆是，没有人说过它们是英文别读。只是因为白族在接受汉文化时走了一条捷径，从而使白文没能在南诏、大理国期间经官方规范和提倡而普遍推广开来。除用音读和训读汉字形成白文外，白族还自造了一部分新字，用以解读汉字无法音读或训读的特殊音节，这部分文字今天不仅保留在白族民间艺人用白文写的大本曲、吹吹腔、祭文、民歌中，而且迄今在一些祭文中还在应用。

（二）创制白文是抢救白族优秀文化，弘扬白族优秀文化传承的需要

各民族在形成、繁衍、发展的漫长历史中，由于所处的自然环境各异，发展道路千差万别，从而创造了各具特色、绚丽多姿的民族文化，这些民族文化通过语言口耳相传，世代相袭。由于语言受时空的限制，人类又创造了各种文字作为民族文化的载体，使民族文化源远流长，历久弥新。如何让古今历史血脉相连，薪火相接，这就靠文化的力量。但正如前面所述，由于没有统一规范的文字系统，致使许多白族优秀文化或在流传过程中失传，或在辗转传播中变异，今天我们所看到的充其量只能说是汉文翻译的白族文化。既然是翻译，受到译者主客观条件的制约，很难做到信、达、雅的统一。即使翻译十分贴近原意，也绝非原汁原味的白族文化。樊绰《蛮书》中记载了17组少数民族语言，今天连猜带读，各民族都可以找到与本民族音、意相近的内容，足以证明，缺乏本民族文字的史籍要想原汁原味诠释本民族历史文化该有多难。更不要说，承载白族优秀文化的韵文（白族调为代表）部分，要用汉文来表情达意几乎是不可能的，这有许多白族调可以证明。

人们常说，只有民族的才是世界的。没有民族文字的民族文化不能说原生态文化。既然是变异了的另类文化，又怎么能作为本民族的民族文化遗产受到尊重和保护呢？！丽江东巴文化申报世界口头非物质文化遗

产成功也从一个侧面充分证明了这一点。所以，创制白文不是少数专家学者作无病呻吟的多余劳动，也非从事学术研究的人发思古之幽情，而是抢救白族优秀文化，弘扬和传承白族优秀文化的需要，也是让白族文化走向世界，让世界真正了解白族原生态文化的需要。

（三）创制白文的曲折探索

根据《中华人民共和国宪法》和《中华人民共和国民族区域自治法》，大理州人民代表大会早在1956年制订并通过的《大理白族自治州人民代表大会和人民委员会组织条例》，以及1987年制订并通过的《大理白族自治州自治条例》中，都规定有语言文字的条款，对民族平等，语言文字平等，推广汉语普通话和少数民族语言文字使用都作了明确的规定，并在实践中对白文的创制开展了卓有成效的工作。

20世纪50年代—60年代初期，主要是鼓励民间歌手、艺人、文化工作者创作和改编白族调大本曲、吹吹腔，他们创作使用“汉字形方块白文”，并用这种文字石印、油印歌单、歌本、戏曲台本，进行广泛传播。

1958年，大理州在中国少数民族语言第三工作队的帮助下，创制了以南部方言为基础方言，以州府所在地下关话为标准音的《白族文字方案（草案）》。

1982年春，大理州政府和中国科学院民族研究所共同组成白文研究小组，成员有张旭、杨永新、李一夫、徐琳、赵衍荪等，修订原白文方案为：以中部方言为基础方言，以剑川金华镇为标准音，兼顾南方方言和中部方言。修订后，开展白文师资培训。

1985年7月，云南省少数民族语文指导工作委员会在昆明举办白文中级培训班，使用修订后的《白文方案（草案）》为教材。

1986年春，剑川县率先建立少数民族语文指导工作委员会，同年9月，开始在甸南乡西中小学开展白、汉双语文教学实验，西中村同时开展农村白文扫盲工作，直到1989年，实验取得了显著效果，受到省、州的表彰奖励。

以上简要回顾白文的创制和使用情况，无非想说明，白文的创制自始至终遵循法律法规的规定，得到各级领导的重视和支持，得到参与实验群众的积极配合。但毋庸讳言，白文的推广并没有形成气候，且步履艰难，以至使赵衍荪、徐琳二位语言学家用心血和汗水编辑而成的《白汉词典》，经四川民族出版社出版后，除部分运回大理州，其余大部分因无人问津重新化为低浆。造成这样的结果，原因自然是多方面的，既有认识不统一，观念难变更的原因。但愚意认为，新创制的拼音白文毕竟是一种全新的文字，对于习惯于用汉文表情达意的知识分子，要学习和掌握白文无异重新启蒙，需要从头学习；对于熟悉白语的广大群众，因其学习和应用的诸多问题也很难推广，结果被束之高阁。尽管如此，赵衍荪、徐琳等诸位语言学家毕竟为白文的创制做了大量的调查研究，开拓创新的工作，功不可没。

（四）白文创制应遵循继承传统、贴近群众、简便易行、规范科学的原则

世界上民族文字林林总总，没有优劣之分。但汉字以其优美的造型和表情达意的深厚内涵有其独特的魅力，这是各种拼音文字所不能替代的。尽管从小学开始，各级各类学校就不遗余力地推广汉语拼音方案，但随着时间的推移，拼音方案最终都只成为查阅字典和电脑打字等工具被使用，在书写和流通中，人们还是青睐方块汉字。我们白族先人，将自己的文字定位为仿制汉字形方块字，除了白族受汉文化影响外，同时也是充分感悟到方块汉字的独特魅力，所以离开传统想另辟蹊径，自然就会变成事倍功半的结果，此其一。白语中大量语言的语音、汉语语言是可以表达的，从小学习和使用汉语的白族，在白文中大量借用汉字，

在学习和掌握的过程中自然也就省时省力，收到事半功倍的效果，此其二。所以，新创制的白文还是应以继承传统，借用汉字为主，按照传统的音读和训读方式，只要加以注明规范就可以了。

文字的功能是供人们应用，只有大众喜欢应用才具有生命力。所以，新创制的白文还要贴近群众，简便易行。愚意认为，新创白文能否由三部分构成：第一是汉字借词，这是主要的，只要白语语音与汉字语音一致便可大胆借用。也就是我们通常说的“汉字白读”。如果汉字读音与白语有区别，可以用适当的方式标出，比如传统的做法是“点白不点汉”，也就是我们通常说的“训读”。第二是在民间广泛使用的所谓多笔少画的“汉字”。实际这已经是音、形、意兼备的白文，经过普查，规范便可推广。第三是自创字，因为白语声调与汉语差异较大，根据专家考证，白语有 8 个声调，而汉语只有 4 个声调，所以汉字再丰富，也难以完全满足白语的需要，这就要新造一部分方块白文，但不宜过多，字型笔画要尽量简洁明了，以便学习推广和应用。概言之，新创白文应继承传统、贴近群众、简便易行、科学规范。在创制过程中要上靠专家学者，下靠白族广大群众，那么，新创的白文就一定会有旺盛的生命力而为广大白族人民所接受并应用。

（五）当前创制和推广白文应着力解决的问题

白文创制历经多年，在部分地区也有实践，但迄今仍然只为少数人掌握，现在又重提白文的创制，会不会重蹈覆辙呢？所以，更新观念是有无必要创制白文和白文创制有无实际意义的前提。从理论上讲，创制白文合乎法律，顺乎民意。但长期以来，“白文无用论”“白文多余论”还是有一定的市场的，尤其是从启蒙开始就接受汉文字，走向社会后，又主要依靠汉文字从事各种活动的白族知识分子。但我们不能用个人的有用无用为标准来看待白文的创制，而应该站在民族历史的高度，着眼于民族发展的全局来思考问题。就目前而言，简便易行，科学规范的白文对抢救、收集整理、保护白族民间文化，就大有用武之地。就像生物的多样性维系着自然界的生态平衡一样，文化的多样性也才能让我们生活的社会绚丽多姿和谐发展，从这个意义上说，创制白文的世界意义也是不言自明的。

要创制白文，专家们的作用是显而易见的，但不应该只是少数专家的行为，因为文字作为记载语言的工具是供大众使用的。所以，认真开展调查研究，在此基础上去粗取精，去伪存真，由表及里，新创的白文才能植耕于白族群众的沃土，也才能焕发出勃勃生机，显示出旺盛的生命力。

俗话说："工欲善其事，必先利其器。"白文能否推广和被白族群众所接受，关键是要有一套切实可行的白文方案，前述已对新方案提出了一些构想，但要真正实现还有大量的工作要做。汉文从相传仓颉造字，历经甲骨文、金文、大小篆，隶书、楷书、行书、草书、宋体等，前后达数千年。中华人民共和国成立后，也进行过几次简化汉字的改革，有的被群众接受，有的被群众拒绝未能推广，说明创制文字的艰辛，白文也不例外。所以，组织力量，联合攻关，重点突破，制订出一套切实可行的白文方案是关键。令人忧心的还不是政府的支持和必要的投入，而是有无一支献身于白文创制的队伍。

创制白文的目的最终是为了推广使用，不然，新白文创制出来，还是少数专家孤芳自赏，随着时间的推移，也就只能深藏书斋。所以，加大宣传力度，采取必要措施，首先可从民间歌手、民间艺人的培训入手，让新创制的白文走向社会，走近白族群众，成为他们学习，掌握本民族文化的工具，白文创制才可以说大功告成。简言之，更新观念是前提，调查研究是基础，制订方案是关键，推广使用是归宿。

接天莲叶无穷碧，映日荷花别样红。值此，从中央到地方都重视哲学社会科学的发展，都支持各民族平等、团结、共同繁荣，尤其是云南省、大理州都强调要加强民族文化建设的形势下，给白文的创制提供了难得的历史机遇。笔者对语言学纯属门外汉，基于民族情结和所从事工作的实际，不揣浅陋地提出一点看法，以就教于专家学者。

对白族历史上几个问题的浅见

应云南省民族学会白族委员会的邀请，我有幸参加了在昆明举行的“首届白族学学术讨论会”，获得一次难得的学习机会。现就白族历史上的几个问题，谈点一孔之见，以就教于各位前辈和同仁。

（一）关于凤羽国的问题

我作为土生土长的凤羽人，非常热爱自己的故乡。但对于历史上是否确实存在过凤羽国（凤宇国），一直心存疑虑。近日拜读了廖德广同志对杨汝雄先生提供的资料进行筛选，第一批筛选出直接资料 29 件，间接资料 13 件的文章后，使我感到对原来的一些思考有重新审视的必要，现将几点读后感分述如下，与同仁切磋。

“凤宇国”史料 29 件均言之凿凿，虽然有些地方驳杂难通，但基本内容是可以释读的。考之史料中提供的年号、文字，应为唐以后各朝陆续出现，尤以明清以后为主，但材料源于何人之手，来自何种典籍，都缺乏清晰的考释。相反，就情理而论，像“唐太宗与凤宇国‘世为盟囿’御书”这样的重大事件，新旧唐书不可能没有记载。“退西域骑人入侵记”，从史书记载，或地域关系都难以让人置信。“皇封隆升十年中原使者耶律大臣赴榆洲一路涉水跨山所到之处必取泉水饮茶之然行数万里无一泉为心悦也忽至凤宇漆树之敬佛泉饮后题曰普普斯水入心再世普普斯水沁心沁魂归时攜一壶以贡唐妃圣赐曰长寿佛水”[①]更显得荒诞不经，类似的资料都需要认真考究源流，去伪存真。

“鸟吊山前禾荞香，路人云是白王庄，量羊山斛今犹在，剩有西风积叶黄。”明代白族学者李元阳的诗让人们对洱源县凤羽镇的历史产生了无限的遐想。在凤羽坝南端，上寺、义和等村的本主阁止阿相传就是南诏国王阁罗凤，他的女儿三公主《骑牛撞婚》的传说在当地广为流传。凤羽坝北端的庄上等村的本主相传是大理国王段思平。这里“白王营盘”“白王洗马塘”的传说很多。资料中的许多寺名、地名、塔名今天在凤羽依然沿用，这是最可靠的历史见证。史料中提到的“鹤林海眼茶”，清道光年间凤羽进士赵辉璧，在他的诗中也只是说“昔传”。《洱源县志》记载，鹤林寺明代重修，可见寺和传说都十分古老。所有这些，都不应视为空穴来风。但许多资料与史书记载和合理推断，确有许多难以自圆其说之处，我曾写了一篇考释文章，在此不做详细介绍。

综合资料所提供的历史线索，是否可以这样推断：隋唐以前，凤羽可能存在过类似弥渡“白子国”这样的部落或部落联盟的传说。需知古人对国的理解与今人不同，当时“诏”“国”同时存在也不是没有可能。段思平建国后，将凤羽作为行宫或陪都，高氏取代大理国期间，许多军国大事都在凤羽决策，从而造成了“凤宇国”这样的历史悬案。正如资料中所述，由于明代对大理史料损毁严重，致使我们今天无法通过文献资料搞清历史脉络。但有一点可以肯定，大理国厚重的历史留下的资料不应比南诏时期少，而今天我们见到的正好相反，这就从一个侧面证明这段历史的存疑甚多，需要破解的历史问题也很多。

① 以上引文详见《凤宇国史料辑及注解》。

当前首先要将现有的资料分门别类考释，尤其是年号、人名等，尽量搞清哪些属于汉文化，哪些属于地方民族文化，哪些属于宗教附会，哪些属于民间传说，这样才能去伪存真、由表及里地开展研究。从这个意义上说，无论结果如何，廖德广同志和杨汝雄先生的辛劳应予肯定，这对拓宽白族文化的研究领域也不无裨益。

（二）白族族源问题

白族族源，一直是治白族史，乃至云南民族史学者们关注的热点问题。目前较为流行的主要有氐羌说、土著说、汉族移民后裔说、异源同流说，由于各种观点都能从史籍或口碑材料中找到支持的依据，故众说纷纭，莫衷一是。

寻觅历史发展的轨迹，正像恩格斯在《家庭私有制和国家的起源》一书中所揭示的那样，民族、国家并不是如影随形地伴随着人类的出现而出现，而是经历了漫长的发展过程。西南地区虽然汉晋时就设郡置县，但我们不能以现在的行政管理模式去想象前人，当时设郡置县象征意义大于实际意义，尤其是边远山区。当时的实际情况是《通典》卷一八七中所描述的“其西洱河从嶲州西千五百里。其地有数十百部落，大者五六百户，小者二三百户，无大君长，有数十姓，以杨、赵、李、董为名家，各据山川，不相役属”。正因为如此，当史万岁、梁建方、唐九征等用兵这些地区时才所向披靡，因为当时部落星碎的武装通常都是打得赢就袭扰你一下，打不赢就退入山林或迁徙。当南诏统一后，以国家政权的力量整合国防资源，不仅在防御战中让何履光、鲜于仲通、李宓的进攻连吃败仗，还能主动出击并取得一系列胜利。白族就是伴随着这一时期的社会发展而日渐形成。开始有了在原来语言“言语音，白蛮最正。蒙舍蛮次之，诸部落不如也”的情况（《蛮书》八），但在可以交流的语言基础上形成了以苍洱为中心的主要统治地区内可以互相交流的官方用语——白语，建立起以水稻农耕为主，兼营采矿、手工业的经济发展模式。南诏经济出现了“蛮治山田，殊为精好”（《蛮书》七）、“耕田一牛三夫，前压后驱”的比较先进的耕作技术。由此带来的赋税制度使南诏有了足以支撑国家运转和军事扩张的经济实力，形成了以农业为基础的共同经济生活。建立在文化相互渗透、相互认同基础上的民族心理素质得到空前加强。在“大白国”“拜国”的基础上，“张乐进求一见蒙奇嘉王有异相，遂妻以女，拒让与奇嘉王。王姓蒙，名细奴逻，遂灭张氏，号大封民国”（即大白民国）（《南诏野史》淡生堂传抄本）为标志，一个新的民族共同体——白族正在形成，并成为唐宋时期，乃至有元一代以苍洱境为中心的统治民族，这应该说是比较符合历史发展规律的。

正像国家统一首先是由局部的统一，地域的统一，最终走向更大范围的统一一样，南诏、大理国文化的辉煌是由生活在南诏、大理国境内的各民族共同谱写的。越往前就越说不清哪是你的，哪是我的。这就是为什么西南许多民族都习惯自称九隆后裔。作为地域概念，哀牢夷并不等同于今天的哀牢山；作为民族概念，哀牢夷涵盖了西南各民族的先民，也就是《华阳国志.南中志》所说的：“南中昆明祖之。”《新唐书。南诏传》也有“南诏……本哀牢夷后，乌蛮别种也”的记载。从这个意义上说，各个民族都去探索自己与南诏千丝万缕的联系是很正常的现象，因为今天生活在云南境内的各民族先民都为南诏的建立做出过贡献。但如果执意坚持非此即彼的排他说，就有点将纷繁复杂的历史现象过于简单化了。相反又将历史上自然、质朴、单纯的氏族、部族、部落的关系现代化了。

综上所述，白族的形成经历了异源同流的历史过程，即以洱海区域的白族先民为基础，不断吸纳和融合了不同时期进入洱海地区的其他民族先民，随着南诏的统一，白族这一民族共同体日渐形成并走向成熟。

大理国以后，白族一直生活、繁衍在苍洱大地，同时也创造了白族历史上比较辉煌的南诏、大理国文化，应该说是比较接近历史的真实，这也就不难理解白族文化为什么能成为云南先进文化相沿至今。

（三）南诏王室族属问题

南诏王室的族属问题一直是治南诏史的热点问题之一，因为前辈学者中有人持“乌蛮是彝族，白蛮是白族”说，而史书中又有“六诏并乌蛮”的记载，所以，南诏王室是彝族，南诏的清平官、大军将大多是白族的观点就有了一定的受众。随着学术界提出乌蛮和白蛮不是民族称谓，而是反映云南土著居民接受汉文化的程度不同，即乌蛮和白蛮不等同于今天的彝族和白族。当然，乌蛮和白蛮作为后来彝族和白族的重要组成部分也应该肯定。由此也就引发了对南诏王室族属的质疑。笔者早在1984年与前辈杨永新共同在《民族研究》发表了《试论南诏王室的族属问题》，从“张乐进求逊位细奴逻等看南诏王室的族属，南诏多数地名为白语给我们的启示，本主信仰及其他”等三个方面论证了“南诏王室蒙氏在部落向部族的过渡中就已经是白族先民的一个组成部分，他们并不存在彝族白族化的问题”。时间过去了近三十年，其中的许多论据用今天学术研究新成果来评判还是站得住脚的。

我们研究历史，要尽可能吃透历史记载，尤其是前人的论述，因为毕竟前辈学者们接触到的资料比我们丰富得多。所以明代云南左参政张统在《荡山寺记》所说的“大理为郡，负山面海，自唐以来，蒙段氏据而有之，殆六百年。二氏皆白人，西南夷类虽杂，知文教者，帷白也”绝不会是空穴来风。

隋末唐初，天下大乱，云南大部分部落支离，各据一方。此时洱海地区有蒙嶲诏（今漾濞）、邓赕诏（今洱源邓川）、浪穹诏（今洱源）、施浪诏（今洱源东北）、越析诏（今宾川）、蒙舍诏（今巍山），先后崛起，史称“六诏”。蒙舍诏因地处南部，又称南诏。唐开元二十五年（737年），南诏在唐王朝的支持下，征服了其他五诏，统一了洱海地区，建立了南诏。先建都太和城（今大理太和村），后迁都羊苴咩城（今大理古城）。南诏共传13代王，历时165年。

南诏创造的辉煌成就是多方面的，包括了政治制度、经济发展、社会文明、宗教文化、语言文字、文学艺术、建筑雕塑等，把云南社会发展推进到一个崭新的阶段。根据《元史·地理志》记载，南诏、大理国的疆域：“东至普安路之横山（今贵州普安）；西至缅甸之江头城（今缅甸杰沙）。凡三千九百里而远；南到临安路之鹿沧江（今越南莱州省的黑河）；北至罗罗斯之大渡河，凡四千里而近。”声威远播东南亚。它囊括了几乎今天的云南省全境，甚至还要大，所以南诏文化理所当然是今天云南省各个民族先民共同创造的。但纵观今天白族文化在经济发展、社会文明、宗教文化、语言文字、文学艺术、建筑雕塑等各方面的发展现实和创造的成就，白族是南诏、大理国文化的主要创造者和传承者应该是没有问题的。这不影响，也不应该影响其他民族同样为创造南诏辉煌成就做出贡献并因此引以为自豪。

还有一个历史现象不太引起人们的关注，根据《新唐书·南诏传·南蛮传》记载，乾宁四年（897年）权臣郑买嗣杀死南诏王隆舜，后又杀死隆舜子舜化贞及南诏王室800人于五华楼下，夺取了南诏政权，建立了大长和国。（《南诏野史》环碧山房抄本），根据目前我们看到的史料，南诏王室蒙氏一脉人丁并不兴旺，凤迦异上位继承王位就早逝。南诏王室800人被杀，难说南诏王直系亲属还有幸存者。所以去考证谁是南诏的嫡传意义不是很大，何况民族从来都很难有单一血统。所以，各民族共同致力于对南诏、大理国留下丰厚遗产的研究，发掘今天仍然有生命力的部分，为建设各民族幸福未来意义更大。

（四）南诏和唐王朝的关系问题

南诏和唐王朝、吐蕃的关系是南诏国时期重要的双边关系，三方时战时和，错综复杂。方龄贵教授生前曾经对我说，南诏和唐王朝、吐蕃的关系可以写出一部专著。加强对这段历史的研究既有历史意义，也有重大的现实意义。从南诏统一到灭亡，唐王朝和南诏的关系随着双方力量的消长和内政的变化不断发生变化。特别是围绕南诏统一、天宝战争、苍山会盟等几项重大历史事件，皮罗阁、阁罗凤、异牟寻展示了卓越的治国安邦智慧和娴熟的外交策略。但有一点是很清楚的，那就是南诏和唐王朝相互尊重的时候，就互惠共赢；双方兵戈相见的时候，就两败俱伤。

7世纪，活动在青藏高原的吐蕃势力日渐强大，直接威胁到唐王朝的利益。唐王朝为了抵制吐蕃南下，大力扶持南诏（蒙舍诏），形成西南屏障。在这种形势下，洱海地区的各部落首领，在盟主张乐进求的主持下，于铁柱祭天，举行了一次政治会盟，将盟主地位禅让给南诏王蒙逻盛。此后，在唐王朝的支持下，南诏先后并吞了蒙巂、越析、蒙会、邓赕、浪穹、施浪等诏。南诏王皮逻阁也由巍山迁到太和城（今大理城南）。738年，唐王朝派中使李思敬册封皮逻阁（蒙归义）为云南王，进一步从法律上巩固了南诏在洱海地区的统治地位。

南诏统一后，结束了云南各部落之间“朋仇相隙，兵戈相防”（张九龄《敕安南首领爨仁哲等书》《全唐文》卷二八七）的局面，将云南历史推进到一个新阶段。但南诏统治者不满足于偏处苍洱一隅，外交军事双管齐下，势力很快扩展到全云南。唐王朝感到自己的利益受到威胁，驻守云南的唐朝官员故意制造事端，酿成了两败俱伤的“天宝战争”。南诏审时度势，异牟寻继位后，重新谋求与唐重修旧好。唐德宗也接受了宰相李泌“北和回纥，南通云南，西接大食、天竺；如此，则吐蕃自困”的建议（《通鉴》卷二三二至二三三，《唐纪》四十八至四十九），于794年，南诏与唐王朝举行了隆重的“苍山会盟”。剑南节度使韦皋在成都设立学校，大量招收南诏子弟入学，“如是五十年”，前后学习达数千人（《通鉴》卷二四九《唐纪》六十五）。这对南诏文化的发展起了积极的作用。

根据史书记载，南诏自细奴逻至舜化贞共13代，计164年，其间有10个王分别接受唐王朝委任为刺史、台登郡王、云南王、南诏王等职，唐与南诏关系时断时续，时战时和，但人民之间的往来从未间断。中原王朝的政治变化固然给云南政治经济的发展以深刻的影响，而云南政治经济发展也直接或间接地影响到全国的政治形势。正是这种千丝万缕的联系，使云南成了屏蔽祖国西南边陲的桥头堡。

南诏与唐王朝交往中，始终坚持一条底线，那就是唐王朝要保障南诏的内政外交的高度自治。《南诏德化碑》在谈到“天宝战争”的原因时列了6条，其中居首的两条是“吐蕃是汉积仇，遂与阴谋。拟共灭我，一也；诚节，王之庶弟，以其不忠不孝，贬在长沙，而彼奏归，拟共间我，二也”。《通鉴》卷二四九《唐纪》在谈到世隆与唐负气交恶时，更将政治上得到尊重置于重要地位。书中写道：“会宣宗崩，遣中使告哀。时南诏晟丰祐适卒，子酋龙（即世隆）立。怒曰：‘我国亦有哀，朝廷不吊祭；又诏书乃赐故王。’遂置使者于外馆，礼遇甚薄。使者还，具以状闻。上以酋龙不遣使告哀，又名近玄宗讳，遂不行册礼。酋龙乃自称皇帝，国号大礼，改元建极。”

南诏长达200多年的发展中，虽然也有时断时续的战争，与唐朝和吐蕃两大强邻有过你死我活的兵戎相见，但是更多时候是“子弟朝不绝书，贡献府无余目”的友好往来。根据史书记载，天宝战争使唐王朝“皆中国利兵”20万人“弃之死地，只轮不还”（《新唐书。杨国忠传》）。经济上“数年间因渐虚耗”，终于在753年爆发的安史之乱后由盛转衰。9世纪40年代后，南诏统治集团发动了一系列的战争，西掠骠国，两陷安南，掠邑州，攻黔州，四次攻打嶲州、成都，掳掠数10万人，其结果是“自世隆嗣立以来，为边患二十年，中国为之虚耗，而其国亦鼇”(《通鉴》卷二五三《唐纪》六十九)(杨慎《滇载记》)。战争使双方都没有捞到好处，反而一齐走向灭亡。这就是南诏和唐王朝关系留给我们的历史教训。

继往开来　让千年古道再焕异彩

斗转星移，万象更新。进入21世纪，云南省提出要主动融入国家“一带一路”建设的发展战略，将云南建成面下南亚、东南亚辐射中心的宏伟目标。大理如何继往开来，抓住国家和云南省建设一带一路、面向南亚、东南亚辐射中心的战略机遇，让千年古道再焕异彩，成为各级领导关注、专家学者探讨、人民群众参与的问题。大理州政协为了汇民智、献良方，邀请各界相关人士，召开“大理州与南方丝绸之路研讨会”，我应邀参会并发言。本文从历史和现实的角度略陈管见，以就教于同仁。

（一）大理交通枢纽地位是历史形成的

说起白族，人们自然想起大理，这是不错的，因为大理本来就是白族的族源地。然而这还不全面，因为白族历史上的足迹远不止大理。根据《元史·地理志》记载，南诏、大理国的疆域：“东至普安路之横山（今贵州普安）；西至缅甸之江头城（今缅甸杰沙）。凡三千九百里而远；南到临安路之鹿沧江（今越南莱州省的黑河）；北至罗罗斯之大渡河，凡四千里而近。”囊括了几乎今天的云南省全境，部分还包括云南省外。作为与云南境内各民族先民共同缔造了南诏、大理国文化的异源同流的白族，既吸收了各民族文化精华，创造出流光溢彩的白族文化，又随着南诏的开疆拓土，将自己的文化传播到南诏、大理国境内的各个地方。大理地区属云贵高原与横断山脉结合部，巍峨的群山和如画般的山间盆地（俗称坝子）相连，奔腾的三江（澜沧江、金沙江、怒江）汇聚百川千河在这里分流远去。海拔4298米的高山上的皑皑白雪与海拔只有730米的峡谷中的万紫千红，造就了这里变化万千的迷人景观，真可谓“一山有四季，十里不同天”。

南诏时期，曾将这壮丽的山河封为五岳四渎，即东岳乌蒙山、南岳蒙乐山（无量山）、西岳高黎贡山、北岳玉龙雪山、中岳点苍山，澜沧江、金沙江、黑惠江（又叫漾濞江）、潞江（又叫怒江），这些美丽的山河名称一直延续至今。

国家统一从来都是由局部统一，区域统一走向国家的大一统。南诏、大理国时期在自己的辖区内推行民族和解政策。白族不仅主动积极接受和学习中原文化，而且成为将中原文化向周边各民族传播的桥梁和纽带。今天云南边疆稳定，民族团结，社会和谐，这有南诏、大理国的主要创立者之一——白族的一份贡献，影响极其深远。

不了解云南的人，常常以为云南地处遐荒，交通闭塞，文化落后，这是有失偏颇的。其实云南东部是亚洲大陆，处在汉文化的西部边缘；西边是亚洲次大陆，处在印度文化的东部边缘；北界西北高原，处于青藏文化的南部边缘；南联中南半岛，处于海洋文化的北部边缘。根据学者们的研究，先于西北丝绸之路200多年，在祖国西南也有一条重要的“丝绸之路”，即“蜀身毒道”。它由灵关道、五尺道和永昌道组成。始于四川成都，北与中原相联。南分东西两道，西道沿“牦牛道”而行，经雅安、汉源、越西、会昌、会里、攀枝花、大姚而至大理；东道经东山、犍为至宜宾，跨金沙江，沿“五尺道”，经盐津、大关、昭通、贵州赫章、宣威、曲靖、昆明、楚雄，在大理交汇后又经保山、腾冲、德宏至缅甸，抵达印度。此外，还有经大理，达西藏、四川的“茶马古道”；从大理到安宁南下出海的“步头路”。大理由此被一些学者誉为“亚洲文化十字路口”的古都。据方铁教授考证，历史上云南对外交通有“连接滇川的石门关道，清溪关道；古代的南昆线；源远流长的茶马古道；云南第一道——普安道；鲜为人知的铜盐古道；通往印度的蜀身毒道；滇越通道；版纳驿路；临沧古道和水道”达10条之多。（见《今日民族》2002年1—2期）大理刚好在灵关道、五尺道和博南道的交汇点上。

茶马古道，是滇川藏进行商业贸易和文化交流的通道，准确讲应为茶马盐古道。它是以大理为中心往东经楚雄到昆明，再到内地；往南经巍山到茶叶主产区云县、凤庆及普洱、思茅等地；往西经保山到缅甸，再到东南亚诸国；往北经丽江、中甸到西藏，再到不丹、尼泊尔、印度诸国。在这条古道上，大理各族先民们早在2000年前就已做着马匹、盐巴、茶叶、药材和皮毛的生意了，文化的传播也就不言而喻了。

纵横交错的地缘优势有利于各种外来先进文化与本土文化在这里整合和交融。

今天，沿着昔日两条古道的走向，已经建成和正在建设的楚大高速、大保高速、广大铁路、大丽铁路、大丽高速、大瑞铁路，加上大理飞机场通航线路的不断增加，使大理的区位优势更加突显。

（二）白族自古以来就有外出开拓创业的优良传承

白族人不封闭、不保守，以开放包容的胸襟，善取能舍，广纳各种文化精华为我所用；白族人不排外、不自私，杨慎一进龙尾关便心旷神怡，担当才到感通寺就落地生根。洋人街装下七大洲肤色，大理城回荡着五湖四海乡音。

考古证明，从银梭岛4000多年到剑川海门口3000多年直至南诏时期的羊苴咩城，一种带流陶器反复出现，说明白族先民河蛮主体从未离开过这片土地。但作为土著的河蛮，善于学习、勇开风气之先。早在汉代，就有张叔、盛览负笈到四川拜师司马相如习汉赋。爨人西迁，使中原文化进一步在大理传播。南诏时期，“人知礼乐，本唐风化”。两条古道流淌的中原文化、巴蜀文化、氐羌文化、吐蕃文化、荆楚文化、古越文化和印度文化在这里交汇整合，形成了独具特色的大理白族文化。

南朝宋时范晔的《后汉书·西南夷列传》所收《行人歌》唱道：“汉德广，开不宾。度博南，越兰津。渡浪沧，为他人。”说明早在汉代，大理就已经开通了对外通道。《蛮书·山川江源》收录的《河赕贾客谣》清楚地表明大理对外商业交往的悠久历史。

根据史书记载，南诏都城常驻有东南亚十六国使节，国宾馆五华楼经常宴请四海嘉宾。沈德符《野获篇》卷二十六载：“元时下大理，选其工匠最高者入禁中。至我国初（明初），收为郡县，滇工布满内府。今御用监公用库诸役，皆其子孙也。”

20 世纪 30 年代，英国人类学家 C.P. 费茨杰拉德在大理一住就是 3 年，在深入调查研究的基础上，他写下了《五华楼》一书。他在书中写道：“联接中国和缅甸的茶马古道的北面，在滇西的崇山峻岭中，有一块狭长而富饶的稻米之乡镶嵌在苍山和洱海之间，这里就是大理民家（白族）的家。在云南，民家是人口最多、最文明开化的少数民族群体之一。”又说：“民家生性活泼、健谈快乐，还具备值得称赞的公共道德和礼仪。”

（三）几点建议

1. 良好的生态环境是大理可持续发展的基础

明嘉靖三年（1524 年），24 岁就高中状元的四川新都杨慎（升庵）因“议大礼”案，触犯了嘉靖皇帝，被充军到云南。经过千里迢迢的长途跋涉，他来到了风光秀美的大理，看到犹如山水画般的苍洱胜景，这里以苍山洱海为屏障，龙首（上关）龙尾（下关）两关为锁钥的百里海西，阡陌纵横的田园，错落有致、鳞次栉比的白族村落，他挥毫泼墨，写下了遒劲浑厚的“百二山河”四个大字，为后人留下许多遐想。一种说法是指苍山洱海之间的大理区域，另一种则认为杨状元博学多才，“百二山河”

可能源于“百二秦关”或“百二雄关”的典故。但无论何种解释，“百二山河”作为苍洱间大理坝子的代称在民间一直沿用至今。

苍山洱海是上天惠赐大理的人间福地，许多人都慕名前来寻梦。

说起云南，人们自然就会想起大理；提到大理，自然也就想到大理古城，因为大理是国务院首批公布的中国历史文化名城之一，是白族文化最富集的地区，同时又是一座风花雪月托起的古城。

风花雪月原是曲牌名称，但把它用在大理的生态环境上，是再合适不过了。所谓风即下关风，花即上关花，雪即苍山雪，月即洱海月。当地民谣：“身披下关风，脚踏苍山雪，早看上关花，晚观洱海月。”下关风猛如虎。它从苍山与哀牢山之间呼啸而来，至下关天生桥峡谷口，风势便由下往上蹿，出现了一些奇异的自然景象。下关一年四季风吹不断，故有风城之名。上关花是指上关有棵奇花——十里香树，花大如莲，其果黑而坚硬，可作朝珠，故又名朝珠树。《大理府志》载：“花树高六丈，其质似桂，其花白，每朵十二瓣，应十二月，逢闰年则多瓣，俗以神仙遗种。”今此花已不见，但“上关花”的传说却一直流传下来。苍山，即点苍山，苍山雪是指苍山顶上一年四季不化的积雪。洱海，又名昆明池，古称榆泽，因湖状如耳，故名洱海。每逢农历十五之夜，泛舟洱海，仿佛见到洱海月在上空，天上月掉进海中。苍洱风光，千变万化，构成了下关风大、上关花艳、苍山雪莹、洱海月明的四大奇景。著名作家曹靖华赋诗：“下关风、上关花，下关风吹上关花；苍山雪、洱海月，苍山雪照洱海月。”风趣生动，让人玩味无穷。千百年来，当地人更用一首谜语诗：“虫入凤窝不见鸟（风），七人头上长青草（花），细雨下在横山上（雪），半个朋友不见了（月）”，来暗喻风花雪月，从而使风花雪月成为妇孺皆知的大理四景。今天，由于全球气候变暖，董难笔下的“极目望点苍，芙蓉有天阙。下有百尺松，上有千年雪”的美景已经难觅。下关鳞次栉比的高楼大厦让下关风失去了往日的威风。但苍山依旧绿，洱海依旧清，皓月依旧明，金花更艳丽。明代诗人高昌雅咏诗盛赞的“水绕青山山绕城，由来人杰地应灵。水光万顷开天镜，山色四时环翠屏”的景致依旧。风花雪月所寓意的苍山、洱海、古城、白族依旧让人流连忘返。

大理好就好在山水相依。在我国所有的高原城市中，恐怕也没有能与大理相比的风光。在这里山和水都凸现了它们的极致，互相依偎，互相衬托。可以这么设想，如果大理只有山而没有水，那么无论苍山怎么高峻，他也如同一位单身的俊男，虽俊但未免感到寂寞；如果大理只有水而没有山，那么尽管洱海多么清蓝，她也只像一位单身的美女，虽美但毕竟感觉孤单。大理真是天作之合，有山有水，山水相依，阴阳调和，刚柔并济，真是再美不过了。正如冯骥才先生所言，只要天空是蔚蓝的，空气是洁净的，洱海是清澈的，大理就是最美的。

毋庸讳言，目前大理房地产的过度开发已经日渐成为大理生态文明建设的潜在威胁，应引起足够的重视。实践已经反复证明，生态破坏的后果常常是灾难性的，要想修复十分困难。当务之急是要进一步完善有助于生态文明建设的法律法规体系，并且真正做到有法可依、违法必究、执法必严的社会氛围。不断提高全民的生态文明素养，形成全民关心生态建设，参与生态建设大气候。

2. 浓郁的民族文化是大理的软实力

在昆明大观楼，有一幅被誉为“天下第一长联”的大观楼长联，下联中有“汉习楼船、唐标铁柱、宋挥玉斧、元跨革囊”等有关云南历史的四个典故，都与大理有关。

“汉习楼船”是对汉武帝开发西南夷置郡县这一重要历史事件的高度概括。“唐标铁柱”讲的是公元 707 年，唐朝派唐九征征西洱河蛮获胜后立铁柱记功之事；“宋挥玉斧”讲的是宋太祖赵匡胤划大渡河为宋与大理国界的典故；“元跨革囊”讲的是忽必烈率军乘皮筏渡过金沙江灭大理国之事，显然都与大理有关。

今天的大理，地处云南西部，位于东经98°52′～101°03′，北纬24°40′～26°42′之间，总面积29459平方公里。下辖大理市、漾濞彝族自治县，巍山彝族回族自治县、永平县、云龙县、洱源县、剑川县、鹤庆县等12个县、市。

大理见于史书记载，最早叫云南。明代著名白族学者李元阳编纂的《大理府志》中写道：“大理据全省之上游，为滇西扼塞之地……西汉置益州，因彩云见于南方，亦名彩云州，置云南郡。诸史中凡曰‘云南者’，皆指大理而言。”《新唐书》说：“南诏或曰鹤拓、曰龙尾、曰苴咩、曰阳剑。”南诏王世隆时，曾建国号“大礼”。“大理”一词，始于段思平建立大理国。

大理又称榆城，是因为洱海被称为叶榆泽，大理曾设叶榆县的缘故。又名鹤拓，相传，大理古为汪洋大海，人们居住在高山，是两只白鹤引导人们寻找到这片乐土，从此落地生根。

大理地区属云贵高原与横断山脉结合部，巍峨的群山与如画般的山间盆地（俗称坝子）相连，奔腾的三江（金沙江、澜沧江、怒江）汇聚百川千河在这里分流远去。海拔高达4298米的高山上的皑皑白雪与海拔只有730米的峡谷中的万紫千红，造就了这里变化万千的迷人景观，真可谓“一山有四季，十里不同天”。

自然环境的多样性造就了生活在大理的各民族特色鲜明的民族文化，如各民族绚丽多姿的服饰文化，各具特色的饮食文化，白族的本主文化、节庆文化，彝族的打歌、跳菜，漾濞彝族诺苏娃娃节，漾濞苗族“牛王会”等，许多都是大理各民族独有的文化现象，深受中外游客的青睐，养护好这些“独、特、优”文化，大理就拥有人无我有、人优我特、人特我优的文化优势。但必须清醒地看到，随着全球经济一体化、全国现代化、城镇化的快速推进，加之大理是旅游热区，民族文化因为商业行为被蚕食、异化、弱化已有许多前车之鉴，应引起高度重视并制定相应措施化解风险。

3. 进一步积极争取国家层面对大理交通建设的支持

改革开放以来，大理也和全国一样，发生了翻天覆地的变化，尤其是通讯和交通，许多过去想都想不到的问题都成为现实，这为大理再现千年古道辉煌提供了可能。当前要进一步争取国家层面对大理交通建设的支持，提升现有航空、铁路、公路的通达能力，同时要在昔日古道走向的方向，尽快启动滇藏铁路，大理至滇南铁路等，大理至攀枝花、大理至西藏的高速公路等建设项目。进一步增强大理的交通区位优势，加快大理发展步伐。

4. 优先发展教育与科技，为大理快速发展提供智力支持和人才保障

大理素有尊师崇德的良好风尚。在白族地区，无论贫富，都以尊师求学为荣，甚至织席贩履、负薪卖炭，也要供子女读书。这也是白族社会发展薪火相传，人文蔚起的重要原因之一。值得一提的是，白族对外来文化，既兼容并蓄、博采众长，又保持自己的风格，按照白族的道德观念予以解释。

今天大理的教育基础在云南可以说名列前茅，在滇西堪称文化教育中心。要充分发挥大理的区位优势，在大理学院、滇西技师学院的基础上，进一步整合各种教育资源，调整专业设置，实现从教育大州向教育强州跨越，为大理快速发展提供智力支持和人才保障。

大理虽然山川秀美，但山多地少，宜居和可耕种的土地资源承载能力有限，不适宜发展占用耕地太多的产业，发展高新技术和文化产业，发展外向型经济和康体度假游，拓宽渠道，增加劳务输出的数量和提高劳务输出的质量是加快大理发展的必由之路，变粗放型的劳务输出为提

高劳动力的技术含量应列入议事日程。这一切都需要提高劳动者素质，所以优先发展教育与科技不失为治本之策。

古人有“不识庐山真面目，只缘身在此山中”之说。由于笔者所处角色，所提建议不一定妥当，权当引玉之砖。

白族形成谫论

白族从哪里来？什么时候形成？怎样形成？学术界争论多年，见仁见智，至今尚无定论。值此，大理州白族文化研究院就这一问题再次组织专题讨论之际，笔者不揣浅陋，在前人研究的基础上，结合近年的考古发掘，谈点不成熟的看法，以就教于同仁。

一、大理地区是孕育白族的摇篮

广义的大理地区应该指澜沧江和金沙江从发源地出发，分道远去后形成的三角形顶部地区，即今天的兰坪、剑川、洱源、云龙、鹤庆、大理、宾川、祥云、漾濞、弥渡、巍山等县市，因为从自然生态、考古发掘、文化形态方面看，这一地区有许多相似的地方。尽管随着历史的发展变化，今天有的县白族比例不算优势，但毋庸置疑，历史上，这一地区也是白族繁衍、发展的核心地区，所以，本文讨论白族源流就以广义的大理地区作为着眼点。

1. 大理地区的自然生态环境最适宜人类繁衍和发展

世界屋脊喜马拉雅山逶迤南下，从 8844.43 米到苍山降至 4122 米而止。这里高耸入云的奇峰峻岭与四季如春的山间盆地交相存在。这些盆地平畴沃野，江河纵横，湖泽遍布，使得早期人类在生产力低下、生产工具简陋的情况下，容易取得食物，保障生存。

水和空气是人类赖以生存不可或缺的最基本条件，白族所处之处正好是被称为世界黄金纬度的北纬 25°，这里本来应该是亚热带气候，但由于大理的高海拔、低纬度，加之位于喜马拉雅山雪域之南，印度洋、太平洋季风之北，这一环境使大理变成了冬不着袄，夏不挥扇，四季无寒暑，年平均气温 15.1℃，最冷的 1 月平均气温 8.5℃、最低气温 –3.7℃，最热 7 月平均温度 20.3℃，最高气温 28.9℃，年平均降水量 1078.9 毫米，最适宜人类生存的最佳环境。南诏异牟寻归唐以后，异牟寻封五岳四渎，将苍山定为中岳，将大理作为天地的中心。自然环境对人类繁衍和发展的影响，古今中外的许多学者都有过精辟的论述，史不绝书。

2. 考古发掘证明大理地区人类活动清晰可循，从未中断

从近百年的考古发掘也充分证明，大理地区的历史从数万年前的旧石器时代到新石器时代、青铜器时代到铁器时代一路走来，从未间断。

澜沧江从西部穿越大理地区，金沙江则从大理地区东部流过。近年来，两江包围的大理地区从北向南的考古发掘都有许多新的发现。

怒江兰坪玉水坪洞穴遗址是澜沧江流域迄今发现的较早的旧石器文化遗址。1989 年经怒江州人民政府批准，公布兰坪玉水坪洞穴遗址为州级重点文物保护单位。2005 年 10—11 月，云南省文物考古研究所对遗址进行了正式发掘。证明玉水坪遗址是云南旧石器时代晚期最重要的遗址之一，出土石器近千件，骨器 4000 余件。经北京大学 C14 实验室测定，为距今 2 万—4 万年。[①]

2008 年 8 月 7 日，云南省文物考古研究所、大理州文物管理所、剑川县文物管理所、兰坪县文物管理所等单位的考古工作者，在剑川至兰坪公路建设沿线剑川象鼻子洞发现一处旧石器遗址。此次调查、勘探共采集和出土了旧石器时代的砍砸器、刮削器、石锤、石核、石片等 60 多

① 见张跃、李绍恩主编：《峡谷中的怒族社会》，昆明，云南大学出版社，2012。

件，距今至少 1 万年以前。[①]

除了剑川、兰坪发现旧石器遗址外，在鹤庆等地也有旧石器遗址的发现。这些旧石器遗址都是前临河流、背靠山脉，同时河滨还有较宽阔的平畴沃野，便于早期人类在生产力极其低下的情况下能够生存繁衍。

大理地区的新石器文化遗址几乎遍布大理地区，主要有苍山马龙遗址、佛顶遗址、龙泉遗址、白云遗址、宾川白羊村遗址、永平新光遗址、大理海东银梭岛贝丘遗址、剑川海门口遗址等。2003 年 10 月至 2004 年 5 月，云南省文物考古研究所、大理州文物管理所、大理市博物馆对大理海东银梭岛贝丘遗址进行第一次发掘，发掘面积 300 平方米。2006 年 3—5 月进行第二次发掘，发掘面积 300 平方米。遗址地层多达 65 层，遗址文化层分为四期。绝对年代从公元前 3000 年至公元前 4000 年前，一直延续到公元前 900 年至 400 年。[②]

《中华世纪坛》铭文中载：公元前 2200 年前后，云南洱海地区白羊村遗址发现有房址、火塘、窖穴。这是云贵高原目前所知年代较早的以稻作农业为主的农业遗址。

洱海东部宾川的白羊村新石器文化遗址，发现较完整的房屋遗址 11 座，早、晚期房址均为地面木构建筑，基本特征一致，仅局部有所不同。窖穴 48 个，多分布在房址附近。窖穴内发现大量灰白的粮食粉末和稻谷、稻壳、稻杆痕迹。兽骨有狗、猪、牛羊、野猪、黑熊、鹿牙等，陶、石、骨、角、牙、蚌器 516 件。生产工具以石器为主，骨器次之。石器以磨制为主，个别有琢磨兼制或打制者，大都就地取材。陶器均为手制

① 见大理白族自治州白族学会编：《白族文化学术讨论会论文集》，昆明，云南民族出版社，2013。
② 见云南省文物考古研究所、大理市博物馆、大理市文管所、大理州文管所：《云南大理市海东银梭岛遗址发掘简报》，载《考古》，2009（8）。

夹沙陶，晚期个别口沿有慢轮修饰痕迹。纹饰复杂多样，有划纹、绳纹、点线纹、剔刺纹、乳钉纹，附加堆纹、绳纹等。墓葬34座，其中竖穴土坑磨24座，幼童瓮棺葬9座，成人瓮棺葬1座，墓口一般距地0.15米—1.2米。经C14测定并经树轮校正，白羊村遗址的年代为公元前2165+105年或公元前2050+105年，距今约4000年。它是洱海区域新石器文化中的一处代表性遗址，也是文化面貌比较完整的原始社会聚落。正如“考古报告”指出：“白羊村遗址是以农业为主，兼营狩猎、采集与饲养家畜的社会经济。从出土大量的磨制生产工具分析，当时的农业已经发达。遗址中发现储藏禾草类的叶子，谷壳粉末的窖穴多达二十三个，表明粮食作物已是当时重要的食物来源。整个遗址的文化堆积层厚，房屋遗址较小而颇密集，近旁又发现储藏粮食作物和生产工具的窖穴，说明白羊村遗址是一处长期定居的村落遗址。”这是典型的稻作农业为主，属于“耕田，有邑聚”的坝区民族。溯其源流，他们与白族先民的密切联系应无疑义。

大理地区从新石器时代走向青铜器时代，剑川海门口遗址提供了有力的实物佐证。2008年1月8日至5月25日，云南省文物考古研究所、大理州文物管理所、剑川县文物管理所等单位对剑川海门口遗址进行第三次考古发掘，发掘面积达1395平方米。此次发掘出土文物约3000件，有陶器、石器、骨器、牙器、木器、铜器、铁器、动物骨骼和农作物遗存8类。清理的遗迹有房址、火堆、木桩柱和横木、灰白色石块、人骨坑、柱洞等。清理出木桩柱和横木4000多根，房址2座。经研究分析，遗址分为三期：第一期（8—10层）属于新石器时代，大致距今5000—3900年；第二期（6—7层）属于青铜器时代早期，大致距今3800—3200；第三期（4—5层）属于青铜器时代早、晚期，大致距今3100—2500年。

遗址的晚期年代为宋、元、明时期。[①] 尤其是这次考古发现碳化稻、麦、粟、稗等农作物，说明白族先民种植水稻已有5000多年的历史，并且可能已经掌握了稻麦复种技术。

综上所述，大理地区数万年前的旧石器一直到宋、元、明时期，历史发展脉络清晰，从未间断。我们不能说这些文明都是白族先民创造的，但与白族先民有着千丝万缕的联系是可以肯定的。尤其是苍洱境内的稻作文明，应该就是被称为斯榆、河蛮，也就是后来学者们定名为“洱滨人”或“洱海人”创造的，他们是白族形成的核心。

二、异源同流不是简单的融合

白族族源，一直是治白族史，乃至云南民族史学者们关注的热点问题。目前较为流行的主要有氐羌说、土著说、汉族移民后裔说、异源同流说，由于各种观点都能从史籍或口碑材料中找到支持自己观点的依据，故众说纷纭，莫衷一是。

寻觅历史发展的轨迹，正像恩格斯在《家庭私有制和国家的起源》一书中所揭示的那样，民族、国家并不是如影随形一样伴随着人类的出现而出现，而是经历了漫长的发展过程。西南地区虽然汉晋时就设郡置县，但我们不能以现在的行政管理模式去想象前人，当时设郡置县象征意义大于实际控制，尤其是边远山区，当时的实际情况是《通典》卷一八七中所描述的“其西洱河从嶲州西千五百里。其地有数十百部落，大者五、六百户，小者二、三百户，无大君长，有数十姓，以杨、赵、李、董为名家，各据山川，不相役属”。正因为如此，当史万岁、梁建方、唐九征

① 见云南省文物考古研究所、大理州文物管理所、剑川县文物管理所：《云南剑川县海门口遗址第三次发掘》，载《考古》，2009（8）；李昆声、闵锐：《云南早期青铜时代研究》，载《思想战线》，2011（4）。

等用兵这些地区时才所向披靡，因为当时部落星碎的武装通常都是打得赢就袭扰你一下，打不赢就退入山林或迁徙。当南诏统一后，以国家政权的力量整合资源，不仅在防御战中让何履光、鲜于仲通、李宓的进攻连吃败仗，还能主动出击并取得一系列胜利。白族就是伴随着这一时期的社会发展而日渐形成。开始有了在原来语言“言语音，白蛮最正。蒙舍蛮次之，诸部落不如也”（《蛮书》八），但可以交流的语言基础上形成了以苍洱为中心的主要统治地区内可以互相交流的官方用语——白语。建立起以水稻农耕为主，兼营采矿、手工业的经济发展模式。南诏经济出现了“蛮治山田，殊为精好”（《蛮书》七），“耕田一牛三夫，前压后驱”的比较先进的耕作技术。由此带来的赋税制度使南诏有了足以支撑国家运转和军事扩张的经济实力，形成了以农业为基础的共同经济生活。建立在文化相互渗透，相互认同基础上的民族心理素质得到空前加强。《南诏图传》中就出现了有关“大封民国”的文字记载。在“大白国”“拜国”的基础上，以“张乐进求一见蒙奇嘉王有异相，遂妻以女，并让位与奇嘉王。王姓蒙，名细奴逻，遂灭张氏，号大封民国”（即大白民国）（《南诏野史》淡生堂传抄本）为标志，一个新的民族共同体——白族正在形成，并成为唐宋时期，乃至有元一代以苍洱境为中心的统治民族，这应该说是比较符合历史发展规律的。

诚然，有的学者对“封、白”转换提出质疑，但不影响白族的形成，因为民族的形成是一个长期渐进的过程，不可能一朝一夕成就。白族的称谓是因为1956年大理白族自治州的成立，在充分尊重白族人民自愿的基础上对众多白族自称和他称的统一和规范。

正像国家统一首先是由局部的统一、地域的统一最终走向更大范围的统一一样，南诏大理国文化的辉煌是由生活在南诏、大理国境内的各民族共同谱写的。越往前就越说不清哪是你的，哪是我的。这就是为什么西南许多民族都习惯自称九隆后裔的缘由。作为地域概念，哀牢夷并不等同于今天的哀牢山；作为民族概念，哀牢夷涵盖了西南各民族的先民，也就是《华阳国志.南中志》所说的“南中昆明祖之”。《新唐书。南诏传》也有“南诏……本哀牢夷后，乌蛮别种也”的记载。从这个意义上说，各个民族都去探索自己与南诏千丝万缕的联系是很正常不过的，因为今天生活在云南境内的各民族先民都为南诏的建立做出过贡献。但如果执意坚持非此即彼的排他说，就有点将纷繁复杂的历史现象过于简单化了。相反又将历史上自然、质朴、单纯的氏族、部族、部落的关系现代化了。

综上所述，白族的形成经历了异源同流的历史过程，但这种异源同流不是简单的各族群融合，更不是一加一的模式，而是以洱海区域的白族先民为基础，不断吸纳和融合了不同时期进入洱海地区的其他民族先民，随着南诏的统一，白族这一民族共同体日渐形成并走向成熟。大理国以后，白族作为以洱海为中心的主体民族一直生活、繁衍在苍洱大地，同时也创造了白族历史上比较辉煌的南诏、大理国文化，应该说是比较接近历史的真实，这也就不难理解白族文化为什么能成为云南兼容了中原文化、巴蜀文化、百越文化、荆楚文化乃至印度等南亚、东南亚文化的先进文化相沿至今。

三、关于白族形成问题

按照马克思主义国家学说的观点，国家决不是从外部强加于社会的一种力量。国家也不像黑格尔所断言的是“伦理观念的现实”“理性的形象和现实”。确切地说，国家是社会在一定发展阶段上的产物；国家是承认：这个社会陷入了不可解决的自我矛盾，分裂为不可调和的对立面而又无力摆脱这些对立面。而为了使这些对立面，这些经济利益互相冲突的阶级，不致在无谓的斗争中把自己和社会消灭，就需要有一种表面上凌驾于社会之上的力量，这种力量应当缓和冲突，把冲突保持在“秩序”的范围以内；这种从社会中产生但又自居于社会之上并且日益同社会相异化的力量，就是国家。由于世界各地的情况千差万别，马克思主义的国家学说在不同地区的国家形成中又表现各异，有的是先出现一个比较强大的民族，经过开疆拓土建立国家，如契丹建立辽国、党项建立西夏、女真建立金。也有的是通过国家的建立形成一个新民族，如美国独立诞生了美利坚民族。白族也是伴随着南诏的不断统一，以河蛮（白蛮）为主，不断融合境内的其他部族形成的。

学术界提出乌蛮和白蛮不是民族称谓，而是反映云南土著居民接受汉文化的程度不同，即乌蛮和白蛮不等同于今天的彝族和白族，当然，乌蛮和白蛮作为后来彝族和白族的重要组成部分也应该肯定。

正如前面所言，南诏建立以前，在云南这片广袤的土地上，由于自然地理和人文历史的特殊性，并没有形成现代意义上的民族，是南诏的建立才形成了白族共同体，同时也形成了其他相对独立的民族共同体和现在一些民族的众多支系。由此可见，认定哪一个民族建立南诏似有些牵强，乌蛮、白蛮共同建立南诏的提法比较符合历史真实，而单一民族共同体的出现则是随着南诏不断开疆拓土，国家形态日渐完备后出现的。打个不大贴切的比方，民族像水，众多的涓涓细流汇成大江大河，这就是融合。相反，从大江大河里流出的涓涓细流，流入其他江河流域，这就是被融合。回顾白族历史发展，明朝以前，进入云南、大理的汉族不断被白族融合；明朝以后，军屯、民屯比较集中的地区，白族不断融入汉族之中。

白族共同体的主要特点有：

1. 居住地相似

白族一般喜欢滨水而居，大量出土的碳化稻谷、小麦说明白族或白族先民种植水稻、小麦，较早掌握复种技术。由于人们食物的多样性，白族饮食也并非单一的稻米，湖滨居民兼打渔，山区半山区兼狩猎，通常过着不分姓氏，聚族而居的村落生活。

2. 宗教信仰

相信万物有灵，敬天法祖，在崇信本民族宗教的基础上，不断吸纳儒、释、道内容，并将其世俗化改造，使之更加适应本民族的需要。尤其是本主崇拜，是白族人民奉祀的民族神。

本主者，本境之主也。在佛教、道教传入白族地区之前，本主崇拜应该是白族最早的原始崇拜之一。佛教、道教传入白族地区以后，善于兼收并蓄的白族人民，巧妙地将佛教、道教融入本主崇拜而独树一帜。

“本主”，白语叫“武增”，即我们的主人。也称“朵薄朵姆”或“劳谷劳泰”，意为“大爷、大妈”或“祖父、祖母”。在彝族、白族杂居地区，也称“土主”。这些称呼，有祖先崇拜的含义，但不完全是祖先崇拜。从各种供奉的神灵看，有自然神、图腾神、英雄神、世俗神，等等。它既具有自然崇拜、鬼魂崇拜和祖先崇拜的原生宗教因素，又掺杂着佛教、道教、儒家的内容，形成本主崇拜。他是一种与儒、释、道信仰并行不悖的一种宗教信仰，是白族特有的文化现象，也是白族相异于其他民族的一种特殊信仰。

3. 语言文字

随着南诏的统一，白语成了《蛮书》卷八记载的“言语音，白蛮最正，蒙舍蛮次之，诸部落不如也”的白蛮（河蛮）这一族群使用的共同语言。文字却没有对民间流传的汉字形白文进一步规范，而直接使用汉字，这从阁罗凤所立大碑（即后来称之为《南诏德化碑》）可以证明。如果《南诏德化碑》是由其他有成熟文字的民族所立，至少在碑额或碑阴处要有本民族文字记载，这是常识。但从《山花碑》等碑铭、祭祀文钞和白族调、大本曲中，不仅保留了许多白文，至今还在民间艺人中使用。

4. 饮食文化

贵食生，生皮一吃就达千年。无论是棺葬或火化，一律实行墓葬，讲究竖碑立墓，推崇祖德流芳，注重家风家教，敬天法祖。考古发掘证明，白族同样是使用铜鼓的民族。《南诏图传》中就有白文“鞕鼓”即铜鼓的记载。

5. 姓氏文化

在西南各民族中，白族大姓最早有姓氏，元明清以后，普遍采用三字名，有时中间夹观音等佛号，表示信仰佛教，同时有祈福纳祥的寓意。

6. 文学艺术

白族读书人汉文化造诣深厚，他们大胆借鉴和吸收汉文化，创造出许多流光溢彩的文学艺术佳作，南诏时期就有作品入选《全唐诗》。明清以后，白族主动融入中华民族大家庭，文化修养迅速提升。自云南开科取士以来，大理考取进士举人的人数几乎都是云南的三分之一以上。李元阳、杨士云、王菘、师范等优秀人物犹如群星璀璨。但白族并没有忘记自我，保留了许多极具白族特色的文学艺术，如白剧、吹吹腔、白族调、大本曲等。

7. 善于学习

白族和白族先民自古以来就主动学习先进文化见贤思齐的优良传统。自两汉前后在云南建立郡县，白族或白族先民就没有中断与中原的联系。689 年，浪穹诏主傍时昔归唐，任浪穹州刺史，713 年，唐封盛罗皮台登郡王，738 年，南诏统一，皮逻阁被唐赐名归义，封云南王。794 年，异牟寻归唐，袁滋册封南诏。南诏时期，唐南虽然时有兵戎相见，但更多的是“子弟朝不绝书”“进献无余月”。大理国时期，宋王朝由于忙于应对北方边患，杜撰了宋挥玉斧的神话，但大理国与宋王朝经贸文化往来从未间断。在近现代，当中华民族陷入半殖民地半封建的苦难深渊时，白族优秀儿女为了寻求救国救民的道路，远赴欧美、日本留学，其中不乏像施滉、杨杰、周钟岳等姣姣者。杨玉科英勇捐躯镇南关，周保中在白山黑水间坚持抗战十四年，都名垂青史。

8. 开放的民族，重视教育

白族不封闭、不自卑、开放包容、与时俱进、豁达大度、创新进取，对其他文化兼容并蓄，和而不同。重视教育，推崇耕读传家。

在白族祖居地大理，明清时期，白族一门几学士，何氏、赵氏、龚氏等家族诗人群并不鲜见。当今博士、硕士、学士集于一门也很平常。就是在远离故土的湖南桑植白族，玉溪元江因远白族中也不缺乏这样的传奇。

正是得益于白族重视教育，敬畏文化，因此建筑艺术代有杰作，士农工商人才辈出，能工巧匠遍布民间。

此外，白族在倡导天人合一、敬畏自然、亲仁善邻、热情好客等方面的表现也很突出，限于篇幅，不再赘述。

四、白族的主要贡献

白族在形成和发展中，对中华民族的杰出贡献是多方面的，仅择要予以阐述。

1. 在维护祖国统一，奠定西南边陲的基本格局中发挥了重要作用

云南发现了距今约 170 万年的元谋人，也曾创造过春秋战国时期的滇文化，南北朝时期的爨文化高潮。但由于云南特殊的地形地貌，南诏统一以前，云南主要处于“朋仇相嫌”“兵革戈相防”，[1] 部落林立的状况。

南诏统一云南后，经过一系列的东征西讨，基本上形成了南诏的基

① 张九龄:《敕安南首领爨仁哲书》，见《全唐文》卷二八七。

本版图。《南诏德化碑》记载："西开寻传，禄郸出自水之金，北接阳山，会川收瑟瑟之宝。南荒走奔奏，覆诏愿为外臣，东爨悉归，步头已成内境。建都镇塞，银生于黑龄之乡，候隙省方，驾憩于洞庭之野。盖由人杰地灵，物华气秀者也。于是犀象珍奇，贡献毕至，东西南北，烟尘不飞。迅速无剽掠之虞，黔首有鼓击之泰。乃能骧首邛南，平睁海表。岂惟我钟王之致，实赖我圣神天帝赞普德被无垠威加有截。春云布而万物普润，霜风下而四海飒秋。故能取乱攻昧，定京邑以息民，兼弱侮亡，册汉帝而继好。"虽然不乏溢美之词，但基本史实应该说是可信的。

大理国长于修文，不像南诏奋力开拓，基本承继了南诏疆域。《元史·地理志》载："元世祖征大理，凡收府八，鄯阐其一也；郡四，部三十有七。其地，东至普安路之横山，西至缅地之江头城，凡三千九百里而远；南至临安路之鹿沧江，北至罗罗斯之大渡河，凡四千里而近。"由于历史变迁，今天的云南边界有所变更，但基本走向南诏大理国时期就确定了。作为南诏大理国主要建立者之一，不能不说这是白族对中华民族做出的杰出贡献。

2. 推动了云南经济发展和社会全面进步，为云南最终融入中华民族创造了条件，奠定了基础

云南是中国人类的发祥地，"宾川白羊村遗址"和"剑川海门口遗址"考古发掘证明，白族先民在水稻、小麦栽培、稻麦复种技术运用等方面曾做出重大贡献。云南粮食作物门类齐全，种植历史悠久。南诏大理国建立以前，也曾经创造过滇文化、爨文化的辉煌，但由于自然条件的限制，整体经济发展水平处于分散、粗放的阶段。这从隋以前，史万岁、梁建方、赵孝祖、唐九征等将领在没有后勤保障的情况下，率一旅之师，劳师袭远，仍能所向披靡就可以证明。南诏大理国相继建立，统治者大多注重发展社会生产，把农业作为立国之本，其国人"专于农，无贵贱

皆耕”，并设置专门管理农业的官吏。同时也积极发展畜牧业、手工业和商业，并设相应的机构进行管理，如厥爽主工匠营造，万爽主库藏出给，禾爽主商业贸易，皆为南诏重臣清平官、大军将、酋望来兼任。此外还设乞诧主马群，禄诧主牛群，巨诧主仓廪，从而在发达地区出现“国人无贵贱，皆农耕”“邑落相望，牛马被野”及“自是文工织，与中国埒”的局面。《新唐书》《文献通考》也有类似记载：其土“有稻、麦、粟、豆、丝、麻、薤、蒜、桃、李”。而《太平寰宇记》《唐会要》中则记载为：“其土五谷与中夏同。”洱海地区的农作物主要有水稻、麦、粟、豆。其种植方法与中原略同。耕作方法上已经采用了当时较先进的“二牛三夫”犁耕法。《云南志》卷七《云南管内物产》说：“每耕田用三尺犁，格长丈余，两牛相去七八尺，一佃人前牵牛，一佃人持按犁辕，一佃人秉耒。”南诏的稻麦复种技术在唐代接近内地先进水平。

南诏、大理国已开始注重水利开发问题。南诏的农业生产水平已与内地接近，尤以水利事业最为兴盛。当时各族人民开渠引流灌溉农田，因地制宜兴修高山蓄水工程，在涵管引水技术和城市用水建设方面也颇具特色，对西南少数民族地区水利事业的发展做出了贡献。[①] 阁罗凤时期，当地居民就“扼塞河潦，高原为稻黍之田；疏决陂池，下隰树园林之业”。胡蔚本《南诏野史》卷下《南诏古迹・高河》又说：“大理府点苍山玉局峰顶之南，蒙丰祐遣军将晟君潴山为池，导山泉，泄流为川，灌田数万，源民得耕种之利。”《僰古通纪浅述》中也说“遣军将晟君开茫涌溪，作潢江合十二溪，以入龙溪而止，每遇三月清明节，诸侯君臣，乘舟鼓乐游湖，号锦江春。开点苍高河”。

① 李国春：《唐朝时期南诏的水利事业》，载《中国农史》，1997（4）。

南诏、大理国纺织业源远流长，内容十分丰富。有些纺织技术，如棉纺织、毛纺织在当时极为先进，享有盛誉，并且已经掌握了印染工艺。唐文宗大和三年（829），南诏军队攻入素有“蜀锦天下绣”的成都，“将还，乃掠子女工伎数万引而南”。随着大批四川的纺织工匠、纺织工具被掠往云南境内，内地先进的纺织技术迅速传入，云南的纺织业技术大为提高。此后“南诏自是工文织，与中国埒”。漆器工艺技术的水平一直不断提高，闻名全国。掌握了大理石加工工艺。北宋政和年间，大理国向宋朝贡“金装碧玕山”，这是用大理石精雕，再加以镶金点缀而成，堪称中国雕镶史上的一绝。今天所发现的大理国后期的刻本佛经，说明当时大理地区已拥有一批佛经印刷人才。①

南诏大理国的冶金技术也很发达。《云南志》卷七《云南管内物产》云：“状如刀戟残刃……出丽水，装以金穹铁簜（上竹下汤），所指无不洞也……昔时越析诏于赠有天降铎鞘，后部落破败，盛罗皮得之。今南诏蛮王出军，手中双执者是也。贞元十年，使清平官尹辅酋入朝，献其一。”“铎鞘状如刀戈残刃，有孔旁达，出丽水，饰以金，所指无不洞。夷人尤宝，月以血祭之。”《云南志》卷七《云南管内物产》云：“郁刀，次于铎鞘。造法用毒药虫鱼之类，又淬以白马血，经十数年乃用。中人肌即死。秘其法，粗问得其由。”《续博物志》卷九亦云：“郁刀铸以毒药……淬以马血成之。伤一即死。刀剑以柔铁为茎杆，不可纯用钢。纯钢不折则缺。”《云南志》卷七《云南管内物产》云：“南诏剑。使人用剑，不问贵贱，剑不离身。造剑法，锻生铁，取迸汁，如是者数次，烹练之。剑成即以犀装头，饰以金碧。浪人诏能铸剑，尤精利，诸部落悉不如，

① 李晓岑：《南诏大理国的几项科技成就》，载《云南民族学院学报》，1994（3）。

谓之浪剑。南诏所佩剑，已传六七代也。”这些产品，即使与中原的相比也毫不逊色，其技术水平可以想见。

政治军事文化方面，南诏大理国深受唐风宋雨的浸润，许多政治制度就是仿效唐朝的。如南诏的授田制并据此收税就是受唐朝均田制的影响。这方面的例子史不绝书。

元代郭松年在《大理行记》中写道：“又山行四十里至赵州甸，即赵睑也。山形四周回抱，有藏风蔽气之势。川泽平旷，故家乔木犹有存者。神庄江贯于其中，溉田千顷，以故百姓富庶，少旱虐之灾。”“故其宫室、楼观、言语、书数，以至冠婚丧祭之礼，干戈战陈之法，虽不能尽善尽美，其规模、服色、动作、云为，畧本于汉。自今观之，犹有故国之遗风焉。”元代去大理国不远，郭松年所描述的应该是反映南诏大理国一脉相承的情况。

云南从汉武帝时期便已正式纳入中国版图，但历经两汉魏晋南北朝直至隋末唐初，中央王朝对云南仍未达到实质性的经略开拓，南诏建立前的云南大部分地方仍然是“部落支离”“首领星碎”“各擅山川、不相役属”的分裂局面。这种部落林立、互不统属的状况，既不利于全国的统一，也不利于云南地方的稳定，更不符合云南各族人民的利益。经过南诏、大理国长达5个世纪的地区性统一，促进了区域内政治经济文化的长足发展和各民族的交往融合，最终以一个统一的多民族地方性实体融入到元代中国大一统的版图之中。

回眸这一段历史进程，白族所发挥的重要作用是不言而喻的。

明代白族著名学者李元阳提出“天下一统，华夷无间”的卓越见解，正是对云南历史、白族历史的深刻洞悉后得出的比同时代人先进的结论。

3. 白族亲仁善邻，友善豁达，“攻心”“审势”为处理国家、民族、人际关系提供了成功范例

赵藩是白族近代史上声名卓著的政治家、社会活动家、学者，中国

近代史上有影响的知名人士。古今传诵的成都武侯祠楹联“能攻心，则反侧自消，从古知兵非好战；不审势，即宽严皆误，后来治蜀要深思”更使他蜚声海内外。赵藩之所以能创作出这样脍炙人口的佳联，除了他个人学养深厚外，更主要是植根于白族历史文化的沃土。

7世纪，唐王朝北抗吐蕃支持南诏统一六诏。但当南诏充分运用政治军事手段很快将势力扩大到整个云南后，与唐王朝的矛盾也日渐凸显。身处唐朝和吐蕃两大强邻之间的南诏，审时度势地处理好与唐王朝和吐蕃的关系，关系到南诏的生存和发展。从天宝战争前后一系列卓有成效的和战举措，我们不难看到阁罗凤、异牟寻将“攻心”“审势”发挥到了极致。

对于那场旷日持久的天宝战争，《新唐书·南蛮传·南诏传》记载：“鲜于仲通领剑南节度使，卞忿少方略。故事：南诏尝与妻子谒都督。过云南，太守张虔陀私之，多所求丐，阁罗凤不应。虔陀数诟靳之，阴表其罪。由是忿怨，反，发兵攻虔陀，杀之；取姚州及小夷州三十二。”当鲜于仲通要发兵报复，“阁罗凤遣使谢罪，愿还所虏，得自新”，先礼后兵。随后全歼鲜于仲通、李宓。胜利后又“揭碑国门，明不得已而叛。尝曰：‘我上世世奉中国。累封赏，后嗣容归之。若唐使者至，可指碑澡祓吾罪也’”[1]。始终将自己置于有理有利有节的地位。《南诏德化碑》的记载则更清晰：“天宝七载，先王即世。皇上念孝，悼往抚存。遣中使黎敬义持节册袭云南王。长男风伽异，时年十岁，以天宝八年入朝，授鸿胪少卿，因册袭次，又加授上卿，兼阳州刺史，都知兵马大将。既御厚眷，思竭忠诚，子弟朝不绝书，进献府无余。将君臣一德，内外无欺，岂期

① 《新唐书·南蛮传·南诏传》。

奸佞乱常，抚虐生变。”

“初，节度使张仇兼琼，不量成败，妄奏是非”……“越嶲都叔张虔陀，尝任云南别驾，以其归识风宜，恶奏请为都督。而反诳惑中禁，职起乱阶。……属竖臣无政，事以贿成。一信虔陀，共掩天听，恶奏我将叛。王乃加天叹曰：‘嗟我无事，上苍可鉴。九重天子难承咫尺之颜，万里忠臣，岂受奸邪之害’。即差军将扬罗颠等，连表控告。岂谓天高听远，蝇点成瑕，虽布腹心，不蒙矜察，管内酋渠等皆曰：‘主辱臣死，我实为之。自可齐心戮力，致命全人，安得知难不防，坐招顿政。’于此，差大军将王毗双，罗时，牟苴等，杨兵送微，问罪府城。自秋举冬，故延时序，尚位朝命，翼雪事由。岂意节度使鲜于仲通，已统大军取南溪路下，大将军李晖从会同路进，安南都督王知进自步头路入。既数道合，势不可守株。乃宣号令，师徒，四面攻围，三军齐备，先灵冥佑，神炬助威，天人协心，军郡全拔，虔陀饮，寮庶出走，王以为恶只虔陀，罪岂加众。举城置，犹为后留。即便就安宁再申忠悬，城使王克昭执惑昧权，继违拒请。遣大军将李克铎宛帅师伐之，我直彼曲，城破将亡。而仲通大军已至曲靖。又差首领杨子芬与云南录事参军姜如之赍状披雪：‘往因张卿谗构，遂令蕃汉生猜。赞普今见观衅浪穹，或以众相威，或以利相导，傥若蚌鹏交守，恐为渔父所擒。伏乞居存见亡，在得思夫，府城复置，幸容自新。’仲通殊不招承，劲至江口，我又切陈丹款，至于再三，仲通拂诔，弃亲阳兵，安忍吐发，唯言屠戮。行使皆被底呵，仍前差将军王天运帅领骁雄，自点苍山西，欲腹背交袭。于是具牲牢，设供坛，叩头流血曰：‘我自古及今，为汉不侵不叛之臣，今节度背好贪功，欲致无上无君之讨，敢昭告皇天后土。’史祝尽词，东北稽首。举国痛切，山川黯然。至诚感神，风雨震袭霈。遂宣言日：‘彼若纳我，犹吾君也。今不我纳，即吾雠也。断，军之机，疑，事之贼。’乃召卒伍，拥然登陴，谓左右曰：‘夫至忠不可以无主，至孝不可以无家。即差首领杨利等于浪穹参吐蕃御史论若赞。御史通变察情，分师入救。时中丞大劳出陈江口王审孤虚，观向背，纵兵亲击，大败彼师，因命长男凤伽异，大军将段全葛等于丘迁和拒山后军。王天运悬首辕门，中丞逃师夜遁。军吏欲追之。诏曰：‘止’君子不欲多上人，况敢凌天子乎？苟自咎，社稷无殒多矣！’既而合谋曰：‘小能胜大祸之胎，亲仁善邻国之宝。’”

“三年，汉又命前云南都督兼御史李宓，广府节度使何履光，中使萨道悬逊，总秦陇英豪，兼安南子弟顿营陇坪，广布军威。乃舟楫备修，拟水陆俱进。遂令军将王乐宽，潜军袭造船之师伏尸遍毗舍之野，李宓犹不自量力，近逼邓川。时神州都知兵马论绮里徐来救，已至巴跷山，我命大军将段附克等，内外相应，竟角觉冲。彼弓不暇张，刃不及发，白日晦景，红尘翳天，流血成川，积尸壅水。三军贵衄，元帅沉江。诏曰：‘生虽祸之始，死乃怨之终，岂顾前非，而亡大礼。’临遂收亡将等尸，祭而葬之，以存恩旧。”为后来异牟寻与唐朝重修旧好留足后路。

根据史书记载，早在汉武帝元封年间，张叔、盛贤就负笈千里到四川向司马相如学习经学及诗词歌赋，表明白族先民虚心求学的开放胸襟。到了南诏时期，建孔庙。上层统治阶级“不读非圣之书”。(《南诏德化碑》)直至将被俘的阶下囚西泸令郑回聘为帝师，公众不以为忤，反而成为美谈。郑回地位极高。《新唐书·南诏传·南蛮传》中记载：“故西泸令郑回，唐官也。往嶲州破，为所虏。阁罗凤重其惇儒，号‘蛮利’，俾教子弟，得捶榜，故国中无掸。”大理时期，虽然由于宋王朝因穷于应对北方边患，消极接受“唐亡于黄巢，而祸基于桂林”(《新唐书·南蛮传》)的教训，与大理国比较疏远，但大理国历代国王都一而再、再而三地与宋王朝主动示好，在双方往来的经贸活动中，文化交流更具特色。《桂海虞衡志》中记载：“乾道癸巳(1173年)，大理国人李观音得，董六斤黑，张股若师等，凡二十三人，至横山议市马，出一文书，字画略有法。大理所需《文选五臣注》《五经广注》《春秋后语》《三史广注》《本草广注》《五藏论》《大般若十六令序》及《初学记》、张孟《押韵》《集圣历》……百家书之类。”

白族不仅自己主动积极接受和学习中原文化，而且成为将中原文化向周边民族传播的桥梁和纽带。今天云南边疆稳定、民族团结、生态良好，白族的贡献功不可没。

早在南诏时期，南诏不仅自己向唐王朝呈现流光溢彩的“奉圣乐”，还将骠国民间艺人带到长安，东南亚16国使节常驻南诏都城。当邻国受到侵略，南诏还派兵支援。异牟寻将苍山敕封为中岳，就是昭告大理是天地中心。今天，大理将自己定位为连接南亚、东南亚的辐射中心，全国生态文明建设排头兵，全国民族团结进步先进建设示范区，这是有深厚历史传统的，也可以说是实至名归。

4. 白族和而不同的文化观成就了丰富多彩、博大精深的白族文化，极大地丰富了中华民族的文化宝库

白族著名学者马曜说：“环顾域内名胜，既饶壮丽之自然景观，又富悠久历史文化，兼之者其大理乎！”

大理是祖国西南最早开边置郡的地区。被称为南方丝绸之路的蜀身毒道和茶马古道在这里交汇，使大理成为中原文化、秦蜀文化、古越文化、荆楚文化、吐蕃文化和古印度文化碰撞与交融的理想栖息地，从而形成了以白族文化为代表的独具特色的地域文化，多姿多彩的民族风情、浩瀚博大的文献典籍、脍炙人口的诗词歌赋、遍布苍洱的名胜古迹，极大地丰富了中华民族的文化宝库。

大理地区自古以来就有主动积极学习和传播中原文化的优良传统。异牟寻在位期间，为了表示与唐王朝友好的决心，据《新唐书·南诏传》

记载："（异牟寻）请以大臣子弟质于皋，皋辞；固请，乃尽舍成都，咸遣就学。"韦皋改变了"质子"制度，而代之以文化交流。《通鉴》卷二四九《唐纪》六十五记载："初，韦皋在四川，开清溪道以通群蛮，使由蜀入贡；又选群蛮子弟聚之成都，教以书数，欲以慰悦羁縻之，学成则去，复以他子弟继之。如是五十年，群蛮子弟学于成都者殆以千数。"这对加强白族文化与中原文化的互学互鉴，其作用不言而喻。据大理州孔子学会调查，大理州12个县市共有孔庙18座，其中大理市就有5座，洱源县有3座。至于遍布个自然村的文昌宫更是不可胜数，有的自然村还有多座。如洱源县凤羽镇义和村就有上下文昌宫两座，充分反映出中原文化在白族地区影响和传播的深度和广度。

正是唐风宋雨的长期浸润，使白族文化与中原文化高度契合。白族在积极主动学习接受中原文化不断提升自己素质的同时，又不迷失自我，创造了独具特色的白族文化。所以，明清以后，白族虽然失去了政权却赢得了发展，主动融入中华民族，与各族人民一道，共同创造属于自己的幸福生活。

大理州白族文化研究院组织编辑出版了《情系大理·历代白族作家丛书》18卷，其中17卷以人立卷，综合卷收录了119位文人作家的诗文作品。他们的汉文化造诣并不比同时代的中原文人逊色，而乡愁则更胜一筹。大理还涌现出一些名冠当时的家庭诗人群。如世称"一门五代六学士"的洱源何氏，"杨门六学士"的大理喜洲杨士云一家等。同时又编辑出版了《情系大理·当代白族作家丛书》14卷，收录了14位当代白族全国作协会员的诗文。这些用汉文创作的作品同样反映出白族对汉语汉文的娴熟运用。

除了白族作家的书面文学外，蕴藏在白族民间的口承文学、民间艺术、节庆文化（见《守望精神家园——中国白族节日文化》）内容更加丰富，白族特色更加浓郁。

根据张福孙《大理白族教育史稿》统计，云南自洪武二十二年（1389年），选贡送应天府乡试以来，于洪武二十七年（1394年）开始中进士，前后中试的有75科（次），先后录取文进士258人，大理地区达82人，占云南文进士总数的31.78%。清代，云南于康熙三年（1664年）参加全国进士科考试，被录取的大约有98科（次），考中进士约695人，其中大理考中进士约有142人，占云南文进士总数的20.4%。没有持之以恒对中原文化的学习、消化、吸收，不可能在短时间在全国考试中取得如此骄人的成绩。

近代以来，白族以其固有的开放、包容的优良传承，勇开风气之先，许多有志青年为了寻求救国救民的道路纷纷出国留学，足迹遍及欧美、日本。施滉、张耀曾、周钟岳等是他们中的杰出代表。

云南大学林超民教授说，大理历史上涌现出一批又一批文化人，从南诏大理国开始，到明代的李元阳，清代的王崧、赵藩等，堪称白族学派。明代有七部省志，最好的是李元阳主编的万历《云南通志》。清代出现王崧，他独立完成的（道光）《云南志钞》是清代省志中最好的。

最能体现白族和而不同文化观的是白族的宗教信仰。

白族开放、包容，同时对外来文化具有很强的融合能力，从而使多种宗教在大理都有存在的空间。佛教、道教、伊斯兰教、儒家思想乃至近代基督教和天主教在大理地区都有人信仰。除了在近代，个别西方传教士披着宗教外衣，伴随西方列强的侵略为非作歹，鱼肉乡民引发众怒导致个别教案外，信教群众相互尊重，和谐相处，其中尤以儒、释、道为最。佛教和道家在白族地区经历了白族化和地方化的整合后，形成了被一些学者称之为“白族密宗佛教”的阿吒力教派，其影响最广泛和最深远。

在白族地区，单一的寺庙道观很少，通常都是儒、释、道兼容，甚至财神、龙王等也供奉其中。在洱源县凤羽的凤翔村旁的“三教宫”，把儒、释、道和谐地统一在一起。庙廊柱和大门的楹联开宗明义地写道“三教本同源，儒、释、道任谁行深般若，无非孝悌忠信；万法原归宗，智仁勇若登摩阿波罗，且从感应慈悲”、“三教本同源，儒、释、道开明宇宙咸觉路；万法原归宗，智仁勇常留天地不老春”，“三教同源，儒、释、道咸开觉路；十方是佛，天地人六合长春”。同样在兰坪县城旁，也有一座“三圣宫”。

明代白族学者李元阳是明代云南著名的文学家和史学家，堪称硕儒名宦，为官很有政绩。返乡后他在大理闲居40年，寄情山水，著书立说，自号觉林道人，有手抄本《大方广佛华经卷》和不少著作存世，是集儒、释、道思想为一身的代表。

在苍山斜阳峰麓，有一座寺庙叫“将军洞”，里面供奉的是天宝战争中用兵大理，最后兵败客死异乡的李宓。天天都是香烟缥缈，人声鼎沸。其中有不少是白族，白族大妈念着一些非白非汉的经文，十分虔诚。其实当地人都知道李宓是南诏的敌人，他所率领的20万人都“弃之死地，支轮不返”。但当地人对阵亡将士建“万人冢”礼葬，李宓则供奉在“将军洞”享受人间香火。虽然有的人对此也颇有微词，但化敌为友在白族地区不是特例。大理南门供奉的本主就是阶下囚郑回父子，大理银桥沙栗木庄供奉的本主是明朝将领傅友德。充分反映出白族的包容与友善。因为白族人并不在意供奉的是哪路神祇，祭神如神在，只要是许了愿，还过了愿，心中也就是释然了。

白族的贡献远不止此，这里只是择要予以介绍。

五、余论

白族族源问题，学术界已经讨论多年，由于各人占有的史料不同，对史料的诠释也不一样，自然也就得出仁者见仁智者见智的结论，这是合乎学术发展规律的。但通过不断的研讨，逐步形成共识，也是可以做到的。1956 年，《云南日报》开展白族族源讨论时，马曜先生从《史记》关于“昆明”祖在滇西地区活动的记载中得出白族起源于“昆明说”。到 1972 年以后，马老负责主编《云南各族古代史略》时，据李京《云南志略》，改从“僰人说”。20 世纪 80 年代编写《白族简史》时，又依据新发掘的考古资料，提出白族主要起源于洱海周围的土著居民“洱滨人”的主张，并认为后来从川东南迁来的僰人也是白族的一支，提出白族异源同流说，但最早的先民还是“洱滨人”。（材料来自谢本书教授所著《世纪学人》）这种不断与时俱进，敢于自我否定的学者风范正是今天我们所要学习和大力弘扬的。

今天，越来越多的考古资料证明，大理地区从旧石器时代到新石器时代，再到青铜器时代，历史发展脉络从未间断。从司马迁《史记·司马相如列传》载：“是时，邛筰之君长闻南夷与汉通，得赏赐多，多欲愿为内臣妾，请吏，比南夷。天子问相如，相如曰：‘邛、筰、冉、駹者近蜀，道亦易通，为置郡县，愈于南夷。’天子以为然，乃拜相如为中郎将，建节往使。……司马长卿便略定西夷，邛、筰、冉、駹、斯榆之君皆请为内臣。”《汉书·司马相如列传》也有“汉兴，七十有八载，德茂存乎六世，威武纷云，湛恩汪濊，群生澍濡，洋溢乎方外。于是乃命使西征，随流而攘，风之所被，罔不披靡，因朝冉从駹，定筰存邛，略斯榆，举苞蒲，接轨还辕，东乡将报，至于蜀都”的记载。随后的《后汉书·永昌郡》刘昭注引《古今注》也有“永平十年（67 年）置益州郡西部都尉，治嶲唐，镇哀牢人，斯榆蛮夷”的记载。在这里不厌其烦地引证史书记载，就是想说明，在有正史记载以来，秦汉时期以洱海为中心就活跃着叫斯榆的部族，他们应该是洱海文明最早的主人，也是白族先民的重要组成部分，后来被一些学者称为“洱滨人”或“洱海人”的族群先民应该就是斯榆人。

5世纪末期，我国伟大的地理学家郦道元撰写了《水经注》，对叶榆有了新的解释。郦书中说：“益州，叶榆出其县北界，屈从县东北流。”并进一步解释说：“县故滇池，叶榆之国也。汉武帝元封二年，使唐蒙开之，以为益州郡。郡有叶榆县，县西北十里有吊鸟山。众鸟千百为群，其会鸣呼啁晰，每岁七、八月至十六七日则止……县之东有叶愉泽，叶榆木，所种而为此川薮也。”[1]郦道元的记载，使叶榆一词还包含了地名、侯国名、河名、湖名的多种意思。无论是先有地名后有族名，或是先有族名后有地名，当时斯榆（即叶榆）族群是很大的，否则不可能称国。

民族自古以来都是在融合和被融合中发展壮大，如果拒绝融合，自身也很难得到发展，白族也不例外。到了三国两晋南北朝时期，洱海南部区域曾出现长时间存在过的“白子国”，亦称“白国”、“云南国”、“建宁国”。白子国的文化在隋唐时期已达到“与中夏同”的水平。这与前面提到的斯榆人主动接受和学习中原文化息息相关。

南诏的建立，为白族的形成和发展提供了契机。这时洱海地区的土著居民如河蛮等在不断融合了汉人、昆明人等其他部族的基础上，到南诏建立，《南诏野史》传钞旧本就直接认为南诏就是继“建宁国”之后的“大封民国”，[2]一个新的民族共同体——白族形成了。值得注意的是，在洱源凤羽镇发现一通立于明万历丙申（1596年）由大理府儒学痒生杨勇撰写的《处士杨公墓志铭》在述及先人功绩时用了“始祖于洪武年间，克

① 郦道元著：《水经注·卷十四》，684页。
② 见杨世钰、赵寅松主编：《大理丛书·史籍篇》第二卷，421页，昆明，云南人民出版社，2012。

破南诏，功升旗尉，世代相因，迄今不替”的说法。不要忽略了“克破南诏”四个字，他说明明代知识分子将南诏大理国是视为一脉相承的。

大理国以后，白族的历史发展脉络就非常清楚了。云南大学林超民教授认为：“大理国时期是云南的白族化时期。南诏七节度二都督，大理八府四郡四镇，主要行政长官都是由大理派出去的。大理国时期是云南文化发展的最重要时期。元时如果没有白族，没有段氏的支持就没有云南行省的建立。爨白军一直打到湖南，在中国统一进程中起了很大的作用。明代以后，白族主动融入中华民族，在云南历史发展的不同时期，白族都起过重要的作用。”

明朝的统一使云南民族结构发生了很大变化，白族由统治民族变为被统治民族，有多数民族变为少数民族。随着大量汉族移民的进入，云南也就由夷多汉少转化为汉多夷少。

白族学发凡

一、导论

我国是一个由56个民族组成的“大杂居，小聚居”的多民族国家，各民族都为中华民族文化的创建和最终形成做出了卓越贡献。同时，我国又是一个幅员辽阔的国家，他的最终形成是由长期的局部统一最终走向中华民族的大一统。在这一过程中，地处祖国西南边疆的白族与云南各民族一道做出了卓越贡献，白族学的构建正是为了更好地继承和发掘这一丰厚的历史文化遗产，为实现中华民族伟大复兴的中国梦服务。

作为今天白族主要聚居区的大理，从地理概念上可追溯到南诏大理国时期，《元史·地理志》载其疆域：“东至普安路之横山（今贵州普安）；西至缅地之江头城（今缅甸杰沙）。凡三千九百里而远；南到临安路之鹿沧江（今越南莱州省的黑河）；北至罗罗斯之大渡河，凡四千里而近。”声威远播东南亚。今天的大理白族自治州，下辖近30000平方公里，12县市。显而易见，白族学的研究范围不会仅局限于今天的大理州。

作为白族主要聚居区的大理，它有剑川象鼻洞距今10000多年的旧石器文化、有云南最早的新石器文化遗址之一的宾川白羊村遗址、有开启云贵高原青铜文化先河的剑川海门口遗址，还有炳彪史册的南诏大理国历史，这是白族学研究的时间范围。

说到大理，人们就自然联想起生活在大理，创造了大理文化的热情好客的白族、友善奔放的彝族和其他生活在这片热土上的各族人民。白族学的研究对象主要是白族，同时也包括云南境内与白族同呼吸、共命运的其他民族以及今天东南亚、南亚与云南毗邻而居、地域相连、文化相近的各民族。

二、构建白族学的必要性和现实性

（一）必要性

1. 维护祖国统一，边疆稳定，推动睦邻友好

云南简称滇或云，地处我国西南边陲。东面与贵州省、广西壮族自治区为邻，东北面以金沙江为界与四川省隔江相望，西北面紧靠西藏自治区；西面与缅甸接壤；南面和老挝、越南毗邻，边境线长 4060 公里。其中，中缅边界 1997 公里，中老边界 710 公里，中越边界 1353 公里。全省 8 个边境州市的 25 个边境县市，与 3 个邻国的 6 个省、邦 32 个县市、镇接壤，其中 11 个县市与邻国城镇隔江隔界相望。处一隅而连四方接三国的特殊区位，使云南成为我国南疆的重要门户，自古以来就是中国通向东南亚、南亚的门户，战略地位十分重要。在改革开放的新形势下，云南特殊的地缘优势日益凸现。

云南与东南亚国家“山岭同脉、江河同源”，自古以来有着十分密切的经济文化联系。早在 2000 多年前，云南就是中国陆路通向印度和东南亚的门户，是中华民族与上述地区人民友好交往和开展经济贸易的重要通道。早在张骞通西域以前，就有两条以四川成都为起点，经云南延伸到东南亚和南亚各国的对外通道。这条西南通道就是“蜀身毒道”，即“南方丝绸之路”，在增进中外交往、促进中外贸易和抵御外侮中，一直发挥着重要作用。特别是南诏大理国的建立，结束了云南各部落之间“朋仇相隙，兵戈相防”的局面，将云南历史推进到一个新阶段。南诏大理国持之以恒地推行亲仁善邻的睦邻友好政策。南诏不仅自己与唐王朝友好往来，还带动周边国家与唐王朝开展文化交流。当时的南诏王城是一座国际大都会，有许多东南亚、南亚的友好使团以及商贸、文化人士纷至沓来。

在扩大对外开放的今天，云南通往周边国家的公路、铁路、航空、航运进一步开通，形成了3条较为集中的对外通道：一是源于“南方丝绸之路”的西路通道，即德宏、怒江州和临沧、保山方向。沿滇缅（昆畹）公路、中印（史迪威）公路和广大铁路西进，通过瑞丽、畹町、腾冲、孟定、片马等口岸出境，可分别到达缅甸和印度。二是东路通道，即红河、文山州方向。经滇越铁路、昆河公路由昆明到河口，昆河公路还在开远分流到麻栗坡和金水河，从这三个口岸可达越南。三是中路通道，即西双版纳和普洱方向，由澜沧江——湄公河一条水路、昆洛公路及其支线、中老公路、思澜公路3条对外公路以及景洪机场，形成了通往老挝、缅甸、泰国交界地带的通道，并经泰国的公路、铁路和湄公河河道到达曼谷、马来西亚和新加坡。目前，全省已建成国家级口岸13个，省级口岸7个，边民互市点100多个，开通了30多条边境通道和众多边民互市点，成为我国的对外“窗口”和联结东南亚、南亚的重要桥头堡。

白族学的构建以及卓有成效的研究，必将对新形势下维护祖国统一、促进边疆稳定、加强民族团结、推动睦邻友好起到积极地作用。

2. 展示中华民族文化和自然生态多样性，促进各民族共同团结进步，共同繁荣发展

党的十六大指出：“当今世界，文化与经济和政治相互交融，在综合国力竞争中的地位和作用越来越突出。文化的力量，深深熔铸在民族的生命力，创造力和凝聚力之中。”“一个民族，没有振奋的精神和高尚的品格，不可能自立于世界民族之林。”云南素有植物王国、动物王国、基因宝库等美誉，且历史悠久、文化底蕴深厚、民族风情浓郁，白族学的构建必将更好地发掘云南宝贵的人文、自然资源，为云南经济、社会发展发挥重要的作用。

1998年底，中共大理州委，大理州人民政府基于大理州的历史和现

实条件，审时度势，提出了建设民族文化大州的构想，最近又提出“文化立州”、建设文化强州的宏伟目标。白族学的构建有助于为大理建设文化强州宏伟目标增砖添瓦。

3. 实现云南省发展目标的需要

沐浴着改革开放的春风化雨，云南省实施了七彩云南保护行动、九大高原湖泊治理、生物资源开发创新、绿色旅游精品、清洁能源建设等多项重大措施，在建设绿色经济强省方面取得了显著成绩；云南省着力保护和弘扬优秀少数民族文化，培养和造就一批民族文化人才，促进民族文化经典作品的诞生，推动民族文化与旅游产业相结合，加快了从民族文化大省向民族文化强省迈进的脚步；在大通道建设方面，云南省大力推进公路、铁路、民航及水运通道建设，打通中国南下越南、老挝、泰国，西通缅甸及南亚国家的国际通道，努力联通我国、东南亚和南亚三大市场，大通道建设初见成效。2009 年 7 月 29 日，胡锦涛总书记来云南考察时指出，“要充分发挥云南作为我国通往东南亚、南亚重要陆上通道的优势，深化同东南亚、南亚和大湄公河次区域的交流合作，不断提升沿边开放质量和水平，使云南成为我国向西南开放的重要桥头堡”。2015 年 1 月 19—21 日，习近平总书记考察云南时说“希望云南用全面建成小康社会、全面深化改革、全面依法治国、全面从严治党引领各项工作，主动服务和融入国家发展战略，闯出一条跨越式发展的路子来，努力成为民族团结进步示范区、生态文明建设排头兵、面向南亚东南亚辐射中心，谱写好中国梦的云南篇章。”这是总书记着眼新的时代背景和全国大局，为云南发展确立的新坐标、明确的新定位、赋予的新使命，在云南发展历史上具有重要里程碑意义。为云南省对外开放工作指明了新的发展方向，提出了更高的要求。

白族学的构建和学术成果的不断推出，必将对云南省实现这一战略目标提供更多的智力支持。

（二）现实性

1. 白族文化是中华文明的重要组成部分，有着鲜明的地域民族特色

云南是人类的起源地之一，是中国发现早期直立人生存活动过的地方。

洱海东部宾川发掘的白羊村新石器文化遗址，是云南迄今发现最早的新石器文化遗址。发现较完整的房屋遗址 11 座，早、晚期房址均为地面木构建筑，基本特征一致，仅局部有所不同。窖穴 48 个，多分布在房址附近。窖穴内发现大量灰白的粮食粉末和稻谷、稻壳、稻杆痕迹。兽骨有狗、猪、牛羊、野猪、黑熊、鹿牙等。白羊村遗址出土陶、石、骨、角、牙、蚌器 516 件。生产工具以石器为主，骨器次之。石器以磨制为主，个别有琢磨兼制或打制者，大都就地取材。陶器均为手制夹沙陶，晚期个别口沿有慢轮修饰痕迹。纹饰复杂多样，有划纹、绳纹、点线纹、剔刺纹、乳钉纹，附加堆纹、绳纹等。墓葬 34 座，其中竖穴土坑磨 24 座，幼童瓮棺葬 9 座，成人瓮棺葬 1 座，墓口一般距地 0.15 米—1.2 米。经 C14 测定并经树轮校正，白羊村遗址的年代在公元前 2165 ± 105 年或公元前 2050 ± 105 年，距今约 4000 年。它是洱海区域新石器文化中的一处代表性遗址，也是文化面貌比较完整的原始社会聚落。正如“考古报告”指出：“白羊村遗址是以农业为主，兼营狩猎、采集与饲养家畜的社会经济。从出土大量的磨制生产工具分析，当时的农业已经发达。遗址中发现储藏禾草类的叶子，谷壳粉末的窖穴多达二十三个，表明粮食作物已是当时重要的食物来源。整个遗址的文化堆积层厚，房屋遗址较小而颇密集，近旁又发现储藏粮食作物和生产工具的窖穴，说明白羊村遗址是一次长期定居的村落遗址。”这是典型的以稻作农业为主，属于“耕田，有邑聚”的坝区民族。

宾川白羊村遗址不是孤立的，在大理、祥云、宾川、洱源、云龙、剑川、鹤庆等白族主要活动的地区，类似遗址多有发现。早在 1939 年至 1941 年，吴金鼎、曾昭燏、王介忱等人在洱海西岸对佛顶、马龙等新石器遗址进行了发掘，在《苍洱境古迹考察报告》中，所列各类遗址达 38 处之多。中华人民共和国成立以后又在洱海东岸金梭岛、鹿鹅山、大墓坪和五里桥等地也发现了石器和陶片。著名白族学者马曜先生指出："根据迄今考古发现，不论以母系民族社会为标志的云南新石器文化，或以奴隶社会为标志的云南青铜文化，都显示出一种从洱海区域向东发展的趋势，即从洱海经过楚雄地区到达滇池地区。换句话说，在新石器时代，由洱海东的宾川白羊村经过元谋大墩子到达滇池周围。在青铜时代，则从洱海北的剑川海门口同样向东发展，到达祥云的大波那，楚雄万家坝，安宁太极山，江川李家山，晋宁石寨山。其文化的涵盖和承袭关系，以及时间和空间的脉络都是比较清楚的……这种新石器和青铜文化的主人当是司马迁所称的'椎髻，耕田，有邑聚'的同一个民族，也即是《史记》所载的"滇僰"。正是这些先民的不懈开拓，才为后来汉武帝在西南设置郡县奠定了坚实的基础。

秦始皇"奋六世之余烈"，统一六国，建立了专制的统一的多民族国家。他在战国时征服巴蜀的基础上，进一步加强了对包括云南在内的西南地区的开发。秦时修筑的"五尺道"和在云南地区正式设治，便利了云南和内地的交往，对巩固统一和加强中央集权起了积极的作用。

秦亡以后，中央王朝在云南的统治一度中断。经过西汉初期"休养生息"，到了汉武帝刘彻统治时，西汉国力最为强盛，对外贸易不断发展，与周边各民族的交往日益加强，在"西南夷"地区复置郡县，成为当时经济发展的要求。

公元前 135 年（建元六年），汉武帝派唐蒙去广州劝说割据南方的南粤，唐蒙了解到南粤经贵州（夜郎）到达云南保山（同师）存在着商业交通的密切关系，他上书汉武帝后，受命率领士卒千人，后勤部队万余人经营“南夷道”，并设置犍为郡。

公元前130年（元光五年），汉武帝派司马相如为使臣，王然于、壶充国为副使，招抚邛、筰、冉駹、斯榆等部落，设置10余县，撤除了边地的关卡。在此期间，围绕“西南夷”的开发问题，朝野发生了激烈争论。司马相如作《难蜀父老》，蜀中的“耆老大夫荐绅”被他驳得茫然不知所答。公孙弘“甚毁西南夷无所用”，就什么“这是罢敝（疲劳）中国以奉无用之地”。汉武帝使朱买臣提出10条理由和他辩论，他理屈辞穷，承认自己鄙陋，“不知其便若是”。

公元前122年（元狩元年），张骞出使西域返回长安，向汉武帝报告说，在大夏（今阿富汗）看见市场上有蜀布和邛竹杖（夜郎产物），据说是从身毒（印度）贩运到大夏的。身毒在大夏东南方，竟然有蜀和“西南夷”的产物，那它和“西南夷”地区一定相距不远。他向汉武帝建议，打通从四川经云南西部通往印度的道路，可以防止匈奴隔断通往西域的路线。汉武帝采纳了这一建议，这就是人们常说的比北方“丝绸之路”还要古老的南方“蜀身毒道”。

公元前111年（元鼎六年）西汉在南夷地区设置了牂牁郡，在“西夷”地区设置了越嶲郡和沈黎郡。公元前109年（元封二年）设置益州郡。其中邪龙县（今巍山县），叶榆县（今大理），云南县（今祥云县），比苏县（今云龙），包括了今天大理白族自治州的大部分地区。

东汉时期，在益州西部设立永昌郡，管辖范围，“东西三千里，南北四千六百里”，囊括了今天的大理州、保山、临沧地区和德宏州的大部分地区。大体上奠定了云南地区的西部疆界，是东汉历史上的重大事件。

东汉中期以后，派往西南的官员中贪官暴吏较多，结果引发了绵延

100多年的反抗斗争。直到蜀汉时期诸葛亮审时度势，采取宽严相济的“和抚”政策，收到了“反侧自消”的良好效果，留下了诸如“七擒七纵”等千古佳话。史载：诸葛亮南征，加封白崖（今弥渡）白国酋长仁果十五世孙龙佑那为王，赐姓张，称张龙佑那。张龙佑那十七世孙张乐进求被唐王朝封为三赕白首领、大将军、西二河侯、云南国诏。至今留下诸如“白王城”“白王坟”“白王庄”“白王塔”等众多遗迹。

南北朝时期，中原处于封建割据的分裂局面，王朝相继更迭，战乱异常频繁。云南以爨氏为代表的地方势力得以发展。与全国动乱形势不同，云南社会环境相对稳定，呈现出民族融洽、经济文化发展的形势。形成了隋唐之际的“西爨白蛮”和“汉裳蛮”“松外蛮”“洱河蛮”等（都是白族先民），他们对云南经济文化的发展起了很大的促进作用。他们上承滇、爨文化，下启以白蛮为基础的南诏、大理文化，为唐代南诏的建立创造了物质条件。

隋朝对云南的经营时间较短。相反，隋末唐初，中原王朝更替，战乱不息。洱海一带形成了以六诏为主的“部落支离”“首领星碎”的局面。649年，蒙舍诏细奴逻在今巍山一带建立大蒙国。当时，各部落之间往往“朋仇相隙”“喜相仇怨”，给各族人民带来了苦难，渴望统一和社会秩序的稳定，成为各族人民的迫切要求。

7世纪以后，吐蕃势力日渐强大，直接威胁到唐王朝的利益。唐王朝为了抵制吐蕃南下，大力扶持南诏（蒙舍诏），形成西南屏障。在这种形势下，洱海地区的各部落首领，在盟主张乐进求的主持下，于铁柱祭天，举行了一次政治会盟，将盟主地位禅让给南诏王蒙逻盛。此后，在唐王朝的支持下，南诏先后并吞了蒙嶲、越析、石桥、石和、邓赕、浪穹、施浪等诏。南诏王皮逻阁也由巍山迁到太和城（今大理城南）。738年，唐王朝派中使李思敬册封皮逻阁（蒙归义）为云南王，进一步巩固了南诏在洱海地区的统治地位。

在大理太和村，有一块高 3.02 米，宽 2.27 米，闻名遐迩的《南诏德化碑》。碑为正书，碑阳 40 行，刻 3800 余字。它记载着天宝年间发生在唐、南诏、吐蕃之间一段重要的历史事件，即“天宝战争”，同时，对南诏的建立及开疆拓土也多有翔实记载。

天宝战争是唐王朝与南诏统治者之间种种矛盾演变的集中表现，但云南和祖国统一的总趋势是战火无法改变的。云南各族人民始终积极参与国家统一和民族团结的活动。天宝战争前，“云南子弟万人驻守中原”，天宝战争后，又积极参与平定“安史之乱”。波州（今祥云）段子英（白族先民）曾为唐朝渭北节度使。南诏虽然利用唐王朝与吐蕃的矛盾进行割据，但在人民的压力下仍然为“归唐”留下后路。阁罗凤下诏说：“生虽祸之始，死乃怨之终，岂顾前非而忘大礼”“遂收亡将等尸祭而葬之，以存恩旧”。这就是今天下关著名的“万人冢”（现已辟为“天宝公园”）。又于 766 年（大历元年）在王都太和城立了德化碑，表明自己对唐王朝“既遇厚眷，思竭忠诚，子弟朝不绝书，进献府无余月”，只因为“奸佞乱常，抚虐生变”，不得已才叛唐。并说：“我上世奉中国，累封赏，后嗣容归。若唐使者至，可指碑澡拨吾罪也。”787 年，异牟寻秉承阁罗凤遗愿，重新与唐修好。唐代政治家李泌总结天宝战争的原因时指出：“云南自汉以来臣属中国，杨国忠无故扰之使叛。”这是当时人对这一事件比较公允的评价。

787 年开始，新任剑南节度使韦皋，便连年致书南诏招谕。793 年，异牟寻决心归唐，把给韦皋的信写成三份，派出三批使者，一出戎州，一出黔州，一出安南，都到了成都。韦皋当即派出巡官崔佐时于次年正月到达阳苴咩城（今大理），与异牟寻会盟于点苍山。盟辞的大意是：南诏“全部落归附汉朝”，不与“吐蕃私相会合，或辄窥侵汉界内田地”；

而汉也不“窥图异牟寻所管疆土，侵害百姓”。如南诏有患难，应予救恤。南诏与唐朝交恶42年，至是又重归于好。

794年（贞元十年）唐朝派祠部郎中袁滋为册南诏使，到云南册封异牟寻。袁滋一行进入云南以后，受到异牟寻的隆重接待，12月27日举行了册封典礼。袁滋代表唐王朝向异牟寻正式颁发了“贞元册南诏印”（银窠金印）。为纪念这一盛举，袁滋亲自题写了册封事由，刊刻在今盐津县豆沙关（石门）山崖上，至今犹存。它是南诏重新归属于唐王朝的物证。

南诏与唐和好后，韦皋在成都设立学校，大量招收南诏子弟入学，“如是五十年”，前后来学习的数千人，对南诏文化的发展起了积极的促进作用。

937年（后晋天福二年），段思平建立大理国，到1254年（元宪宗四年），蒙古军队攻克押赤城（今昆明），俘段兴智，大理国灭亡，传22世，共318年。其辖区是：“东至普安路之横山（今贵州普安）；西至缅地之头城（今缅甸杰沙），南至临安路之鹿沧江（今越南莱州省的黑河）北至罗罗斯之大渡河。”

大理国政权与南诏政权不同的是：不对外扩张，与宋王朝及邻近东南亚各国友好相处。在辖区内，与其他民族基本奉行亲仁善邻、宽容大度的友好政策，使得大理国的社会经济文化较之南诏有了进一步的发展。

宋王朝在统一中原后，于965年平定了四川的后蜀。大理国政权送了一封贺信到黎州（今青溪县），主动与宋王朝取得联系。由于宋太祖赵匡胤当时忙于继续平定江南各地和稳定其统治，继位者也因长期被北方矛盾纷争所困扰，故以“宋挥玉斧”（一种文具）相沿习。但是，云南各族人民与内地汉族人民长期以来已经形成了不可分离的血肉关系，这是所谓“玉斧”所无法割断的。因此，17年后，在各族人民亲密往来的巨大力量的推动下，宋王朝不得不在大渡河上造大船，“以济西南蛮之朝贡者”，加强与西南各族的政治联系；并先后开放四川的黎州，峨嵋铜山寨和广西的横山寨等处，作为各族人民的交易市场。

与此同时，宋王朝还封大理国王为“云南八国都王”，后来又封为“云南大理国主，统辖大渡河南姚崔州界山前山后百蛮三十六鬼主，兼怀化大将军，忠顺王”。994年，加封为“特授检校太保，归德大将军，忠顺王”。

1117年（政和七年），宋册封大理王段和誉为“云南节度使、金紫光禄大夫、检校司空，上柱国、大理王”。而大理王也不断向宋王朝称臣纳贡。其中1116年，大理王段和誉向宋王朝贡马384匹及麝香、牛黄、细毡、碧玕山（玉石制品）诸物。并在奏文中说：“臣累年以来，尝遣磨中罗道乞修朝贡。”宋末，云南是宋王朝抗御蒙古贵族西部战线的主翼。1234年，当蒙古兵企图绕道云南袭南宋后方，大理国将领高禾率领云南各族人民在九禾（今丽江九河）英勇抵抗，打退了蒙古兵的进攻。高禾在这次战役中壮烈牺牲，宋王朝专门派人来云南吊祭。至今九禾地方还保存有“白王塔”的遗迹，就是为纪念这次阵亡将士而修建的。

大理国时期，上至国主及贵族，下至普通百姓，常常通过官方及各种民间渠道来学习内地文化。人们渴望得到内地的儒家经典，诸子百家著作及历史、文艺、医学等书籍。1103年，大理国主派使臣高泰运到宋朝廷求书：“求经籍得六十九家，药书六十二部。”1173年，大理商人李观音得、董六斤黑、张若般师等到广西横山卖马，他们开列书单，要求购买《文选五臣注》《五经广注》《春秋后语》《三史加注》《都大本草广注》《五藏论》《大般若十六会序》《初学记》，张孟《押韵》《切韵》《玉篇》《百家书》等书籍。对经、史、子、集甚至佛经都兼收并蓄。

1253年（元宪宗三年）秋，元宪宗蒙哥命其弟忽必烈率领10万大军，以兀良合台总督军事，从宁夏的六盘山出发，结集于甘肃的临洮，经过四川西北的松潘，然后兵分三路进攻大理。忽必烈接受姚枢等人建议，改变了过去蒙古军队在攻城掠地后的“屠城”恶习，下了“止杀之令”，并派使者对大理招降，（今大理城西三月街场上立有《元世祖平云南碑》）大理相高祥坚决抵抗，杀了使者。农历十二月，大理城破，高祥被杀，大理王段兴智逃到滇池地区的押赤城（今昆明）。1254 年，忽必烈班师北返，留兀良合台继续平定大理各部。

兀良合台率兵东进，他改变忽必烈“止杀之令”，经过一系列激烈战斗后，攻破押赤城，俘获了段兴智，大理平。但蒙古军队也损失很大，原来号称 10 万人仅存 2 万人。

大理王段兴智被俘后，与其叔段福一起被送去见蒙哥。蒙哥接见他们后，命段兴智叔侄重返大理，与兀良合台一起，共同安辑大理。1256 年，段兴智向蒙哥献上大理地图，并为继续平定大理出谋划策。蒙哥重新给予段兴智以“摩诃罗嵯”（大王）的梵名称号和管理大理各部的权力。终元之世，段氏世袭大理总管，与蒙古贵族在云南的统治者时而妥协，时而争斗，共传 11 世。

明末清初，云南一直兵连祸接，战乱不息，各族人民挣扎在苦难的深渊。直到 1681 年，康熙彻底平定了吴三桂发动的分裂割据战争，云南局势才稳定下来，出现了 100 多年相对安定的发展时期。

从 1726 年至 1731 年，西南各省掀起了“改土归流”高潮，重点集中在云南。“改土归流“加强了封建中央集权在云南的统治，促进了地主经济向边远地区发展，有一定的进步作用。但其本质仍然是以剥削阶级的一种统治制度代替剥削阶级的另一种统治制度，云南各族人民仍然处于被压迫剥削的地位。所以，直到鸦片战争前，云南各族人民反抗剥削压迫的起义斗争从未间断。

1840 年鸦片战争爆发，中国历史由此进入半殖民地半封建社会。大理地区各族人民也和全国人民一道，肩负起反侵略反封建的历史重任。1856 年，爆发了以回族杜文秀为首，包括广大白族人民在内的各族人民的反清大起义。这次起义虽然惨遭清政府镇压，但沉重打击了清王朝在云南的统治，粉碎了英帝国主义企图侵占云南的阴谋，在我国近代史上写下了光辉的一页。1884 年，中法战争爆发，白族爱国将领杨玉科率领广武军在镇南关前英勇抗敌，包括杨玉科在内的许多白族子弟壮烈殉国。

1911 年辛亥革命以后，白族人民又积极投身于反帝反封建的火热斗争。涌现出一大批英雄人物，比如：1922 年就加入共产党，年仅 28 岁积劳成疾英年早逝的白族革命家张伯简；被誉为“清华大学第一个共产党员，清华大学的优秀儿子”的施滉；在常人难以想象的艰苦条件下，奋战在白山黑水间 14 年，让日寇丧胆，备受东北人民赞誉的“白子将军”周保中……这些老一辈革命家，以他们不朽的革命业绩，成为白族儿女学习的楷模。

1936 年 4 月，中国工农红军第二方面军经过大理地区，在白族人民中播下了革命的火种。感召了许多优秀的白族青年走上了革命的道路，为中华民族的独立和解放做出了不可磨灭的贡献。

“一唱雄鸡天下白”，1949 年 4 月 2 日，滇西北地区工委在剑川举行了武装起义，攻占了剑川县城，接着又解放了鹤庆、丽江、兰坪、洱源等县。战斗在滇西北地区的中国人民解放军滇黔桂边区纵队第七、第八支队，积极配合南下的中国人民解放军与国民党残部斗争，从而打破了国民党胡宗南和宋希濂部队企图逃往中缅边境继续扰乱西南边疆的迷梦。1950 年 3 月，中国人民解放军第二野战军第十四军与滇黔桂边区纵队第七、第八支队在大理胜利会师。白族人民在苍山洱海之间，召开了数万人参加的群众大会，载歌载舞，热烈欢迎解放军。从此，大理的历史翻开了崭新的一页。

1956年11月22日，云南省大理白族自治州宣告成立。白族人民作为中华民族大家庭中的一员，在中国共产党的领导下，参加伟大祖国的社会主义建设，创造着自己的美好生活。

2. 这里的白族文化具有不可替代的典型性、代表性

大理是全国唯一的白族自治州，同时又是祖国西南最早开边置郡的地区，被称为南方丝绸之路的蜀身毒道和茶马古道在这里交汇，使大理成为中原文化、秦蜀文化、古越文化、荆楚文化、吐蕃文化和古印度文化碰撞与交融的理想栖息地，从而形成了以白族文化为代表的独具特色的地域文化，多姿多彩的民族风情，浩瀚博大的文献典籍，脍炙人口的诗词歌赋，遍布苍洱的名胜古迹。正因为如此，大理成为首批荣获中国历史文化名城的城市，此后又先后荣获国家级风景名胜区、中国优秀旅游城市、中国最佳魅力城市等一系列殊荣。

白族是大理历史的主要创造者之一，数千年的文化传承从未间断。“以史为鉴，可以知兴替。”党的十六大指出：“民族精神是一个民族赖以生存和发展的民族支撑。在五千多年的发展中，中华民族形成了以爱国主义为核心的团结统一、爱好和平、勤劳勇敢、自强不息的伟大民族精神。”纵观世界各国历史，穿越时空去寻觅文明古国的踪迹，只有中华民族一脉相承，历久弥坚。这是因为在五千年的文明进程中，各民族共同创造和不断丰富了中华民族伟大的民族精神，让各民族在长江黄河母亲怀抱里同气连枝。同样，在大理漫长的历史进程中，生活在苍洱怀抱里的白族人民，以开放包容的胸襟，主动吸取外来优秀文化的成果，取精用宏，形成了热爱祖国，维护统一的爱国精神；天人合一、人际和谐的哲学理念；亲仁善邻、热情好客的处世原则；尊师崇德、急公尚义的做人修为；耕读传家、子孝孙贤的的人生追求的优秀的文化传承。它们既有中华民族伟大民族精神的共性，又有鲜明的地域民族特色，是中华民族伟大民族精神的组成部

分。今天，悠久的历史、厚重的文化、与时俱进的民族精神所迸发出来的昂扬向上的精神状态，已经成为我们全面建设富裕民主文明开放和谐的大理，让魅力大理永葆生机与活力的不竭源泉。

概括起来说，白族文化具有历史文化的久远性、宗教文化的包容性、人文文化的和谐性、文学艺术的丰富性、习俗文化的多样性、自然名胜的独特性等特色，它在中华文化的百花园中，具有不可替代的典型性、代表性。

3. 这里有保存完好的白族优秀传统文化和蕴藏深厚的白族民风民俗

中华民族是一个充满创新灵感和创作活力的的民族，五千年的中华文明就是一部不断创新的历史。早在商朝时期，商汤王就在自己的脸盆上刻着九个字："苟日新，日日新，又日新。"意思是，如果能每天更新，就天天更新，每天不间断地更新。据称"创新"一词即滥觞于此。白族也同样具有这些优秀品质。

各民族在自己历史发展的过程中，都会形成各具特色的民风民俗，这种民风民俗通常以习俗、节庆、集市为载体，具有群众性、继承性、稳定性的特点。大理是白族聚居区，这里有保存完好的白族优秀传统文化。尤其是风格各异的本主庙，传承的都是白族文化，是浓缩了的一座座白族文化"博物馆"。白族千百年来形成了较大规模和历史悠久的三月街、绕三灵、火把节、耍海会、蝴蝶会、花朝节、栽秧会、葛根会等异彩纷呈的民风民俗。文献记载："大理马，为西南蕃之最"（《桂海虞衡志·志兽》），"蛮毡，出西南诸蕃，以大理为最"（《桂海虞衡志·志器》），"其毡上有核桃纹，长大而轻为妙，大理国所产也"（《岭外代答》卷六），随着工商业的发展，大理能工巧匠极多。沈德符在他的《野获编》中写道，"元时下大理，选其工匠最高者入禁中，至我国初（明初）收为郡县，滇工布满内府"，这种历史传承至今尤盛。异彩纷呈的白族民风民俗，只要因势利导，兴利除弊，就可以发掘出许多为现代服务的内容。

民风民俗是各民族历史上形成的的物质文化和精神文化中带有传承性的东西。大理白族是一个以水稻农耕为主的民族。浓郁的民风民俗不仅丰富多彩，而且还蕴藏着深刻的文化内涵。一些民俗活动寓教于乐。给人们赏心悦目享受之余，还得到许多感悟和启迪。

白族服饰较早记载于唐初梁建方的《西洱海风土记》，当时男女披毡，妇女穿绸子做的裙子，挽髻、赤足。南诏建立，服饰发生很大变化，一是贵朱紫二色和锦，以虎皮为尊贵；二是开始崇尚白色。宋代周去非《岭外代答》中记述："国王服白毡，正妻服早霞，早霞者，白色也。"这种尚白习俗，相沿成习。

在大理白族主要聚居区，男子的对襟衣和包头，女子的衬衣和外衣，头上系的缨穗等，几乎均为白色。年轻姑娘衣着艳丽，随着年龄的增长，服饰逐渐以素雅为主，而妇女头饰和其他装饰品，各地又有自己的特色。多种精美的刺绣图案，色彩搭配独具匠心，充分展示白族妇女的聪慧和巧夺天工的技能。在一些地方，服饰还注入了历史事件或美丽的传说。如凤羽、邓川姑娘爱戴"凤凰帽"，是为了纪念两位被国王逼死的勤劳善良的姑娘。鹤庆姑娘打扮得犹如一只只仙鹤，是因为鹤庆坝的开拓与白鹤有关。

白族地区物产丰富，夏收麦、豆，秋割稻、荞。终年有鲜果上市，四季蔬菜新鲜。山上多奇珍，河湖有鱼虾。所以，人们普遍重视饮食，讲究烹调技术，十分注意卫生。喜欢吃酸、冷、辣等口味，善于腌制螺狮酱、猪肝酢、油鸡棕。洱源一带制作的乳扇、炖梅、杨梅酱远近驰名。在众多的饮食中，以吃生肴、砂锅鱼、八大碗和三道茶最负盛名。

白族喜食生历史悠久，元代李京的《云南志略》中说："白人贵食生，如猪、牛、鸡、鱼，皆生盐食之，和以蒜泥而食。"今天，吃生肴习俗依然存在，且更加科学卫生。其做法是：将猪杀死后，用火烧烤，去毛，使皮呈金黄色，经过检疫后，选择鲜嫩部位，切成肉丝或肉块；用姜、葱、蒜、醋、盐、辣椒、花椒等佐料做成“酢水”，将肉蘸而食之，别有一番风味。有些地区还吃“羊生肴”，做法与吃猪“生肴”相似，只是在羊杀死后，取出内脏，重新在肚里塞满香椿叶、花椒叶、香橼叶，重新缝合后，在炭火上边烤边涂猪油。当地人认为，吃猪“生肴”可以祛虫去火；吃羊“生肴”可以去寒补身，有益健康。

“八大碗”是白族在遇有婚丧嫁娶或重大节庆活动时待客的盛筵。这“八大碗”主要有“东坡肉”“千张”“酥肉”“蒸肉”“杂碎”“木耳”“凉拌粉丝”“百合圆子”等，除“东坡肉”和“酥肉”必备外，其他因地而异。“八大碗”注意从健康和口味方面进行合理搭配。如火炖油腻，木耳豆腐消食；腊味拼盘上火，醋泡凉菜消炎等。

白族三道茶具有丰富的文化内涵和悠久的历史。白族“三道茶”集白族音乐、歌舞、品茗为一体。第一道为清茶，又叫“苦茶”“雷响茶”，味清香微苦；第二道为甜茶，茶中加入核桃仁、乳扇、柑皮、红塘而制成；第三道为回味茶，茶中加入蜂蜜和花椒，品尝后回味无穷。以此富意“一苦、二甜、三回味”，让人们从中去感悟人生哲理。

白族还以食寓意，把文化摆上餐桌。在剑川，客人来了，炒一盘花生上桌。花生，白语叫“弟兄子”，寓意大家亲如兄弟姐妹。新婚后，全家人吃百合，以祝愿夫妻恩爱。洱源凤羽，年末农历三十都要赶街，买点大蒜、鲜鱼，寓意一年顺顺利利，年年有余。

节庆活动是最能体现浓郁民族风情的载体。它伴随着各民族生产劳动、繁衍生息，对自然的认识和对美好生活的憧憬而产生，以情景交融的活动叙述着各民族的悲欢。白族节日除与汉族大同小异的清明、端午、中元、中秋、重阳、冬至外，最富民族特色的有三月街、绕三灵、栽秧会、绕海会、火把节、石宝山歌会、骡马会、渔潭会。至于村村寨寨的本主节，更是时间各异，异彩纷呈。

被称为“千年赶一街、一街赶千年”的大理三月街，每年农历三月十五日至二十二日在苍山中和峰下，大理古城西举行。三月街历史悠久，古代又称观音节或观音会，它与《观音服罗刹》的美丽传说一起在民间流传。观音服罗刹不足凭信，但佛教传入大理后，弘扬佛法的僧侣附会观音，在中和峰下讲经授法，引起了不少白族善男信女礼拜听讲，天长日久，这种民间集会演变为大型民间集市贸易也是顺理成章的事。明代白族学者李元阳编纂的（万历）《云南通志》中就有“三月十五日在苍山下贸易各省货物，自唐永徽年间至今，朝代累更，此市不变”的记载。1991年，“三月街”被确认为白族的民族节，海内外客商更是纷至沓来。除了传统的骡马等大牲畜及山货药材交易外，会期还开展各种科技文化活动、民族歌舞表演。早已突破了《五朵金花》中唱的“一年一回三月街，四面八方有人来，各族人民齐欢笑，赛马唱歌做买卖”。三月街成了让大理走向世界，让世界了解大理的大舞台。

绕三灵，白语叫“观上南”，也是白族传统盛大的节日之一。每年农历四月二十三日至二十五日在大理举行。节日期间，数万白族村寨的男女老幼身着节日的盛装、浓妆艳抹，以村为单位自然组队，每队都以两位年长的男女（过去是巫）为前导，边舞边唱。经大理古城、崇圣寺、圣源寺、河矣城村洱河祠，到马久邑村后结束。活动期间，老人们念经拜佛，青年们在篝火旁歌舞娱乐，两情相悦，还可以共度良宵。清代喜洲人赵来五用《竹技词》描述绕三灵盛况：“三塔寺前新梦杳，一夜钟声敲到天初晓，真好心情哥也嫂，三灵约着对来绕。人山人海争大道，十里塘前还让人家早。四月清和天气好，一场兴趣知多少，曲唱民家随口到，竹杖斜抱弯挂葫芦稍。一路打通真不老，霸王鞭下长街扫……”难怪有人说，这是白族人民的“狂欢节”。

火把节，又名星回节，来源于白语“福旺舞”“堆灰嘴”，汉意为“六月狂欢”“火把节”。有的地方叫“搭系回”，直译为“接薪火”。通常在农历六月二十五日举行。而怒江白族则在八日至二十日之间任选一天过节，但多半选逢“猎日”，且连续热闹三个晚上。

作为白族传统节日之一，火把节活动丰富多彩。通常是先选一根高约数丈的松树，树身上用篾片将干柴、麦秸、松明分层捆扎，上面遍插各种彩色小旗并用竹条系上火把梨、花红等水果，顶端由村中手艺人扎制三级彩色升斗，上面墨书“五谷丰登”“国泰民安”“风调雨顺”“人寿年丰”等祈祷吉祥如意的大字。竖好后全村男女老幼环伺火把周围，等到祭祀完毕，由村中德高望重的长者点燃火把，村民们绕着火把，欢歌笑语，争抢火把上逐层烧掉下来的水果、彩旗、柴块。据说，火把上掉下来的水果可以强身健体，柴块可使家庭财源兴旺，彩旗可使家庭清吉平安，若抢到升斗，就会喜添贵子等。有些地方除树大火把外，各人还点燃小火把，遇人就撒上松香，火苗乱窜、有惊无险，据说可以祛病消灾。洱海东岸有的还举行龙舟竞赛、跑马比赛等活动。洱源、剑川火把节还有女婿不住丈人家，小姑娘用凤仙花染红指甲的习俗，相传都与“火烧松明楼”传说有关。

对火把节的起源有几种传说：一是南诏王皮逻阁火烧松明楼，吞并五诏，邓赕诏柏节夫人（慈善夫人）殉节，白族人民为纪念她而举行火把节。此说流布最广，深入人心。二是阿南丈夫为汉将郭世宗所杀，阿南誓死不从郭世宗的逼嫁，祭夫时自刎引火而亡。三是源于诸葛亮南征。四是纪念大黑天神为挽救人类，违抗玉帝要他纵火烧死人类的旨意，相反劝人类燃火把蒙骗玉帝。

在洱源凤翔白族中，还保存有别有情趣的“尹尹悟”活动。每年正月初五晚上，凡7至12岁的男女儿童，以街巷为单位组成若干小队，挨门挨户去进行“尹尹悟”祝岁。无论儿童贺年队走到谁家，都会受到热情欢迎。主人将他们迎进厅堂，排好队后，领队就指挥大家齐颂“尹尹悟！尹尹悟！尹尹悟！新年新遂，万年万遂，尼格亥斯（意为人员健康），格歹汉非（意为鸡猪饲养得好），顺顺遂遂！”主人家齐声回答“好！好！好！”在热烈祥和的祝福声中，儿童向主人告别，主人捧出乳扇、香肠、饵块馈赠。活动结束，孩子们聚在一起，在大人协助下，“搭拼伙”（意为野餐）尽情欢乐。深夜12点后才散去。“尹尹悟”起于何时，无从稽考，但它所反映的白族人安我亦乐的友善心理，具有深厚的群众基础。

4. 大理州有各类研究机构为白族学的构建奠定了人才基础

大理地区自古以来就有重视教育的优良传统。根据史书记载，早在汉武帝元封年间，大理就有人跟随司马相如学习经学及诗词歌赋。东汉元和二年（85年），“滇池出神马四，降甘露，白马现，乃建学立师，叶榆之有学始于此”，建学立师为社会接受，蕴藏在民间的尊师重教风尚无疑比这更早。到南诏时，建孔庙，上层统治阶级“不读非圣之书”，甚至阁罗凤将被俘虏的西泸令郑回聘为帝师，公众不以为忤，反而成为美谈。异牟寻即位后，郑回更是位居六清平官之首，死后又被尊奉为白族本主。

这种尊师重教耕读传家的优良传承，使白族地区人文蔚起，代有名流。特别是大理白族文化研究院的建立、大理大学的快速发展以及南诏史学会、白族学会、彝族学会、回族学会、康巴学会等各类研究机构和学会的建立为白族学的构建奠定了坚实的人才基础。

5. 大量文物资料和文献典籍以及至今还存在的活态文化为白族学的构建奠定了学术研究条件

大理山川毓秀，文物古迹遍布地上地下。近几年，经过大理州博物馆、大理市博物馆、大理州文管所、大理市文管所的大力支持下，仅在今天大理州辖区内，就有国家级重点文物保护单位大理崇圣寺三塔、太和城遗址（含南诏德化碑）、剑川石宝山石窟、弥渡南诏铁柱、元世祖平云南碑、喜洲白族民居建筑群、佛图寺塔、剑川兴教寺及寺登街古建筑群、剑川西门街古建筑群、巍山长春洞、巍山龙圩图遗址、祥云水目寺塔、宾川州城文武庙等20多处，省级重点文物保护36处，州级27处，县级数百处。由于大理地区悠久的历史和众多的文物古迹，1982年3月大理被国务院公布为全国第一批24个历史文化名城之一。同年12月，大理又被国务院公布为第一批44个重点风景名胜区之一。1994年，巍山古城被国务院公布为第三批全国历史文化名城。迄今为止，仅大理地区就有国家级、省级历史文化名城、名镇、名村20多处。正如白族著名学者马曜所说："环顾城内名胜，既饶壮丽之自然景观，又富悠久历史文化，兼之者其大理乎！"像这样既是全国历史文化名城又是全国风景名胜区和国家级自然保护区的地方在全国也是罕见。

改革开放以来，大理的学术研究空前活跃，成果丰硕。大理州白族文化研究院主持编撰出版的《大理丛书》《白族作家丛书》《中国民间故事全书》大理州12县市卷、《中国历史文化名城、名镇、名村全书》大理州12卷等系列丛书以及《白族研究百年》等，大理市白族文化研究所组织编辑出版的《白族文化研究丛书》，大理州文化局组织编辑出版的《苍洱文苑丛书》，大理大学民族文化研究所主编的《大理民族文化研究》以及有关白族研究的个人著作为白族学的构建奠定了学术研究条件。至今还存在的活态文化更是为白族学提供了鲜活的但也是转瞬即逝的材料，需要尽快予以抢救与保护。

三、构建白族学的重要意义

1. 为实现中华民族伟大复兴的中国梦提供精神财富和智力支持

党的十九大指出："中国特色社会主义新时代的主要矛盾是人民日益

增长的美好生活需要和不平衡不充分的发展之间的矛盾。这意味着当代中国从站起来、富起来向强起来的转换中，当代中国人的需求也在发生深刻变化，已经由主要满足物质需求，转化为主要满足精神需求。文化建设的核心就是满足人的精神需求。”“当今和未来相当长一段时间，建设中国特色社会主义文化，就是秉承中国的文化价值理念，坚持中国的文化立场，立足于当代中国的文化发展现状，思考和解决当代中国人关心的文化问题，提出中国的文化方案。”“坚持为人民服务、为社会主义服务，坚持百放齐放、百家争鸣，坚持创造性转化、创新性发展。”“没有高度的文化自信，没有文化的繁荣兴盛，就没有中华民族伟大复兴。”

白族学的构建，必将更好地整合人力、物力资源，共同致力于对历史文化资源的深度开发，为实现中华民族伟大复兴的中国梦提供精神财富和智力支持。

2. 尝试将优秀传统文化融入现代文明，促进白族地区可持续发展

文物是人类在历史发展过程中遗留下来的遗物、遗迹。它从不同的侧面反映了各个历史时期人类的社会关系，意识形态以及对自然的认识利用与改造的状况，是人类宝贵的、不可再生的历史文化遗产。对这些历史文化遗产的有效保护管理和科学研究，对于我们认识自己的历史和创造力，揭示人类社会发展的客观规律，继往开来，促进当代和未来社会的发展，具有重要的意义。

白族学的构建目的在于通过严谨的研究，更好地吸收历史文化的精华，摒弃其中的糟粕，尝试将优秀传统文化融入现代文明，促进民族地区可持续发展。

3. 提供民族文化保护下开发，开发促进保护可资借鉴的范例

民族文化需要保护，这是不争的共识。但保护需要经费，而许多需要保护的民族文化地区又是经济欠发达地区。如何走出这一怪圈，许多

地方尝试在民族文化保护中开发，通过开发促进更好地保护，取得了许多成功的经验。白族学的构建有助于更好地总结取得的成功经验，借鉴国内外的经验教训，创造出民族文化在保护中开发，以开发促进保护可资借鉴的范例。

4. 推动学术研究更好地服务地方经济发展和社会全面进步

大理被誉为“文献名邦”，自古以来县城建文庙，村村都有文昌宫。中华人民共和国成立以后，大学、中学、小学、幼儿园门类齐全，特别是改革开放以后，各类学术研究机构、学会相继建立，白族历史文化的爱好者、研究者人数众多。但由于各自为阵，形不成合力，一定程度上降低了研究成果的社会效益。白族学的构建有助于更好地整合人力、物力、财力，让民族文化资源转化为昭示未来的灿烂霞光。

四、构建白族学的时机已臻成熟

大理之大，大在文化。大理靠文化扬名，靠文化发展。文化可以说是大理的核心竞争力，这一点已经越来越形成全社会的共识。这也就成就了白族学的构建正处于天时地利人和的最佳时期。

中共十八大指出：“文化是民族的血脉，是人民的精神家园。全面建成小康社会，实现中华民族伟大复兴，必须推动社会主义文化大发展大繁荣，兴起社会主义文化建设新高潮，提高国家文化软实力，发挥文化引领风尚、教育人民、服务社会、推动发展的作用。

“建设社会主义文化强国，必须走中国特色社会主义文化发展道路，坚持为人民服务、为社会主义服务的方向，坚持百花齐放、百家争鸣的方针，坚持贴近实际、贴近生活、贴近群众的原则，推动社会主义精神文明和物质文明全面发展，建设面向现代化、面向世界、面向未来的，民族的科学的大众的社会主义文化。

“建设社会主义文化强国，关键是增强全民族文化创造活力。要深化文化体制改革，解放和发展文化生产力，发扬学术民主、艺术民主，为人民提供广阔文化舞台，让一切文化创造源泉充分涌流，开创全民族文化创造活力持续迸发、社会文化生活更加丰富多彩、人民基本文化权益得到更好保障、人民思想道德素质和科学文化素质全面提高、中华文化国际影响力不断增强的新局面。”

这就为白族学的构建指明了方向，也为白族学的发展展示了光明的前景。云南省“两强一堡”战略的提出和大理州建设民族文化强州的构想为白族学的构建提供了千载难逢的机遇，人才准备和资料积累为白族学构建奠定了坚实的学术基础。可以说，白族学的构建正处于天时地利人和的最佳时期。

五、白族学的内涵

白族学的构建是一个全新的课题，没有现成的经验可资借鉴，只能在构建中发展，发展中提升。但不难设想，白族学将横向跨越历史学、社会学、民族学、人类学、语言学、宗教学等多学科，纵向连通历史、民族、宗教、语言文字、习俗等各领域。

白族学学科研究什么？大而言之，就是科学地回答白族从哪里来？前进道路上留下哪些足迹？对祖国历史做出过什么贡献？迄今形成了哪些特点？未来的白族向何处去等问题。

白族从哪里来？从司马迁《史记》记载以来，两千多年争论不休，各有所据。近年来研究不断深入，成果迭出。但迄今还有很大的探讨空间。

白族和白族先民主动认同中原文化，积极学习和传播中原文化已为历史所公认，但具体影响和作用，对今天多元一体的中华民族文化建设有什么积极的借鉴还需进一步深入研究。

白族友善豁达、开放包容，这与白族世俗化宗教观和儒释道、本主一体崇拜不无关系，但对如何形成这种宗教观以及对今天倡导社会和谐、宗教和顺有什么现实意义，值得认真研究。

白族是南诏大理国的主要缔造者之一，南诏大理国建立为今天云南经济社会发展乃至多元一体中华民族形成的历史意义不言自明，白族在其中所起的作用，还需深入研究。

白族独、特、优的民俗文化异彩纷呈，如何与时俱进、推陈出新，为今天白族地区的发展助力，白族流光溢彩的书面文学和民间文学如何深入发掘和研究等，都有许多课题可做。

大理被誉为“文献名邦”，白族的贡献可圈可点。历史上白族优秀人物众多，明清开科取士以来，白族进士比例在云南名列前茅；近代以来，为了寻求救国救民的道路，白族远渡重洋的留学生在云南最多；从张伯简、施滉到周保中，白族早期革命家光彩夺目。但目前对白族人物的研究还很不够。

白族在历史上敢为人先，善于学习创新，不断推动白族社会经济走在不同历史时期的前列。白族先民不仅创造了高度发达的农业文明，养殖业也很兴旺，“大理马”驰名天下。流淌在两条古道上的商业文明更是让白族先民很早就走出大山，走出国门。高黎贡山雪锁冰封，挡不住河赕贾客创业足迹；澜沧江水奔腾咆哮，阻不断喜洲商帮赴泰走缅。《蛮书》记载，河赕贾客西出经商，当时歌谣唱道：“冬时欲归来，高黎共上雪。秋夏欲归来，无那穹赕热。春时欲归来，平中络赂绝。（络赂，财之名也）”说明大理成为连接东南亚、南亚辐射中心是历史形成的，白族在其中做出了杰出贡献。如何继往开来，在新时代创造更多辉煌，需要学术界提供更多精神动力和智力支持。

此外，白族绘画艺术、雕刻艺术、建筑艺术、本主信仰、饮食文化、村落文化的调查与研究，散居白族的研究，都可以成为白族学研究的内容。

六、白族学构建重在建设，贵在创新

北宋张载有句传颂不衰的名言，即“为天地立心，为生民立命，为往圣继绝学，为万世开太平”，一直为有良知读书人所推崇。构建白族学，不是标新立异，而是为了更好地挖掘白族历史文化的精华，在全面决胜小康的征程中借鉴白族先人的智慧和经验，更好地为现实服务。

白族历史悠久，文化灿烂，“人知礼乐，本唐风化”，正是唐风宋雨的长期影响，白族在南诏大理国时期就心向中原，明清以后，主动融入中原文化，赢得了快速发展。正是为了更好地总结历史经验，更好地维护祖国统一、民族团结，不断增强民族文化自觉与自信，丰富中华民族的文化宝库，这应该成为我们构建白族学的出发点和归宿。

为此，白族学要处理好以下几个关系：

（一）正确处理好尊重历史和大胆创新的关系

人们获取历史知识，研究历史主要依靠文献资料、考古资料和非遗传承，由于撰写历史文献的人受到各种主客观因素的影响，也就是唐儒刘知几于《史通》中提出的史学家应具史才、史学与史识以及后来章学诚补充的因史德所限，使本来真实存在的历史在记录中就出现偏差，后人在释读使用这些材料时根据自己的需要取舍，得出的结论自然也就仁者见仁智者见智。所以孟子说“尽信书则不如无书”以及顾颉刚等前辈学者专门编著的《古史辩》，都明确提出历史上的许多问题是可以通过令人信服的论证后重新定论的。

改革开放迎来了学术研究“百花齐放百家争鸣”的春天。只要不损害国家安全、不破坏民族团结、不散布歪理邪说，各种学术观点都有展示的机会。正因为如此，研究者更要自觉坚持用辩证唯物主义和历史唯物主义指导研究，尊重历史，严谨治学，尽量做到言必有据。历史上流传下来的稗官野史，故老传说固然宝贵，但不能代替正史随意杜撰，随意发挥，信口开河。历史虚无主义要反对，但在历史研究中大搞唯心主义也只能误导读者，使本来应该求真求实的学术园地变成“舍冷稗气果”（白语，意为“稗子还比谷子旺”）。

“板凳要坐十年冷，文章不写一字空。”构建白族学，就是要学习前人这种治学精神。孔子说：“夏礼吾能言之，杞不足征（证）也。殷礼吾能言之，宋不足征（证）也。文献不足故也。足，则吾能征（证）之矣。”研究历史，就是要用资料说话，论从史出而不是“以论代史”的影射史学。以研究热门的南诏为例，这几年在很多领域都有突破。但也出现一些值得注意的问题，比如有的博士撰文称南诏是修正主义政权就让人大跌眼镜。

生产力决定生产关系，经济基础决定上层建筑，这是马克思主义的基本原理。南诏建立无论对云南的发展，白族的最终形成都是至关重要的历史事件。阁罗凤在南诏诸王中也是最具雄才大略。但苍洱受地域所限，能够承载的人口有限。《蛮书》中说，“蛮治山田，殊为精好……收刈已毕，蛮官据佃人家口数目，支给禾稻，其余悉输官”，说明良田有限，只能大量开垦山地。为了养活各级官员、军队，赋税也很繁重。阁罗凤清楚地意识到南诏的实力，所以，天宝战前，尽量避免发生战争，一旦不得不应战，就联合吐蕃一起抗唐。胜利后没有丝毫陶醉，相反揭碑国门，说明不得已叛唐的苦衷。安史之乱以后，唐王朝由盛转衰，世隆乘机“两陷……邕管，一入黔中，四犯西川”（《新唐书·南蛮传上·南诏传》）。但这时的南诏也是强弩之末，突袭的目的是为了掠夺财物，《通鉴》记载：南诏出兵成都，“乃大掠子女百工数万人”“南诏自是工文织，与中国埒”。而不是南诏初创时“西开寻传，北接阳山，南荒奔凑，东爨悉归”（《南诏德化碑》）的开疆拓土，不可能在攻占的地方留下强大的常驻军队。

在白学会五届全会上发言

（二）正确处理好继承传统和推陈出新的关系

在如何处理好继承传统和推陈出新方面，恩格斯批评费尔巴哈对待黑格尔哲学的态度时有一个生动的比喻，即费尔巴哈把洗澡盆里的脏水和孩子一起倒掉了。而正确的态度应该是留下孩子，倒掉洗澡水。对待传统文化同样要取其精华，去其糟粕。

文化作为各民族的生活方式的记录与再现，具有鲜明的时代特色，生活方式发生改变，文化自然也就推陈出新，但具有普世价值的优秀文化却需要继承弘扬。白族优秀传统文化中这样的文化元素很多。

白族倡导天人合一，敬畏自然，呵护自然，许多村规民约就是要求村民注重环境卫生、护林护鸟的。许多启蒙教育就是教育小孩不能在水里乱扔垃圾，撒尿，不然小雀雀会生疮；不能随意打死青蛙，否则会得肿脖子病。虽然不科学，但小时养成的行为习惯长大也就习以为常了。

白族推崇敬老孝老，注重家风家教教育。双廊长育左邻右舍平时将子女对待老人的态度看在眼里，记在心里。等到老人辞世出殡，就在大庭广众面前由村中老人当面评议，相沿成习。

白族开放包容，善于吸收先进文化为我所用。“人知礼乐本唐风化”。白族尊师重教，注重子女读书上进。院子无论宽窄，都设有天地堂，供奉“天地君亲师”。家无贫富，都喜欢在中堂悬挂名家字画，营造书香门第。如此事例，还可以举出很多。

当然，白族传统文化中也有过时的东西。由于过去科学不发达，缺医少药，很多穷乡僻壤生病求神打卦。农村为了攀比，婚丧嫁娶大操大办，浪费资源，这些不好的社会风气就需要移风易俗、与时俱进。白族学的构建，就是要通过调查研究，兴利除弊，引领社会风尚与社会主义核心价值观相辅而行。

七、余论

白族学的构建是一个艰巨而长期的过程，需要一代又一代学者们坚持不懈的努力。只有踏石留印、抓铁有痕的执着，功成不必在我，功成必定有我的奉献才能成功。

白族学研究一直在路上，在中共大理州委、州人民政府的重视支持下，聘请张文勋教授为主编的六卷460万字的《中国白族通史》目前已进入全书校勘阶段，预计明年正式出版发行。众人拾柴火焰高，随着白族学的构建，必将为热心白族历史文化研究的专家学者提供更加广阔的舞台，推动白族历史文化研究行稳致远，为中华民族文化宝库增砖添瓦，为实现中华民族的中国梦谱写好白族篇章提供精神动力和智力支持。

白族文化建设的又一丰碑

——写在《中国白族通史》出版之际

经过所有参编人员的不懈努力，历时四年多的《中国白族通史》终于展现在广大读者面前。作为有幸参与这一浩大文化工程的亲历者，有责任将成书过程进行简要介绍。

2013 年 4 月 25 日，张文勋教授以“八十七老人”的具名致信中共大理州委、州人民政府，就《中国白族通史》编撰的重大意义，有利条件和几点建议陈述了自己的意见和建议。2013 年 5 月 7 日，时任州长的何华同志作了“张老先生建议甚好，拟请张剑萍部长及洪副州长商相关部门专题研究，提出意见请梁书记批示”的批复。同日，中共大理州委书记梁志敏同志也作出“原则同意可先研究可行性”的批示。2013 年 11 月 14 日，梁志敏同志在州委宣传部上报的《关于对州委领导对张文勋老先生提出编写〈中国白族通史〉建议批示的落实情况报告》上再次作出“请白族文化研究院和白族学会牵头进一步研究编写《中国白族通史》的可行性，如可行，对涉及的相关问题提出建议报州委、政府”的批复。2014 年 4 月 28 日，经大理州人民政府第十三次常务会议研究后正式提交州委常委会会议决策。2014 年 5 月 13 日，经中共大理州委第五十四次常委会议研究通过，《中国白族通史》编撰工作正式作为州委、州人民政府的工作被提上议事日程，同时安排李雄副书记、张剑萍部长、洪云龙副州长主抓，展现了《中国白族通史》编撰工作的美好前景。

张文勋教授获悉后十分高兴，马上于 6 月 22 日在自己家里邀请了段炳昌教授、李东红教授等几位在昆的白族中青年学者召开座谈会，形成了座谈纪要，为《中国白族通史》编撰方案的草拟奠定了坚实的基础。

2014年8月19日，由洪副州长主持，李副书记作主旨讲话的《中国白族通史》第一次编务工作会议在州委会议室召开，与会的领导及专家学者对《中国白族通史》编撰的初步方案发表了各自的意见，标志着《中国白族通史》编撰工作正式启动。

2014年11月11日，中共大理州委办公室、大理州人民政府办公室下发了“关于成立《中国白族通史》组委会、编委会的通知”，诚聘张文勋教授为主编、林超民教授为学术总顾问，州财政局也随后下拨了启动经费，《中国白族通史》编撰工作开始步入快车道。

2014年12月18日，大理州白族文化研究院领导专程到昆明向张文勋教授汇报，张教授邀请了段炳昌教授、李东红教授到家为准备召开的第一次编委会共同出谋划策，初步确定了第一次编委会的议程等相关事宜。

2015年元月23日，根据州委、州人民政府领导要最大限度听取各方面意见建议的指示，大理州白族文化研究院领导又专程到北京听取有关专家、学者的意见和建议。

2015年3月20日，《中国白族通史》编委会第一次全体会议在下关苍山饭店召开。中共大理州委李雄副书记，中共大理州委宣传部张剑萍部长，大理州人大常委会孙珍玲副主任，大理州人民政府洪云龙副州长，大理州政协陆璐副主席，湖南省张家界市人大常委会原巡视员、市白族学会会长谷中山以及大理州财政局、州文化局、州民委等相关部门领导出席会议，《中国白族通史》的张文勋主编，林超民学术总顾问，李缵绪、杨文翰学术顾问，赵寅松常务副主编，李东红、段炳昌、和生弟副主编以及其他18位编委会成员参加了会议。

会后，根据“编撰大纲”要求对《中国白族通史》的编撰任务进行分解，将编撰工作的具体内容落实到各位副主编和每一位参编者。

全书精选了近300幅照片，杨伟林等人为此付出了极大的努力。

《中国白族通史》拟编为六卷出版，第一卷（第一、二编）；第二卷（第三、四编）；第三卷（第五编）；第四卷（第六编）；第五卷（第七编上）；第六卷（第七编下、附件、后记）。

《中国白族通史》采用通行的中原王朝世系，有助于体现中国历史的完整性和白族历史与祖国历史自古以来就有的千丝万缕的联系，既尊重历史，也符合现实。至于白族特有的"独、特、优"文化可以在相关章节充分表述。

2015年5月14日，在大理大学召开座谈会听取意见和建议。在此期间，遵照大理州白族文化研究院领导的意见，《中国白族通史》组委会、编委会办公室运用现代通信手段，向西南民族大学、湖南、贵州等地白族同胞，相关的顾问、编委、专家学者发出上百封邮件征求意见和建议。各位顾问、编委、专家学者都以高度负责的态度一次或数次回函，充分表达了自己的意见和建议，"方案"就是在广泛吸收了各方真知灼见的基础上，五易其稿形成的，可以说是集体智慧的结晶。

2015年5月14日，大理州白族文化研究院向大理州人民政府呈报"关于上报《中国白族通史》编撰方案的请示"。2015年6月4日和6月5日，时任大理州人民政府、中共大理州委的主要领导分别批示同意，《中国白族通史》编撰工作正式开始。

在近两年的撰写过程中，《中国白族通史》办召开了数次专题研讨会，共同切磋解决撰写中出现的各种问题。所有参编人员辨彰学术，考究源流，广泛听取意见，数易其稿，付出了极大的努力。

由于众手成书，各参编人员的具体情况不同，交稿时间自然就参差不齐，2017年初稿全部完成。经过云南民族出版社的初步编辑，先期印刷了八部样书，分别送给主编、学术总顾问、副主编、白族文化研究院相关领导审读。大家本着对历史负责，对两百万白族同胞负责的态度，提出了许多真知灼见。在此基础上，2017 年 12 月 11 日——13 日在昆明召开了有参编人员、学术顾问、全国各地白族学会代表参加的审稿会。主编张文勋教授再次重申了《中国白族通史》要达到体例的完整性、论述的科学性、史料的真实性、文字的可读性、插图的代表性的要求，这样才能写出一部有学术价值、社会价值的通史。学术总顾问林超民教授强调撰写中要努力做到资料真实、史事详实、观点允当、叙述平实。会议进一步统一了参编人员的思想，明确了修改的方向和着力点。各地白族同胞代表以主人翁的态度知无不言，提出了数百条意见和建议，各位副主编分别通报了各自的审读意见和建议，部分参编人员也作了积极发言。会后各参编人员对各自的书稿再次作了认真修改。

2019 年 4 月 8 日至 12 日，主编、副主编，学术总顾问、顾问，部分专家学者和撰稿人员又再次认真审读了 18 部样书，提出了数百处修改意见和建议并返回出版社修改，在此基础上，经过相关人员的三校三编，最后于 2020 年正式付印出版。

《中国白族通史》能够顺利编撰出版，首先是得到中共大理州委、州人民政府的大力支持。2014 年，张文勋教授组织编撰《中国白族通史》的建议一经提出，中共大理州委、州人民政府就高度重视，先后在州委常委会，州人民政府州长办公会上专题研究，将其列入大理州重点文化工程给以推进，真正做到了组织落实、经费落实、参编人员落实，从而保障了编撰工作的顺利进行。

《中国白族通史》能够顺利编撰出版，特别要感谢广大参编人员的无私奉献。在数十位参编人员中，有的已年届花甲，他们本可以含饴弄孙、颐养天年；更多的是在职专家学者，他们肩负事业、家庭重任。但所有参编人员都怀着对传承弘扬白族历史文化的一片赤诚，或埋头史籍，考稽钩沉；或跋涉田野，沙里淘金。争分夺秒撰写，字斟句酌修改，按照编委会的要求完成各自承担的任务。

《中国白族通史》能够顺利编撰出版，大理州白族文化研究院也是功不可没。受中共大理州委、州人民政府的指派，大理州白族文化研究院作为《中国白族通史》的承办单位，先后多次分别在昆明、大理组织召开编委会、专题研讨会，及时解决编撰工作中出现的问题，提供优质的后勤服务，先后编写了近 20 期简报，对编撰工作给予及时指导，从而保证了编撰工作按计划进行。

《中国白族通史》能够顺利编撰出版，还要感谢受聘的各位顾问和各地白族学会的专家学者。从编撰大纲的讨论到各阶段专题研讨，各位顾问和各地白族学会的专家学者都积极建言献策，毫无保留地发表了真知灼见。学术总顾问林超民教授还多次为参编人员开设学术讲座，释疑解惑，对统一思想、凝聚共识、启迪思考起到了积极的作用。

《中国白族通史》能够顺利编撰出版，离不开云南民族出版社和承印厂家的大力支持。从领导到具体负责的奚寿鼎等所有参加编审人员以及印刷工人，恪尽职守，努力工作，才有装帧精美的《中国白族通史》奉献广大读者，在此一并致谢！

顾问李缵绪先生未能等到书的出版令人惋惜。他毕生挚爱白族文化，对《中国白族通史》的编撰工作积极荐贤建言，《中国白族通史》的顺利出版，他在天之灵一定会十分欣慰。

需要说明的是，由于参编学者来自不同领域、不同专业，《中国白族通史》虽然力求在白族形成的问题上达成新的共识，但学术研究从来不存在一家之言，所以本书在白族历史悠久、文化灿烂，经过漫长的融合和被融合，到南诏中晚期基本形成，大理国时期段思平派往各地的主要官员基本上都是白族的认识上基本统一外，在白族源流问题上仍然见仁见智，这也符合一百多年对白族研究求同存异的学术实际，也为今后对这一问题的研究留下了足够的空间。由于史料匮乏，不同时期撰写的史书辗转传抄说法各异，所以说部分史料被反复引用，部分章节内容显得比较简略或白族特色不够突出，只好寄希望于今后再修重版时日臻完善。

俗话说，万事开头难。尽管编撰者力求将《中国白族通史》写成一部对学者有启发、领导有参考、读者增知识，兼具学术性、可读性、资料性的著作，但由于白族缺乏规范的白文记载的历史，传说中的几部白族历史典籍又毁于兵火，致使许多史料比较模糊，加之一些问题学术界还在深入探讨，所以参编者在撰写过程中常常为史料匮乏或混沌不清所困扰，这有待于考古新成果的发现和学术研究的不断深入。从这个意义上来说，《中国白族通史》的编撰出版算是做了一项铺路搭桥的工作。殷切期望出版后，得到各方面有识之士的指正，这也是所有参编人员希望看到的。

记忆中的人

徐琳：白族语言学的研究开拓者

2005年8月9日，毕生致力于白语白文研究的徐琳教授去世了，享年83岁。一年前的7月3日—4日，徐琳教授还专程返回故里主持了《大理丛书·白语篇》的编撰座谈会，欣然同意将半个世纪对白语的调查成果无偿提供给《大理丛书·白语篇》使用。与会者一致公推徐教授出任该篇主编，但徐教授再三表示自己年事已高，难以承担如此重任，愿意担任助编，共同将这项泽被子孙的好事完成。学者风范，溢于言表。

座谈会上，徐教授还抑扬顿挫地诵读了她20世纪50年代从云龙收集到的汉字形白文情歌珍藏本中的几段情歌。听着徐教授声情并茂的诵读，真不敢相信她已是80多岁。

徐琳，女，白族，1922年出生在洱源县乔后镇，中国社会科学院民族研究所研究员。1935年小学毕业后考入云南省立昆华女中。1937年卢沟桥事变爆发时，徐琳正在读初中三年级，几位要好的同学想到延安抗大学习，结果没能成行。1938年，他们离开昆明到贵阳受阻，便改道去江西、湖南参加云南第一集团军五十八军政治部做抗日宣传工作，1941年夏天返回云南。

1942年，徐琳考入迁移至大理喜洲的华中大学中文系。1944年，与这所大学的教授语言学的学者傅懋勣结为伉俪。1948年，入云南大学文史系三年级。1949年12月，云南宣布起义，徐琳毕业分配到云南人民广播电台任助理编辑兼文教组组长。1951年，夫妻一同调入北京中国科学院语言研究所，从事专业语言研究。在著名语言学家罗常培的指导下，徐琳开始研究白语，同时，参加丈夫傅懋勣主持的彝语、纳西语的记音。

1952—1954 年，徐琳在云南用了三年的时间，先后调查了傈僳语、哈尼语、拉祜语和彝语的一些方言土话。在这个基础上，对傈僳语、白语作进一步的深入调查研究。

1956 年，中国科学院成立少数民族语言研究所，徐琳任助理研究员，编写了第一本傈僳文课本和 3000 个傈僳语的词汇。

1957 年，徐琳参加中国科学院少数民族语言调查第三工作队白语组，负责普查白族话。在大理州、怒江州碧江县、保山县、昆明市调查了 43 个点，归纳了 20 个点的音位系统，并选择傈僳族的主要聚居区怒江地区的方言为基础方言，原自治州首府所在地碧江县怒江东岸双美更瓦基以北、子冷阿达以南的语音为标准音，以及选择白语中部方言为基础方言，剑川金华镇的语音为标准音，在怒江州和大理州分别拟订文字方案。两个方案都以 26 个拉丁字母为基础，傈僳语中特有的浊音、浊塞音和浊擦音用双字母表示。两种语言的鼻化元音都在元音字母表后面加 n 表示，声调用辅音字母表示。为了尽快使新设计的文字方案得到普及，徐琳积极参加教材、工具书和通俗读物的编写工作。

白族在历史上曾使用过以汉字为基础的文字，称为白族方块字。有的学者认为这种文字创造于宋代。徐琳经过对历史文献和碑刻的研究，认为这种文字的创制可以上推到唐代。现存的几块明代白族方块字碑中，拓片比较完整的有杨黼的《词记山花咏苍洱境》碑刻和杨安道撰写的《故善士杨宗墓志》。

在大理调查期间，徐琳到存放山花碑的大理喜洲庆洞庄圣源寺拓印碑文，请当地唯一能用白语念诵碑文的郭纯仁先生口授，用国际音标记录下来并译成汉文（后来赵衍荪参加修改）。译文发表在《大理文化通讯》1957 年第 3 期上，后收入徐嘉瑞编写的《大理古代文化史稿》。

徐琳除了对民族语言有较深入的研究，尤其是对白族语言有较深的造诣外，还对傈僳族、白族的民间文学做了不少研究工作。她在调查语言的同时，注意采集这方面的资料，用本民族文字或国际音标，忠实地记录这些民间文学，分析研究它们的结构、韵律。多年来跟木玉章合作，完成了傈僳族的《烧炭调》《逃婚调大》《创世纪》《牧羊调》等的记录和翻译。她还把白族四大民族之一的《黄氏女对经》用新白文注音并译为汉语。

1958 年，徐琳拟订了白文草案，但由于受到极“左”思潮的干扰，没有试验推行。

1962 年，少数民族语言研究所与民族研究所合并，徐琳在这个新研究所语言室继续从事民族语言研究工作。

1980 年，徐琳在《民族语文》上发表《白文山花碑释读》，对白族方块字标注了国际音标，译文根据原文头三句七字，末一句五字的形式翻译，并加了详细的注解，此文收入张文勋主编的《白族文学史》。1980 年 6 月—1981 年 4 月，徐琳应邀赴日本东京外国语大学亚非语言文化研究所进行学术交流。

1982 年，徐琳在原来的白语方案基础上进行修订，编写出第一本白文课本，并在剑川金华镇参加第一期白文的教学工作。

1984 年 12 月，由徐琳与赵衍荪合作编著的《白语简志》由北京民族出版社出版。《白语简志》是 20 世纪 80 年代白族语言研究的重要成果，是第一次对白语的语音、语法、词汇和方言及文字进行综合、系统、科学阐述的重要论著，也是迄今为止仅有的一部关于白语的综合性论著，面世 20 多年来一直是白族研究的重要参考文献。

《白语简志》是一本有关白族语言的专著，在语音部分指出，元音的松紧不仅在元音本身而且与声调也有密切的关系，凡紧喉元音的调值都比不紧喉的高一引起，急促一些，所以这种现象用声调来表示更合理，把紧调标在“五度垂直线”的右边，以区别左边的松调，这样处理可以起到以简驭繁的作用。语法方面，把名词分为受量词修饰和不受量词修饰两类。指出白语用规律性语音变化区别人称代词的格和数、指示代词的近指、远指。动词用前加成分、后加成分等手段，表示动作的各种情貌。白语的语序有和汉语相同的“主—谓—宾”式，但当句中用了宾语助词后，又可以有“主—宾—谓”或“宾—主—谓”式的语序。

1985 年，徐琳又一次参加云南省语委举办的白文高级师资培训班的教学工作。之后又在去世前不久专程从北京回到大理，主持白族文化研究所的《大理丛书·白语篇》编写工作。

世纪学人马曜

臧克家在“纪念鲁迅有感”中写道：“有的人活着，他已经死了；有的人死了，他还活着。”马老就是那种肉身离去，精神永存的世纪学人。

1931 年“九一八”事变后，日本侵略者妄图灭亡中国的企图已经十分明显。为了救亡图存，1931 年 9 月 28 日，上海复旦大学、光华大学、大夏大学等十一所大学数千师生徒步前往南京国民政府请愿，要求抗击日本侵略。走在队伍中，有一位高个清瘦的青年学子，他就是来自祖国西南边陲的洱源白族青年马曜。

马曜，字幼初，洱源茈碧湖镇大果村人，1922 年 10 月 11 日出生在一个白族书香门第。16 岁考入大理省立第二师范读书。“偶接触《新青年》等进步书刊，萌发革命思想。”1931 年加入中国共产党。

1934 年夏天，马曜离开上海，一直到中华人民共和国成立，先后在江西、湖北、福建、云南，以教师为职业，边教书边从事党的地下工作。他只身上庐山策反范石生，与地下党员杨青田为争取云南和平解放反复与卢汉斡旋。马老还为家乡的解放做了许多其他工作。

新中国成立后，马老长期工作在云南民族工作和民族教育第一线。他不唯书、不唯上，唯唯实。从云南民族工作实际出发，注重调查研究，并将鲜活的调查资料给予理论的升华，提出了许多有见地的建议和意见并被采纳，知行合一地开展民族工作研究和实践，走在了同时代人的前列。

马老主政云南民族学院期间，力排众议，从不同地方调入许多学术造诣精深的教师，使民族学院办学实现了新跨越。这在“文化大革命”刚刚结束，到处乍暖还寒的背景下，不仅需要海纳百川的学者胸襟，还需要有无欲则刚的革命者勇气。至今人们谈起来，无不认为那是云南民族学院办学成果最为丰硕的时期之一。

世纪之交，中共大理州委、州人民政府成立了大理州白族文化研究所，圆了马老等上一辈白族学者们的夙愿。马老受聘为顾问，他十分高兴并欣然应诺。他反复叮嘱，要充分利用州委、州人民政府提供的这一平台，重视田野调查和资料收集，重视白族文化研究资料库的建设；要广泛吸纳人才，整合各方面的人才资源，建好白族文化研究的人才库。他还自谦地说，要聘王叔武先生做顾问，他研究白族比我深。马老是海内外享有盛誉的世纪学人，道德文章，有口皆碑，在学术探索的道路上，永不懈怠，永不停滞，永不封闭。人们每次拜访他，不是看见他读，就是看见他写。九十高龄还为他人作序，提携后进，乐此不疲。今天，当年由他和张子斋、杨明、王云等诸位白族先贤倡导编辑出版，计划 10 篇百卷本的《大理丛书》，在省、州人民政府的大力支持下，经过 20 多年不同学科专家学者们的不懈努力，已编辑出版“金石篇”（重版）、“方志篇”“大藏经篇”“族谱篇”“考古文物篇”“白语篇”“本主篇”“史籍篇”“建筑篇”，余下的“艺术篇”正积极创造条件完成。《大理丛书》的顺利出版，国内外专家学者好评如潮。国外研究白族的专家学者，国内就读民族史专业的许多硕士生、博士生，都将这套丛书奉为至宝。云南大学的几位研究生因为书价较高，干脆将《考古文物篇》十卷用数码相机一人拍摄一卷，然后拼装成电子版使用。许多学者由衷地说，这套立足大理，面向云南，服务全国的大型资料丛书，本该由国家级、省级完成的课题，大理州完成了，这是对民族文化的重大贡献。追本溯源，还是马老他们奠定的坚实基础。毫无疑问，这一凝聚着马老等白族先贤们厚望的皇皇巨著必将与苍洱同在。

马老一生勤奋探索，严谨治学，成果丰硕。从他早年与缪鸾和共同完成的《西双版纳份地制与西周井田制研究》，到后来主编《云南简史》《白族简史》《云南各族古代史略》，都因其创新性而受到学术界的青睐，成为治白族史、云南史的必读书之一。马老在《云南民族工作四十年》《马曜学术论著自选集》《大理文化论》等著述中提出的许多观点经常被引用。

马老虚怀若谷、平易近人，桃李遍及海内外，但总是以耿介清廉自守。真正做到了活到老，学到老，探索到老。以白族族源研究为例，1956年，《云南日报》开展白族族源讨论时，马老从《史记》关于“昆明”祖在滇西地区活动的记载中得出白族起源于“昆明说”；到1972年以后，负责主编《云南各族古代史略》时，据李京《云南志略》，改从“僰人说”；20世纪80年代编写《白族简史》时，又依据新发掘的考古资料，提出白族主要起源于洱海周围的土著居民“洱滨人”的主张，并认为后来从川东南迁来的僰人也是白族的一支，提出白族异源同流说，但最早的先民还是“洱滨人”。（材料来自谢本书教授所著《世纪学人》）这种不断与时俱进，敢于自我否定的学者风范正是今天我们所要学习和大力弘扬的。

云山苍苍，江水泱泱，先生之风，山高水长。据说当年马老魂归故土的那一天，他的家乡下了短时的毛毛细雨，而近在咫尺的县城却是晴天。所以，从县城看过去正好有一道彩虹。这当然是巧合，但这一美丽的巧合正好降临到马老身上，他是当之无愧的。

宁湖之子

在风景如画的标山脚下，茈碧湖畔，有一个世代务农的白族村落官营村。1933 年，李缵绪就出生在这里。相传李缵绪少年时家中养了一匹烈马，每当妇孺放牧，烈马总是蹶着蹄子满坝跑。有一天，李缵绪沿着茈碧湖边追着烈马跑，直到烈马大汗淋漓，四肢战栗不止。从此，烈马只要听到李缵绪的咳嗽声就站住不动。这种执着和不达目的誓不罢休的坚韧不拔的性格影响了李缵绪一生，也是他取得一系列学术成果和崇高荣誉的动力源泉。

从茈碧湖畔走进昆明师院的李缵绪，大学毕业后先后到中国科学院云南分院文学研究所、中国作家协会昆明分会、中共云南省委宣传部、云南省社会科学院民族文学研究所工作。历任民族文学研究所所长、名誉所长、民族文学双月刊《山茶》杂志主编，兼任云南省社会科学院学术委员会副主任、云南省社会科学系列高级技术职务评审委员会副主任、云南省编辑系列高级技术职务评审委员会评委、云南省民族语言翻译系列高级技术职务评审委员会评委、中国民间文艺家协会理事、云南省民间文艺家协会副主席、白族学学会副理事长等职。

李缵绪一生勤奋，笔耕不辍，成果丰硕。他先后出版专著 5 种，主编著作 5 种，合著 7 种，发表论文 60 余篇，民间文学作品、散文百万余字。两次受到国家民委、文化部、中国社科院、中国文联的联合表彰。云南省人民政府授予他“云南省有突出贡献的专业技术人才”称号，享受政府特殊津贴。

2010年，大理州白族文化研究所成立，李缵绪是被首批聘请的特约研究员。无论是学术研讨会、座谈会，或是建言献策，李缵绪都是有求必应，乐此不疲，真正做到知无不言言无不尽。在李缵绪的建议下《白族文化研究》一年出一本，一直走到今天。

李缵绪负责主编的《白族大词典》《白族文化大观》填补了白族文化的空白，为传承白族文化起到不可替代的作用，他被公认为白族文化研究的领军人物之一，而且在藏族、彝族等其他兄弟民族的文化抢救、整理、弘扬方面也多有建树。为推动各民族文化互学互鉴，增进民族团结，增强民族文化自信作出了不可磨灭的贡献。

李缵绪活到老、学到老、奋斗到老，直到生命的最后一息。他除了不断有专著问世，还将昆明的白族研究会工作开展得有声有色，白族研究会成了团结白族同胞，传播白族声音，讲好白族故事的平台。在学术研究的征程中，李缵绪继承前人，又敢于超越前人。他积极组织当代白族史的编撰工作。由于各种原因，当代白族史中有许多敏感话题人们不愿触及。但他本着不唯上、不唯书，唯唯实的精神，尽可能将当代白族历史进程中发生的重大历史事件忠实地展现给读者。为此，文稿审定一推再推，但李缵绪初心不改，大有古代“在齐太史简，在晋董狐笔”的遗风。

民间文化守望者杨亮才

时光回到60年前的1957年，从贵州金城江开往北京的火车上，一位青年正在闭目养神。从云南洱源经下关、昆明、沾益到贵阳、金城江，20多天的辗转颠簸，尽管还年轻，但疲惫仍然毫不掩饰地写在脸上。但同样，能够到多少人梦寐以求的首都北京工作，兴奋之情亦溢于言表。他就是白族青年杨亮才。

旅途寂寞最容易让人浮想联翩。

杨亮才1949年就读于洱源一中，在班主任，当时以教师身份为掩护的中共洱源地下县委书记周涛的介绍下，加入民青，参加革命工作，人生从此有了奋斗方向。他与同为地下党员的严瑞昌成为挚友，严瑞昌被凤羽恶霸马老六杀害的前一晚上，两位年轻人还在杨亮才家促膝谈心。严瑞昌革命意志坚定，在马老六及其爪牙们剖腹挖心的酷刑下，只字不露，杨亮才免遭毒手。

1956年，由毛星、李星华领导的中国科学院文学研究所民间文学采风队到大理、洱源县白族地区采风，杨亮才以对白族语言文学和汉族语言文学精通的优势，受当时中共洱源县委、洱源县人民政府的指派参与采风工作。主要任务是陪同采风队到大理、洱源等县的白族村寨找故事家和歌手讲故事唱民歌，由他将白族话译成汉语，再由采风队的专家记录整理。这次采风的成果形成了两本书：《白族民歌集》和《白族民间故事集》，均由人民文学出版社1959年出版。这两本书是中华人民共和国成立初首次采录的白族民间文学作品，比较忠实于民间口头讲述的原貌，第一次将丰富多彩的白族民间文学介绍给世人，至今仍不失为珍品。

在这期间，杨亮才在专家们的点拨下，发掘并整理了白族长篇叙事史诗——《创世纪》。他在采风队的努力和成绩，受到采风队领导毛星等同志的好评。采风队回到北京后，很快便发函调杨亮才到北京中国民间文艺研究会工作。杨亮才先后任《民间文学》编辑，中国民间文艺研究会秘书，文化部艺术研究院秘书，中国民间文艺研究会恢复筹备领导小组成员，中国民间文艺出版社社长、总编辑，《民俗》主编，中国民间文艺家协会党组成员、书记处书记，中国文联第四、五届全国委员，中国少数民族文学学会副理事长，中国少数民族作家学会常务副会长，中国大众文学学会常务副秘书长等。现任中国民间文化遗产抢救工程专家委员会委员、《中国民间故事全书》执行总主编、中国茶马古道研究中心常务副主任、联合国教科文组织顾问等。

1957 年开始发表作品，1985 年加入中国作家协会。作品《杜文秀的故事》获全国首届民间文学三等奖，《中国民间文艺辞典》获甘肃省第二届优秀图书奖，《谚海》获北方十三省市首届民间文学作品选一等奖。

著有评论集《鼓吹集》《守望民间的人们》，长篇小说《血盟》，中篇小说《当归》，散文集《亮才散文》《美女部落》《当代白族作家丛书·杨亮才卷》，专著《中国少数民族文学》(合作)、《云南民俗》(合作)，与人合作记录整理《白族民歌集》《白族民间故事传说集》《白族民间叙事诗集》，编著《笑薮》《中华语典》《茶马古道诗文集》等。

最让同行佩服的是，杨亮才离休以后，不甘休闲养老，仍精力旺盛，热情饱满，一年就推出一本新作，离休 9 年，出书 9 本，平均每年就有一本书问世。

杨亮才根在大理，情寄白族，毕生将宣传弘扬白族文化视为己任。他陪同联合国教科文组织官员木卡来大理调研白族大本曲，并为施珍华先生颁发联合国授予的民间艺术家荣誉证书。陪同中国民协主席冯骥才为寸发标颁发联合国授予的工艺美术大师荣誉称号。他还先后陪同时任中共中央宣传部副部长的贺敬之夫妇、中国民协主席冯云蔚先生、台湾知名学者金荣华教授、民族学家陶立璠教授等到大理考察调研。离休以后，他更加心系桑梓，受聘为大理白族自治州白族文化研究院顾问，为《白族作家丛书》（32 卷）、《中国民间故事全书》（大理州 12 卷）、《中国木版年画集成》、《云南甲马卷》、《中国历史文化名城、名镇、名村》（大理州 12 卷）的编辑，审定多付辛劳。几次累得住院输液，但对所里要给予的报酬，总是坚决拒绝，表现出白族儿子的炽热情怀。

俗话说，一方水土养育一方人，成就一方文化。杨亮才供职中国民协 50 个春秋，足迹遍及大江南北，创作、整理出版的民间文学贯通古今。杨亮才所搜集和翻译的白族民间故事，是千百年来白族人民创作的宝贵的精神财富，是广大群众智慧的结晶，是文学作品中的精品，是从杨亮才白族赤子之心中流淌出来的，他和大理石一样，是苍山的特产，别的地方没有，天下无二家。

老牛更解韶光贵，不用扬鞭自奋蹄。如今，耄耋之年的杨亮才依然执着地守望在自己热爱的民间文学园地上。

经学巨擘王崧

嘉庆末年，在山西通往云南的官道上，一位年近古稀、面容清瘦但精神矍铄的老人骑着毛驴正在赶路，身后跟着背着行囊的几个年轻人。他们一边赶路，一边谈诗论文，说古道今，旅途并不寂寞。他就是名动三晋、被后世学人尊称为“经学巨擘”的浪穹（今洱源）人王崧。王崧在山西为官讲学，转眼就是13年。如今年过60，思乡之情与日俱增，他决定叶落归根，返回故里。几位仰慕他学问人品的山西学子自愿追随先生到浪穹。

王崧，字伯高、酉山、石仙，号乐山，原名王藩，白族，浪穹（洱源县城玉湖镇人），乾隆十七年（1752年）生，道光十七年（1837年）十二月二十日病逝于洱源县城故里，终年85岁。他的墓在洱源城后山上，1980年被公布为县级重点文物保护单位。过去，洱源县城王崧的故居前立有一块石碑，上面镌刻着“经学大师、清史列传王乐山先生故里”。

王崧生于书香门第，他的父亲王芝成（梅村）也是读书人，家中藏书万卷，并有许多著作。王崧自幼受到熏陶，聪明好学，博经通史，曾负笈昆明就读五华书院，拜师知名学者檀萃，博览群书，出类拔萃，17岁考取秀才，乾隆五十四年（1789年）参加省城乡试考中举人。嘉庆四年（1799年），47岁的王崧历经10年寒窗苦读，终于受到当年主考官相国朱文正、太子少保阮元赏识，与岭南派著名诗人《苍山种松碑》作者宋湘中同科进士。据说，清代大学者阮云看到王崧的考卷后感叹说：“天下人才虽多，三场洋瞻，如王君者，令四人耳！”

嘉庆丁卯年（1807 年），王崧入京赴吏部等候选拔，被授山西省武乡县知县。就任期间，他十分重视教育，为当地的靳山书院捐设膏火，购置书籍，修葺院舍，并亲自聚徒讲课，听者云集。九年知县，他一以“兴革为己任”，治理漳河，改革盐政。嘉庆二十一年（1816 年）卸职后，在山西文人的举荐下被聘为晋阳书院主讲。他学识渊博，在讲学时博引经史、旁证百家、深入浅出、形象生动，以致“听者莫不欢欣鼓舞”，为山西培养了不少人才。四年之后，王崧由于年老思乡，不顾地方人士及门徒弟子的再三挽留，告别山西回云南。

临别前他的弟子门徒依依不舍，画了一张《乐山先生讲学图》挂在墙上，弟子张炜还写了一篇《东山先生讲学图记》附在图上。文章说：“先生嘉庆丙子主讲于此，阅四年，念乡园万里，感老之将至，怀其所学，辍讲而归。诸弟子留之不可，从之不能。去后则亲炙无由，图其形于壁。”并说：“先生之讲学，声大而远，山不能障也，川不能限也。隐隐豁豁，震乎四百里之外。传闻者恒以不得亲承謦颜（言笑）”为憾。

道光六年（1826 年），适逢时任云贵总督的阮元纂辑《云南通志》，王崧在阮元的诚邀之下，不顾年迈担任主纂，总理通志之事。道光《云南通志》体例得当、条理精密、子目分明、资料详实，字数超出以前通志。卢汉在《新纂云南通志序》中称《云南通志》“清则康熙、雍正、光绪，经纂五次，而以道光志较称完善”。方国瑜认为：道光《云南通志》“体例精当、详略适当，《滇省通志》今存者十，以此为最善之本”。

另外，在编纂道光《云南通志》时，王崧汇集了记载云南的 61 种书籍，编为《云南备征志》21 卷，该志搜罗有关云南史料，取材广泛，体例严谨，是研究云南民族史和地方史的重要参考资料。方国瑜称《云南备征志》“凡所取以事为主，照录原文，称之为‘滇南大典故’，足以当之。得此一编，要籍粗备，考究滇史者称便焉”。

在王崧“等身”的著作中，道光《云南志钞》和《云南备征志》是最有影响的代表作。除此，他的《说纬》6卷尤其博得阮元的赏识，在《说纬序》中称它“精思卓识，博通万卷，不囿于浅，不蔽于俗，是能读九经疏义，识史家体制矣”。近代云南著名学者袁嘉谷也评价说：“吾滇考订之学，首乐山先生，著书首《说纬》。”

王崧去世后，道光浪穹知县黎讷在《王乐山先生墓志铭》中称王崧：“学可经世，著作等身。”除了道光《云南志钞》《云南备征志》《说纬》而外，他的著作还有《乐山制义》《乐山诗集》《布公集》《江海集》《提钩集》等。他还校订过《南诏野史》，是研究南诏、大理史较好的版本。

王崧是清嘉庆、道光时期的儒学大师，《清史稿·儒林传》为其列传，评价他“学问淹通”。同时又是全国公认的修志名家和方志学家，其名录收入1986年编的《中国地方志词典》中。

师恩难忘

美好的回忆总是历久弥新，应母校清源小学之邀，要我写一篇回忆当年学生生活的短文。虽然我离开母校已经五十多年，许多细节随着岁月的流逝日渐模糊。但记忆的闸门一经打开，许多尘封的往事立即在脑海里再现出来，特别是当年许多授业恩师，如朱校长、杨主任、李老师、赵老师……一个个栩栩如生地从记忆中走来，依然是那样可亲可敬，依然是那样光彩照人。

我是 1958 年 9 月在义和小学完成了两年启蒙教育后直接进入清源小学三年级就读。当年我们的班主任是李慕周老师。李老师毕业于丽江师范学校，这在当时也是凤毛麟角。记得李老师当时正值盛年，虽然不苟言笑，但对学生非常负责。除了教学，李老师的最大爱好好像就是劳动，我们经常看见李老师在学校菜园里忙碌的身影。当年我才 8 岁，少年的心性除了顽皮，就是从众心理。在同村同学的影响下，我因违反学校纪律被李老师留校了。李老师在教育了我们后先后让和我一起留下的两个同学回家了，说实话当时我因自己是初犯感到很委屈。李老师语重心长地对我说，你父母都 30 多岁了，你是长子，你的一言一行对你的弟弟就是榜样。李老师当时还说了许多勉励的话，虽然不能一一消化吸收，但从那以后我再也没有违反过学校纪律，1962 年作为同班两名应届毕业生之一考上了洱源一中（另一位同学因家庭变故未能报到入学）。清源小学成了我走上人生旅途的出发点，李老师成了我终生感激的恩师。

赵道华老师也是我在清源小学难以忘怀的老师之一。据说赵老师毕业于滇西大学文史系，这在当时小学教师的队伍中学历算是很高了。赵老师留给我们的映象是学识渊博，知识面很宽，口才极好。他除了写得一手流畅飘逸的板书受到学生的尊敬外，脑子里似乎装着古今中外讲不完的故事，所以当时我们最惬意的事情就是在课余时间听赵老师讲故事。每当这个时候，我们众星捧月般的在草地上围着赵老师席地而坐。看到我们个个听得入迷，赵老师也不时露出很有成就感的微笑。许多故事现在都还给赵老师了，但赵老师在故事中灌输给我们善有善报恶有恶报的是非观却影响了我们一生。这也就是人们常说的“随风潜入夜，润物细无声”的真谛吧。后来听说赵老师因当时复杂的社会原因离开了他钟爱的教育事业。最近听说他已经作古，我们当年清源小学的同学在一起提到赵老师，总是唏嘘不已。

白族素有尊师重教的优良传统，每家天地堂都要供奉“天地君亲师”神位，逢年过节都要点香祭拜。所以教师地位极高，老师们也是非常注重自己的形象。在乡村，老师说话做事举足轻重，而且近乎是道德知识的化身，家长总是非常放心地把子女送进学校。在我读小学的六年中，从来没有听说老师动辄将家长叫到学校训斥的，也没有听说家长因老师对自己子女要求严格而跑到学校讨什么说法的。

我是1958年到1962年在清源小学就读的，当时正值后来被人们称为“刮五风”的年代。开始时到处办公共食堂，吃饭不要钱。记得我们每天都在白米村段家大院里放开肚皮吃。可惜好景不长，开始时吃白米饭，后来就喝稀饭，再后来就无饭可吃了。为了填饱辘辘饥肠，我们上学喜欢穿越种有蚕豆的田坝，将那些发芽时翻身落入垄沟的蚕豆捡进口袋，有时上课时也忍不住嚼几颗。老师们总是以宽容和友善的态度原谅我们这些行为。覆巢之下无完卵。当时老师们的境况也不比学生好多少，但我们从未听见老师们在课堂上泄私愤、发牢骚，有的只是一如既往地认真传道、授业、解惑。这种对祖国的的忠诚和对教育事业的执着至今历历在目，令人肃然起敬。

四年的清源小学生活，可写的东西还有很多，限于篇幅，只好打住。我想和我一样的校友，尽管会有不同的经历，但对母校的美好回忆一定与我相同。

忆张旭先生

今年是大理州南诏史研究会成立三十周年。30年前，我有幸成为首批会员。在学会的平台上，我从一个南诏、大理历史，白族文化的爱好者成长为孜孜不倦的探索者，不由得怀念和感激学会的创始人张旭先生。

臧克家在鲁迅先生谢世后写道："有的人活着他已经死了；有的人死了他还活着。……他活着为了多数人更好活的人，群众把他抬举得很高，很高。"这一评价同样适用于白族人民的好儿子、白族文化的开拓者之一的张旭先生。

说起我与张老的认识并成为我终生的良师益友还是在南诏史研究会结的缘。

三十年前，我刚从昆明求学归来，分配到正在筹建的大理州民族中学。经人介绍参加了成立不久的大理州南诏史研究会，认识了学会创始人张旭先生。经过一段时间的了解和相处，我发现张老虽然有传奇般的生活阅历，但却具有甘为人梯、诲人不倦的老师情怀；平易近人，宽厚仁慈的长者风范；不囿成说，开拓求实的学者修为。张老的这些优秀品质成为当时和我一样正处而立之年，如今都已年逾花甲的几位同龄人的学习楷模，受益良多。

重视田野调查，发掘传承于民间的活态文化，结合文献资料综合研究，达到辩彰学术，考究源流是张老治学的一大特色。对于刚刚从学校出来的我，补上这一课十分必要，张老正好为我们创造了很好的条件。

事情还得从1983年说起。经过张老的精心安排，当时供职在大理州政协的苏松林和我专程到怒江开展对勒墨人（白族支系）的社会调查。由于张老早年在怒江工作时奠定的坚实基础，我们的调查轻松愉快而收获丰硕。为了搞好这次调查，张老提前进入怒江为我们做准备。等苏松林和我到了怒江州碧江县，一切都已安排得十分妥当。

我是第一次到被誉为世界第二大峡谷的怒江，一切都显得陌生而新鲜。我们先在怒江州府六库住了一晚，第二天就沿着怒江顺江北上前往目的地碧江县城。由于当年的路况很差，又一路上坡，汽车爬行了整整一天才到碧江县城。原来我想象曾经是怒江政治中心的碧江知子罗，应该坐落在至少是一处平坝上，哪知道碧江县城却是坐落在山坡上。我问张老，新中国成立之初，他们为什么选在这里。张老说，怒江对面翻过高黎贡山就是缅甸，当时情况复杂，一旦有什么变化，砍断怒江溜索，翻过碧罗雪山就可以回到剑川。我打心眼里佩服张老他们那一代人，为了祖国的统一、边疆的安宁、各民族的幸福所做出的奉献。

在碧江县政协办公室，张老为我们预约了阿怒庞等四位既懂汉语，又熟悉勒墨历史文化的当地人，根据我们的调查提纲逐一介绍。苏松林和我又是录音，又是笔记，整整忙了一星期。张老说，除了听和记，你们还要亲自到勒墨人所在的村寨实地感受和体验一下。在张老的安排下，苏松林和我又与阿怒庞等人一起来到勒墨人聚居地之一的砣砣村，受到了亲人们的热忱欢迎。虽说是入住阿怒庞家，但实际上当晚勒墨老乡为我们安排了青年男女在“兰好”的对歌。对歌整整持续了一晚上。第二天，阿怒庞的儿子又根据录音为我们逐一翻译。这次取得的成果经过张老的认真修改后，收录在国家民委民族问题五种丛书之一的《白族社会历史调查》上。

当我们依依不舍地离开砣砣村时，乡亲们还为我俩表演了歌舞。他们特意要我俩为张老带一只大公鸡。乡亲们说，他们十分想念张老，想来想去，大公鸡象征健康。三十多年过去了，此情此景，至今仍历历在目。古人言，政留人去后。随着对张老的进一步了解，特别是后来听了当时作为碧江工委书记兼县长的张老在怒江工作期间，面对错综复杂的边疆民族关系所表现出来睿智和坦诚，难怪他将自己留在了怒江人民的心中。

20 世纪 60 年代初，面对当时错综复杂的情况，张老不计个人得失，想方设法向中共云南省委如实反映剑川饿死人的情况，引起省委领导高度重视并得到及时解决。

人生易老天难老，转眼间，大理州南诏史研究会已经到了而立之年，张老也离开我们多年了。今天，大理州南诏史研究会隆重纪念学会成立三十周年，同时缅怀为学会的创建并作出重大贡献的张老，作为张老的学生和生前好友，一直想写点文字缅怀张老，现在总算如愿以偿，也算是对张老表达缅怀之意。

京城访贤

飞机降落在首都机场，夜幕早已降临，满天星斗跌落在京城，竞放光华。坐上早已等候在机场的大理驻京联络处汽车，随着车流，我们到了蝴蝶泉宾馆。两年不来，宾馆装饰一新，更充满时代气息和白族特色，无言地向人们展示着大理的风采。

清晨起来，北京的第一场雪将首都装点得银装素裹。瑞雪兆丰年，我们这次进京访贤一定满载而归。顶着刺骨的寒风，冒着霏霏细雨，我们从西单出发到对外经济贸易合作部。也许是天遂人愿，到了新华门，雨停了，彤云密布的天空泛出阵阵亮光。走到天安门，霎时云开日出，艳阳撒满天安门广场，让我们感到首都热情欢迎我们这些来自西南边陲的少数民族。迎奥运的北京，天比过去更蓝了，草比过去更绿了。

在对外经济贸易合作部办公大楼三楼走廊，我们与七处的小谢不期而遇。几年不见，小伙子依然笑容可掬，风趣恢谐。老远就说：“赵校长，听说你已经高就了，还想得起来看我们，打个电话就很温暖了。”我微笑着回答：“我改变的是单位，改变不了我是大理人。”我说，这次是受州政府委托来感谢对外经济贸易合作部对我们大理的关心和支持。小谢、小杨再三表示，大理是个好地方，有机会一定再去！过去有一种中央国家机关高不可攀的神秘感，其实，以诚相交，来往多了，中央国家机关待人接物礼貌友善，处处体现出中央机关的美好形象。

聘请大理州白族文化研究所的顾问和特约研究员是我们这次进京的重头戏。户外寒风凛冽，驻京联络处会议室里温暖如春。与会专家学者不顾年事已高，都兴致勃勃地提前赶到蝴蝶泉宾馆。20 世纪 50 年代曾陪同李大钊女儿李星华走遍白族地区的穷乡僻壤、采集白族民间文学作品，随后又进京参与了白族民间文学编译、出版，让白族民间文学走进文学殿堂的白族学者杨亮才，回忆半个世纪前喝罗坪山箐水，住洱源西山垛垛木房的情景，依然豪情满怀。再三叮嘱，白族文化研究所的发展关键是人才，要广纳人才。他说，全国作家协会会员中有 10 位白族作家，都是大理人，应当说不少了，研究所完全可以出一套《情系苍洱》白族作家丛书。

白族作家要向沈从文学习。沈从文说过，湖南作家不写湘西，不写吊脚楼，称不上完美的湖南作家，沈从文因写湘西而成为文坛泰斗，湘西也因沈从文等人的名声走遍世界。我们也可以说，白族作家不写苍洱，不写火把节、三月街，不写本主，不写白族三坊一照壁和四合五天井，就算不上完美的白族作家，所以说这套丛书的主题就是写大理、写白族。毕生从事白族语言文字的研究和推广，以“拼命三郎”著称的李绍尼教授满怀深情地说，我无怨无悔地搞了一辈子的白语白文，几场大病几乎丧命，不理解的人以为我是“疯子”，爱人也因我不要命地干几乎弄得夫妻反目，现在白族文化研究所成立了，我第一个感觉就是有了个家。我们搞白语白文就是为了更好地掌握汉语汉文。用母语去促进汉语言文字的提高；用汉语言文字的提高来加快我们白族地区的经济发展和社会进步，这是最大意义上的代表了广大人民的根本利益。没有自己的语言文字就无法原汁原味保存本民族的优秀文化，与世界接轨；拒绝汉语和其他语言的学习运用，只能阻碍民族的进步。有人以为搞民族语言文字是狭隘的民族情结，其实，严谨、科学地研究民族语言文字的人都是真正的爱国主义者。为了使自己的研究后继有人，李绍尼教授拿出自己的积蓄供洱源籍的一名学生读完了研究生。这位学生年迈的父母以白族固有的朴实和真诚对儿子说：“李老师才是你真正的爹，是他供你读完了研究生，你要跟李老师学一辈子。”这位学生目前虽然供职于一所高等军事院校，但时刻没有忘记白语白文的研究。因最早出版《大理经济发展史稿》而奠定了自己的学术地位，新作新著不断的杨聪教授兴高采烈地说：“听说成立白族文化研究所，很痛快、很兴奋，受聘为特约研究员感到压力很大。在京大理同胞1000多，高职以上有100多，我们一定联络好这批力量。如果能依法筹划‘白族文化节’，一年一个主题，对于进一步弘扬白族优秀文化，让白族文化走向世界是一件非常有意义的事，建议提上会议日程。”与会专家学者你一言，我一语，再三表示感谢州委、州人民政府的关心和厚爱，一定不负厚望，尽力为家乡发展建言献策，做好工作。在京出差的赵波副书记看望了与会专家学者。感谢他们对家乡的关心和支持。亲情、乡情、民族情溢满蝴蝶泉宾馆。

90高龄的贾芝先生，是中国民间文艺界的先驱，听说大理成立了白族文化研究所，欣然题写牌匾以示祝贺。为了感谢贾老的深情厚谊，我们专程登门拜访。几经转车，走进北京古老的胡同，我们到了贾老家。不足30平方米的两居室被书籍和家具塞得几乎没有插足之地。接待过无数外宾、内宾的卧室兼书房，唯一的现代化设施就是墙上挂的空调，书柜上14寸黑白电视机，不留神还以为是古董摆设。若非亲眼所见。真不敢相信这是大名鼎鼎的李大钊女婿、李鹏总理老师的居室。听说李铁映院长闻讯后。特批了一套房子给贾老，但贾老就像一辈子钟情于民间文学一样钟情于他的故居。在这里，我似乎再次读懂了刘禹锡《陋室铭》的真谛。

提速后的火车在京广线上风驰电掣般行进，过长沙转湘黔线后车速明显减缓。望着远去的城市，眺望扑面而来的崇山峻岭，我们想到了白族文化研究的不足和困难，但更看好白族文化研究的美好明天！

清气长留苍洱间

退休以后信息不畅，得知李一夫老仙逝已经是一个多月后的事了。作为相交相知30多年的师友，未能在最后时刻送李老一程，心中十分歉疚。

我和李老认识可以追溯到1982年，当时我刚从昆明师范学院毕业回到大理待分配。经李老在昆明朋友的信函引荐，我初次拜访了李老。当时李老复出不久，住在大理州人民政府西院的小平房里。可能是缘分使然，有的人朝夕相处也就是那么回事，有的却一见如故，李老和我就是如此。

俗话说，物以类聚，人以群分。通过李老的引荐，我又先后在下关认识了杨永新、张旭、纪士孔几位老前辈。纪老后来在我任大理州民族中学校长期间，经常莅临我校的毕业典礼，平时办学中遇到什么困难，他都尽力帮助协调解决。杨老则与我一起在《民族研究》上发表了《试论南诏王室的族属问题》，此文多次被各种论文集转载，在学术界产生了一定的影响。张老直到谢世都是我学术探讨道路上的引路人，这些虽然都是后话，但没有李老，我也未必能结识这几位堪称楷模的前辈。

李老留给我们的精神财富是多方面的，对我印象最深的有两点。

首先是李老虚怀若谷的长者风范和淡泊名利的平民情结。

李老长我近30岁，但年龄的距离丝毫不影响我们之间的友情。在我的印象里，李老任何时候都是衣着简朴，面带真诚的微笑，说话轻声细语。他参加革命工作较早，20出头就担任大理县县长，可谓少年得志。

就在李老的灿烂前程令人艳羡的时候，却蒙冤入狱 17 年。这种人生的大起大落按理说李老一定有不少抱怨。可是在我与他相处的 30 多年中，除了听李老轻描淡写地说过一次当年他在劳改队里，由于身体不好，反而在闹饥荒的时候活了下来，那些身强力壮的人却因体力透支而丧命外，从来没有听过李老发过牢骚。相反，李老复出后工作岗位几经变化，但无论在何种岗位，他都干一行、爱一行、钻一行，干好一行，真正做到了不患位之不尊，而患德之不崇。他主编《大理文化》期间，刊载了许多研究地方民族历史文化的文章，至今依然得到人们的肯定和赞誉。这与时下有些人吃着碗里，看着锅里，整天不择手段地琢磨着如何升迁的人相比，真可谓天心之皓月反衬腐草之萤光。

李老是大理州南诏史研究会的发起人和最早的领导者之一。张旭先生谢世后，会员们一致推荐李老当学会会长。由于李老离休后回下鸡邑老家安度晚年，他主动提出将大理州南诏史研究会挂靠大理州白族文化研究所并提出辞去会长职务，同时推荐时任大理州白族文化研究所所长的我兼任学会会长，以利更好地开展学会工作，再次体现出李老甘为人梯的长者风范。

到过李老家的人都会记得李老中堂上悬挂的一副楹联“诗堪入画方称妙，官到能贫乃是清”。这既是李老的座右铭，也是他一生为人为官的真实写照。李老在职时清廉简朴，离休后返归故里。坐北朝南的一方土屋就是他的居所。说不上家徒四壁，但摆设的简朴让人很难相信这是一位革命了半个多世纪的县处级干部的家。

至今我爱人还经常说起当年李老和昆明师范学院王云副院长在我家斗室里围炉聊天的情景。那是 20 世纪 80 年代的一个冬日晚上，李老和王副院长住在我家，我为他们生了一炉炭火，两位老人围炉而坐，促膝谈心。炉火映红了两位老人的笑脸，温馨溢满了小屋，此景此情，至今历历在目，可惜两位老人都已经先后作古。

李老离休后，我俩相见的机会较少，但每年我都要抽空去下鸡邑看望李老。李老也不时利用到下关开会或专程来所里坐一坐，我俩聊天经常忘记时间。有一次，不知不觉到了吃饭时间，李老要请我吃饭。我说到下关怎么能让您请吃饭。本来我完全有条件与李老在饭店里吃，但我了解李老的脾气，就一同回家吃家常便饭，李老很高兴。记得有一次，我大舅从北京来下关出差，我陪他到李老家拜访，老朋友见面，天南海北聊个不停。李老的夫人早已将饭做好。老式的八仙桌，平常人家常用的二人座木凳子。白族人喜欢吃的洱海酸辣鱼，白族人家常备的腌香肠、青菜豆腐汤，客人与主人都吃得开心。这就是李老待客之道，也是白族传统的待客之道。

其次是李老孜孜不倦的好学精神和严谨求实的治学态度。

李老只读过中专，但他渊博的学识为与他交往的人们所公认，这得益于李老孜孜不倦的好学精神。每次看望李老，几乎都看见他在看书学习。李老学习的内容十分广泛，据我所知，凡古今中外的书籍他都阅读，甚至对医学，尤其是白族医学，李老也有很深的造诣。李老读书注重学以致用，他运用藏族历史书中记载的史料来佐证对白族历史的研究并提出独到的见解。他研究医学用来养心养身，这也许就是李老到了耄耋之年仍然精神矍铄、耳聪目明的原因吧。真正达到了“书能医愚，不论古今须博览；学以致用，宜从实践下功夫”的境界。

李老治学严谨，求真务实。他一生发表的文章不算太多，但因自成一家之言而受到学术界的肯定。他在《大理文化》上连续发表的《南诏王室的族别初探》和《南诏王室的族别再探》先后被多种论文集收录。李老在20世纪50年代撰写的《白族的本主及其神话传说》，为白族历史文化研究提供了珍贵的资料。这对时下学术界一些人心浮气躁，随意杜撰来沽名钓誉的做法应该说是极好的警示。

记得 20 世纪 80 年代，我看到云南大学一位教授写了下关将军洞供奉李宓将军是民族团结见证的文章，心存疑虑去向李老请教。李老告诉我，将军洞最早叫奶奶庙，后来当地汉族看到白族信仰本主，也就将李宓将军奉为本主，开始双方还打过官司，当时在大理任职的汉人某知府不愿得罪双方，就各打五十大板，允许汉族白族一起供奉。由于白族文化的开放与包容，年深日久，将军洞也就成了各民族祈福纳祥的共同精神家园。这让我想起了清代在河南南阳做知府的湖北襄阳人顾嘉蘅，因诸葛亮名高天下，两省便争诸葛亮故居所在何处，顾嘉蘅不敢开罪当地豪绅，又怕承担出卖桑梓之名，便撰写了“心在汉室，原无分先主后主；名高天下，何必辩襄阳南阳”的妙联，既赞诸葛亮，又抹平两省争执的历史典故。我不了解李老的真实思想，但李老严谨治学的态度给了我很好的启迪。

但立直标　终无曲影

——施介烈士逝世70周年想到的

这是一个令人荡气回肠的真实故事。

这是一曲讴歌白族妇女高风亮节的人间颂歌。

这是一首再现民族团结一家亲的赞美诗。

这是一段白族儿女追求民族解放人民幸福的奋斗足迹！

1909年农历11月，施介出生于洱源县凤羽镇元士充一户家道中落的白族书香农家，自幼父母双亡，兄弟三人由三婶收留抚养。不久，施介两个弟弟去世。艰难困苦玉汝于成。幼年的施介一边跟三婶干些力所能及的家务，一边发奋学习。从1916年起，施介先后到乡里读私塾、读凤翔小学。三婶贤淑善良，虽然家境也不富裕，但看到施介如此好学上进，就积极支持他读书。施介又前往大理、昆明求学并于1928年秘密加入中共云南地下党组织。1930年，施介在毕业照片后题词，为实现自己的理想立下了“要从这黑暗里寻找光明，我们的工具惟有牺牲和奋斗”的誓言。

1926年，施介遵从本族长辈的意愿，与同是贫苦出生的杜小年喜结连理，婚后夫妻恩爱。然而，覆巢之下无完卵。施介生活的时代，正好是云南军阀混战，你方唱罢我登台。成王败寇，盗匪横行，民不聊生，鱼米之乡凤羽也被啸聚花甸坝的张结邦匪徒搞得鸡犬不宁，暗无天日。施介对新婚爱妻说：“我要到太阳升起的地方，此后，我俩会聚少离多。有朝一日，事业有成，我会带回幸福。”他希望妻子在家耕田种地，自食其力。谁知这一别尽是半个世纪，从此天各一方，再也没有见面。杜小年牢记丈夫嘱托，苦苦等待丈夫近半个世纪终身未嫁。直到 1979 年，年已古稀的杜小年终于等来了迟到的烈士通知书，谱写了一曲白族妇女高风亮节的人间颂歌。

施介离家以后，在党组织的安排下，先后参与和领导了开远的学生运动和滇越铁路滇段工人大罢工，重新点燃了滇南革命斗争的火炬。

1938 年，施介和共产党员刘林元带着自己的学生王锡令、陈开明徒步赴延安并入抗大学习。毕业后一直在延安从事革命工作。先后介绍王锡令，陈开明、朱家璧入党。为云南革命斗争，为延安大学的发展作出了积极的贡献。

1945 年，施介服从组织安排转战西辽河流域，先后任阜新地委、哲理木盟地委组织部长兼通辽县委书记、“长江骑兵团”政治部主任，战斗在西辽河流域，科尔沁草原。施介这位来自苍山之麓、洱海之滨的白族好儿子，为了哲理木盟各族人民的翻身解放，辛劳奔波，倾注心血，作出了重大贡献。无论是高力坂的沼泽地，或是舍伯吐的沙丘里，或敖包四周的茫茫草原上，都印上了施介一串串坚实的脚印。终因积劳成疾，1947 年 9 月 18 日，年仅 38 岁的施介就碧血撒于北疆。蒙古族人民用最隆重的礼节将他安葬在施介为之奋斗的草原，通辽市以“施介”名字命名的机关、学校、街道、医院达 19 处之多。时任辽北省委书记的陶铸和时任辽北省委组织部长的曾固为施介题写的墓碑写道：“我们最好的同志为工作而停止了最后的呼吸，施介同志长眠之所”。

1979 年，云南省人大常委会副主任张子斋，施介当年的同窗密友、云南民族学院院长马曜率领云南民族代表团赴内蒙参观考察，发现施介在通辽的许多革命遗迹，施介的感人事迹才为家乡人了解，杜小年也才知晓丈夫离家以后的真实情况。

施介烈士离开我们已经70年了，今天我们仍然怀念他，这是因为他留下的精神财富不因时间的推移而褪色，面对今天一些人理想信念的淡漠，物欲横流的现象更显得熠熠生辉。

施介出生在碧水蓝天，气候宜人，物产富饶的南国，却把自己的生命定格在风沙肆虐、气候严寒的北疆，没有坚定的理想信念是无法做到的。正是有像施介那样在国家民族面临危难的时候义无反顾地担当起挽救国家民族危亡重任、无私奉献的奋斗牺牲，才有今天的民族独立、人民解放。反观时下的那些贪官污吏，当他们还是普通群众或身处困境时，还能像吴敬梓笔下的匡超人那样敬老尊贤、勤勉学习、吃苦耐劳，然而随着地位的提升，权力的增强，就马上暴露出“子系中山狼，得志便猖狂”的本性。追根溯源，无不是从理想信念缺失开始，一步一步走向反面的。

施介虽然出身贫寒，但聪明好学，随着学业日渐精进，已经走在同龄人的前列。结婚成家后，一个温暖的小家庭正展现在面前。但为了能让更多的人幸福，他舍小家为大家，徒步到延安学习，寻求救国救民的道路。随后又来到条件更为艰苦的西辽河地区，为各族人民的翻身解放夜以继日的工作。“历览前贤国与家，成由勤俭败由奢”，有些贪官走上不归路，就是因为不能用正确的人生观、价值观教育子女，过分地想为子女营造安乐窝而滑下深渊。到头来不仅害了子女，自己也不得善终。

施介值得学习和弘扬的优秀品质远不止此，值此施介烈士逝世70周年之际，作为同乡和晚辈，写下这些话表示缅怀。

杂　录

在民族中学的二十年，主要是耕耘在三尺讲台，整天谋划的是如何将更多的民族学生向高一级学校输送，为他们有一个更加美好的未来创造必要的条件。除了假期家访出去走一走外，很少有机会了解社会，虽然也发表了几篇心得体会，但主要是教育教学心得，也偶有学术探讨文章。在研究所的十年，为了多出成果，走出去，请进来成了工作常态。这里所写的主要就是外出聘请顾问、特约研究员，或参加一些学术活动，探望散居白族同胞，考察革命圣地的即兴之作，虽然谈不上有多少文采，但都是真情实感，绝非无病呻吟。敝帚自珍，辑承于后。

凤羽赋

滇西凤羽，中国名镇。[①] 南诏置郡，[②] 闻名遐迩。青瓦白墙村舍，碧泉柳岸鸣莺。家家垂垂花果，户户琅琅书声。郁郁青青，十六峰环列如屏[③]；黄黄灿灿，油菜花满坝铺金。鸟吊山百鸟朝凤，鹤林寺仙鹤翔临。[④] 何处白王庄？李元阳寻觅前代踪迹；[⑤]“犹留此一奥”，徐霞客惊见世外桃源[⑥]。茶马古道石板犹存，蹄痕历历；明清旧宅鳞次栉比，庭院深深。百年传说，海眼穴[⑦] 扑朔迷离；千古未穷，清源洞留君探胜。[⑧] 观音泄海或云虚幻[⑨]，沧海桑田现实成真。坝子心挖出船桨篙橹，“以库居”留下码头地名[⑩]。农田如梯排列，遥想前人创业艰辛；沟渠似网纵横，造福后代儿女子孙。菜籽油行销三迤，凤羽砚誉满士林。“呈呱色”齿颊留香，小白糖叮叮诱人[⑪]。山谷为斛，量羊交易，可见当年大气；白塔作笔，宁湖为

---

① 2010年，凤羽荣膺中国历史文化名镇称号。

② 南诏、大理国时期，凤羽开始置郡设县。

③ 凤羽西侧罗坪山由16峰组成，赵辉璧写了16首赞美诗。

④ 鸟吊山位于罗坪山中和峰垭口。北魏郦道元《水经注》援引《后汉书》记载：“叶榆西北有鸟吊山，世传凤凰死于此，每岁入秋，百鸟群集来朝，鸣其哀。”《浪穹县略》也有“每岁七、八月，鸟千百成群，翔集于此，奇毛异羽，灿烂若霞，多非滇产”的记载。鹤林寺在凤羽坝南端，《浪穹县志》载，明洪武年间重修，白鹤翔集，故名。

⑤ 明代著名白族学者李元阳曾写诗：“鸟吊山前禾荞香，路人云是白王庄，量羊山斛今犹在，剩有西风积叶黄。”量羊山斛，传说大理国王曾驻跸庄上，与邻邦交易时用山谷计量羊群，故名。后文“以山谷为斛，量羊交易”即指此。

⑥ 徐霞客赞美凤羽“曲峡通幽入，灵皋夹水居，古之朱陈村，桃花源，寥落已尽，而犹留此一奥，亦大奇事也”。

⑦ 传说鹤林寺有海眼穴，穴中可见各种奇观，游人如织，当地不堪其扰，故封之。

⑧ 清源洞位于凤羽坝东南苍山云弄峰北麓，深不可测，至今无人穷尽过。

⑨ 相传凤羽古为泽国，观音施法力泄水造田供百姓安居。

⑩ “以库居”为白语，意为船码头。

⑪ “呈呱色”为白语，凤羽风味小吃，是萝卜丝、稀豆粉、香椿、油炸米干兰拌的凉菜。小白糖又名叮叮糖，凤羽特色食品。

砚[①]，书写世代豪情。田家乐演绎渔樵耕读[②]；板凳戏[③]唱尽爱恨情仇。山歌阵阵，灯笼柴斜插烂漫野山茶[④]；秧旗猎猎，栽秧人紧追欢快唢呐声[⑤]。迎本主人神同乐，过大年秋千入云。诗化劳动，苦中无妨作乐；劳动诗化，陶冶自我身心。睿智而幽默，吾乡人之风范；坚毅而通达，凤羽人之精神。崇文重教，吾乡之传统；孝悌谦和，此地之民风。文墨之乡，人文荟萃；书院学堂，代出文人。青灯黄卷，四进士走出边远小镇；[⑥]春华秋实，留佛塔留住中原文明。[⑦]三教宫，儒道释交流融汇；十八村，正清和秉继传承[⑧]。千里寻草药，孝子本主化育后代[⑨]；历代出贤达，后生小子紧步前尘。诗书继世，童稚耳熟能详；耕读传家，代代铭刻在心。村夫野老，提笔能写；田舍垄头，时有歌吟。席可缺珍馐，壁不少诗文。虽蛮夷而不让汉唐，处边地而直追中原。清波涟涟，凤羽河向洱海注入无尽甘泉[⑩]；人才济济，凤羽坝为社会输送各路精英。斗转星移，气象更新。千年古镇，与时俱进。文脉承传，重振雄风。继往开来，凤起蛟腾[⑪]。

（注：本文与赵定甲教授合作。）

① 民间传说凤羽东山白塔（文笔塔）是笔，洱源茈碧湖是砚，故凤羽文人辈出。
② 凤羽民俗活动，为关秧门庆典，人们扮演渔樵耕读，自误自乐。
③ 凤羽民俗活动，婚丧嫁娶，盖房添丁，都可举行，人们围火塘而坐，自编自演。
④ 灯笼柴：将砍下的柴两头用十字楔子撑开，状似灯笼，既便于晾干，又美观。凤羽青年砍柴时非常重视柴担（捆）的装饰，常用以品评人的劳动品格。
⑤ 秧旗：栽秧时节凤羽人在田头竖一两三丈高的五彩缤纷的旗杆，下有吹唢呐、敲锣打鼓的乐队。栽秧人伴着唢呐、锣鼓节奏，你追我赶，繁重的劳动变为欢快的场面。
⑥ 根据史书记载，明清时期，洱源出了九位进士，凤羽就有四位，其中赵辉壁是清道光年间进士，有《古香书屋诗钞》《古香书屋文钞》12 卷传世。
⑦ 留佛塔在凤翔村村口大官路两侧，对此当地还流传着一个优美的传说。
⑧ 号称有十八村的凤羽，寺宇道观几乎都是三教同尊，三教宫坐落在凤翔村西罗坪山下，宫内同奉如来、孔子、太上老君而得名。正清和概括了儒、道、释的文化品格，儒尚正气、道尚清气、佛尚和气。
⑨ 相传凤翔等村本主是来自禄丰的三兄弟。为救治父母的疾病，千里迢迢来到罗坪山采药。当地人为他们孝心所感，尊为本主。
⑩ 凤羽河为高原明珠洱海的主要源头，年流入洱海的水量超过亿方。
⑪ 凤翔村东有一大照壁，上写“凤起蛟腾”四个大字，实为凤羽文化名片。

观音山赋

岁在丙申，洱源县重修观音山，受县上委托，与定甲兄共同策划观音山楹联、匾、碑，为此两回故里，三上观音山。抚今追昔，感慨良多，草就《观音山赋》，同时将联、匾、碑刊出，以飨读者。

三诏故地，洱海源头，茈碧湖东，观音山立。南瞻苍山，异牟寻敕封中岳，北眺玉龙，纳西尊为神灵；西望罗坪，百鸟朝凤千秋颂；东接鸡足，千年礼佛万家和。山中有寺，供奉观音。香客摩肩接踵，常年香烟缥缈。山因寺而得名，或寺因山而建立；年代久远，无可稽考。惜乎岁月沧桑，风雨剥蚀，怪石嶙峋，坟茔错落；荆棘掩径，荒草没坡；寺毁山秃，胜景不在。欣逢盛世，国泰民安。百姓鼓腹讴歌，山川遍沾雨露。为给群众营造休闲健身之所，洱源县斥资千万重建观音山。运土植树，栽花种草。亭台耸立，廊桥蜿蜒。更有文人雅士联匾点缀其上，诗画田园春华秋实铺满四围。亭亭玉立，阿嵯耶观音慈航普渡；赫赫神威，大黑天本主护国佑民。老幼妇孺或驱车直达山顶，善男信女或信步拾级登临。湖山在抱、瑞霭呈祥。标山巍峨，梨园村誉为世外桃源；茈湖如镜，水花树勘称人间传奇。祈祥纳福、清风送爽。拜观音朝天神秉香默祝；赏县城话发展憧憬未来。

正是：“南海莲花宁湖水，普陀雨露观音山。花木逢春争艳丽，士农工商尽开颜。”

春节期间的凤羽白族歌舞

“一条青龙东海来，为庆新春耍一台，自从今天庆贺后，幸福生活万万年。”随着一人高声诵读的话音刚落，场内围观的男女老少就异口同声地爆发出一声“好！好！”这是凤羽地区白族人民为欢庆新春佳节表演的白族歌舞之一——耍龙舞的一个场面。

耍龙、耍狮、耍鹤、耍马舞在凤羽地区的流行已有悠久的历史。它盛行于春节前后，演出时不需要特殊的舞台设置，稍微宽敞的院坝内就可以进行。演出一般是各村自发组织，排练好后，就走村串寨巡回表演。每场演出不计报酬，全凭东道主自愿将彩钱包在红纸内赐给，数量多寡不计。龙、狮、马、鹤是当地祖传的能工巧匠用竹子和彩色绵纸为原料制作而成的，然后用凤羽特产的小白糖拌和颜料进行彩绘，使这些龙、狮、马、鹤一个个显得光彩夺目、栩栩如生。在晚上柔和灯光的辉映下，加上表演者惟妙惟肖的表演，常常使围观者如见蛟龙出海，狮子下山，仙鹤临凡，骏马奔驰，发出一阵又一阵的喝彩声。

龙、狮、鹤、马是一套互相联系而又自成体系的演出节目。演出开始，先由一个有声望的年长者扮演财神赵公元帅。他身跨黑虎，手持竹节钢鞭，绕场表演一番，用吹吹腔边舞边唱，唱的多半是颂扬和祝贺之词，具有开场白的性质。赵公明“摆驾回宫”后，踩马舞，耍狮、耍鹤、耍龙的节目就相继演出。

踩马舞一般由三至四匹纸扎彩马组成。马分白马、红马、紫马，中间还有一头灰色的小毛驴。演出者按生、旦、净、丑四种角色化装登场。

凤羽春早

演出的多半是一些含有招亲内容的具有喜剧色彩的传统剧目的改编。在演出中，表演者边说、边唱、边舞。各人都有各自的路线，一般呈“8”字形，交错进行，使观众眼花缭乱。扮演身骑小毛驴的丑角可以随时穿插其间，不时用白语唱出一些使人捧腹大笑的唱词，表演出各种滑稽动作，增加演出的喜剧色彩。一场表演结束，表演者汗流浃背，观者兴趣盎然。

耍狮由四人协同表演。一人手持绣球在前面引逗，一人头戴威风凛凛的狮子头在后面紧追慢赶，另一人身披狮皮紧紧跟着耍狮头的人，配合默契，动作娴熟协调，还有一个小孩扮演小狮子紧随其后。领头者上下左右挥舞绣球，“狮子”在后面或左顾右盼，或昂首怒吼，表演种种动作。院坝中放置有桌子，几十张垒叠成不同式样，耍绣球者在高桌上表演杂技动作，有时徒手倒立，有时鸽子翻身，有时穿桌而过，有时腾跃而上……激越的唢呐声和紧锣密鼓的伴奏、表演者扣人心弦的演出，使得观众忽而情绪紧张，屏声息气，忽而高声欢笑，如释重负。即使尾随在后，小狮子也给演出增添了不少乐趣。你看它虽然登不上高桌，却满地翻滚；虽然没有像大狮子那样气吞山河，却活蹦乱跳，人见人爱。

耍鹤是以寿星逗白鹤为题材，只有舞蹈而无唱词。在唢呐伴奏下，头罩老寿星面具的表演者左手持拐杖系葫芦，右手握着尘尾登场。他千方百计做出各种动作逗引白鹤，好跨上白鹤去遨游。然而白鹤桀骜不驯，一时难于驾驭，双方展开了一场引人入胜的表演；最后白鹤上当，老寿星乘机抓住白鹤的脖子，翻身骑上，双方摇摆而下，表演到此结束。

耍龙是整个表演的压阵节目。在欢快的唢呐声中，十二个身穿民族服装的未婚男青年高擎一条青龙登场表演。一般耍龙头的人要身强力壮，身材高大；耍龙尾的人则身材瘦小，但必须十分灵活。十二个人的通力合作，把一条青龙舞得时而像吞云吐雾，大有吞吐宇宙乘云上天之势；时而潜藏水底，若隐若现，有变化莫测之形。直到分别把十二节所包含的动作表演完毕，巨龙就昂首摇尾，把狮、鹤、马围在中间，一个人藏在龙下，把预先根据表演对象的情况编成的贺词大声朗诵，全场齐声叫好，一场紧张的演出到此结束。紧接着是唢呐高奏，锣鼓齐鸣，人们呼儿唤女，簇拥着表演者陆续离场。

中华人民共和国成立前，耍狮、耍龙、耍鹤、踩马舞只能在迎送本主的庙会上演出。中华人民共和国成立后，这种活动也用来慰问军属、烈属、人民教师、劳动模范。在农村，党的经济政策贯彻落实以后，广大农村呈现出一派欣欣向荣的景象，这种独特的文艺活动更是大放异彩。

树老根弥壮　春来更著花

踏着新千年的第一串脚印，迎着新世纪的第一缕春光，中共大理州委、州人民政府把我们期盼已久的成立白族文化研究所愿望变为了现实。为了弘扬白族“水唯善下能成海，山不衿高自极天”的优良传承，广泛吸纳社会上各族各界有志于弘扬白族优秀文化的仁人志士共同从事这一伟业，大理州人民政府委托白族文化研究所聘请长期指导、关心和支持白族文化研究的领导和专家学者为顾问；授权白族文化研究所聘请在白族文化研究领域成果丰硕的学者为特约研究员，仅昆明就有十五位受聘。

金秋十月，满怀着求贤若渴的急切心情，揣着大理州人民政府沉甸甸的聘书，我们踏上了赴昆的行程。连日秋雨，装点得公路两边层峦滴翠，草茂花鲜，彤云密布，虽少了一点阳光灿烂的明媚，但我们心中荡漾着白族文化百花吐艳的美好明天。在云南社科院李缵绪研究员的陪同下，我们首先驱车来到省人民政府。很快，李汉柏副省长的秘书小何来到传达室，告之李副省长本来要约见叙谈，因正在开着会不能出来，表示歉意，我们将聘书拿给秘书转呈，不无惆怅地离开省政府到昆明市委。恰逢杨健强书记到省委开会，传达室热情接待了我们，表示一定将聘书尽快送达。在金牛小区，吴光范副主任外出未归，杨明副主任刚乔迁不知居所，只好一并请张灿忠代呈。看着李老年届 70 仍陪我们东奔西颠，久病初愈后的脸上，涌起层层倦容，实在不忍心继续让他陪我们再挨家拜访，决定第二天（星期六）接着再送。

清晨，春城依然雨丝绵绵，我们首先拜访了尹俊主任，刚好尹俊主任夫妇和几位亲戚都在。李缵绪先生说明来意，尹主任谦虚地表示："顾问就不一定当了，对白族文化研究我会全力以赴地支持，倒是杨明主任，马老聘了没有？"我们一一作答后，尹主任高兴地说，白族文化是该好好地发掘研究了，我的车上经常带着几盘大本曲，我第一次出国访问罗马尼亚，在那里我竟然听到有人唱白族调，感到分外亲切。听着尹主任对故乡、对白族一往情深、娓娓道来，回望兰吐幽香，茶呈雅韵，玫瑰竞相怒放，石榴硕果飘香的白族庭院，温馨的乡情使大家无拘无束，谈笑风生。尹主任说，研究少数民族要坚持历史唯物主义，遵循实事求是的原则，不看脸色，不看气候。民族地区的发展一靠培养少数民族干部，只有他们才能将民族地区的真情实感逐级上送，也才能将党的路线、方针、政策在民族地区贯彻落实。二要靠发掘和弘扬民族的优秀文化遗产，增强民族地区的民族自豪感、自信心。要真正做到对少数民族文化取其精华，去其糟粕，首先要深入研究，作出科学界定，否则会弄出"买椟还珠"的笑话。结合白族的服饰、节日、习俗、语言、歌舞，尹主任时而沉浸在儿时的回忆之中，时而联系近几年出现的各种问题。指出对待

在马曜先生（中）家合影

民族文化遗产，既要防止食古不化，老是一张面孔，也要反对动辄禁止、取缔，要推陈出新。比如白族饮食认为不太符合卫生标准的，要研究如何帮助民族地区群众改善卫生条件，更好地有助于健康，而不是动不动就禁止。否则，天长日久，民族的东西越来越少，哪里谈得上民族文化丰富多彩，千姿百态。尹主任认为白族地区火把节烧火把，既是节日又含着消灭害虫的科学成分；春节白族地区舞龙耍鹤，既是老百姓欢度佳节，祈祷吉祥平安，同时又是全民联欢，倡导邻里相亲，民族和谐。各级基层政府要大力扶持，正确引导，如果这些都没有了，青年人打麻将赌博，不能说我们代表了人民的利益。说到旅游，尹主任说，花甸坝有很大的开发前景，20 年代，张结巴以花甸坝为巢穴，祸害滇西，这里生态景观、人文景观非常丰富，规划好，我看不比玉龙雪山、中甸差。李缵绪先生、在座的客人们不断的插话，加上尹主任爱人的逗趣，欢声笑语，溢满庭院。

离开尹主任家，我们再三劝李缵绪先生回去休息，告诉他我们下午要去拜访云南大学张文勋教授，云南师大方龄贵教授、王云副院长、杨世钰教授、李鹏翔先生和几位老师，我们都认识。何况，白族的年轻学者李东红研究员已在云南大学等候，李缵绪先生才依依惜别。

三家巷，云南高等学府聚居区。这里也是我当年求学的母校所在地，几位老教授依然住在 10 多年前的老地方，很容易找到。走在熟悉的楼梯上，敲开多次敲过的门扉，居室设施虽然略显陈旧，瀚墨香飘却更加浓郁，几位老教授都愉快地接受了聘请。在方老家，师生久别重逢，倍感亲切，除了鹤发增多，行走略显不便，依然是当年诲人不倦、虚怀若谷的学者风范。方老深情地回忆了为发掘元碑两次到大理的情景，他说：“大理真美啊，走在大理的土地上就好像走在一幅画里边，多么想再去看看！大理成立白族文化研究所太好了，本来要写点东西，但身体不允许动笔，这里有一篇《学史春秋》，里边多处提到大理，能用则用，不能用不要勉强。”方先生高尚师德一点没变。王副院长已经 80 高龄了，听说家乡成立了白族文化研究所，立刻神采飞扬，谈锋甚健。将近两个小时，王老从南诏统一对巩固边疆、维护祖国统一的作用谈到天宝战争、阁罗凤立南诏德化碑、苍山会盟、异牟寻归唐。广征博引，两唐书、白居易诗，如数家珍。忽必烈征大理，接受姚枢建议，亲书“止杀令”，倡导民族和解也是王老谈得最多的问题。最后王老建议，要很好地修复和保护苍山神祠、元世祖平云南碑，它是历史上民族团结的实物见证。在这些古迹旁立碑说明，也可以增加旅游的人文含量。

拜访完在校的几位老师，我们专程到附二院看望马曜先生，马老已 90 高龄，住院两个多月。我们一进病房，马老依然像初次见面一样热情如故。马老非常愉快地接过了大理州人民政府的聘书，反复叮嘱要不拘一格广纳人才，把白族文化研究所越办越好。看着马老满头银丝，一脸慈祥，回想昨天在云南民院座谈会上，许多学者盛赞他为“学界泰斗”“世纪学人”，马老当之无愧。

离开马老病房，夜幕早已降临，春城华灯竞放，我情不自禁地对李东红说：“东红，跑了一天，现在我们虽然肚里空空，但脑子里早已塞满，白族文化研究大有希望。”并反复叮嘱李东红代我们亲自将聘书送达林超民教授，并在林老师回国后一定代为致意。

偕冯骥才先生大理行

在州委、州人民政府大力支持下，我所诚邀全国政协常委、中国文联副主席、中国民间文艺家协会主席、中国民间文化抢救工程专家委员会主任、著名作家冯骥才等一行人来大理考察。陪同冯先生考察的有著名学者、中国民间文艺家协会分党组书记、常务副主席白庚胜，中国民间文艺家、原中国民间文艺出版社社长、联合国教科文组织顾问杨亮才等。

4月18日，雨后的大理，苍山滴翠，从云缝里洒下的缕缕阳光像佛光一样泻落在波光粼粼的洱海上。刚下飞机的冯先生一行，望着车窗外银苍玉洱，连声说，大理空气真好、真清新，比昆明还好。

不顾旅途劳顿，下午4点，冯先生一行刚下飞机就驱车直达大理州博物馆参观，冯先生饶有兴致地说，这样安排很好，每到一地就应该先参观博物馆，这是对地区民族文化的珍视和尊重。冯先生一行在博物馆工作人员的指引下，从序厅到民俗展馆，边听边看，还不时问这问那。博物馆早过了下班时间，但每个展馆的工作人员都肃立在门边迎候，展现了大理州文化工作者对专家学者的尊重和礼待。专家自有观察问题的视角，冯先生既称赞大理历史悠久、文化灿烂，同时又指出，南诏中兴二年画卷介绍中说是全纸画值得研究，因为纸画的出现是在宋代，此前主要是绢帛画。后来我们到剑川，在剑川石窟仿真馆，冯先生又说，从雕像的方型髪髻和线条考察，有些雕像具有典型的北魏风格，剑川石窟文化含量深不可测，阿央白与佛像同时展示值得研究。冯先生对剑川石窟很感兴趣，表示一定要去实地考察。我们期待着他有新创见的佳作问世。

当天晚上，受州委书记、州长委托，赵济舟副书记、杨宴君副州长为冯先生一行接风洗尘，宾主围绕大理白族历史文化畅所欲言，欢声笑语溢满宴会厅。文化使大家成了久别重逢的朋友，有说不完的话，叙不完的情。

应冯先生的要求，当晚在苍山饭店大理厅，以甲马纸为题，大理部分专家学者与冯先生一行进行座谈。冯先生说，25年前，作为中央慰问团成员，首次来到云南，但没有到大理。这次来大理考察，除了做中国民间文化普查和抢救外，还要为鹤庆县寸发标颁发联合国教科文组织授予的“中国民间工艺美术大师”证书，这在全国是第19位，在西南是第一位。

冯先生说：“现在我们赶上了一个新时代，使文化人感到空前的紧迫感。我们损失的不仅是文化，更重要的是观念的损失。有些名牌大学毕业生不能说没有文化知识，但没有文化意识。现在到处充满粗鄙、庸俗、暴发户气息，使我们不能不反省多年来对文化的破坏。近百年来，中国有两次西方文化进入，第一次是清末民初，当时的中国知识分子站在文化前沿，有选择地引进西方文化，当时很少像现在这样不分青红皂白地翻译浅薄的、粗俗的西方文化，这次外国文化一拥而入，我们无法选择。”

冯先生还说：“21世纪是物质生活的世纪，市场经济的物质性，决定了它要靠消费来促进发展，要刺激消费就要不断地让产品更新换代，市场经济在满足人们物欲扩大的同时，使人们进入了物欲横流的时代，精神生活已不重要，当民族文化受到冲击的时候，民间文化首当其冲。人类两次文明的转型，必然带来原生态文化的消亡，有些是合理的，有些是不合理的。中国文明面临的是传承的消亡，我们有责任把前代留下的口头的、非物质的文化记录下来，传承下去。”

和冯骥才先生（右二）一同考察

在列举了以朱仙镇抢救木版年画的具体做法和所取得的意想不到的丰硕成果后，冯先生说，云南甲马蕴藏量十分丰富，大理是重点，它与原始的巫教崇拜，与白族独有的本主信仰有着千丝万缕的联系，它不仅绚丽多姿，而且具有丰富的文化内涵，希望云南以甲马为题，独立成卷，共同入编中国木版年画（预计 17 卷），在此基础上，统一作为文化遗产向联合国申报，届时大理有属于自己的一部分。

在听了冯先生的讲话后，大理州学者杨晓东、杨郁生、尹明举、施珍华、赵怀仁、王子荣、张明曾、田怀清、张建雄等都纷纷发言，对编辑“云南甲马卷”充满信心，认为从收集整理甲马入手，十分必要，因为甲马是云南原生宗教最具代表性的文化。其中有对天地、自然、动植物的崇拜，环境、方位、山川都有神，是万物有灵的典型代表。随后又融入了儒、释、道、白族本主的崇拜。揭开甲马纸的奥秘，有望深化民族文化的研究并取得新的突破。对与会专家学者提出少数民族文化不仅受到外来文化的冲击，还受到强势文化的冲击，面临消亡的形势更加严峻，过去人们对民族民间文化是抢而不救，只注重资料的收集，不注重理论的研究等问题，冯先生等表示认同。

在听了大家发言后，冯先生说，大理是文献名邦，名不虚传，大理学者学术造诣很高，哪方面都可以拉出一支队伍，相信云南甲马卷会做好。冯先生深有感触地说，他一直记着联合国教科文组织官员木卡拉说的一句话："对于你们的文化保护，我们毫无疑问要支持，但关键是靠你们，你们自己不保护，我们有什么办法。"

游览苍洱风光，为大理申报世界文化遗产是冯先生一行到大理的重要行程。按照日程安排，本来按部就班的一日游，在看完南诏风情岛后，由于冯先生一行对白族本主文化的浓厚兴趣而改为考察白族本主庙为主。在南诏风情岛，冯先生一行一方面称赞阿嵯耶观音像雕得好，同时又指出"观海榭"取名欠妥，这个亭已坐落在岛上，应叫"观海亭"。作家的眼光果然敏锐，千百万游客司空见惯的景点，经冯先生一点拨，大家似乎才恍然大悟。

周城是白族文化的富集地，在大青树下的一个小店，冯先生采购了不同类型的几十种甲马纸，还购买了印制甲马纸的一块木刻板。

在考察了周城分别代表祖先崇拜和英雄崇拜的本主庙后，接着又考察了神都，正赶上许多白族妇女分成不同群体在吟诵白族独有的莲池经。庙内香烟缥缈，伴随着木鱼声，白族妇女抑扬顿挫的吟诵，让冯先生一行喜不自禁，录音录像、拍照问询，满载而归。时间早过6点，按计划应返回苍山饭店晚餐并观看"风花雪月"演出，但游过三塔进古城，冯先生一行就被古城深邃的历史文化、浓郁的白族风情所吸引。徜徉在"洋人街"流连忘返，在一个古文物店，冯先生边看边问，看到道光年间的几幅瑶画，二话没说就掏出1600元买下两幅，对一块斑驳松动的"肃静"木牌，店主只要100元，冯先生给了她180元，联想在周城冯先生200元买下30种甲马纸和一块雕版，让我们深深感到民间文艺家协会主席对民间工艺的珍爱和对民间艺人尊重的炽热情怀。听白庚胜先生说作为著名作家，冯先生的许多著作蜚声海内外，但近年很少有时间动笔，因为他的目光早已穿越时空，时刻焦虑谋划着如何对中国文化传承的抢救、保护与弘扬。说冯先生对大理文物很重视，这绝非溢美之词。想想我们自己久处芝兰之室却不闻其香，实在内疚。

在洋人街“熙禄咖啡店”，我们有幸陪冯先生品茗聊天，别有一番情趣。冯先生说，历史是靠时间而悠远，文化是靠积淀而厚重，现在一说就是“打造文化”，这是商业思维。有一个地方，只有吴兰二姓，为打造名人效应，冥思苦想品牌，结果吴姓找来找去，找到吴三桂，觉得不光彩，兰姓找到八仙中的“蓝采和”，就塑了一个很大的蓝采和像，结果是贻笑大方。大理历史文化蕴藏深厚，要注意保护和善于发掘。天津有一条大理道是天津四大名道之一，我爱人出生在大理道，我成长在大理道，所以没有来以前，我就与大理有缘了。这次来大理，感到大理太好了，以后还要争取多来，希望大理珍爱自己的自然的、美的环境。杭州西湖周围近年来建起许多仿欧建筑，实际是破坏了西湖的天然风景。我们告诉冯先生，大理北有石宝山、茈碧湖、西湖，东有鸡足山、水目山，南有巍宝山、云龙天池、诺邓千年古村，值得看的地方很多，希望冯先生多来指导。因为天晚无法在南门拍照。第二天在前往鹤庆途中，冯先生一行又专门到大理南门拍照留念，最后才依依惜别。

4 月 20 日上午，大理州人大副主任、州申报遗产办主任尚榆民主持召开了申报遗产座谈会。在听取了申报遗产办副主任张崇礼全面介绍大理州近年申遗工作的进展和目前取得的成果后，白庚胜、冯骥才、杨亮才诸位先后发言。

白庚胜先生说，我是丽江人，丽江大理唇齿相依，大理行动起来，整个滇西北就活起来了，申报世界文化遗产就将我们的文化提升并得到国际保护。大理对申报世界遗产的重视、规模都是罕见的，这说明大理州领导的文化意识是全面的。接着白庚胜先生分别详细介绍了世界文化遗产的六种类型和它们在国内分属于不同的部、委及管理的情况。他说，中国申报的遗产通常有自然遗产、历史文化遗产、自然文化混合遗产、口头与非物质遗产、记忆遗产、文化景观遗产，它们分属于文物局和建设部、地质部、文化部和教育部、档案局、国家民委管理。大理可申报的项目很多，但要找准切入点，对应相关部门，才能事半功倍。他认为，双遗产虽然项目很好，若申报成功影响很大，但因其含量大，没有一个评委会能承担，结果会成为不敢评审，若单项申报，6 种遗产都可申报，积小胜为大胜。白庚胜先生建议，鸡足山有国际意义，白族本主文化有个性、地方性和不可替代性，都是很好的项目。茶马古道将各种文化串起来，而不是将各种文化归为一堆，是非常有竞争力的项目。对如何通过其他项目来促进申遗成功，白庚胜先生也提出了一些很好的建议。

冯先生在发言中，非常赞赏大理白族对自己文化的珍爱和重视。他说，人类文化经历了自发的文明、自觉的文明，从而走向文明的自觉。19 世纪考古发掘，即对欧、亚古文明的发掘体现了人类文明的自觉，体现了人类进入现代。正因为这样，人类才重视自己的遗产、自己的文化。申报遗产是更好保护的一种形式，而不是为了打造名牌，那是商业思维。在这方面大理的认识很高、很到位。面对当今精神的粗鄙化，我们保护遗产就是保护遗产的传承，现代化对文明的破坏就是对传承的破坏，一旦没有文化，民族也就消亡了。越是经济全球化，越要注重文化本土化。我们要用多种多样的方式来保护自己的民族文化，贫穷不属于中国人，但不是富起来都幸福。改革开放 20 年，我们没有很好地注意全面性。基于这一认识，我敬佩各位领导发言中的观点。

冯先生说，大理具备申报遗产的三种价值，即历史价值、文化价值和人类价值。我们拿出的东西要能与世界比。冯先生在比较了历史上中国不同文化圈和当今北京、天津、上海不同的文化内涵后说，大理文化有遗憾的一面，我们有南诏、大理历史，但没有留下大块的遗产。欧洲人是从远古认识自己的历史，我们中国因为封建王朝的改朝换代，历史总是中断。农耕文明的一大特点是喜新厌旧，除旧布新。所以，申报要有牵头的，不能一大堆混在一起凑数。三塔牵头虽好，但中国塔太多；剑川石窟值得研究，体量虽不能与敦煌比，但反映了当时社会的实体；本主文化可能会引发专家更多的兴趣，国际学者有其独特的思维。希望有一个好的由头、龙头将各种文化将以整合。

冯先生特别对洱海寄予厚望，他说，滇池死了但洱海还活着。大理是一个美丽的地方，我只会写文章赞美它。但我建议，千万千万要注意洱海的水质保护，建设要避免雷同化，要注意绿化，不要搞趣味化的建筑，千万避免商业化和庸俗化。冯先生满怀深情地说：原汁原味的东西才是我们中国人的审美追求。是不是遗产没关系，只要是纯净的、整洁的、蔚蓝的，就是最美的。法国人说，巴黎人的街道是巴黎人享受的地方，我们为中国人着急，你们中国文化不是人类共有的，但是人类共享的。

在说到民族服饰时，冯先生建议盛典、庄重的场合着装，让游客仰视我们的文化，而不是降低少数民族的尊贵。

冯先生最后说，我们保证，会全力以赴地为大理呼吁、服务。大理学者水平都很高，但要注意培养年轻人，这样才能支撑起我们文化的架构。

为鹤庆新华村寸发标颁发联合国教科文组织授予的“中国民间工艺美术大师”证书将这次考察活动推向高潮。4 月 20 日下午，冯先生一行风尘仆仆来到鹤庆新华村，早已迎候在新华村路口的鹤庆县委书记李红卫，副书记杨建宇，人大、政府、政协主要领导同志对冯先生一行的莅临表示最热诚的欢迎，为中国民协将以寸发标为代表的鹤庆新华村推向世界表示最衷心的感谢！在李书记等人的陪同下，冯先生一行参观了新华村，最后来到黄龙宾馆。在绿草成荫的草坪上，举行了简单而又隆重的颁证仪式。中国民协白庚胜书记和鹤庆县委副书记杨建宇副书记发表了热情洋溢的贺辞。冯先生对寸发标提出要多出精品、要多搞创新、要多带徒弟的三点殷切期望。

夜幕降临，冯先生一行又驱车前往丽江，为了表示大理对冯先生一行莅临的感谢，展现礼仪之邦的风范，大理方面的陪同人员一直将冯先生一行送到丽江。

难忘乡情

古人有“人生如白驹过隙”之说，年过花甲回望，此言不虚。我从1977年恢复高考，有幸到昆明求学，毕业后长期供职在下关，转眼也已30多年。与日俱增的“一日离家一日深，犹如孤鸟宿寒林，纵然此地风光好，还有一片思乡心”的乡情，常常让我回忆起昔日往事。值此家乡《天马》校刊约稿，打开珍藏在心底的美好记忆与广大读者分享。

首先是故乡尊师重道的良好风尚让我终生难忘。由于生活在内忧外患的20世纪初叶，我爷爷和奶奶都没有上过学，但他们对文化的敬畏心理似乎与生俱来，平时在路上哪怕看到一张有字的废纸奶奶都要将它插在墙缝里。尽管家境贫寒，家里仍然有一个书柜，里面装了一些线装书。可惜一部分在我小学时用古书的背面做了作业、笔记，另一部分未能逃过“文化大革命”。当我6岁时，我奶奶就把我送进村小读书。我的启蒙老师是王老先生。他长相清瘦，个子不高，也没有令人艳羡的学历，但国文基础很好，管教学生很严，尤其是对白族的世俗礼仪更是了然于胸。每当村中婚丧嫁娶、盖房添丁、节庆娱乐、书写对联、签点引礼、庆贺赞祝都少不了他。自然，各种庆典他都被尊为上宾。平时，他经常手持一根两尺左右的旱烟锅，既当教鞭，又作体罚学生的工具。但就算学生挨了打，家长也总是秉承“严师出高徒”的古训，对王老先生连连感激。

让我难以忘怀的还有家乡人的宽厚友善、热情好客、助人为乐。20世纪60年代初，粮食短缺，生活困难。栽秧期间，对出工的人生产队会免费供应午餐。记得有一年，天就像通了洞一样，连天大雨下个不停。

我慈母卧病在床，为了那份诱人的午餐，10 岁刚出头的我，只好头顶竹笠，身披蓑衣和大人们一起出工。挤在大人中间的我，只是跟着大人们一起后退就行，我面前早已被两边的大人栽满。午饭一过，大叔大婶们就赶我回家。那份亲情、那份友善，每次回忆起来都让我禁不住热泪盈眶。满载着家乡滋润我心田的精神食粮我走向社会，待人接物，受益终身。

凤羽人常说本主好客。前年，曾经在我们队插队落户的上海知青庄筱明，几经周折联系到我，表达了他想回来看看的愿望，凤羽又再次张开双臂迎接已经离开凤羽 30 多年的庄筱明夫妇。庄筱明特意用白族的八大碗，满怀深情地请当年曾经关怀过他的村里人吃了一顿饭。他还清楚地记得当年徒步 20 多公里，帮他背着行李、书籍送他到洱源县城的所有伙伴。这不能不说，白族文化给他的印象是那样的刻骨铭心。

文化是一个民族赖以生存和发展的血脉。有一首白族民歌唱道：古时候的天地现在还有，古时候的日月现在还明，古时候的山河现在还在，古时候的人现在不见了。是文化能让我们与古人对话，向后代嘱托。具有开放包容，善于学习优良传统的凤羽人也需要走出山门、寨门，去拥抱世界，分享现代化带来的美好生活。但凤羽特有的优秀地域民族文化应该得到很好的保护和传承，这样，就不会出现邯郸学步的缺憾。

圆梦汴梁

1000多年前，当宋太祖赵匡胤结束了唐末五代十国的分裂局面，建立大宋王朝，定都汴梁（今开封）的时候，以苍洱为中心建立起来的大理国已经历了23年的历史风雨。尽管宋王朝因当时错综复杂的民族关系，忙于应对崛起在西北和北方的辽、夏、金的不断南下侵扰，对大理国推行两不相扰的友好政策，但早在南诏期间就已与中原文化高度认同的大理国，不仅多次主动派出使节向宋王朝示好，而且不断加强与中原文化的亲和力。正是这种文化上的同气连枝，使云南最终融入祖国大家庭中，成为捍卫祖国的西南边陲堡垒。

开封，简称汴，与大理同为国务院首批公布的24座历史文化名城之一。战国时期的魏国，五代时期的后梁、后晋、后汉、后周以及北宋和金七个王朝曾先后建国都于开封，故称“七朝故都”。

应中国民间文艺家协会邀请，大理州白族文化研究所参加了在河南省开封市举办的“中国木版年画抢救保护发展国际高峰论坛”和“中国木版年画全国联展”活动。2008年元月13—21号，我们带着由中华书局出版发行的，中国民间文化遗产抢救工程之一的《中国木版年画集成·云南甲马卷》的丰硕成果，以及云南甲马的展品出席盛会。要说千年前，白族先民走出云贵高原，以海纳百川的广阔胸襟去学习汉文化的话。千年后的今天，我们是主动将云南民族民间文化、白族文化推介到古都开封，与来自世界各地的专家学者共谋民族民间文化的抢救保护发展大计，同时在开封博物馆向开封人民展示云南和大理白族文化的迷人魅力，为建设中华民族共同的精神家园书写着属于自己的篇章。

开封博物馆坐落在闻名遐迩的包公湖，包公祠旁边，作为全国唯一参展的少数民族民间艺术，我们将云南甲马依次装裱成“甲马大观”“祈祥纳福”“三教共融”“本主崇拜”“呵护自然”“驱邪镇鬼”“珍爱生命”“倡导和谐”八轴在第一展厅展出。独具特色的甲马造型、参展人员艳丽的金花服饰、甲马制作的现场演示，使大理展台吸引了不少观众驻足观看。中国民协主席冯骥才与参观的专家学者还不时询问有关甲马和白族文化的问题。当参观者了解了甲马不光是与巫术、宗教信仰相联系，更主要的是一种民俗、民族信仰，追求的是人际和谐，人与自然的天人合一，表达的是中华民族，同时也是白族所祈盼的和谐、团结、祥和、富裕，代表着人生的最高境界和人类的终极追求时，参展人员所带去的数百张甲马被参观者一“抢”而空，这也算是白族人民在鼠年到来之际带给中原人民的美好祝福。

如果说，开封博物馆的展出让人们感受到了民族民间文化无穷魅力的话，在中洲国际大酒店举行的“中国木版年画抢救保护发展高峰论坛”带来更多的是理性的思考。来自俄罗斯、日本、韩国以及中国台湾和国内的各位专家学者纷纷登台，阐述各自对中国木版年画，乃至中国民族民间艺术抢救、保护、发展的真知灼见。中国民间文艺家协会主席冯骥才的精彩演讲更是将论坛推向高潮。冯先生说，2002 年 10 月 28 日，在开封召开了中国木版年画第一次国际研讨会，当时，我们了解到与湖北汉口镇、广东佛山镇、江西景德镇并称为中国历史上四大名镇之一的朱仙镇，木版年画已近乎消亡，但开会时据说有 7 万多群众聚集在广场内外，这种对传统文化的热爱令人感动。尽管天气很冷，但这片土地因文化的滋润而温暖，从此启动了中国木版年画抢救工程。河南不愧为中原文化的腹地，它的文化自觉影响深远。今天举办的《朱仙镇木版年画》特种邮票首发式和朱仙镇木版年画展览，证明朱仙镇不愧为中国木版年画的源头，仅仅几年，古老的民间艺术焕发出勃勃生机。一个地区，如果缺乏文化自觉，那么哪怕它在历史上辉煌无比，也只能算失落的文明。在谈到文化保护时，冯先生认为要建立保护体系，包括档案保护、传承人保护、教育保护、博物馆保护、法律保护、政府保护、专家保护，最后达到全民保护。冯先生说，博物馆珍藏的是文物的价值，古董商炒作的是文物的价格，它们不是一回事。文物因不可再生和不可复制而具有价值。然而，古董市场的疯狂发展，各种鉴定会的推波助浪，让文物面临着严峻的形势，更增强了博物馆珍藏文物的历史责任。有一位法国人在贵州收集少数民族服饰，扬言十五年后到法国看贵州的少数民族村寨。如果一个民族服饰、语言都消失了，民族缺乏自己的记忆，这个民族还能存续吗？听了冯先生的联珠妙语，对同样素有文献名邦之称的大理文博事业如何健康发展，也不无启迪。

离开封仅 22 公里的朱仙镇，因《东京梦华录》中第一次有木版年画的记载，而被学者们公认为中国木版年画的源头。今天，它又担当起将中国木版年画捆绑申报世界文化遗产的领军重任。冯骥才先生满怀深情地说，朱仙镇有一千年迷人的历史，希望它有一千年骄人的未来。“他山之石，可以攻玉”，面对先辈们留给我们大理的碧水蓝天，古韵悠远，我们能否也可以自豪地说，大理已经有五千年迷人的历史，希望大理的未来更加骄人、夺目。

桑植行

应中共桑植县委、县人民政府的邀请，受中共大理州委、州人民政府的指派，大理州政府巡视员、州白族学会会长赵济舟率州文化局、州民委、州白族文化研究所前往祝贺“首届中国桑植民歌节”。当夜幕降临，我们乘坐的飞机徐徐降落在张家界机场。在早已迎候在机场的白族亲人张家界市人大常委会谷中山巡视员、张家界市农业局陈善怀局长等陪同下，连夜驱车前往心仪已久的桑植。

73 年前的 11 月 19 日，贺龙率红二军团的将士从桑植出发，开始了举世闻名的两万五千里长征。首届中国桑植民歌节选在这一天举行，足见中共桑植县委、县人民政府的良苦用心。

“马桑树儿搭灯台，写封书信与姐带，郎去当兵姐在家，我三五两年

在张家界与谷中山老乡合影

黄果树瀑布前

我不得来，你个儿移花别处栽。”“马桑树儿搭灯台，写封书信与郎带，你一年不来我一年等，你两年不来我两年挨，钥匙不到锁不开。”歌声起，一队队红军战士列队远行；硝烟里，前仆后继的战士血战牺牲；黄伞下，痛失亲人的妇女强忍悲痛，用一把把撑开的黄伞遮挡亲人的遗体，护卫烈士们的英灵；凯歌中，百战归来的幸存者忘情地与亲人相拥而泣。伴随着歌声舞影，如泣如诉的画外音告诉人们，当共和国的五星红旗在天安门广场升起，当年随贺龙出征的一万多桑植优秀儿女，活着回来的不到 50 人时，全场数万观众都热泪盈眶。此时此景，我真正感受到桑植白族民歌撼人心魄的无穷魅力，再次感悟到只有民族的才是世界的真谛。桑植民歌被列入首批国家公布的非物质文化遗产名录，可谓名至实归。

激情不光在舞台，血浓于水的民族情结使我们在桑植每时每刻都收获着感动。白族歌唱家黄道英一曲曲桑植白族民歌情深意长；而广为流传在桑植白族中的“面带微笑，一滴不漏，大杯伺候”的《劝酒令》展示的却是桑植白族亲人待客的热情。聆听着“桐子花开坨达坨，睡到半夜唱山歌，爸妈问我唱什么，没有老婆睡不着……”，我自然而然想起大理白族民歌：“老虎常想点苍山，金鱼常恋洱海水，燕子常思大瓦房，我想小妹妹。”一曲“高山砍柴不用刀，大河挑水不用瓢，好姐不用郎开口，只要眨眼动眉毛”，与大理“哥与妹隔一条河，要想过河缺座桥，哥是桥桩妹桥板，桩穿桥板紧又牢”，真可谓异曲同工。熟悉的旋律，相似的主题，我明白了为什么数千里的山水相隔，700多年的历史风雨，改变的只是桑植白族的部分服饰与语言，守住的却是白族文化的根脉。这就是为什么当改革开放的春风唤醒了祖国大地的时候，13万桑植白族儿女便义无反顾地认祖归宗。

张家界，这座拥有世界自然遗产、世界地质公园、国家第一个森林公园、国家首批五A级景区四顶桂冠的优秀旅游城市，据介绍每年都有超过1800万游客从世界各地纷至沓来。在谷中山巡视员、中共张家界市武陵源宣传部刘拥兵部长的陪同下，我们兴致勃勃地饱览了这人间的天造奇观。然而，对于我来说，除了惊叹于张家界鬼斧神工的雄奇险秀外，联想到大理壮美的苍山，我还读懂了700多年前，随元朝军队远征的以白族先民为主力的“寸白军”，为什么“溯长江，渡洞庭，漫澧鼎，步慈阳，登天门，赋《赤松》”，卜居武陵腹地，在这里落地生根。今天，当大理同样拥有世界自然遗产、国家地质公园、国家名胜风景区、全国优秀旅游城市等多项桂冠的时候，我终于明白了当年桑植白族选择了这一人间福地绝非历史的巧合，而是一种发自于肺腑的文化认同，是白族察天地神韵、感山水灵气的审美追求。

坐落在武陵源核心景区内的贺龙公园，贺龙元帅手持烟斗，凝神沉思的巨型雕塑不仅让人肃然起敬，而且浮想联翩。我靠着元帅坐在基座上小憩，感到无比的充实与自豪。我打心眼里感谢白族妇女王金姑为共和国养育了这位令中外敌人闻风丧胆的开国元勋。遥想当年，贺龙元帅桑植揭竿首义，南昌叱咤风云，祥云故里征战，抗战屡建功勋，西北决胜沙场，为共和国的诞生居功甚伟，在人民军队的军史里名垂竹帛。

古人将十八里相送传为千古佳话。今天桑植白族亲人谷中山巡视员、陈善怀局长却过永顺、穿古丈、越吉首、跨凤凰四县市，长驱600里一直将我们送到了贵州省的铜仁机场。在绵绵细雨中我们依依惜别。虽然腾空而起的飞机渐飞渐远，但我们与桑植白族同胞的心却越贴越近。亲爱的桑植白族父老乡亲，我们会不断前来探亲访友；同样，我们也热诚地期盼各位暂时抛开忙碌的工作和生活的奔波，常回家看看，故乡亲人随时都在张开双臂迎接游子的归来。

苍洱涌动爱国情

爆发于20世纪30—40年代的抗日战争，是自鸦片战争以来，中国人民在反抗外来侵略屡战屡挫之后取得的第一次完全胜利的民族解放战争。这场战争之所以能一洗百年屈辱，除了当时国际环境有利于中国抗战外，更主要的是在这场战争中，除极少数汉奸卖国贼外，中国人民真正做到了地无分南北、人无分老幼，不因信仰、民族而别，全民族参战结出的硕果。在这场伟大的民族解放战争中，地处祖国西南边陲的大理人民同样做出了巨大的贡献。

（一）全国战略大后方　滇西抗战最前沿

日本侵华蓄谋已久。自中日甲午战争以后，日本利用从中国攫取的赔款和割地，进行战争准备。所以，抗日战争爆发之初，尽管中国军民也开展了殊死抗争，但终因双方力量悬殊，继淞沪会战、太原会战、徐州会战、武汉会战之后，东北、华北、华东大片国土沦入敌手。国民政府采取以空间换取时间的持久战，将湘、黔、滇、川、陕作为战略大后方，用以支持持久抗战并最终夺取抗战胜利的战备基地。从此，云南担当起了支持全国抗战大后方的历史重任，大量学校迁入昆明、大理，大批抗日军队入驻云南，云南的交通能源建设得到空前强化，云南人民为此做出了巨大的贡献。

在云南成为战略大后方的同时，由于日本挑起了太平洋战争，并迅速将战争扩大到东南亚，与云南山水相连的缅甸也遭到日军的侵略。为了支援在缅英军，中国组成远征军赴缅作战，由于各种主客观原因，中国远征军在解救了英军后撤入印度休整。日军一度侵占了我国怒江以西的大片国土，并在怒江西岸凭借天险构筑永久性防御工事，扬言要把松山变成滇缅路上的“直布罗陀”，把高黎贡山变成“东方凡尔赛”。面对气焰嚣张，穷凶极恶的日本侵略者，1943 年 10 月，史迪威将军率 10 万中国驻印远征军向缅甸境内日军发起大反攻。1944 年 5 月 6 日，由卫立煌将军统率的 20 万中国远征军也向日寇发起强大攻势。为迎接这一天的到来，此前大理几乎成了一座兵营，大理各族人民踊跃支援我国军队大反攻，为此所付出的代价迄今难以计数。在中国军队与日军拼杀的日日夜夜，十几万云南各族人民云集怒江东岸山巅，齐声怒吼“杀、杀、杀”，极大地鼓舞了中国将士的斗志。经过殊死拼杀，数以万计的日军被歼灭，中国军队也付出了重大伤亡，终于在 1945 年元月 20 日攻克畹町，收复了滇西的全部失地。元月 25 日，在缅甸芒友与驻印远征军胜利会师，滇西会战取得了辉煌胜利。滇西会战极大地支援和鼓舞了全国军民的斗志，为全国抗日战争的最后胜利吹响了号角。《半月谈》2005 年第十期载文指出：“从 1942 年起的三年间，中国共在缅甸投入兵力 30 余万，歼灭日军 6 万余人，挽救了盟军在东南亚的危局，成功地粉碎了德意日法西斯将欧亚战场连成一片的企图。”这与云南大理的有力支持是分不开的。

（二）众志成城赴国难　陆空天堑变通途

抗战初期，由于日寇的长驱直入，东南大片国土沦入敌手，日本侵略军几乎封锁了中国对外的海上交通和陆上交通。为了支持长期抗战，急需在云南开辟对外的陆上通道和空中航线，大理各族人民建机场、修公路，做出了重大的贡献，连美国总统罗斯福特意派遣的驻华大使詹森在实地考察了滇缅公路后，也认为这是一大奇迹。

滇缅公路，现称昆畹公路，起于昆明，止于畹町，大理州境内有 264 公里。昆明至下关段于 1935 年 12 月通车。抗日战争爆发后，为抗战需要，1937 年下关至畹町段开始启动。该段施工，主要是沿线各县出民工参加筑路，全线施工人数高达 20 万人，每公里上路人数平均过 255.56 人。在当时几乎全靠肩扛手挖的情况下，数十万民工仅用 9 个月时间，便完成土石方 2000 多万方，建成大中型桥 7 座，小桥 588 座，铺石路面 800 公里，突破天险澜沧江，穿越无数崇山峻岭。滇缅公路的贯通，不仅有力支援了滇西大反攻，对全国抗战也做了出不可磨灭的贡献，消息传出，世界震惊。

今天，陈纳德的“飞虎队”和“驼峰航线”早已誉满全球，但为支持飞虎队而做出巨大贡献和付出重大牺牲的大理各族人民，尤其是祥云人民却鲜为人知。

1927—1942 年，为适应战备需要，先后在大理、祥云、宾川、弥渡、鹤庆修建了 8 个机场，其中云南驿机场对抗战贡献最大。这些机场都是当时民工在极其简陋的施工条件下完成的，至今碾压跑道的石磙子还在向人们诉说着当年的艰辛。1940—1943 年，日本飞机先后三次轰炸云南驿机场，共出动飞机 53 架次，投弹 221 枚，炸死 433 人，炸伤 387 人。在机场使用期间，平时由民工保养机场，战时组织民工抢险队排险修复，有效地支援了陈纳德“飞虎队”顺利完成任务。仅滇西大反攻中，陈纳德“飞虎队”的数百架战斗机、轰炸机组成的强大战斗机群，就给了日军以毁灭性的打击。

（三）英才荟萃大理

抗日战争爆发后，面对敌人汹汹扑来之势，为了保存中国民族文化、教育之精华免遭毁灭，华北、东南沿海的高等学府和一些科研院所纷纷西迁，其中如国立北京大学、国立清华大学、天津南开大学、国立中山大学、国立上海医学院、国立中正医学院、私立华中大学、国立同济大学等十余所大专院校直接迁入昆明、大理等地。随校进入云南昆明、大理的许多名流、学者、专家教授，在战时极端艰难困苦的情况下，居陋室、吃粗粮，但爱国热情有增无减，为挽救民族危亡，他们呕心沥血，谱写了一页与战场上殊死和日寇拼杀的军民一样的可歌可泣的华章。

仅以大理为例，当时许多学贯中西的著名学者如郑天挺、游国恩、罗常培、向达、徐嘉瑞、费孝通、吴金鼎、吴征镒、田汝康、郑万钧等学界精英就先后汇聚苍洱大地。他们过着“饭甑凝尘腹半虚”“既典征裘又典书”的清贫生活，却怀着抗战必胜的坚定信念，严谨治学、潜心钻研、著书立说、诲人不倦。或跋涉于山野，或埋首于斗室，为大理留下了许多珍贵文献，这在大理的历史上可以说是空前绝后的盛事，极大地丰富了“文献名邦”大理的历史文化内涵。择其要者，主要有：吴金鼎、曾昭燏、王介忱的《云南苍洱境考古报告》，刘敦桢的大理古建筑调查日记、报告；石钟健的《大理喜洲访碑记》《滇西考古报告》，郑天挺的《大理访古日记》，凌纯声的《唐代的乌蛮与白蛮考》，罗常培的《苍洱之间》，费孝通的《鸡足山朝山记》，游国恩的《火把节考》《说洱海》等，包渔庄的《民家非白国后裔考》《蒙氏灭大理说》，徐嘉瑞的《大理古代文化史稿》《南诏后期宗教考》，向达的《蛮书校注》，方国瑜的《僰人与白子》《南诏是否泰族国家》，许云樵的《南诏非泰族古国考》，罗庸的《张盛温梵画訾论》，闻宥的《哀牢与南诏》，等等。随着时移事易，新的考古成果问世，各领域研究的深入，有些观点和看法未必是定论，但这些学者们存史之功，启迪后学之绩是毋庸置疑的，而且许多科研成果迄今未能超越。

值得一提的是，抗战期间，一些国际知名学者也来大理考察研究，同样为苍洱大地留下了珍贵资料。其中英国人类学者 C.P. 费茨杰拉德在 1936—1938 年在大理一住三年，他写的《五华楼——一个关于云南大理民家的研究》的专著，特别是他在大理拍摄的数百张照片尤为珍贵。在这些照片中，我们不仅看到了当年民工修筑滇缅公路的场面，而且在三塔前，观音塘里有士兵的留影，从一个侧面证实了在滇西大反攻前，大理地区的备战情况。

（四）苍山长白山　同唱民族正气歌

大理人民自古具有热爱祖国、维护统一的优良传统。鸦片战争爆发后，外患日深，在中法战争中，白族将领杨玉科曾率白族子弟在镇南关前英勇抗战，壮烈殉国，受到清王朝的封赠。抗日战争爆发后，许多大理籍人士踊跃参军参战，无论是前方或后方，都谱写出可歌可泣的篇章。

抗日战争爆发后，龙云主动请缨赴前线抗战。当时，卢汉率六十军开赴台儿庄，大理籍将领，时任中将副参谋长的马锳、四十四旅旅长王炳章身先士卒，在禹王山守卫战中英勇抗敌，旅长王炳章负伤。据有关回忆录记载，由于日军破译了中方密码，致使战地指挥屡屡受挫，指挥官当机立断，急调白族战士当报务员，用白族话指挥联络，弄得日军一筹莫展。

早年追随孙中山革命的张耀曾，抗战爆发后，因病滞留上海，上海沦陷后，他义正辞严地表示“不误国、不做官、不卖身、不见日本人”，表现了崇高的民族气节。

在战略后方，为修筑滇缅公路，打通国际通道，时任云南公路局总工程师、滇缅公路总工程处处长的段纬，因在修筑滇缅公路中立下重大功勋，国民政府交通部授予他一枚金质奖章。时任永平县县长的马秉升与民工风餐露宿、同甘共苦，90天完工，被评为各县第一名，获省公路局重奖。

在冰天雪地的东北沦陷区，民族英雄周保中的业绩更是家喻户晓。十四年坚持在东北抗战，在常人难以想象的困境中抗争，毛泽东称之为“东北十四年，写下了可歌可泣的诗篇”，这是对周保中和东北抗战将士的最高评价。

见一叶而知秋。仅从上述几例，就足以说明，在国难当头大理各族人民的爱国情怀。他们的业绩，永远是激励大理各族人民为中华民族伟大复兴建功立业的精神财富。

今天，当年日本侵略中国所制造的腥风血雨早已成为历史；中华民族被迫发出最后吼声的抗战热忱凝聚成了全面建设小康社会，实现中国民族伟大复兴的前进动力。但我们时刻不能忘记，日本一些政要不时还去靖国神社祭拜甲级战犯的亡灵，梦呓当年“皇军”的侵略“功勋”；日本右翼不时发出否定侵略的哀鸣，并将公然篡改的历史写入教科书，就像当年日本侵华时，用武士道精神将许多日本人训练成“野兽”一样，日本右翼想把日本下一代引向何方，可谓“司马昭之心，路人皆知”。所以，纪念抗日战争胜利六十周年，缅怀长眠在祖国热土上烈士们的丰功伟绩，就是要牢记“落后就要挨打”的历史教训，牢记当年“人为刀俎，我为鱼肉”那种被宰割的惨痛教训，倍加珍惜国家稳定、民族团结，在各自的岗位上，为中华民族的伟大复兴增砖添瓦，就像当年全民抗战所迸发出来的万众一心，众志成城，振兴中华的激情信心一样。

大方探亲记

10月的深秋，不时彤云密布，雨丝绵绵。应贵州省毕节地区大方县白族学会的邀请，我所一行五人于10月10日驱车前往大方县千里探亲。

云南境内因高速公路贯通，虽有雨雾，但车速还可达到限速范围内。过了胜境关，路况就差多了，不仅坡陡弯急，且因镇（镇宁）胜（胜境关）高速公路正在修建，施工车辆将本已不堪重负的盘山公路碾压得坑坑洼洼，加之云笼雾罩，阴雨不断，从胜境关到关岭200多公里的路程足足跋涉了10多个小时，看来要赶上大方县白学会的成立大会已不可能。对大方县民宗局谢副局长一个接一个焦灼的电话，我们只能承诺12号中午一定赶到大方，参加下午举行的文艺演出和座谈会。

在贵州响水白族乡探亲

在贵州响水白族乡探亲

基于对 11 号路况的忧虑，12 号清晨 7 点，我们就从安顺启程，好在行驶在贵黄、贵毕高速路上，与胜境关公路已是大不相同。虽然阴雨、浓雾不时影响车速，但探亲的急切心情鼓舞着我们早点赶到大方。中午 12 时，经过两天半的行程，驱车 1500 多公里，我们终于在贵毕线大方收费站见到了早已等候在那里的县人大副主任一行。

大方县原名大定，是贵州省的历史文化名城。明初，彝族巾帼英雄奢香夫人，在正当妙龄就痛失丈夫的情况下，识大体、顾大局，配合明朝廷为实现西南边疆的统一与和平，做了大量卓有成效的民族和解工作，受到明朝廷的褒奖。虽然年仅 38 岁就辞世，但她的英名与业绩永垂史册。生活在这片热土上的白族分布在响水、核桃、三元、普吉四个民族乡。如果加上分布在周边各县散居的白族，毕节地区白族总人数达 13 万之多，他们中既有南诏时的赵姓、谢姓，也有后来不同时期融入的南京——龙家人和段姓后裔。虽然由于山川阻隔，他们一方面与周边民族友好相处，但根深蒂固的白族情结使他们世代相承地认定自己不属于当地的彝族、仡佬族等少数民族，也不是汉族。改革开放的浩荡春风进一步唤起了民族觉醒，党的民族政策的不断落实，激活了他们寻根问祖的热情。终于，经过多年的不懈努力，终于找到了与白族血肉相连的文化根脉，提出了10多项与大理白族相同和相近的文化渊源，从而得到各级政府的认同，正式确定为白族，千年的苦苦寻觅最终结出了甜美的硕果。

俗话说："老乡见老乡，两眼泪汪汪。"大方白族的浓浓乡情令我们感动，大方党政领导对民族工作的重视和对各民族的尊重更让我们钦佩。县委书记，县人大主任、县长，县政协主席专门会见了我们这些来自远方的探亲人，大家亲切地握手致意，共进午餐。中共大方县委沈书记盛赞白族是文化民族，分管民族工作的尚副县长称白族是一个开放、包容、文明、善于学习的民族。良好的人文环境使仅有10多万人的毕节地区的白族中就走出了中共中央候补委员、中共贵州省委常委、宣传部长谌贻琴，安徽省委常委、组织部长段敦厚，至于专家学者、人民教师、医生、干部、企业家就更多了，响水中学校长连续三任都是白族。

12号下午的歌舞表演和座谈会将活动推向高潮。当主持人介绍到来自故乡大理的亲人也参加庆祝活动时，全场报以热烈的掌声，血浓于水的亲情溢满了整个礼堂。《苍山歌声永不落》、《弦子弹到您门前》、斗鸡、数来宝、霸王鞭，艳丽的白族服饰，熟悉的旋律，似曾相识的舞姿，使我们仿佛置身于大理的表演现场而忘了这是在千里之外的大方。

与热烈祥和的歌舞表演相比，座谈会上则更多的是理性的思考和深入的学术探讨。与会专家学者，各级领导争相发言，大家追溯历史、关注现实、描绘未来，座谈会上使用频率最多的词汇就是文化。与会专家学者们说，毕节地区有77个民族乡，大方县就有18个民族乡，18个民族乡中白族乡有4个，人口5万多人。大方县近100万人口中少数民族占33%，共有23个民族共同生活，所以，做好民族工作在大方县十分重要。白族与各民族友好相处、取长补短，在生产生活中积累了许多宝贵的经验，继承弘扬这些优秀的传统文化有助于大方经济发展、社会和谐。白族学会成立后，要尽快编辑整理出版《黔西北白族史稿》，将民族识别中大量的田野调查资料管理、补充、完善，使之更好地发挥存史、资政、育人的作用。通过座谈，我们深感民族文化是一个民族赖以生存和发展的根基，它承载着民族的祈盼与憧憬，思考与追求。我们长期生活在苍洱怀抱中的白族，久居芝兰之室，对许多白族文化现象司空见惯，但散居各地的白族，他们是那样渴求真正反映白族人民生活的各种文化元素。从这个意义上说，对白族优秀传统文化的保护、发掘、研究，并不断将成果奉献给各地白族人民，我们现在所做的工作还远远不够，任重而道远。对我们赠送给大方白族学会的数百册图书，大方白族老乡欣喜不已。

13 日，在县人大钟副主任、县人大民族工作委员会龙主任、县政府办公室王主任、县民宗局谢副局长的陪同下，我们首先参观了奢香博物馆。穿越历史烟云，仿佛看到当年这位叱咤风云的彝族巾帼英雄让大方声名远播的飒爽英姿。接着我们又驱车 20 多公里山路，在县民宗局谢副局长，响水中学前任赵校长、段校长的陪同下，到响水白族乡探亲。听到两位校长对响水历史如数家珍的介绍，我们了解到当年白族先民是如何从四面八方汇集响水，艰苦创业，落地生根，创建了六寨的。抚摸着赵姓祠堂的残碑，遥望六寨聚会，舞狮耍龙欢庆节日的文昌宫废墟，我们仿佛聆听到了当年六寨居民在苦苦寻觅自己文化根基的热切呼唤。在白族赵支书家大家用大碗喝酒，原任白族女乡长，现已调任其他乡任书记的杨书记，听说家乡来亲人了，驱车一个多小时，摸黑赶回响水……面对这些，用心记下一次次心动的见面，我们唯一能做的就是用相机留住这一幕幕流连忘返的瞬间。

也谈政留人去后

近日因参加某县文化活动，听县上的同志不断介绍，某长廊是某某任县长时建的，某工程也是某某任县长时干的……言谈之中，几多赞许，几多怀念。这不禁使我想起小学时读过的《鲁班学艺》。鲁班在回答老师提出的第三个问题："两个徒弟学成了手艺下山去，师傅送给他们每人一把斧子。大徒弟用斧子挣下了一座金山，二徒弟用斧子在人们心里刻下了一个名字。你愿意跟哪个徒弟学？"鲁班马上回答："愿意跟第二个学。"老师听了哈哈大笑。读中学时又读到臧克家先生在纪念鲁迅先生的一首诗中写道："有的人把名字刻入石头想'不朽'；有的人情愿作野草，等着地下的火烧。——把名字刻入石头的，名字比尸首烂得更早；只要春风吹到的地方，到处是青青的野草。"自然而然想到时下经常谈论的"政绩"问题。

平心而论，一个人到某地任职，存心要把事情搞砸，留下一顿骂名后拍屁股走人的不会有几个。但在现实生活中，本想搞几项群众交口称赞的民心工程，却仅仅成了老百姓茶余饭后的谈资；原以为会像郑国渠、苏公堤一样名垂千古，却不料成了劳民伤财的败笔。愿望与结果形成巨大反差，这在现实生活中并不鲜见。

问题的症结在哪里呢？

是中国老百姓国家意识、公民意识的缺失，或是太过于吹毛求疵？答案显然是否定的。在中国传统文化中，"天下兴亡，匹夫有责""滴水之恩，涌泉相报"，代代相袭，说明中国老百姓是非常通情达理的。以白族信仰的本主为例，本主是地方保护神，大小也算个“领导”，但他们管理辖区百姓主要是通过“爱”“服务”来实现，这也就是时下说的“以人为本”。自然而然也就世世代代得到辖区老百姓由衷的爱戴和尊敬。中华民族是非常强调知恩图报的礼仪民族。汶川大地震中，被帮助和帮助，感恩和图报、救灾和自救，每天我们都在收获着许多感动就是明证。

是党和国家的政策有什么不妥吗？答案也是否定的。“权为民所用，情为民所系，利为民所谋”，“到最困难的地方去，到矛盾最集中的地方去，到群众最需要的地方去”，“要关心群众最直接、最现实、最切身的利益问题”，中央领导反复叮嘱，直至科学发展观的提出。回顾改革开放以来，实施了数千年的农业税的取消，各种惠民政策的纷纷出台，无不说明党和政府以人为本的执政理念越来越明确，并不断在党和国家的理论和实践中体现。

那么上述问题出现的原因何在呢？关键还是是否真正树立了马克思主义的群众观、科学的政绩观和正确的权力观。什么时候群众的口碑不再只是街谈巷议的话题，而是真正成为评价干部的硬指标；什么时候领导的升迁去留不再只是上级领导的好恶，而是由一套科学的评价体系、正确的用人导向支配的时候，那些所谓的“政绩工程”“形象工程”自然就会退出历史舞台。

知难而上　再接再厉，为抢救民间文化遗产不懈努力

今天，我们怀着无比喜悦的心情从祖国西南边陲大理来到首都北京，来到庄严的人民大会堂，出席在这里举行的“出版界支持中国民间文化遗产抢救工程成果发布会”，看到在中国民协和冯骥才先生的关怀支持下，大理州参编的《中国民间故事全书》大理州12县、市卷在这里展示，心情格外激动。受赵立雄州长的委托，我们向一直关心、支持、帮助大理州民间文化遗产抢救的各级领导、各位专家学者，今天又拨冗莅临发布会的各位领导、新闻界的朋友表示最诚挚的感谢！

大理是全国唯一的白族自治州，又是一个神奇美丽的地方。根据考古发掘，早在4000多年前，在洱海东岸宾川白羊村就生活着从事水稻农耕的部族，3000多年前的剑川海门口遗址标志着大理的历史已进入青铜时代，在悠久历史基础上建立起来的几乎与唐宋相始终的南诏、大理国，创造了

在河南开封冯骥才主席看《云南甲马卷》

辉煌的大理文化。正因为如此，大理成为首批荣获中国历史文化名城的城市，此后又先后荣获国家级风景名胜区、中国优秀旅游城市、中国最佳魅力城市等一系列殊荣。使大理成为人一生最值得亲历的地方。

大理同时又是祖国西南最早开边置郡的地区，被称为南方丝绸之路的蜀身毒道和茶马古道在这里交汇，使大理成为中原文化、秦蜀文化、古越文化、荆楚文化、吐蕃文化和古印度文化碰撞与交融的理想栖息地，从而形成了以白族文化为主的南诏、大理文化。今天，云南边疆稳定，民族团结，社会和谐，这是白族和云南各民族对中华民族做出的巨大贡献。

悠久的历史、灿烂的文化，浓郁的民族风情使大理成为民间文化的富集地，为我们抢救民间文化遗产提供了广阔的资源。我们不会忘记早在中华人民共和国成立之初，百业待举，毛星、李星华等老一辈民间文学家就于1956年莅临大理采风，让大理白族文化走向世界。我们不会忘记，去年4月，又一个春和景明的日子，冯骥才主席率杨亮才先生、白庚胜先生一行沿着先贤的足迹，再次莅临大理，冯先生两次召开座谈会，深入大理的村落名胜，启动了中国民间文化遗产抢救工程之一的《中国民间故事全书》大理县、市卷和《中国木版年画集成·云南甲马卷》。我们不会忘记，当我们将十分粗糙的大理县、市卷数百万字初稿送到北京后，著名民间文学专家陶阳先生、刘魁立先生、段宝林先生、王一之先生、陶立璠先生等，在百忙之中，拨冗进行了审阅，并提出了许多宝贵意见。我们不会忘记，当大理县、市卷书稿进入终审阶段，知识产权出版社的王润贵副总编，又率杨亮才、门书文、孙昕等同志风尘仆仆来到大理，昼夜审稿，一丝不苟，从而保证了这套丛书的质量。

昨天的成绩令人欣慰，明天的工作任重道远，我们一定在中国民协和冯先生的大力支持下，在中共大理州委、州人民政府的领导和支持下，一如既往地团结和依靠一切可以依靠的力量，充分调动各方面的积极性，继续为大理州民间文化遗产抢救工作做出不懈努力，从而也为中国民间文化遗产抢救的伟大工程贡献出我们的绵薄之力。

迎接祥云文化复兴的春天

大家都知道，我前二十年是在大理州民族中学当老师，个人比较喜欢历史知识，当一个历史老师还算差强人意。2001 年我受州委、州政府的指派，负责筹建大理州白族文化研究所。十多年来，主要做了一些基础性的工作，即团结和依靠州内外专家学者编了几套丛书，为致力于大理文化、白族文化研究的专家学者提供一点资料，在各位专家面前谈不上研究。但我对祥云和大波那还是有一些了解的。第一次是承蒙如旺同志看得起，非要我给王耀庚先生的《白国故都大波那》写序，其实我和王老先生到现在也没见过面。我当时就斗胆写下了祥云大波那铜棺不是孤立的现象，它不是孤立存在的，祥云的地下可能还有许多值得人们释读，需要人们探索的很多秘密的话。今天看了即将发掘的或者说还有待证实的这片墓群，当年的预言不幸而言中。当然要得到证实，搞清它们的存在和价值还需要时间，要等到考古发掘以后才能见分晓。

第二次是在白族文化研究所任职期间，中国民协组织编纂出版中国民间文化遗产抢救工程——《中国民间故事全书》（大理州十二县市卷），其中就有祥云卷。同时又与中国民协合作了中国民间文化遗产抢救工程——《中国木版年画集成 · 云南甲马卷》，其中也有祥云的作品。正是基于这一渊源，2011 年中国民协召开第八次会员代表大会的时候邀请我参加，会后，中国民协提出要组织编撰《中国历史文化名城 · 名镇 · 名村全书》，希望大理州带个头。我回来后跟州领导反映并向所里告知此事，得到州领导的大力支持和所里的积极响应。本来祥云开始只列了云南驿，大波那没有列在里边，因为当时它只是省级历史文化名村，而我们收入书内的标准是要国家级。经如旺同志的鼎力推荐，我也觉得大波那出土的铜棺世界罕见，就凭这一条就可以入选本丛书。后来就请施立卓先生写了10万多字的妙文，杨伟林、赵德坤又提供了300多幅照片，现在《云南驿》《大波那》这两本书已经出版。王县长自始至终很关心这个事，亲自安排县、镇、村三级积极配合，保证了田野调查的顺利进行。两次调查，给我的印象是祥云县有很强烈的文化自觉，各级都很重视文化建设，这次研讨会的召开再次证明了我的感觉。我自知对铜棺本身没有多少发言权，但是我对祥云，对大波那还是情有独钟的。

我经常喜欢重复一个观点，即自然遗产、文化遗产都是前人留给我们的、不可再生的宝贵资源，后代子孙跟我们拥有同等的权利。这就是代际公平，把这些遗产完整地留给后代子孙，是我们这一代人义不容辞的责任。考古是一门科学，必须是有计划、有规划、科学地去实施，才能利用我们考古的材料来进行研究。原来是在地下躺着，留给后代子孙，现在经过我们考古发掘以后，用详实的、科学的考古报告，用这些图片、文字来留给子孙后代。我非常同意政业的观点，有时我们不重视，后代子孙还可能看见比较完整的、真实的文化现象。我们如果一重视，又不能科学地去实施，可能后代子孙还看不到真实的、完整的历史现象。因为我发觉，“文化大革命”时期流行的影射史学观曾经把我们的历史研究引入歧途，后来拨乱反正许多历史结论不攻自破。随着商品经济浪潮的滚滚而来，历史研究会不会又走入了一个太过分注重的实用主义的误区？

其实我个人是这样想的，许多历史问题本来是很简单的，比如在洱海地区，为什么南诏建立以前，史万岁、梁建芳、赵孝祖、唐九征这些人帅一旅之师，不远千里万里到大理，就把那些部落打得七零八落。因为那个时期苍洱地区也就是梁建芳所描述的“大种曰昆、小种曰叟，各擅山川，不相役属”，没有形成统一的力量。所以各部落打得赢就打，打不赢就窜入山林，如果被你追上，我就归服你，等你走了以后我又东山再起。南诏建立以后，整合了国家的各种资源，形成了强大的国防力量。不仅能有效抵御两大强邻的进攻，还能主动出击并取得胜利。如果我能打破现在我们对国家和民族认识的理念和今天行政区划这样的一个模式去研究1000年、2000年、3000年前的云南历史，可能我们得出的结论会更科学一些。这同样适用于对大波那铜棺相关的许多问题的研究。

如果从大波那铜棺算起，祥云大波那乃至整个祥云已经拥有了3000多年的辉煌历史。随着今天研讨会的召开和即将开展的发掘，以及更多的地下的秘密被公开，祥云会拥有有更加美好的未来。

祥云县是大理州经济发展水平名列前茅的县市之一，用冯骥才先生的话讲，随着经济发展高潮的到来，必将会迎来文化复兴的高潮。

大气明理　博爱进取

2008 年 5 月 9 日，中共大理州委书记刘明同志致信大理州白族文化研究所，在充分肯定大理州白族文化研究所工作的基础上，希望大理州白族文化研究所充分发挥自身优势，为建设民族文化大州、民族文化强州作出新的更大的贡献。刘明同志在信中写道：“白族文化是中华民族文化的一朵奇葩。大理之大在文化。大理州白族文化研究所自成立以来，一直致力于白族文化的研究和保护。经过短短六年多的时间，成果显著，成绩斐然，为展示大理文化的博大精深和弘扬优秀的民族文化做出了重要的贡献，我谨代表大理州委、大理州人民政府对贵所干部职工表示衷心的感谢和诚挚的问候。

“《大理丛书》涵盖了政治、经济、文化、艺术、建筑、考古等多个领域，内容极其丰富，是弥足珍贵的大型资料丛书。该丛书不仅是研究白族历史文化重要的参考文献，同时也是一份珍贵的文化遗产。我相信，《大理丛书》的出版发行，将对大理经济社会建设和社会主义精神文明建设产生积极的推动作用和深远的影响。

“当前，党的十七大提出推动社会主义文化大发展大繁荣。希望贵所立足自己独特的优势，以‘文化立州’为契机，继续挖掘、整理白族厚重的历史文化、多彩的民族风情，推出更多更好的白族文化精品，为建设民族文化大州、文化强州作出新的更大的贡献。”

刘明同志来大理工作时间不长，但他尊重和珍视大理文化、白族文化的嘉言懿行令人感动；他对传承弘扬大理文化的急迫心情更是溢于言表。由他倡导的关于“大理精神”的讨论正日渐引起各方面的关注。坦率地讲，大理文化博大精深，要想用一句话或几个字将以概括绝非易事。但我认为，讨论过程比讨论结果更具有现实意义和深远影响。如果能够通过“大理精神”的讨论，进一步唤醒大理各族人民的文化自觉，从而更加敬重和珍惜自己的优秀传统文化，并与时俱进地赋予时代内容，由此增强民族自豪感和自信心，凝心聚力，使之成为建设富裕民主文明开放和谐大理的精神动力和智力支持，那么“大理精神”的讨论就会远远超出“大理精神”本身。为了不辜负州委、州人民政府的期望，大理州白族文化研究所充分依靠自身联系州内外专家学者广泛的优势，在充分征求意见的基础上，初步提出了“大气、明理、博爱、进取”的“大理精神”，并稍加诠释，借《苍洱时讯》一角予以刊载，权作引玉之砖。如果由此引来更多的真知灼见，那正是我们所期盼的。

大气 世界屋脊喜马拉雅山逶迤南下，从 8844.43 米到苍山降至 4122 米而止，使大理处于世界屋檐之下。聚三江灵气，扼两条古道枢纽，[①] 银梭岛贝丘遗址揭开了 5000 多年前大理的历史篇章，[②] 宾川白羊村开云南新石器稻作文化先河，[③] 剑川海门口水滨“干栏式”建筑聚落遗址属全国第一，世界罕见，出土的青铜器被学者们称为云贵高原青铜文化的源头之一。[④] 从而铸就了南诏雄风、大理伟业，成为历时 500 多年的云

① 三江指怒江、澜沧江、金沙江。两条古道指蜀身毒道和茶马古道，大理是两条古道的交汇点。

② 材料源自银梭岛考古发掘队队长、云南省考古所闵锐教授访谈。见《大理丛书·考古文物篇》。

③ 李晓岑：《白族的科学与文明》，昆明，云南人民出版社，1997。转引自马曜：《白族异源同流说》。

④ 材料源自“剑川海门口遗址发掘成果论证会专家组意见”，2008 年 6 月 19 日。

南政治、经济、文化中心，屏蔽祖国西南边陲，声威远播东南亚。[①]气势磅礴的毓秀山川，厚重绵长的历史积淀，南诏、大理的灿烂文化，使大理拥有西南第一大碑——南诏德化碑、傲指苍穹的崇圣寺三塔、南天瑰宝石钟山石窟等十四项国家级文物保护单位。[②]大理石神奇，徐霞客惊叹“画苑可废矣”；[③]山茶花雅韵，大理3000户满庭芬芳。[④]故而大气是大理精神的显著特色。唯其大气，大理人不封闭、不保守，以开放包容的胸襟，广纳各种文化精华为我所用；唯其大气，大理人不排外、不自私，杨慎一进龙尾关便心旷神怡，[⑤]担当才到感通寺就落地生根。[⑥]洋人街装下七大洲肤色，大理城回荡着五湖四海乡音。

明理 大学之道，在明明德，大理尊师崇德源远流长。考古证明，从银梭岛5000多年到剑川海门口3000多年直至南诏时期的羊苴咩城，一种带流陶器反复出现，说明河蛮主体从未离开过这片土地。但作为土著河蛮，善于学习、勇开风气之先。早在汉代，相传张叔、盛览负笈到四川拜师司马相如习汉赋。[⑦]爨人西迁，使中原文化进一步在大理传播。[⑧]

---

① 南诏（738—902年），大理国（937—1253年），两个政权的建立结束了云南“朋仇相嫌”“兵戈相防”的局面，有利于云南经济社会的发展，与唐宋往来密切，且与南亚、东南亚各国均有友好往来。

② 十四项国家级文物保护单位指大理崇圣寺三塔、太和城遗址（含南诏德化碑）、剑川石宝山石窟、弥渡南诏铁柱、元世祖平云南碑、喜洲白族民居古建筑群、佛图寺塔、剑川兴教寺及寺登街古建筑群、剑川西门街明代白族建筑群、巍山长春洞、巍山垅圩图城遗址、祥云水目寺塔、宾川白羊村遗址和周城文武庙等十四处。

③ “故知造物之愈出愈奇，从此丹青一家，皆为俗笔，而画苑可废矣。”语出《徐霞客游记》，771页，长沙，岳麓出版社，1999。

④ 大理民谚：“苍山十九峰，峰峰积雪；大理三千户，户户养花。”说明大理茶花栽培很普遍，实际上远不止3000户。

⑤ 杨慎，字用修，号升庵，四川新都人。嘉靖时谪戍云南永昌。为人博雅好古，胸藏万卷，其著作之富，为明代第一。流连苍洱胜迹，与当地文化名人杨弘山、李中溪、董西羽交往甚密，感情深厚。

⑥ 一名普荷，字担当。晋宁唐氏子，名泰，号大来。结庵鸡足山，后修行在感通寺，终其一生。

⑦ 冯甦《滇考》云：“张叔，楪榆人，天资颖出。闻相如至若水，造梁，距楪榆二百余里，负笈往从受经，归教乡里。盛览，字叔通，亦楪榆人，著《赋心》四卷。”

⑧ 《蛮书》卷四载：“阁罗凤遣昆川城使杨牟利，以兵围胁西爨，徙二十万户于永昌城。”

南诏时期，“人知礼乐，本唐风化”。[1]两条古道流淌的中原文化、巴蜀文化、氐羌文化、吐蕃文化、荆楚文化、古越文化和印度文化在这里交汇整合，形成了独具特色的大理文化。唐朝赠《金刚经》，南诏专筑金刚城珍藏；[2]大理送《维摩经》，宋廷失之朝而求诸野。[3]大理人重视教育，哪怕负薪卖炭，织席贩履也要供子女读书，故而大理地区文化昌盛，父老有述古之风，里巷传仁德之懿，野老能辨四声，渔樵多具风雅。赵藩“能攻心，则反侧自消，从古知兵非好战；不审势，即宽严皆误，后人治蜀要深思”。[4]集中反映了大理人明理的情怀。唯其明理，在大理寡妇可以再嫁，招赘视同己出；[5]唯其明理，天宝战争中，阵亡将士尸骨被祭而葬之，带兵将领李宓至今安坐在将军洞中享受人间香火。[6]

博爱 博爱之为仁。大理人亲仁善邻，热情好客。人们常说，“只有千年的人缘，没有千年的威风”“处个好邻居，强过冬天穿棉袄”“出门人没有顶着房子走的”。所以在大理地区，观音负兵阻石，传承的是兼爱非攻的理念；[7]南诏德化碑，表达的是和则互利，战则俱伤的人文关怀。[8]

---

① 语出《新唐书·南蛮传上·南诏传》。原文为：“曾祖有宠先帝，后世率蒙袭王，人知礼乐，本唐风化。”

② 天宝六年（747年）十月筑太和城，因唐赐《金刚经》至，故名“金刚城”。见尤中《僰古通纪浅述校注》，昆明，云南人民出版社，1989。

③ 文治九年（1118年），大理国相国高泰明遣使钟震、黄渐进贡宋国金书《维摩诘》一部。见李霖灿：《南诏大理国新资料的综合研究》，台湾故宫博物院，1982。

④ 赵藩，清末民国初年白族著名文化人，原籍剑川，一生为官清正廉洁，著述等身，晚年组织编纂《云南丛书》，建树颇多。该联书于武侯祠，是对当时四川总督屠杀革命党人的劝谏。赵式铭评价他：“经守其常，权济其便。蜀摄监司，粤总部院。长养人才，绪政文献。滇士之魁，清儒之殿。”

⑤ 在白族地区寡妇再嫁不受社会歧视，招姑爷现象也很普遍，姑爷享有财产继承等与儿子同等的权利。

⑥《南诏德化碑》记载：阁罗凤在取胜后说：“生虽祸之始，死乃怨之终，岂顾前非，而忘大礼。”遂收亡将等尸，祭而葬之，以存恩旧。带兵将领李宓，至今在“将军洞”享受下关城乡人民自发祭祀。

⑦ 相传远古时，外敌入侵大理，观音化一老妇，背着硕大无比的巨石，吓退来敌，避免一场战争。当地百姓在观音塘建“大石庵”纪念。

⑧《南诏德化碑》记载，阁罗凤认为“小能胜大，祸之胎；亲仁善邻，国之宝”，并将这一理念作为处理内政外交的基本国策。

大理的栽秧会、田家乐就是将里巷相助、抚孤恤寡融入节庆；[①] 全国独有的一年一度花子会，彰显的是人格平等的理性之光。[②] 婚丧嫁娶，礼请乞丐入席；济困扶危，人们踊跃参与。尤其是对妇女的尊重，在大理独树一帜。青姑娘节、梨花会、沐浴节传承的是对妇女的礼赞。[③] 剑川石宝山石窟中的人造“阿央白”和洱源凤羽天生“以子杲”两处女性生殖器崇拜，是大理人对生命的渴望和推崇妇女的实物见证。[④] 故而直到今天，许多乡村“莲池会”妇女自发为汶川地震举办法事，为逝者超度，为生者祈福。她们捐出自己节衣缩食省下来的哪怕几角钱赈灾。唯其博爱，大理儒、释、道、本主信仰和谐相处，观音洒爱意，本主亦多情；唯其博爱，咸同年间，杜文秀起义被镇压后，白族人民舍命掩护回族同胞。在大理，各民族服饰相近、语言相通，司空见惯。

进取　苍山不攘尘土而成其高，洱海不择细流而成其博。大理人兼容并包、开拓进取、推陈出新。剑川海门口出土文物的多样性和复杂性，说明文化交流可远溯到3000多年前。南诏统一，开疆拓土，“西开寻传，北接阳山，南荒奔凑，东爨悉归”，奠定了云南今天的版图。[⑤] 大理国虽

---

① 白族有栽秧会、田家乐等民俗活动，实际是栽插期间的群众互助组织。详见赵寅松《守望精神家园——中国白族节日文化》，哈尔滨，黑龙江人民出版社，2007。

② 每年农历三月二十八，在大理古城东岳庙附近举办花子会。详见赵寅松《守望精神家园——中国白族节日文化》，哈尔滨，黑龙江人民出版社，2007。

③ 青姑娘节、梨花会在剑川，沐浴节在洱源。详见赵寅松《守望精神家园——中国白族节日文化》，哈尔滨，黑龙江人民出版社，2007。

④ 在剑川石宝山石窟第八窟中雕有形似女阴的石刻，白语叫“阿央白”，由于跪拜的妇女太多，座前石板上有深陷的凹槽。无独有偶，在凤羽起凤（又名包大邑）村背后，有一处形似女阴的天然石缝，白语叫“以之杲”，汉语称“荫子渊”，崇拜者多为新婚妇女，或有女无子的妇女。祭祀时不能用白色鸡，只能用乌骨鸡。平时祭奠本主，妇女们也要朝“以之杲”方向祭拜（因本主庙在“以之杲”前面）。过去曾有无名氏赋诗一首：“曲径通幽处，两峰夹一溪。洞内水滴滴，门外草萋萋。有水鱼难养，无树有鸟栖。不到三寸地，万代子孙基。”“以之杲”较为准确的翻译应为“寻找儿子的地方”。详见赵寅松：《白族的文化》，北京，民族出版社，2006。

⑤ 材料源自《南诏德化碑》。《元史·地理志》载：“其地，东至普安路之横山，西至缅地之江头城……南至临安路之鹿沧江，北至罗罗斯之大渡河。”

侧重守成，但对外交流从未间断，求典问籍，商贸不断。[①] 明清以降，大理与内地融为一体。剑川木匠用斧凿等原始木工工具，将白族工艺书写在祖国大地上；[②] 拉萨街头，随处可听见鹤庆新华人美妙的小锤敲击声。高黎贡雪锁冰封，挡不住河赕贾客创业足迹；[③] 澜沧江奔腾咆哮，阻不断喜洲商帮赴泰走缅。[④] 长安城金銮宝殿，南诏奉圣乐余音绕梁；[⑤] 维也纳金色大厅，小河淌水旋律悠扬。[⑥] 思贤若渴，阶下囚成为三代帝师；[⑦] 不拘一格，蜀锦娘落籍苍洱传艺。[⑧] 故而白族民居，既吸收了江南小桥流水特色，又显白族亮丽明快的建筑风格；唢呐高奏，不乏西北氐羌文化的高亢激越，又融入了白族的豪放抒情。唯其进取，大理人才辈出，学界名流，代有传人；能工巧匠，遍布乡野。唯其进取，张耀曾成了中国最早的法制奠基人之一，王希季荣登“两弹一星”功勋榜，张丽珠成了“试管婴儿之母”，杨丽萍《云南印象》开启了民族文化如何保护与传承的新篇章。如此事例，不胜枚举。

各民族都有传承弘扬自己优秀文化的权力，当然也有尊重异质文化并与之和谐相处的人间义务。一个缺乏理论思维的民族不可能具有旺盛

① 《南诏野史》《桂海虞衡志》均记载大理国时与宋朝通商并求购经书、汉文献典籍事实。如（嘉泰二年），入宋，取大藏经置五华楼，凡千四百六十五部等。

② 沈德符《野获编》记载：“元时下大理，选其工匠最高者入禁中。至我国初（明初），收为郡县，滇工布满内府。”滇西民谚：“丽江粑粑鹤庆酒，剑川木匠到处有。”今天，剑川木雕已远销美国、加拿大、德国、刚果民主共和国等国。

③ 《蛮书》记载，河赕贾客西出经商，当时歌谣唱道：“冬时欲归来，高黎贡上雪。秋夏欲归来，无那穹赕热。春时欲归来，囊中络赂绝。（络赂，财之名也）”

④ 赵勤：《喜洲商帮的形成和作用》，载《白族文化研究 2005》，北京，民族出版社，2004。

⑤ 后晋刘昫等撰《旧唐书本纪云南事迹》载：“……十六年（793 年）春正月乙巳……南诏献《奉圣乐舞曲》，上阅于麟德殿前。”演出轰动长安，列为唐朝十四乐谱之一。见《新唐书·礼乐志》。

⑥ 弥渡民歌《小河淌水》于 2000 年 2 月 6 日由中国民族乐团在维也纳金色大厅演出。（原载 2000 年 2 月 7 日《北京晚报》，维也纳专电，《北京晚报》特派记者白宙伟）

⑦ 郑回，相州人，任西泸令时为阁罗凤所俘。因通经术，阁罗凤爱重之，其子凤伽异、孙异牟寻、曾孙寻梦凑皆师事之。异牟寻继位，授予清平官，位在六位清平官之上，死后被奉为本主。

⑧ 《通鉴》记载：南诏出兵成都，“乃大掠子女百工数万人”“南诏自是工文织，与中国埒”。

的生命力和无限发展的生机。所以，民族文化要想自立于世界文化之林，不能依赖别人的保护，而是要不断提高自身的竞争力。刘明同志说“大理之大在文化”。然而，在日常生活中，人们对大理文化的认识各有不同。正因为如此，一旦“大理精神”的讨论在苍洱大地上变成人们竞相讨论的热门话题，那将是一次大理历史文化最广泛的普及与宣传，其意义也就不言而喻了。

为有牺牲多壮志　敢教日月换新天

俗话说“纸上得来终觉浅，绝知此事要躬行”。对于我们这代人来说，井冈山、韶山是再熟悉不过了。但通过州延安精神研究会组织，自费赴井冈山、韶山考察，亲眼目睹了当年以毛泽东为代表的共和国缔造者们生活、战斗过的革命圣地，行进在毛泽东诞生的韶山冲，拜谒一代伟人先辈长眠在青松翠柏中的坟茔，可以说是百感交集、思绪万千。

茨坪抒怀

沿着逶迤盘旋在苍松翠竹中被誉为中国最“牛”的四车道柏油公路，我们终于来到了当年毛泽东和他的战友们生活的茨坪。漫步在绿树掩映的整洁公路，观赏着坐落在道路两边风格各异的各种宾馆、酒楼和茨坪的购物广场——天街，挹翠湖，尤其是井冈山革命博物馆和中国干部学院，谁能相信，这片浸透了先烈们鲜血的英雄土地，当共和国诞生的时候，整个井冈山只剩下二十几户100多人口。今天，我深信长眠在井冈山烈士纪念塔中的英烈们看到花团锦簇、人声鼎沸的茨坪新貌肯定会含笑九泉。

据导游介绍，井冈山有让井冈山人自豪的“三气”，即灵气、财气和空气。站在北山革命烈士纪念碑前，鸟瞰犹如天然山水画般的茨坪，极目远眺四周的层峦叠嶂，深深为当年毛泽东选中了井冈山作为革命摇篮是那样的远见卓识。与当年毛泽东和战友们居住的低矮平房相比，今天茨坪的高楼大厦与城市已无区别，再看看荡漾在井冈山人脸上的灿烂微笑，先烈们为之奋斗的目标已变成现实。据导游介绍，为了共和国的今天，井冈山曾几度被化为灰烬，整个江西为共和国献出了26万儿女的宝贵生命，几乎占全国英烈的六分之一。80年前井冈山弥漫着血腥的空气，今天却成了生活在都市里的人们难得享受的天然氧吧；当年炮声震耳欲聋的黄洋界，今天成了游客们回归自然，放飞梦想的旅游景点，甚至散居在群山怀抱中的东一家西一家百姓，也在收获着红色旅游为他们带来的财气和喜气。“忽报人间曾伏虎，泪水顿作倾盆雨。”如果今天毛泽东同志再游井冈山，一定会写出比四十多年前“到处莺歌燕舞，更有潺潺流水”更充满人文关怀的豪迈诗篇。

神奇树和领袖峰

为了寄托美好的憧憬和寻求心灵的慰藉，原生宗教，人为宗教，如影随形般地伴随着人类发展。同样，为了寄托对先烈的景仰和怀念，井冈山流传着许多充满神奇的传说。在毛泽东、朱德、彭德怀等生活过的故居旁，并排生长着一棵红豆杉和一棵柞树，当地人说，这是充满灵性的两棵神树。导游为我们讲述了令人心旌震颤的传说，1929年，当毛泽东离开井冈山后，两树被国民党的“石头要过刀，茅草要过火，人要换种”的“三光”政策烧焦了。1950年，即在中华人民共和国成立后的第二年春天，两棵树竟奇迹般地发了新芽。1965年毛泽东重上井冈山，两树神奇般地挂满了银色小花。1976年，一代伟人毛泽东逝世，两树一时竟枯了头。后经园艺专家诊治，方得以蓬勃生长。井冈山人感念两树通人性，富传奇，称它们为“神树”。传说毕竟是传说，但我更相信这是真的。当我们倡导要建设环境友好型，人与自然和谐发展的理想社会时，为什么不能赋予自然生命的灵气和人的情感呢？何况，这一传说所寄托的是人们对毛泽东和他的战友们的深切怀念。当导游介绍说在这幢简陋的居所里，一进门两边曾住过当年领导平江起义后上井冈山的总指挥彭德怀和滕代远，而里边住满了红军战士时，我为那个时代官兵平等所深深折服。他们用自己的行动诠释了中国共产党及其领导的军队如何从无到有，从小到大，而那些貌似强大的形形色色的对手无一不败在他们手下的真谛。

离神树不远，被称为“领袖峰”的缓坡上长眠着当年将毛泽东领导的秋收起义军迎进井冈山的王佐。据历史记载，在20世纪20年代“长夜难明赤县天”的中国，各种不满足现状的草莽英雄纷纷啸聚山林，称雄一方，王佐、袁文才就是众多绿林中的一支。当他们接受了毛泽东的革命思想后，便率部义无反顾地站到了革命的一边。然而，因为在万里之外莫斯科召开的党的“六大”的一纸决定，却让这两位曾经为中国革命建立过功勋的功臣被错杀在永新。今天，历史还给了王佐、袁文才一个公道，但当我们不得不重新审视这段辛酸往事时，怎能不对毛泽东同志一贯倡导的“一切从实际出发”“实事求是”的思想路线作出深刻思考，从而更加增强了在新的历史条件下如何践行科学发展观的认识。“以铜为镜，可以正衣冠；以人为镜，可以明得失；以史为镜，可以知兴替。”每一个赴井冈山旅游的人，面对难以忘怀的历史，我相信都会获得有益的启迪。

韶山情思

韶山，因为走出了一代伟人毛泽东而举世闻名。真的来到韶山，才觉得韶山与随处可见的湖南众多农村并无二致。依山而建的农家土墙瓦屋，房前的水塘和屋后的打谷场，让人感到这是一户殷实的农耕家庭。没有与世隔绝的围墙围起的深宅大院，有的只是比邻而居的农舍，一切是那样的质朴、自然。然而正是这种平凡衬托出了一代伟人“天下为公”的博大情怀，这也正是湖南先贤们“身无半亩心忧天下，胸通万卷神交古人”遗风的真实写照。瞻仰毛泽东的两位为革命献身的弟弟的卧房，朝拜安卧在苍松翠柏中与普通百姓坟茔并无区别的伟人父母坟墓志，我给两位老人深深鞠躬，为他们养育了一位为拯救灾难深重的中国，为自鸦片战争以来蒙受百年屈辱的中华民族赢得了理应属于中国人民尊严的伟人而心生感激。

同行中有两位年过花甲的退休干部，一位因在三年困难时期几乎丧命，因为有毛主席当时的政策，吃了两个月特殊伙食活下来，并在晚年能亲临韶山表达感激之情；一位因父母早逝家庭困难靠毛泽东时代的助学金完成了大学学业，带大了妹妹。在他们心目中，毛泽东是神圣的，他们坚信关于毛泽东铜像落成时日月同辉和满山杜鹃花提前几个月烂漫韶山是真实的存在而不是传说，他们的心情代表了那一代中国人的共同心愿。

参观滴水洞一号别墅，攀上虎歇坪参观毛泽东祖父的墓地。我再次陷入了深深的沉思：一代伟人的别墅，原来只是极普通的砖木结构的一幢房子。会客室、卧室、餐厅，铺的都是一尘不染的白布，我想这大概是主席生前喜欢的颜色。我们无法得知主席在这里的六天六夜是怎样殚精竭虑思考着中国的命运和前途。但从“文化大革命”中盛传的主席信中，我们看到了这位伟人的深切忧虑。今天，伟人已经离去，人们可以对伟人的一生作出各种各样的评说，但正如恩格斯所说“没有哪一次巨大的历史灾难以历史的进步为补偿的”。今天，当我们看到国家政治稳定，人民珍惜安定团结大好局面的时候，每一位有良知的中国人难道不应该为毛泽东和他的战友们为中国社会主义革命和建设所作出的艰辛探索和付出的重大牺牲多一些理解和深思吗？

驻足虎歇坪，极目远眺四周苍翠的青山和奔涌而来的阵阵林涛，也实在看不出与中国许多名山大川有什么区别。但经导游一渲染，虎歇坪的神奇风水似乎真有其事。然而，当毛泽东的祖父能够预先知道因为他葬在这块“风水宝地”，他的后代献出了六位亲人宝贵的生命时，我想他肯定会思之再三。与众多的风水传说一样，显然不是因为毛泽东的祖父葬于风水宝地而诞生了毛泽东，而是19世纪末20世纪初风雷激荡的中国和世界时势成就了毛泽东和同时代的众多英雄豪杰，而正是毛泽东和他的战友们以自己的奋斗牺牲和雄才大略改变了中国的命运，书写了共和国的辉煌历史。

守望民族民间文化

三月的北京，冬天已渐行渐远，虽然还略有寒意，但满城枝头春意闹，一派苏醒后的勃勃生机。

应中国民协的特邀，我所参加了在北京举行的“中国民协2005年全国联席会议暨抢救工程工作会议”。作为受中国民协委托参与了《中国民间故事全书》大理各卷和《中国木版年画集成·云南甲马卷》编撰的单位，既有不辱使命的欣慰，毕竟我们在不太长的时间里，第一家向中国民协交出了全国示范卷——《中国民间故事全书》大理州12县、市卷（400万字、400幅图片），又有未能圆满答卷的不安，因为受人力、财力的制约，我所承担的《中国木版年画集成·云南甲马卷》仅仅只在大理州内开展普查和征集。

令人感动的是，会议期间，民协主席冯骥才先生在宾客盈门的情况下，两次拨冗约见我们听取汇报，冯先生充分肯定了我们的工作，高度赞扬了我们所在州委、州人民政府的支持下，团结全州民间文学工作者，在全国第一家完成了《中国民间故事全书》大理州12县、市卷并交稿付印，同时也非常理解我们承担《云南甲马卷》面临的困难。冯先生说，民间文化遗产最濒危的是少数民族文化和民间文化传承人。因为没有文字的少数民族文化缺乏精英文化，多数是口耳相传，相当脆弱。传承人是民族文化最高掌管者，是活态人，传承的中断就是一种文化的消失。汉族文化的精英文化太厚重，如《诗经》《楚辞》等，俯拾皆是，消失不了。但缺乏文字的少数民族文化是超文化，现在有些民族地区民族服饰穿给

在人民大会堂抢救工程工作会上发言

旅游者看，民歌唱给旅游者听，少数民族自己已渐渐远离自己的文化，一旦民俗、民间文化消失了，民族也就名存实亡了。我们的抢救就是要唤醒民族文化的自觉，热爱自己的文化，保护自己的文化，弘扬自己的文化。冯先生还说，《云南甲马卷》已超出大理州的范围，你们面临的困难我很理解，我愿意用我的基金帮助你们，钱虽然不多，但表示我对你们工作的支持。冯先生还热情地为我所抢救工作给丹增书记写信，希望他也给予支持。信写好后才一天，冯先生再次约见，说昨天的信我想重新写，以便丹增书记更了解情况，令人感佩。冯先生是汉族，为抢救民间文化，特别是少数民族文化，就像新闻媒体报道的那样“卖画如卖血”地卖自己的书画筹措经费，作为少数民族的一员，我们能不珍视自己的文化，不做好自己的份内事吗？

3月21日上午，在人民大会堂重庆厅举行的“中国民间文化遗产抢救工程首批成果出版暨中国民间文化杰出传承人调查、认定和命名项目启动发布会”，把这次会议推向高潮。会上，50多家新闻媒体应邀出席，文化部、中国文联、联合国教科文组织代表、中国民协等领导出席会议并分别作了热情洋溢的讲话。会上展示的第一批成果，尤其是《中国木版年画集成·杨家埠卷》受到与会专家学者们的高度赞扬。冯先生说，两年前，我们在这里启动了中国民间文化遗产抢救工程，两年后我们回到原点，但我们高兴地看到，经过两年的艰难起步、艰辛探索，我们已经找到抢救保护民间文化遗产的路，那就是要与时代结合，与社会结合，充分依靠县、市和广大民众。尽管前进道路上还有许多困难，但前景无限光明。与时下某些部门争项目就是为了争经费相比，冯先生卖画筹资的壮举令人感动。冯先生关于少数民族文化和传承人是当前最值得抢救的濒危文化遗产的深刻剖析得到与会学者们的一致赞同。大家对启动杰出传承人命名的善举报以长时间的热烈掌声。在重庆厅“中国民间文化遗产抢救成果首批展示”的展台上，各种成果争奇斗艳，属于我们的虽然只有去年呈送的试编本《中国民间故事全书·大理卷》，但我们还是感到由衷的高兴，毕竟我们为这一伟大工程添了只砖片瓦。尤其是聆听了冯骥才主席语重心长、催人奋进的讲话，更感到加快“云南甲马卷”的抢救步伐已时不我待。看到与会的省、市代表摩拳擦掌，纷纷表示要以此为契机，争取各地领导和广大群众的更多理解和支持，把各地民间文化遗产抢救工作做实、做好，上对得起祖宗、下无愧于后代的热烈场景，我辈身处少数民族民间文化遗产富集地——云南大理，更应不用扬鞭自奋蹄。

延安散记

延安，中国革命的圣地，从我接受启蒙教育起，就在心里一遍又一遍地呼唤延安。“滚滚延河水，巍巍宝塔山”，“几回回梦里回延安，双手搂定宝塔山”，延安的窑洞、枣园的灯光、南泥湾的歌声……这些让无数人神往、魂牵梦绕的热情讴歌，同样使我充满了对延安的向往。感谢大理州延安精神研究会的关心，让我终于在纪念中国工农红军长征七十周年的不平凡日子里，圆了朝拜延安的梦。

宝塔放歌

亲临宝塔山，俯瞰延河水，对于我们这些来自云南，看惯了崇山峻岭、江河奔腾的人来说，谈不上巍峨壮观，但这正应了唐代文人刘禹锡所言：“山不在高，有仙则名；水不在深，有龙则灵。”正是因为中国革命的洗礼，才使这座陕北高原上不算太出名的宝塔山、延河水声名远播。

据导游介绍，为了摧毁这座指导中国革命航向的灯塔，日本侵略者、国民党飞机曾多次对它进行轰炸。但不知是中国革命英烈们炽热的情怀感动了上苍，或是日本侵略者、国民党飞行员技术太差，始终未能将它炸毁。个中缘由，我们不得而知。但迄今巍然屹立的宝塔却让每一位朝圣者对它平添了几多神圣，几多景仰！

前不久，我看到《人民日报》报道一位老将军退下来后，驱车数千里，找到了太行山深处当年八路军总部的老房东，当将军快步上前，双手拉住老房东的手，亲切地叫了一声“老嫂子”时，满头银丝的老人轻轻说了一句：“是不是又要打仗了，想起了我们山里人?”老将军唏嘘不已，两行热泪夺眶而出。老区人民为中国革命作出了无与伦比的奉献和牺牲，他们早就应该拥有属于自己的无数先烈为之流血奋斗换来的幸福。今天，我站在宝塔山上，俯瞰高楼林立，绿树鲜花掩映下的宽敞马路；了解到延安已实现了铁路、高速公路、飞机的通达交通，心中涌起一阵阵欣慰。我想毛泽东、周恩来、朱德等老一辈革命家看到眼前的一切，他们的在天之灵也会感到欣慰。

诚然，延安也面临着现代化进程中人类共同面临的难题，面对延安水的涓涓细流，当地人说：延河水“50 年代淘米洗菜，60 年代洗衣灌溉，70 年代鱼虾断代，到了现在身心受害”。但我坚信，有着光荣革命传统的延安人民，一定会最终实现人与自然的和谐发展。有鉴于此，大理人更应倍加珍惜大自然赐予我们的这片人间福地，老祖宗留下的这一方碧水蓝天。

枣园情思

一进枣园，便见毛泽东、周恩来、朱德、刘少奇、任弼时的群雕迎面走来。他们虽然衣着简朴，身体稍显清瘦，但个个目光如炬，神采奕奕。面对当时黑云压城城欲摧的严峻形势，他们是那样步伐一致，气宇轩昂。我怀着崇敬的心情，逐一参观了这几位伟人简朴的住所，参观了他们指挥千军万马，让日寇胆寒，让国民党高层寝食难安的机要办公室、作战研究室、中央礼堂等旧址。

瞻望毛泽东旧居窑洞，抚摸着毛主席用过的桌椅，我似乎看到当年呵气成冰的寒夜，毛主席正在奋笔疾书。一篇篇指挥中国革命从胜利走向胜利的宏文《为人民服务》《论联合政府》《关于重庆谈判》《抗日战争胜利后的时局和我们的方针》就诞生在这里。

漫步在机要办公室、作战研究室等几处简陋的单体建筑，你实在难以想象那一道道影响中国命运乃至世界的指令，从这里发出；流连在不足千平方米的中央礼堂，你实在难以想象那一幕幕影响中国乃至世界的决议在这里形成。当导游指着毛泽东到重庆谈判拍下的“挥手之间”的照片时，有谁相信当时毛主席的皮鞋和礼帽都是借来的。此时此景，我似乎又听到了黄炎培与毛泽东促膝相谈的睿智之言。我似乎明白了老子的《道德经》中对大小的辩证思考。在枣园，你才明白什么是大、什么是小。难怪陈嘉庚在看完西安和延安后，得出了中国的希望在延安、在中国共产党的结论。

清凉山怀古

延安，地处陕北高原，历史上虽然地脊民贫，但却是军事要冲。商周时称鬼方，西魏时置延州。写下“先天下之忧而忧，后天下之乐而乐”的作者范仲淹为抵御西夏，捍卫八百里秦川曾镇守于此。他屡建奇功，使西夏不敢南下牧马，被西夏人誉为“胸中有雄兵十万”。当满怀崇敬地瞻仰了清凉山上的“药王庙”“范公祠”“庞公祠”后，我似乎找到了毛泽东当年为什么将革命大本营定在延安的些许奥秘。因为这里是诞生清官廉吏的一方热土；这里是老百姓崇尚为民造福能人廉吏的地方；这里是三山（宝塔山、清凉山、凤凰山）对峙，二水（延河、南川河）环绕，与“人文初祖”的黄帝陵毗邻的地方。

清凉山不仅名胜古迹众多，而且也是当年我党革命喉舌的居所。当敌人不断将我党我军妖魔化的时候，清凉山以其清凉的精神甘泉让全世界认识了中国共产党和中国革命。毛泽东在这里提出了中国革命胜利既要靠枪杆子，也要靠笔杆子的“两杆子”。当时延安的文化人，“认字就在背包上，写字就在大地上，课堂就在大路上，桌子就在膝盖上”，但就是这样的艰苦条件，他们却为中国革命的胜利抒写着可歌可泣的宏伟篇章。今天，我们正行进在中华民族伟大复兴的征程中，我想每位手握笔杆子的有责任感的中国文化人，都应该感悟一下当年在清凉山从事“笔杆子”工作的先辈们的情怀，让流淌在我们笔端的文字能与祖国前进的脉搏一起跳动。

在清凉山，还有两座坟茔。一座里长眠着周恩来的卫士，一座里埋着对革命屡建功勋，但因失恋枪杀了恋人受到党纪严惩的黄克功。无论是高尚或卑劣，它都彰显了我们党的伟大。这也是为什么中国人民当时没有选择拥有 800 万军队的国民党而是选择了只有不足百万军队的中国共产党的原因吧！

翰墨长留苍洱间

大理是一个美丽神奇的地方，是我国唯一的白族自治州。

这里，曾经是汉武帝魂牵梦绕的彩云之南，并于公元前 109 年设置郡县。这里，曾经是与唐宋相终始的南诏、大理国定都之所。生活在这片热土上的白族和其他各族人民，从 4000 多年前的洱海东宾川白羊村新石器农耕文化走来，从洱海北 3000 多年前的剑川海门口青铜文化走来，数千年积淀的悠久历史，使大理名副其实地成了云南历史文化之源。然而，由于大理偏处西南边疆，正史除《新唐书》《旧唐书》有记载外，煌煌《宋史》也只有不足千字的《大理国传》。致使今天对南诏、大理国，尤其是大理国历史的研究带来困难。纵观这一研究领域，20 世纪 30—40 年代游国恩等一批学者们的研究成果理应得到重视。为此，大理州白族文化研究所在《白族文化研究》（年刊）上连续转载了游国恩先生等前辈著述，在此略作介绍，以飨读者。

20 世纪 40 年代，西南联大和云南大学的一批教授学者应邀来大理纂修县志，其中有罗常培、郑天挺、游国恩、徐嘉瑞、吴乾就、田汝康、郑万钧、吴征镒、冯景兰、孙云铸、李宪之、周定一、李修昌、赵儒林、傅素斐、米士，以及喜洲华中大学包渔庄等文化名流，学科涵盖文史、社会学、人类学、森林、地质、气象、语言等专业。苍洱之间汇聚这么一大批学界精英，在大理历史上可以说是空前绝后的盛事，他们的学养和水平，他们丰硕的研究成果无不为有“文献名邦”美誉的大理增添光彩。可以说，这是继明时四川新都状元杨慎谪居大理，与同时期的李元阳等白族学者相互唱和，为大理留下了诸如《滇载记》《苍洱图说》等鸿篇美文后，大理文坛上的又一次成果丰硕的时期。根据现有资料记载，当时云集大理研究白族的学者们的学术成果主要有：吴金鼎、部昭燏、王介忱的《云南苍洱境考古报告》；刘敦桢的《大理古建筑调查日记》；石钟健的《大理喜洲访碑记》《滇西考古报告》；郑天挺的《大理访古日记》；凌纯声的《唐代的乌蛮与的蛮考》；罗常培的《苍洱之间》；费孝通的《鸡足山朝山记》；游国恩的《火把节考》《说洱海》；包渔庄的《民家非白国后裔考》《蒙氏灭大理说》；徐嘉瑞的《大理古代文化史稿》《南诏后期宗教考》；向达的《蛮书校注》；方国瑜的《僰人与白子》《南诏是否泰族国家》；许云樵的《南诏非泰族古国考》；罗庸的《张盛温梵画瞽论》；闻宥的《衰牢与南诏》，等等。随着时移事易，新的考古成果的不断问世，各领域研究的深入，有些观点和看法未必是定论，但这些学者们存史之功，启迪后学之绩是毋庸置疑的。

《云南苍洱境考古报告》记载，从 1938 年 11 月至 1940 年 6 月大理苍山洱海之间先后发现古迹遗址 32 处，勘定古迹 6 处，发掘古墓 17 座，考古成果于 1942 年分甲乙两篇内部出版了《云南苍洱境考古报告》，该书不仅填补了许多历史空白，迄今仍然是研究大理、研究白族史前文化最宝贵的资料。

游国恩（1899 年 4 月 17 日—1978 年 6 月 23 日），字泽承，江西临川人。1926 年毕业于北京大学中国文学系，历任武汉大学、山东大学、华中大学、西南联大、北京大学教授。1952 年任北京大学中文系古典文学教研室主任，一级教授。1938 年到大理喜洲华中大学任教授，1942 年应邀到西南联大任教。其间对西南民族的历史、民俗、语言、文化进行研究，撰写了 10 多篇论文，主要有《火把节考》《说洱海》《南诏用汉文字考》《西南古夷语考》《南诏德化碑校勘记》《跋杨慎·滇载记》等，都是治西南民族史必读的书。《大理名胜古迹·文献考》更是近年游先生女儿游宝琼整理先生遗稿后发现，无偿捐赠大理的。文中所记载的《临水亭》《浩然阁兴废考》《无为寺八景》《崇圣寺》《无为寺》景补，《重建古临水亭记》《德化碑》《重修点苍山中和寺记》《关于古迹之记载》等，都是不可多得的珍贵资料。由于岁月沧桑，所记景观有的已荡然无存，有的虽存而似是而非，由于先生的记载，才能够让后人穿越历史的时空，寻找到当年景观的真实情况。

1942 年至 1943 年暑假，当时还是西南联大文学院历史系学生的石钟健先生，在向达先生的奖掖下，两次到大理喜洲、邓川抄录古碑，共抄录元、明碑刻近 200 块，其中包括《段信苴宝碑》《大阿涉哩杨嵩碑》《词记山花·咏苍洱境》等珍贵的白文碑。经过认真整理、研究，石钟健先生写成了长篇报告《大理喜洲访碑记》和《滇西考古报告》。今天，这些资料已成孤本珍本。

1947 年 7 月 28 日至 8 月 23 日，郑天挺先生应邀来大理编辑地方志。他以学者的睿智，进行调查研究。在他的大作《大理访古日记》中，让人们看到 20 世纪 40 年代部分专家学者在大理的学术活动。而且郑先生当时亲自考察了崇圣寺三塔，雨铜观音殿，南诏德化碑，元世祖平云南碑，圣源寺，洱河神祠，观音塘及众多的本主庙等。如今，许多庙宇已损毁或重建，郑先生的记载，使人们看到当时的历史面貌，是研究白族历史文化、宗教信仰的珍贵资料。

罗常培先生的《苍洱之间》是他的女儿无偿捐赠给大理州白族文化研究所的。正如杨振声在为罗常培《苍洱之间》所作的序言中写的那样："作者白天游山，夜里考古，在神话造成的古庙里抄录碑文，在夕阳苍茫的山路上研究方言，这不免有些学究的风雅或风雅的学究味道，但这种味道若是配合得好，正可以使那些考据文字不太死板，而放浪山水却不至流连忘返。”前辈们的探索精神和治学态度对于匡正时下学术界或追名逐利的浮躁之风，或人为规定各种清规戒律使学术论文越来越脱离读者大众的文风都不无俾益。

此外，20世纪40年代，向达先生的《蛮书校注》、徐嘉瑞先生的《大理古代文化史稿》等专著，都是治南诏、大理国史案头必备之书。

大理银苍玉洱的钟灵毓秀不仅吸引许多国内学者前往揽胜著文，还受到国外学者们的青睐。英国学者费子智先生从1936年至1938年，在大理一住就是三年，写下了介绍白族人文地理历史的学术专著《五华楼》，并拍摄了数百幅珍贵照片，为我们提供了全新的研究视野。这些书稿和照片，均由他的两位女儿无偿捐赠给大理州白族文化研究所。

人事有代谢，往来成古今，只有文化生生不息，正是靠众多薪火相接的文化传人，才能铸就中华文明的博大精深。当然，这里面理所当然地包括各民族谱写的历史篇章。

春城无处不飞花

盛夏的昆明，云淡风轻，气候宜人。高矮相间的人行道树遮天蔽日，浓荫广被；品种繁多的各种花卉争奇斗艳，姹紫嫣红，走过了四十年改革开放的昆明处处都迸发着勃勃生机。

云南省延安精神研究会纪念改革开放四十年理论研讨会于 6 月 29 日在春城召开。

40 年前，我有幸作为恢复高考后的第一批大学生到昆明求学。当时的省会昆明，最好的道路是东风路，最好的标志性建筑是近日百货大楼，最大的广场是东风广场，最繁华的商业街是两边建筑低矮破败的武成路，屈指可数的几路公交车慢条斯理地行驶在昆明的几条主要大街上。经过四十年的沧桑巨变，今天的昆明，高架桥、立交桥像彩虹一样在昆明市内穿梭，数以百计的各种漂亮公交车和地铁让昆明的城市交通惠及千百万民众；造型千姿百态，数不胜数的高楼大厦流光溢彩，让人目不暇接；世博会、南博会让昆明的国际地位日益凸显；通达的航空、铁路、高速公路使昆明迅速从祖国的西南边陲变成面向南亚、东南亚的开放前沿……昆明的巨变可以说是改革开放四十年的一个缩影，昆明的发展可以说是为改革开放四十年竖起的一座丰碑。

云南省延安精神研究会纪念改革开放四十年理论研讨会的召开，可以说是正逢其时。

研讨会首先由云南省延安精神研究会会长吴光范从“开启了一个新时代，进一步深入学习贯彻习近平新时代中国特色社会主义思想和十九大精神，进一步增强弘扬延安精神的使命感、责任感，结合云南实际弘扬延安精神；总结经验、开拓创新、把‘五进’工作做深、做细、做实，力争取得更大成效；在坚持与创新中弘扬延安精神，讲好延安精神的故事；加强自身建设、发挥更大作用”等六个方面阐述了“沿着改革开放的道路，弘扬伟大的延安精神”的主题。

昆明市延安精神研究会首先从党的领导是会魂、理论学习是关键、调查研究是基础、开展活动是抓手、自身建设是前提等五个方面介绍了昆明市延安精神研究会开展活动的经验。接着云南师范大学、昆明五华区、曲靖市、楚雄市、临沧市、普洱市、红河州、大理州延安精神研究会代表分别作了交流发言，盛赞改革开放四十年祖国发生的翻天覆地的变化，联系各自的工作实际和研究成果，共同分享了改革开放四十年创新的理论和实践。云南省委办公厅、省宣讲团、富民县、武定县、陆良县作了即席发言。

有的代表从哲学角度论证了“改革开放，思想先行”的重要性，有的代表则从“改革开放加速了我国道德文明建设”谈改革开放使中国人民精神面貌发生了巨大变化。有的代表通过家乡巨变论证了“改革开放是决定当代中国命运的决策”。有的代表则以令人信服的数据讲述改革开放如何促进了本地区跨越式发展。有的代表用自己的亲身经历，以恢复高考为题满怀深情地讲述了邓小平恢复高考的英明决策如何改变了一代中国青年的命运，而今天，这代中国青年已经和正在改变着中国的命运，引起了与会代表们的强烈共鸣。

云南省延安精神研究会会长第一副会长李一是主持会议并当场朗诵了自己创作的歌颂改革开放的三首七律，赢得与会代表的热烈掌声。云南省延安精神研究会各位副会长、秘书长参加了研讨会。

研讨会还安排了以庆祝建党九十七周年和歌颂改革开放为主题的文

艺演出，看着妙曼的舞姿，听着催人奋进的经典歌曲，人们的心中无不激荡着九十七年党领导人民艰苦卓绝的斗争风雨，缅怀老一辈革命家们的丰功伟绩，清晰看到了党领导人民描绘的两个一百年的美好明天。

研讨会结束时，正好是7月1日昆明到大理两小时到达的动车开启时间，坐在宽敞而舒适的车厢里，听着亲切的白语广播，欣赏在风驰电掣行驶的车厢外不断掠过的充满希望的田野和美丽的城镇乡村，我突发奇想，这不就是党的十九大开启新一轮改革开放后云南美好明天的象征吗？！

洱海源头清风飏

应云南省延安精神研究会的邀请，我有幸与大理州延安精神研究会会长刘永祥同志出席了 4 月 14 日在洱源召开的由云南省延安精神研究会主办，大理州延安精神研究会协办，洱源县延安精神研究会承办的“全省延安精神研究会推进延安精神‘五进’现场经验交流会”。会议虽然只开了一整天，但现场考察参观、大会经验介绍、各州市县延安精神研究会工作交流，内容丰富，感触良多，收获颇丰，现简要介绍与未能与会的同仁分享。

会议在实地参观“大理洱宝实业有限公司”开始，云南省延安精神研究会为“大理洱宝实业有限公司”和“洱源县三营镇共和村委会郑家村”授予延安精神进企业、进农村先进单位光荣匾，大理洱宝实业有限公司和洱源县三营镇共和村委会郑家村分别介绍了他们践行延安精神进企业、进农村的做法和经验，来自全省的八个州市延安精神研究会代表作了工作交流。中国延安精神研究会常务副会长兼秘书长苏希胜将军为延安精神“五进”活动作了很有针对性、指导性的讲话，云南省延安精神研究会吴光范会长则以“祝贺、推进、希望”为题，进行了言简意赅的发言。

会议还安排了实地参观七个民族一个家的全国民族团结示范村，全国先进党支部洱源县三营镇共和村委会郑家村。全体参会人员全神贯注地观看了郑家村老协用群众喜闻乐见的白族大本曲、白族调形式，以自己亲历的新生活为题材，自编自演的文艺节目并不时报以热烈的掌声。

在“穿着鞋袜来下地，就像去赶街”，“农民种田得补助，养老看病有保险，日子赛蜜甜”的快板声中，全体参会人员似乎听到了亿万中国农民前进在全面决胜小康道路上的铿锵足音。在挂满“全国民族团结进步示范村”、中组部命名的“优秀基层党组织”以及国家、省、州、县各级表彰的光荣匾的党支部活动室，全体参会人员看到了改革开放以后新一代中国农民的精神风貌和理想追求。随着省延安精神研究会常务副会长的简明扼要的小结，会议在郑家村落下帷幕。但会议引发的启迪和感动却让我久久不能平静。

启迪之一：大理洱宝实业有限公司自力更生，艰苦奋斗的创业之路和强烈的社会担当彰显了中国企业的发展方向，同时为成功企业家树立起理想信念的标杆。

洱源山川秀美、光照充足、气候温和、雨量充沛、瑞霭频现，很适合梅子的生成。这里的盐梅、苦梅、双套梅的质量都是全国一流的。

洱海源头的白族人民，通过长期的劳动实践，利用代代传承的技艺把梅子加工成很多种梅果，主要有炖梅、话梅、苏裹梅、雕梅等。但都是单家独户经营，形不成规模化产业。

改革开放的春风唤醒了洱源沉睡的资源，但机遇只属于奋斗者和弄潮儿。洱宝实业有限公司的创始人抓住机遇，不断砥砺前行。经过23年的奋斗，将一个名不见经传的民营小企业创办成被国家农业部认定为“农产品加工企业技术创新机构”，被国家林业局命名为“全国经济林产业化龙头企业”，被中国绿色食品协会评为“全国绿色食品示范企业”。至于省、州、县授予的殊荣就更多了。企业走出了一条“公司＋基地＋农户＋自主创新”的成功发展道路，探索出“2569”的扶贫模式。公司优先招收建档立卡贫困户就业，解决了近千人的长期就业和季节性用工。在全县九个乡镇都建有种植基地，每年收购一万多吨鲜果，带动数以千计的农民实现增收。

洱宝公司自建厂以来，牢记延安精神，热心公益事业，先后为当地“人畜饮水工程”“乡村道路建设”“梅果基地灌溉工程”“老年人事业”“抗震救灾”“扶贫济困”捐款捐物累计达500多万元。

扶危济困、急公尚义是中华文化中熠熠生辉的篇章。人们鄙视那些为富不仁、见利忘义的行为，推崇乐善好施、助人为乐的的美德。企业有大小，发展有快慢。但永远记住自己从哪里来、向何处去、永远感恩社会，回报社会。大理洱宝实业有限公司作出了响亮的回答。公司自力更生，艰苦奋斗的创业之路和强烈的社会担当不仅彰显了中国企业的发展方向，同时也为成功企业家树立起理想信念的标杆。

启迪之二：郑家村以团结促和谐，以和谐谋发展，七个民族一家亲，一家人都要过上好日子为中国农村提供了可借鉴、可复制的发展模式。

改革开放的春风吹绿了中国广袤的原野，为中国农村的发展注入了勃勃生机。比郑家村富有，比郑家村建设得流光溢彩的的乡村并不鲜见，但像只有125户525人的郑家村七个民族手足相亲，守望相助的并不多见。

漫步在郑家村，处处是碧泉柳岸鸣莺，木瓜桃李绽花的生态文明建设硕果。观赏富有七个民族特色的民居、大门，极具民族个性的彩绘，你就不用介绍也知道里面住的是哪个民族。开放包容的本主文化，全村人逢年过节共同聚会的彩钢瓦大棚，让人不难想象郑家村的团结与和谐。“我为全村守一周，全村为我守一年”的标语无言地向每位来访者自豪地述说着郑家村的治村理念，而各级党委给郑家村党支部的充分肯定则揭示了郑家村发展的真谛。我不禁想，如果郑家村的发展模式能够在全国农村开花结果，异彩纷呈的中国农村必将是世界上最美丽最壮阔的生活画卷。

启迪之三：“五进”活动为弘扬延安精神开拓了广阔前景。

延安时期是我们党走向成熟，形成光耀千秋延安精神的重要时期。依靠我们党宣传群众、组织群众的拿手好戏，全心全意为人民服务的传家宝，我们党充分运用建立最广泛抗日民族统一战线的舞台，为促进中华民族伟大觉醒，实现中华民族空前团结，从而有效地抗击穷凶极恶的日本侵略者并最终取得胜利做出了卓越贡献。我们党也通过与人民群众建立起来的血肉联系最终实现了从在野党到执政党的跨越。今天，在实现中华民族伟大复兴的征程中同样需要包括延安精神在内的中华民族伟大精神提供强大的精神动力。所以，让延安精神与时代精神高度契合，不断创新弘扬延安精神的形式，丰富弘扬延安精神的内容自然而然就成了延安精神研究会常做常新的课题。只有这样，延安精神研究会也才能有为有位。

大理洱宝实业有限公司和洱源县三营镇共和村委会郑家村的生动实践表明，具有普世价值的延安精神并没有过时，相反正在不断吸收时代精神而显示出与时俱进的旺盛生命力。

国家记忆就是要识来路，知归途

——写在抗日战争全面爆发八十周年

光阴似箭，日月如梭。那场让中国人民蒙受了巨大灾难的日本全面侵华战争到现在已经 80 年了，许多亲历了那场战争的加害者或受害者大都已经去了另一个世界。然而前事不忘后事之师，为了下一代能远离战乱，就要时刻识来路，知归途。

日本与中国是一衣带水的近邻，在历史上也有过日本以华为师的时候。645 年，日本孝德天皇宣布模仿中国建立年号，定年号为“大化”。646 年，改革派以唐朝律令制度为蓝本，参酌日本旧习，从经济到政治方面进行改革，史称“大化改新”。文化交流方面也留下许多佳话。鉴真大师曾经东渡日本弘扬佛法，日本高僧阿倍仲麻吕等也来到中国学习，阿倍仲麻吕与李白等唐代诗人的友谊更是千古传颂。但那是以唐王朝的国家强大，文化自信为基础的。到了近代，日本给中华民族带来的危害可以说是罄竹难书。从 1937 年上溯，择其大者，1931 年“九·一八事变”日本入侵东北，为全面侵华建立起跳板；1904 年，日本与沙俄在中国东北争霸，腐朽的清政府竟然划出一片土地让双方在中国国土上厮杀，造成交战区生灵涂炭；1900 年，日本积极参与八国联军入侵中国，其残暴与贪婪堪称八国联军之最；1894 年，日本挑起的中日甲午战争，给中国造成的灾难史有明载，可以说是一寸山河一寸血。根据当时一些外国人的记载，1894 年 11 月 21 日，日本攻占旅顺后，进行了长达四天三夜的大屠杀，亡魂大约 2 万多人。有的妇女被砍为数段，小孩被挑在刺刀尖上戏耍，整个旅顺城内尸横遍野，血流成河。这种嗜血成性的兽性在抗日战争期间尤甚。日本在占领区实行“杀光，烧光，抢光”的三光政策；制造南京大屠杀；用中国人进行“活体解剖”细菌试验；制造平顶山惨案等。日军杀害中国平民数千万，并造成千万中国百姓流离失所，家破人亡，这在人类发展史上，特别是人类历史已经进入20世纪，残暴程度可以说是无出其右者。

日本国土狭小，资源贫乏，人口只是中国的几分之一，但为什么能够一次又一次敢于挑战中国？抗战期间，中国半壁河山甚至一度让日寇占领。对于这种历史现象的成因，政治家、军事家、史学家从各自的视觉出发，梳理出许多很有见地的结论。诸如日本蓄谋已久，工业基础，尤其是军事工业基础雄厚；部队装备精良，士兵训练有素，单兵素质作战能力强；武士道精神将日本兵都训练成嗜血野兽等。相比之下，中国缺乏团结，一盘散沙；工业基础薄弱，有限的国力在军阀混战中消耗殆尽；军队装备简陋，士兵缺乏训练等。但归根结底就是一句话，落后就要挨打。这是17世纪以来，在世界资产阶级革命、工业革命已经如火如荼的情况下，中国依然固守落后的封建制度，闭关自守，麻木虚骄累积的结果。

艰难困苦，玉汝于成。十四年的浴血奋战，十四年的流血牺牲。中华民族的民族意识空前觉醒，民族凝聚力空前增强，数以千万计的中华儿女用自己的血肉之躯筑起了新的长城。从白山黑水的东北抗联，到天涯海角的琼崖纵队；从驼峰航线下白雪皑皑覆盖的中美飞行员忠骨，到长眠在缅甸丛林中的中国远征军将士；从正面战场寸土必争的殊死抵抗，到敌后战场神出鬼没的游击战。地无分南北，人无分老幼，中华儿女喊出了共同的心声，那就是“驱逐日寇，复我中华”。

抗日战争的伟大胜利，一洗中华民族自鸦片战争以来的百年屈辱。

经过浴火重生的中华民族，以联合国五大常任理事国之一的身份自立于世界民族之林，向世界传播中国的声音，贡献中国的智慧。为了争取这一天早日到来，无数仁人志士将自己的英名与业绩永远镌刻在祖国的绿水青山。

斗转星移，随着中华人民共和国的成立，中国人民民族自豪感和民族自信心空前增长。正如彭德怀元帅所言，帝国主义在中国沿海架起几门大炮就可以征服中国的时代已经一去不复返了。这主要是得益于中国的日益强大，而不是列强们的恩赐。白族有句格言："穷在乡间无人问，富在深山有远亲。"我们爱好和平，倡导以邻为伴，与邻为善，靠的就是国家强大，人民团结。习近平总书记提出以战止战，这是基于历史经验的总结和对当今世界错综复杂国际形势的洞悉得出的正确结论。回顾历史，我们不难发现，正是中华人民共和国成立以来几次漂亮的自卫反击战才赢得今天和平建设的国际环境。中国人推崇"远亲不如近邻"，我们当然希望与日本世代友好，但看看日本的过去，就可以知道他的现在，看看他的过去和现在，就可以预见他的将来。直到今天，日本尚未对二战期间给亚洲邻国造成的巨大灾难认真反省和道歉。相反，否认南京大屠杀，修改教科书甚至给幼儿园娃娃灌输军国主义思想，祭拜靖国神社里供奉的二战幽灵等不和谐的小动作不断，让饱受二战之苦的国家常常不寒而栗。有鉴于此，只有建立强大的国防，形成足以让日本军国主义势力不敢轻举妄动的实力，才是遏制日本军国主义复活，避免中日两国重蹈战争覆辙的唯一正确选择。从这个意义上说，我们还是要牢记毛泽东同志丢掉幻想，准备斗争的教导，常备不懈。

直挂云帆济沧海

——写在全国两会闭幕之际

继中国共产党第十九次全国代表大会描绘了决胜全面建成小康社会、开启全面建设社会主义现代化国家新征程、实现中华民族伟大复兴的宏伟蓝图之后，为了把蓝图变为现实，在春和景明、万物复苏的阳春三月，全国两会在北京隆重召开，在圆满完成各项议程后胜利闭幕。

这次大会通过的许多治国理政的重大决策，必将为中国人民实现“两个一百年”的奋斗目标奠定坚实的思想基础、组织基础和法律制度保障。两会让我们更加相信中国人民比历史上任何时期都更接近、更有信心和能力实现中华民族伟大复兴，到21世纪中叶把我国建成富强民主文明和谐美丽的社会主义现代化强国。

面对新时代、新气象，每一个中国人都会有许多美好的憧憬。我自己就有三个愿望。

第一是希望自己的祖国更加繁荣富强。

正如习近平主席描述的：“中国人民是具有伟大创造精神的人民。在几千年历史长河中，中国人民始终辛勤劳作、发明创造，我国产生了老子、孔子、庄子、孟子、墨子、孙子、韩非子等闻名于世的伟大思想巨匠，发明了造纸术、火药、印刷术、指南针等深刻影响人类文明进程的伟大科技成果，创作了诗经、楚辞、汉赋、唐诗、宋词、元曲、明清小说等伟大文艺作品，传承了格萨尔王、玛纳斯、江格尔等震撼人心的伟大史诗，建设了万里长城、都江堰、大运河、故宫、布达拉宫等气势恢弘的伟大工程。”秦皇汉武，唐宗宋祖，乃至明代郑和七次下西洋，康乾时期平定西北叛乱，收复台湾，捍卫了国家的主权和领土完整，中华民族一直作为世界民族之林中的一员走在时代的前列。鸦片战争以后，腐朽的清政府在对外战争中屡战屡败，直至“辛丑条约”签订，一些蕞尔小国也跟着西方列强乘火打劫。1895 年，李鸿章代表清政府赴日本签订丧权辱国的《马关条约》。面对伊藤博文提出的割地赔款等苛刻条件，李鸿章近乎哀求，但伊藤博文寸步不让，咄咄逼人。落后就要挨打，弱国无外交。当时的中国，既无面子，更无里子。

中华人民共和国成立后，中国人民在中国共产党的领导下，经过几代人的励精图治，艰苦奋斗，终于实现了从站起来到富起来，直至强起来的历史性跨越。日渐从世界的边缘阔步走近世界中央，赢得了本来就属于中国人的尊严和荣光。习近平主席向全世界庄严宣告：“中国人民有坚定的意志、充分的信心、足够的能力挫败一切分裂国家的活动！中国人民和中华民族有一个共同信念，这就是：我们伟大祖国的每一寸领土都绝对不能也绝对不可能从中国分割出去！”这是 13 亿中国人民向世界发出的最强音。

面对当今复杂多变的国际形势，当年强权政治的阴魂挥之不去。习近平主席一针见血地指出：“只有那些习惯于威胁他人的人，才会把所有人都看成是威胁。”最近，中国外交部、中国商务部接连发声，对那些企图遏制和阻挠中国和平崛起的人大声说“不”，彰显了中国的自信与尊严，显示了中国具有强大的实力。

第二是希望人民更加幸福安康。

翻开中华民族的发展史，我们不难发现，在浩瀚的历史长河中，中华民族既有太平盛世，老幼鼓腹讴歌的美好时光，也有因长期战乱或自然灾害频发引起饿莩遍野，甚至出现“人相食”的惨状。

中华人民共和国成立以后，尽管也面临着内忧外患的诸多挑战，但中国人民在中国共产党的领导下，成功地挫败了国外敌对势力的挑衅，赢得了中华人民共和国成立以后几次对外战争的胜利，为我国创造了和平的建设环境；依靠自力更生，在各种封锁下，抵御了各种自然灾害的侵扰，与生活在战火、动荡、饥饿、贫困中的有关国家的人民相比，中国人民始终生活在和平与安宁中，这是不争的历史事实。特别是改革开放以后，中国的经济社会全面发展，取得了让世人瞩目的伟大成绩，每一个中国人都从中得到了实实在在的实惠。中国也由此步入新时代。习近平主席说："中国这个古老而又现代的东方大国朝气蓬勃、气象万千，中国特色社会主义道路、理论、制度、文化焕发出强大生机活力，奇迹正在中华大地上不断涌现。我们对未来充满信心。"言简意赅地说出了每一个中国人的心声。

第三是希望党风、政风、民风持续向好。

中国共产党是在中华民族在最危险的关头诞生的。从成立之日起，就将带领中国人民求解放、谋幸福写在自己的旗帜上。正是这样的信念和坚守，无数革命先烈为之慷慨赴死、从容就义。中国共产党也才由小变大、由弱变强，最终走上了执政的地位。所以，惩治腐败自然也就成了我们党一以贯之的治党方略之一。

早在延安时期，我们党就以壮士断腕的决心，枪毙了劳苦功高却堕落成杀人犯的黄克功；中华人民共和国成立后，又毫不留情地严惩了严重贪污盗窃国家资产的天津市委书记和市长刘青山、张子善，向人民兑现了中国共产党就应该全心全意为人民的庄严承诺。中国共产党第十八次全国代表大会以来，反腐的力度空前加强，老虎露头就打、苍蝇乱飞就扑。那些在台上道貌岸然地教育群众，背地里却疯狂敛财的两面人被曝光在群众面前；长期未能解决的吃喝风，公车私用风等一些广大群众深恶痛绝的问题得到有效遏制，全国人民拍手称快。党风带动政风，政风影响民风，全国人民看到我们党反腐永远在路上的坚强决心，增强了对反腐倡廉的信心，那些被贪官污吏败坏的党在群众中的形象不断得到重塑。

在第十三届全国人民代表大会闭幕式上，习近平主席带头庄严承诺："我将一如既往，忠实履行宪法赋予的职责，忠于祖国，忠于人民，恪尽职守，竭尽全力，勤勉工作，赤诚奉献，做人民的勤务员，接受人民监督，决不辜负各位代表和全国各族人民的信任和重托！"同时要求："一切国家机关工作人员，无论身居多高的职位，都必须牢记我们的共和国是中华人民共和国，始终要把人民放在心中最高的位置，始终全心全意为人民服务，始终为人民利益和幸福而努力工作。"大会表决通过了《中华人民共和国监察法》，批准成立了国家监察委员会，实现对所有行使公权人员的全覆盖。随着法律法规的不断完善，各级领导素质通过学习不断提高，国家经济发展更加普惠全体国民，一个法纪严明不敢贪，制度完善不能贪，待遇改善不必贪，素质提高不愿贪的新气象一定会在新时代展现在中华大地上。

早在八十年前，毛泽东同志就在《中国共产党在民族战争中的地位》中说过"正确的路线确定之后，干部就是决定的因素"。面对新时代，新长征，习近平主席更是语重心长地指出："中国共产党要担负起领导人民进行伟大社会革命的历史责任，必须勇于进行自我革命，坚持立党为公、执政为民，深入推进全面从严治党，坚决扫除一切消极腐败现象，始终与人民心心相印、与人民同甘共苦、与人民团结奋斗，永远保持马克思主义执政党本色，永远走在时代前列，永远做中国人民和中华民族的主心骨！"只要各级领导带头学习好、贯彻好、落实好全国两会精神，各族人民像石榴籽一样抱团奋斗，世界上就没有任何力量能够阻挡中国人民向既定目标前进的步伐。

“潮平两岸阔，风正一帆悬。”春天是播种的季节，相信全国两会播下的种子，在海内外炎黄子孙的期盼中必将结出丰硕的果实。

六十周年话乡愁

今年是大理白族自治州成立六十周年，在这吉日良辰，喝着白州甘泉长大的我，觉得有些话如鲠在喉不吐不快。思来想去，还是以当下使用频率最高的乡愁抒发几句对故乡的情思。

1639 年的一天，明代大旅行家徐霞客风尘仆仆来到凤羽，被这里秀丽的景色所倾倒，在当地第十一世土司尹忠的盛情款待下，一住就是 8 天。短短几天过后，令徐霞客折服的不仅是景色，还有这里厚重的文化。他在游记中赞美凤羽："曲峡通幽入，灵皋夹水居，古之朱陈村，桃花源，寥落已尽，而尤留此一奥，亦大奇事也。"100 多年后，清代洱源县令李采又赋诗"七里名乡绕翠微，桃园深处景依稀。村庄薄暮牛羊下，垄亩逢秋禾荞肥。凤去何年遗旧迹，鸟来此日吊余晖。简舆不是催科至，为看寒云度岭飞"来赞美凤羽的秀美风光。

凤羽坝形似银盘，号称十八村的村寨沿四山分布，两个村落坐落在坝子中间，就像坝子的两只眼睛。这里阡陌纵横，河网如织，田地肥沃，水旱无忧。清晨，袅袅炊烟与薄雾缭绕；傍晚，暮归牛羊和农人同行。人们过着日出而作，日入而息的闲适恬静的生活。

凤羽人民热爱生活，他们常常将辛苦的劳作赋予诗情画意。比如枯燥的薅秧活动，人们会苦中作乐，不仅互相对唱白族调，偶尔小姑娘还用洗净的杂草结成团抛向过往路人，随着一声清脆的"送您吃个梨"，伴随着一串银铃般的笑声，空气里也迷漫着温馨。秋收时，那些卖凉粉的甚至把买卖做到田头，附近产梨的村寨常用马驮着一驮驮梨穿行在田间，谷子换梨，以物易物，各得其所，皆大欢喜。这种把劳动诗化和诗化般的劳动充分体现了白族人民与自然的共融共美。

然而，大自然的慷慨赠与并没有给凤羽人民带来安康。20世纪20—40年代，中国处于军阀混战，兵连祸结的苦难岁月。覆巢之下无完卵，凤羽也不例外。北有张结巴啸聚花甸坝，南有罗高才称霸大松甸。绑架人质、勒索财物、烧杀掳掠，无恶不作。随后又有马老六欺男霸女、横征暴敛、鱼肉乡里，凤羽人民过着有天没日的日子。

一唱雄鸡天下白。随着中华人民共和国的诞生，凤羽人民从此开始了全新的生活。经过清匪反霸等斗争，曾经让凤羽人民谈虎色变的马老六也于1950年3月在昆明被捕被押解回凤羽的途中在楚雄禄丰服毒自杀。农村社会治安日益向好，凤羽人民不再过那种日夜担惊受怕的日子。一位曾经亲历了新旧社会生活对比的老人深有感触地对我说，国民党天天剿匪，匪越剿越多；共产党火塘边捉贼，却把贼捉完了。当人们正满怀豪情在社会主义道路上奋进时，由于急于求成，违背经济发展的规律，凤羽也和全国一样，在社会主义道路上走过了一些弯路。我还清楚记得，20世纪50年代末，在跑步进入共产主义的鼓舞下，广大农村在条件并不具备的情况下，盲目地搞什么农业现代化。要求家家要有手推车，户户要有栽秧船。结果将八仙桌锯成车轮子，楼板拆下来做成栽秧船。在乡间凹凸不平的石板路上，手推车成了摆设；栽秧船抬到水田里，人一蹬脚往后退，常常是四脚朝天。“人哄地皮”的结果就是“地皮哄肚皮”，人们不得不接受饥饿的惩罚。

斗转星移，万象更新。改革开放以来，大量农村青年进城务工，农村劳动力急剧减少。相反，经过产业结构调整，农民手中有了可以购置农机的经济条件，加上国家的惠农政策，农业机械化也就瓜熟蒂落地走进千家万户。随着国家逐年加大了对农村、对农业的投入，水泥路在凤羽已经四通八达，硬化的水泥沟渠纵横交错。听凤羽镇党委杨书记介绍，仅2015年，凤羽争取到的农田水利建设资金就达2000多万。今天，你行走在凤羽的村头巷陌，身边不时有各种农用车驶过，男女老少都是驾驶员。有的家庭不仅拥有农用车，还有拖拉机、面包车、小轿车。测土配方施肥，根据不同的农作物按比例喷洒农药，严控烤烟楼温湿度，这些过去属于农科人员的专业术语今天成了农民的口头禅，一代新型农民正在农村成长。

今日的凤羽坝，早已没有了过去高矮不平的茅草房，代之以清一色的白墙青瓦的白族庭院。有的白族建筑特色浓郁的“小洋楼”，与城市里的别墅相比也毫不逊色。

见一叶而知秋。凤羽镇汉族移民村松发的变化可以说是凤羽变化的缩影。20世纪50年代末，几户汉族辗转迁入凤羽，在苍山云弄峰西北麓落地生根。友善的附近白族村寨划出一部分良田给他们耕种。由于生活条件艰苦，全村没有一间瓦房。但在阶级斗争一抓就灵的岁月，松发村还是将村中稍微好过一点的两户人家作为阶级斗争对象批斗。结果越斗越穷，附近白族姑娘都不愿意嫁到松发村。改革开放以后，松发村靠种植烤烟、采集松茸等致富，全村都盖起大瓦房，附近金花也愿意落户松发了。

《管子—牧民》中说“仓廪实则知礼节，衣食足则知荣辱”。富裕起来的松发村民看到周边白族经常到各自本主庙祭奠，祈求家庭和顺、邻里和睦，他们就与附近的两个村子商量，能否也到他们的本主庙杀鸡祭奠，两村不同意，他们就干脆自筹资金于2015年新建了一座本主庙，里面供奉二郎神。二郎神与松发村非亲非故，目的就是寻求心灵的慰籍和祈祥纳福。

乡愁既有那种离开故乡但依然存有的刻骨铭心的念想，也包含诗人艾青抒发的“为什么我的眼里常含泪水？因为我对这土地爱得深沉……”那种从心底涌起的一缕淡淡的忧伤。

我为家乡日新月异的变化感到由衷的高兴，同时也不时看到良田上又多了几幢拔地而起的新洋楼，而村中那些承载着几代人记忆的民居古宅却因无人问津逐渐消失。昔日充满欢声笑语，鸡鸣犬吠的院落如今只剩下几位耄耋老人在夕阳的余晖下打发时光。富裕起来的村民自愿慷慨解囊去修复曾经被自己在“破四旧”中损毁的寺观庙宇，但因缺乏科学指导注入了太多的现代元素，从而淡化了它们本应存续的文化内涵。好在党的十八届五中全会已经提出了“创新、协调、绿色、开放、共享”的发展新理念，愿这股春风早日吹遍凤羽的原野。

从徐霞客钟情凤羽谈凤羽旅游发展

一、凤羽溯源

2000年，云南省人民政府将凤羽命名为历史文化名镇，是当时全省七个历史文化名镇之一。2010年，凤羽又荣膺中国历史文化名镇。凤羽日渐为外界关注，人们期望更多地了解凤羽的奥秘。让我们沿着千年前马帮走过的足迹，去寻觅这座早在汉代就已置县的茶马古道上的重镇，一起解读凤羽的悠久历史，感悟凤羽的千年神韵，领略凤羽浓郁的民族风情，浏览凤羽诗画般的田园风光，品味凤羽别具特色的美味佳肴。

明崇祯十二年（1639年），明代大旅行家徐霞客风尘仆仆来到凤羽，被凤羽厚重的历史文化、秀丽的自然景色所倾倒，在凤羽第十一世土司尹忠的盛情款待下，一住就是8天。他赞美凤羽："曲峡通幽入，灵皋夹水居，古之朱陈村，桃花源，寥落已尽，而尤留此一奥，亦大奇事也。"

凤羽，位于高原明珠洱海的源头，苍山十九峰最北峰云弄峰北麓。东隔天马山与邓川相邻，南接大理市花甸坝和漾濞县脉地乡，西跨罗坪山与炼铁接壤，北距洱源县城18公里，距214国道和大丽高速公路20公里。离大理州首府所在地下关90公里，平均海拔2200米，面积209平方公里。

凤羽坝子四山环抱，周围林木葱茏，山清水秀。从大涧箐和水长箐、清源洞流出的长年清澈见底的溪流，由南向北流过凤羽坝，与西罗坪山由西向东流下的白石江、青石江在凤河汇聚后统称为凤羽河，注入茈碧湖。自然水资源为1.2亿立方米，是高源明珠洱海的主要源头。

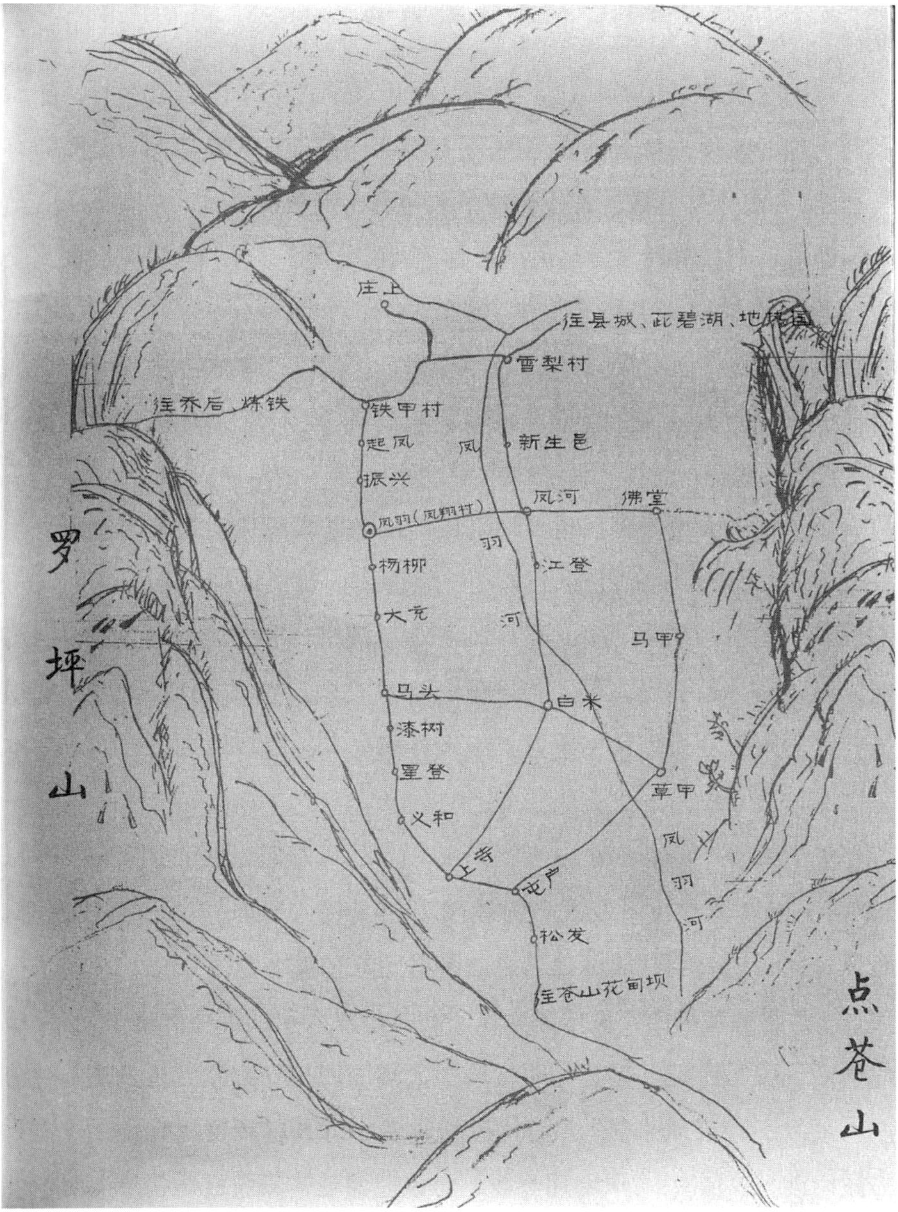
庄上
往县城、茈碧湖、地热国
雪梨村
往乔后、炼铁
铁甲村
起凤
振兴
新生邑
凤
凤河
佛堂
凤羽（凤翔村）
羽
杨柳
江登
大充
河
马甲
马头
白米
漆树
星登
草甲
义和
上寺
龙户
凤
羽
河
松发
往苍山花甸坝
罗坪山
点苍山

凤羽村寨略图

凤羽之名源于何时，已不可考。据传凤羽古为泽国。唐朝时，随唐军到大理的四川人魏道玮在他的《三氏集》中写道："浪穹天马山西麓有马耳湖。"浪穹是洱源的古代称谓，天马山在凤羽坝东面，又叫东山。马耳湖即凤羽湖。清代学者赵恒昌著有《凤羽湖记》，写的就是凤羽湖。至今凤羽坝周围村落仍留有许多"以库拘"（意为"船码头"）、"以处孟"（意为"靠船处"）、"果以处"（意为"过船处"）、"撒网登"（意为"撒网的地方"）等与湖有关的地名。现在凤羽湖虽没有了，但还流传着几种美丽的民间传说。

相传观音大士看到居住在凤羽四周山上的人民生活很苦，就化身为一个名叫"博巴"的艄公来到凤羽，帮助人们排泄凤羽湖水。凤羽龙王不服气，想搬山阻挡（此山尚存凤羽北端铁甲村和雪梨村中间），因鸡叫，南边鹤林山上现大黑天神，吓退龙王，龙王堵湖没有得逞。凤羽坝子开辟出来了，人们特别感谢大黑天神和观音，很多地方把他们作为本主供奉。

关于凤羽一名的来源，《南诏野史》记载，唐高宗显庆二年（657 年），"凤鸣于浪穹罗浮山，及改名为凤羽山"。《僰古通志》载："昔建兴时，有凤过此，遗一羽，故山得名。北魏郦道元的《水经注》说："叶榆（今大理）西北有鸟吊山，世传凤凰死于此，每岁入秋，百鸟群集来朝。"历代学者也曾写诗记其事，如明代谪居大理的四川新都状元杨升庵有"曾闻凤羽乡，昔有凤来仪"，清代凤羽学者、诗人赵辉璧也在他的《古香书屋诗钞》中写道："凤羽何鸣乡，丹凤遗羽毛，只今百鸟朝，文明中外睹……"

凤羽知名较早，民国《浪穹县志》转引《徐霞客游记》写道："岗条数十支东下如凤之羽，故名凤羽。旧为凤羽县，今改为凤羽乡。旧县址曰舍上盘。其地四面皆山，绾谷成村，约径二十里，中皆良田，唯东北闷江哨为出水口。”《明史·地理志》说：“洪武十五年三月，置凤羽县，属邓川州。”

二、徐霞客笔下的世外桃源

凤羽得天独厚，风景特别优美。明代大旅行家徐霞客在他的《徐霞客游记》“滇游日记八”中用了近3000字对凤羽的山川风物、民风民俗作了生动的描述。因书中记录的一些民俗与自然景观大都已消失，人们很难见到，故择要转录于后。书中写道：

己卯（崇祯十二年，1639年）三月初一日，……有水自西峡出，即凤羽之流也，其水颇大。南即天马山横夹之，与西山南入普陀崆。路循西山南尽处溯水而入，五里，北崖忽石峰壁立，耸首西顾，其内坞稍开，有村当耸首下坞中，是名山关。耸首之上，有神宇踞石巅，望之突兀甚，盖即县后山，自三台分支南下，此其西南尽处也。其内大脊稍西曲，南与天马夹成东西坞。循溪北崖间又三里余，西抵大脊之下，于是折而南，一里，渡涧，东循东山南行。一里，为闷江门哨，有守哨者在路旁。又南二里，有小山当峡而踞，扼水之吭，凤羽之水南来，铁甲场之涧西出，合而捣东崖下。路乃缘崖袭其上，二里，出扼吭之南，村居当坡东，若绾其口者。由是村南山坞大开，西为凤羽，东为启始后山，夹成南北大坞，其势甚开。三流贯其中，南自上驷（寺），北抵于此，约二十里，皆良田接塍，绾谷成村。曲峡通幽入，灵皋夹水居，古之朱陈村、桃花源，寥落已尽，而犹留此一奥，亦大奇事也。循东山而南，为新生邑，共五里，折而西度坞中。截坞五里，抵西山凤羽之下，是为舍上盘，古之凤羽县也。今有巡司，一流一土，土尹姓。名忠，号懋亭，为吕挥使梦熊之婿。吕梦熊先驰使导为居停，而尹以捕缉往后山，其内人出饭待客，甚丰。薄暮尹返，更具酌，设鼓吹焉。

初二日　晨餐后，尹具数骑，邀余游西山。盖西山即凤羽之东垂也，条冈数十支，俱东向蜿蜒而下，北为土主坪，南为白王寨。是日饭于白王寨北支帝释寺中。其支连叠三寺，而俱无僧居，言亦以避寇去也。从土主庙更西上十五里，即关坪，为凤羽绝顶。其南白王庙后，其山更高，望之雪光皑皑而不及登。

初三日　尹备骑，命四人导游清源洞，晨餐后即行。循西山南行五里，过一村，有山横亘坞南，大坞至是南尽而分为二峡，西峡路由马子哨通漾濞，有一水出其中；东峡路由花甸哨出洪圭山，有二水出其中，其山盖南自马子哨分支北突者。由其北麓二里，东降而涉坞，过上驷（寺）村，渡三涧，三里，东抵一村，复上坡循东山南行。一里余，渡东涧之西，乃南蹑坡冈，则东之蜡坪厂山其厂出矿，山之东即邓川州。与西之横亘山又夹成小坞。南行里余，乃折而东逾一坳，共一里，东向下，忽见一水自壑底出，即东涧之上流，出自洞下者也。亟下壑底，睹其水自南穴出，涌而北流成溪。其上崖间一穴，大仅二三尺，亦北向，上书“清源洞”三字，为邓川缙绅杨南金笔。水不从上洞出。由洞口下降而入，亦不见水。或曰：行数里后，乃闻水声。其入处逼仄深坠，恰如茶陵之后洞。导者二，一人负松明一筐，一人燃松明为炬以入。南入数丈，路分为二，下穿者为穴，上跻者为楼。楼之上复分二穴。穿古穴而进，其下甚削，陷峡颇深，即下穿所入之峡也，以壁削路阻不得达。乃返穿左穴而进，其内曲折骈夹，高不及丈，阔亦如之，而中多直竖之柱，或连枝剖楹，或中盘旁丛，分合间错，披隙透窍，颇觉灵异，但石质甚莹白，而为松炬所薰，皆黑若烟煤，着手即腻不可脱。盖其洞既不高旷，烟雾莫散，而土人又惯用松明，便于伛偻，而益增其煤腻。盖先是有识者谓余曰：“是洞须岁首即游为妙，过二月辄为烟所黑。”余问其故渐退而白，乳之新生者，亦渐垂而长，故一当新岁，人竞游之，光景甚异。从此至二月，游者已多，新生之乳，既被采折，再染之垢，愈益薰蒸，但能点染衣服，无复领其光华矣。余不以其言为然。至是而知洞以低故，其乳易采，遂柱隙南入，渐有水贮柱底盘中。其盘皆石底回环，大事盆盎，颇似粤西洞中仙田之类，但不能如其多也。约进半里，又坠穴西下，其深四五尺，复夹而南北，下平上凑，高与阔亦不及丈，南入三丈而止，北入十余丈，亦窘缩不能进。乃复出，升坠穴之上，寻其南隙，更披隘以入。入数丈，洞渐低，乳柱渐逼，俯膝透隙，匍匐愈难。复返而也，由楼下坑内批隙东转，又入数十丈，其内高阔与南入者同，而乳柱不能比胜。既穷，乃西从下坑透穴出。由坑仰眺，其上稍觉崆峒，即入时由楼上俯瞰处。既下穴出，渐见天光，乃升崖出口，满身皆染淄蒙垢矣。乃下濯足水穴之口，踞石而浣。水从乱穴中汩汩出，遂成大溪北去，清冷澈骨。所留二人，炊黄梁于洞外者亦熟。以所携酒脯，箕踞啖洞前，仰见天光如洗，四山如城，甚惬幽兴。饭后，仍逾西坳，稍南遵花甸路，遂横涉中溪，西上横亘山之东坂。沿山陟陇，五里下，出上驷（寺）村之西，仍循西山北行。一里，过一村，遂由小径遵西山陇半搜剔幽奥。上下冈坂十余里，抵暮，还宿于尹宅。

初四至初八的日记亦专记凤羽，因限于篇幅，不再一一引述。

徐霞客把凤羽比作“桃花源”，不错，凤羽的确很美。但更为可贵的是，如今，这里依然是那么宁静，很少有现代文明的喧哗，仿佛超越时空的存在，人们依然耕田而食，凿井而饮，过着自给自足的生活。正如当代著名学者邑人张文勋在调寄《念奴娇》一诗中所描绘的：

凤河依旧，
杨柳岸，映带满江风月。
阡陌纵横，
千幛里，绿水青山翠叠。
洞号清源，山名鸟吊，妙境称双绝。
樵歌渔唱，桃源深处名邑。

三、凤羽旅游景区开发的初步构想

凤羽坝形似银盘，号称十八村的村寨沿四山分布，只有江登和白米坐落在坝子中间，就像坝子的两只眼睛。这里阡陌纵横，河网如织，田地肥沃，只要没有大的自然灾害，水旱无忧。自古及今，凤羽流传着“天下大乱，此地无忧；天下大灾，此地半收”的民谣。

凤羽现存的主要名胜古迹有元代的火葬墓群、帝释山寺观群；后晋天福元年（936 年）建的镇蝗塔等县级文物保护单位，并有镇水塔、留佛双塔、诸宝塔、镇风塔等 6 座古塔和 11 座古庙；另有保存完好的石板古驿道、白族民居，尤其是起凤天然石壁中形成的形似女性生殖器的石缝，她与白族本主庙、灵鹫寺正好在一条中轴线上。这些文物都具有很高的民族学、建筑学、美学、艺术和历史文化价值，同时具有很高的学术研究价值。加之独具特色的白墙青瓦、鳞次栉比的白族民居掩映在绿树鲜花之中，与山水田园融为一体，使凤羽成为茶马古道上的世外桃源。

此外，自然景观择其大者有鸟吊山、清源洞、仙人室、猿梯瀑、青龙潭、天子洞、白王洗马塘、白王营盘、观音脚、凤羽十六峰、八仙舞坪、量羊山斛等，可谓山水有故事，随处皆佳境，可资开发的景点景区很多。

第一期可沿着当年徐霞客的旅游足迹优先开发以下景点景区。

1. 鸟吊山景区

闻名遐迩的鸟吊山位于凤羽西边的罗坪山顶，历代史书反复记载。《续汉书·郡国志》注引《广志》载："鸟吊山，（叶榆）县西北八十里，有阜山，众鸟千百群共会，鸣呼啁哳，每岁七月八月晦望至，集六日则止，岁凡六至。雉鸟来吊，特悲。其方人夜燃火伺取，无嗉不食者以为义鸟，则不取也。俗言凤凰死于此山，故众鸟来吊。"北魏郦道元在《水经注》《崇祯重修邓川州志》《浪穹县略》都有记载。据传每当雨雾笼罩，燃起篝火，雾中便呈现出七彩云霞，众鸟以为凤凰降临，纷纷自投罗网。当地一些人便借机捕捉出售，对此，不仅群众谴责，官方禁止，许多文人墨客也写诗声讨。根据现代科学研究，百鸟朝凤之说纯属白族人民创造的优美传说，鸟吊山是候鸟迁徙的必经路线。

罗坪山是凤羽西部屏障，发源于剑川老君山，为苍山过脉。全山共有十六峰，群山松涛汹涌，涧内翠竹蔽天，古洞幽深，山泉竞秀。白云下的高山草甸，悠闲的牛羊吃着青草；罗坪山国有林场遮天蔽日的松林里，松鼠在自由自在地跳跃；山脊罗坪山风电厂的风叶正迎风旋转，向它怀抱里的凤羽坝吹送阵阵现代信息。罗坪山中峰为高崇峰，势如泰岱，层峦耸翠，出左右时，见霞蒸云蔚拥护其上，有人文蔚起之象，先人建云峰庵于此峰之下。凤羽白族学者赵辉璧作十六峰诗予以赞美。

罗坪山（含鸟吊山）作为同一景区，应统一规划，综合开发，并尽快申报为国家自然保护区。游客在这一景区可以充分领略到高山巍峨、林涛汹涌的无穷乐趣；享受到天然氧吧、洁净泉水的大自然馈赠，是康体休闲的理想去处。

2. 清源洞景区

清源洞位于凤羽天马山南，苍山十九峰云弄峰北麓。洞上方有邓川人御史杨南金手书“清源洞”三字，洞外约1200平方米水潭清澈见底，有水从洞下石缝孔隙中涌出。《一统志》载：“洞深不可测，中有石田、石林、石枕、石莲、石兽之类。石笋倒悬，五色毕具，其泉即凤羽河上源也。”明代大旅行家徐霞客在凤羽短短八天之内，两次考察清源洞，第一次是燃着火把深入洞中数里，详细观察了洞中情景。第二次是考察了清源洞的地质地貌。清源洞往南经水长箐可达花甸坝，随着苍山大索道的建设，自然形成旅游环线。在苍山云弄峰下行清源洞长箐，可建百鸟生态园。形成云弄峰叠翠、清源洞奇幽、碧潭竞秀、鸟语花香的综合生态园，必将成为与凤羽坝西北鸟吊山交相辉映的一道亮丽景观。

离清源洞不远处有鹤林寺，它是凤羽重要古寺之一。它坐落在凤羽坝南端形似白鹤的鹤林山上。

大理湖光山色皆有，景点众多，但像清源洞这样的大溶洞至今尚未发现。清源洞景区的开发，不仅可填补州内空白，而且与苍山、地热国连成一片，非常符合大理州提出创建康体、休闲、度假游的发展思路。

3. “以子杲”景区

珍爱生命是人类的共同追求，进而出现对女性生殖器的崇拜，在许多地方都有，但像凤羽起凤（又名包大邑）村背后，形似女阴的天然石缝，白语叫“召嬷杲”，（意为“崖母阴”）却不多见。有趣的是，与“召嬷杲”在一起的还有本主庙和灵鹫寺（已经纳入维修项目），它无言地向人们诠释白族是怎样从自然崇拜，向民族宗教，乃至吸纳外来宗教演进的。在白语中，以母为尊的现象俯拾皆是。如天，叫“亥嫫”（嫫为母亲之意），地叫“纪嫫”，蜂王叫“富娥嫫”等。这种对女性生殖器崇拜的现象，据学者们考证，在白族其他地区也有存在。它是白族对生命的渴望和尊重妇女的历史见证。如果由此建成“以子杲”景区，肯定是很有意义的。

4. 凤翔白族民居景区

流连在凤羽的村头巷陌，观赏着白墙青瓦、雕梁画栋的白族民居，徜徉于丝丝垂柳，花香袭人的田间河堤，犹如置身于美仑美奂的山水画卷。凤翔，迄今仍保存有明清两代的 14 座宅院。

镇内一条南北向的横街贯穿着东西向的五条青石铺就的街巷，其中官路上分布的旗杆石座、上马石等遗迹让人自然而然回忆起它辉煌的过去。街面上随处可见的飞檐斗拱，精雕细刻的白族门楼，半边石座半边是门的店铺，以及店铺背后一院院“三方一照壁”“四合五天井”“一进两院”“走马转角楼”，说明这里当年买卖的兴隆和商业的繁荣。尤其是题写、镌刻在各家门楼照壁上的大字，更让人对凤羽人深厚的文化底蕴刮目相看。难怪上海知青到凤羽插队落户后深有感触地说，凤羽连穿羊皮褂的都写得一手好字。这是千百年来年耳濡目染积淀下来的文墨遗风。

5. 帝释山白族宗教文化区

帝释山寺观群坐落在罗坪山麓，凤翔村西。始建于元代，明代、清代曾两次重修，民国十四年（1924 年）又维修，是凤羽规模宏大的寺观群落。规划建设好帝释山白族宗教文化区，必然对传承白族优秀文化起到积极的作用，同时也为凤羽旅游增加文化内涵，实现双赢。

凤羽可供开发的景点、景区很多，当年徐霞客踏勘出一条很好的旅游线路，以各景区为载体，相得益彰地开发白族民俗活动、风味饮食、康体休闲、田园体验等项目。

四、名镇保护和旅游开发项目的建议

凤羽作为洱海的源头，是洱海保护的重点区域，目前国家已投入巨资开展以凤羽河为轴心的河道治理，以凤翔为重点的古民居保护，同时正在规划县城到凤羽的公路改扩建等基础设施建设。随着扶贫工作的顺利推进，凤羽又被列为乡村振兴试点镇，这为凤羽的发展提供了千载难逢的机遇，只要抢抓机遇，顺势而谋，乘势而为，凤羽的跨越式发展大有希望。

1. 科学规划避免建设性破坏

如凤羽文庙前的信用社大楼，完全可以在新区安排，既开发了新区，又保护了古镇文化；又如水泥路取代石板路，石板路上造一座文化品位不高的牌坊等都可视为建设性破坏。尤其是由于缺乏统一规划、严格管理，许多发达地区出现的随心所欲所建的新式建筑、空心村、挤占公共设施的现象在凤羽也已出现。若不未雨绸缪，就会给将来恢复重建带来许多困难。

2. 大力加强基础设施建设，营建通达便捷的旅游环境

要结合大理州旅游二次创业、苍山大索道建设启动的有利时机，尽快将洱花公路（洱源到花甸坝）立项并组织实施，这对于苍山的生态保护、花甸坝和凤羽的旅游开发都至关重要。力争以邓长公路（邓川至长新）为轴，申报“山区民族自然文化生态保护及整体脱贫示范区”，这样，东连214国道（大丽高速公路）穿越平甸公路，西接黄金公路。可将洱源邓川、右所、凤羽、炼铁、乔后，云龙长新、白石联成一片。向北可幅射剑川沙溪、象图、弥沙，向南可影响漾濞麦地、富恒。这样可深度开发沿线丰富的自然资源和人文资源，让居住在这一区域的数十万群众得到实实在在的好处，有助于四县山区少数民族整体脱贫。若能付诸实施，不仅对发展凤羽有利，对大理州的发展也将是举足轻重的战略决

策。此外，县乡道路油路化，乡村道路弹石化，重要景点景区配备旅游厕所，提供满足不同游客需求的食宿条件，绿化美化等都是对外开放必备的基本条件。

3. 下大力气营造以人为本的旅游软环境

旅游被称为方兴未艾的朝阳产业，越来越受到重视，由此也吸引了商业资本进入旅游行业。唯利是图的资本属性使一些地区的旅游充斥着欺诈和陷阱，让游客提心吊胆。凤羽既然号称“世外桃源”，就要继承弘扬优秀传统文化的精华，大力营造诚信、友善、热情好客的浓郁氛围，让游客有宾至如归之感。

4. 尊重人才，重视发挥人才的作用

科学家、专家学者是人才，蕴藏在民间的能工巧匠、民族民间文化传承人也是人才。以霸王鞭为例，凤羽的霸王鞭既有凤羽白族的群众性、健身性的特点，又有竞技性、挑战性的特点。随着唢呐节奏的不断加快，那些节奏跟不上的就逐渐被淘汰，最后只剩下“霸王鞭王”将霸王鞭打得眼花缭乱，既具有观赏性，又非常刺激，这对旅游者来说是不可多得的能够参与的好节目。又如“秋千”“耍鹤舞”“田家乐”都需要不可替代的民间文化传承人引领。目前凤羽群众文化基础很好，关键是要引导和提升。

5. 千方百计筹措建设资金

工欲善其事，必先利其器。项目再好，没有资金也是水中月、镜中花。但在吸引资金时也要注意尽量减少商业资本的负面影响，避免一些地区饮鸩止渴的惨痛教训。

沧江涌动延安情

云县，古称大侯，汉属益州，唐归南诏，明万历年间改土归流设云州，民国二年始称云县。茶马古道上的千年蹄痕使云县享有“沧海明珠”“南诏古镇”的美誉。

云县县城坐落在北河、南河交汇形成的罗扎河两岸。经过70多公里的一路欢歌，罗扎河汇入流经云县长达170公里的澜沧江。这里山川秀美，瑞霭呈祥，距今达4000多年的忙怀新石器文明就孕育在层峦叠嶂的群山怀抱里；这里山青水碧，江河纵横，清代名宦杨国翰、护国将军叶荃就从这里走出大山，报效国家。

云南省延安精神“进机关”现场经验交流会，10月17日—19日在云县县城隆重召开。来自全省8州市34县市区以及云县延安精神研究会各分会有近160位代表参加会议。

会议首先安排参观考察延安精神“进机关”先进典型云县人民医院和云县人民检察院。

当参会代表乘坐的车队缓缓驶入云县人民医院广场，首先映入眼帘的是气势恢宏的医院大楼。作为国家级贫困县，建盖这样的大楼实属不易，这项惠及46万云县各族人民的医院建设充分体现了珍爱生命、救死扶伤在云县各级领导心中的分量。当听完看完云县人民医院的介绍和图片展示，了解到在延安精神的助推下，云县人民医院作为全国30所，云南省唯一一所被国务院医改办确定为医改示范县之一，并创造出“云县模式”的成功经验，先后荣获全国精神文明建设先进单位、全国卫生计生系统先进集体、全国优质护理服务表现突出病房（儿科）等一系列殊荣后，参会代表由衷地赞叹，云县人民医院不仅有面子，更有里子，荣获延安精神“进机关”先进集体光荣称号也是实至名归。

云县人民检察院大楼看似简朴无华，书香却溢满庭院，行走在过道楼梯，处处都悬挂着弘扬廉政的格言警句，尤其是几乎贯通六楼的警示教育展厅，浓缩了古今中外高扬法治理念，践行公平正义，秉承廉洁操守的不同时代先贤和当代共产党员廉政楷模的嘉言懿行，他们犹如高悬天宇的皓月光耀千古。与之形成鲜明对比的是那几个局处墙角的贪腐案例中贪官们的斑斑劣迹，高尚与卑劣泾渭分明。虽然这些贪官也曾经光鲜一时，但充其量只不过是腐草之萤光，很快就被历史长河淹没。鲜活的警示教育让人们感到弘扬延安精神的现实意义，云县人民检察院正是将延安精神融入司法为民，创造了“五坚持五注重”的工作思路，才取得了不俗的成绩。

在云南省延安精研究会副会长兼秘书长王玉华的主持下，大会进行了经验交流。

云县宣传部长杨廷军首先致辞，杨部长对大会在云县召开表示热烈欢迎，简要介绍了云县的发展，与全体参会人员共同分享了云县贫困县摘帽的喜讯。

云南省延安精神研究会会长吴光范作了题为“总结经验、锐意进取，把延安精神进机关工作提高到新水平”的主旨讲话。吴会长开宗明义地指出，这次会议的主题是：深入学习贯彻习近平新时代中国特色社会主义思想，弘扬伟大的延安精神，总结交流延安精神“五进”工作经验，进一步推动延安精神“五进”工作，为决胜全面建成小康社会，夺取新时代中国特色社会主义伟大胜利凝结力量，做出贡献。吴会长从“新时代需要伟大的延安精神，全省延安精神‘五进’取得了显著成绩，总结经验、开拓进取、把延安精神进机关工作引向深入”等三个方面深入浅出，有理有据地予以阐述，使与会代表们深受启发。

会议为云县延安精神进机关先进典型云县人民医院和云县人民检察院授牌表彰。

云县、楚雄州、昆明市官渡区、红河州、大理州祥云县、普洱市、曲靖市沾益县等延安精神研究会作了经验交流，虽然各自取得的成绩异彩纷呈，经验各具特色，但基本经验异曲同工，那就是以实实在在的工作实绩赢得当地党委、政府的支持，社会各界的配合是做好延安精神研究会工作的前提；建设好乐于奉献的领导班子，完善规章制度是做好延安精神研究会工作的关键；创建好平台和载体，用群众喜闻乐见的形式宣传好延安精神是做好延安精神研究会工作的抓手。

云南省延安精神研究会第一副会长李一是为会议做了言简意赅的总结。

会议期间，东道主还为会议组织了以弘扬延安精神为主旋律和歌唱祖国为主题的文艺晚会和音乐会，观众一次又一次的热烈掌声就是对临沧市延安精神研究会，云县延安精神研究会精心组织了这次盛会的充分肯定和赞许。

形成于延安时期以坚定正确的政治方向，解放思想、实事求是的思想路线，全心全意为人民服务的根本宗旨，自力更生、艰苦奋斗的创业精神为主要内容的延安精神已经引领中国共产党人带领全国人民从黄土高坡走向全国，走上天安门城楼；与时俱进，新时代赋予新内涵的延安精神也必将引领一代又一代中国共产党人带领全国人民豪情满怀地在新的长征路上走向中华民族的伟大复兴。

红军精神永放光芒
——纪念红军长征过大理想到的

1933年10月，国民党政府动员近百万国民革命军围剿由中国共产党控制的农村根据地，并以50万优势兵力重点进攻中央苏区。国民党改变作战策略，加上中国共产党内部政治斗争及军事路线错误，国民党赢得第五次战役，红军被迫实行战略大转移，这就是后来人们常说的长征。长征的目的既是求生存，也是“北上抗日”。

艰难困苦，玉汝于成。正如毛泽东说的那样，长征是历史纪录上的第一次，长征是宣言书，长征是宣传队，长征是播种机。自从盘古开天地，三皇五帝到如今，历史上曾经有过我们这样的长征么？12个月光阴中间，天上每日几十架飞机侦察轰炸，地下几十万大军围追堵截，路上遇着了说不尽的艰难险阻，我们却只开动了两只脚，长驱2万余里，纵横11个省。请问历史上有过我们这样的长征么？没有，从来没有的。长征又是宣言书。它向全世界宣告，红军是英雄好汉。帝国主义和他们的走狗则是完全无用的。

本文仅就红军长征过大理的史实谈点体会，用以缅怀当年长征英雄们的光辉业绩以及给我们的启迪。

一、贺龙领导红军过大理

1934年8月至1936年10月间，中国工农红军主力自长江南北各革命根据地向陕甘革命根据地大规模战略转移。参加长征的部队有红军第一、二、四方面军及红25军。

1934年，中央红军第二方面军（原第二、第六军团）奉命离开原根据地进行长征。与中央红军在王明左倾冒险主义的错误指挥下，红军一路在国民党围追堵截下遭受重创不同，贺龙在出发前有计划地组织了像陈家沟战役一样几次漂亮的伏击战，部队装备大为改善。所以一路夺关斩将，越战越强。1936年4月19日夜晚，二军团在贺龙、任弼时、关向应的率领下，沿滇西大道占楚雄南华县过英武关。

1936年4月，中国工农红军二、六军团兵分两路进军滇西，其中，由贺龙、任弼时率领的红二军团于4月17日傍晚“掌灯时分”抵达云南驿，18日早上10点多钟离开云南驿。

在那种动荡的年月里，兵就意味着战乱。乡亲们由于不明究竟，加之一些反动宣传误导，起初对红军的到来有“畏惧”心理，有人躲进山里，有人不敢乱说话，“畏”而远之。而正是红军优良的作风、言行和真诚的正面宣传，让乡亲们放下心来，亲而近之，端汤送药，冒着危险掩护伤病员，与红军结下了深厚情谊。17日晚，部分红军伤病员在村民家住下，在杨树兴家住宿的红军把一匹驮马送给主人。村民余善义等还安埋了伤重牺牲的红军战士李厚德，珍藏着红军的一只红口缸。

当红军长征经过祥云时，祥云有七八百（又说千余）人参加红军，追随着革命的队伍在战火中挺进，爬雪山、过草地，经过艰苦卓绝的斗争，谱写了壮丽的篇章。他们大多数人在过雪山草地、抗日战争和解放战争中为中国人民的革命事业献出了宝贵的生命。

红军离开祥云后进入宾川与红六军团会合。4月20日拂晓，负责攻城的红二军团与守城之敌展开了激烈的战斗，血战约10个小时。红二军团攻破州城西门、北门，毙敌178人、伤129人、俘虏300余人。红军攻破州城后，打开监狱救出40多名受害者，同时开仓放粮，救济穷苦百姓。红二、六军团长征过宾川前后4天3夜，沿途向广大人民群众宣传中国共产党、中国工农红军的宗旨和抗日救国的主张，每到一处都和劳苦大众打成一片、亲如一家，红军处处维护群众的利益，播下了革命的火种，留下了很多感人的故事。此外，红军还留下了大量的遗物、遗址、标语和许多革命故事，有300多名宾川籍人参加了红军。4月22日，红二军团、红六军团经炼洞、鸡坪关出宾川。4月23日，红军进入鹤庆县境内，最后由丽江石鼓渡江北上与红四方面军会合。

1936年7月到达四川甘孜地区，同红四方面军会师。会师后，以红二、六军团为主组成红二方面军。两军会合后，红二、四方面军共同北上，1936年10月到达甘肃会宁地区，同中央红军胜利会师。三大主力的会师，标志着二万五千里长征胜利结束。从此，中国革命开启了一个新局面。

历史有时会给人留下缺憾。76年前，当贺龙元帅经过大理各县时，由于历史的原因，他并不知道自己血管里流淌着白族的血液，一直到20世纪80年代，已经离开故土700多年的桑植白族才认祖归宗，人们也才了解是白族妇女王金姑为共和国养育了贺龙元帅。但人们不会忘记，当1927年中国革命处于最困难的时候，当时还不是共产党员的贺龙，义无反顾地打响了南昌起义第一枪。人们不会忘记，是贺龙率领的强大的第二、第六军团在甘孜维护了党和红军的团结，从而开创了抗日战争新局面。这种忠肝义胆、追求光明、识大局、顾大体的气度和胸襟自然而然让人联想到白族大气明理、涵和履仁的民族精神。这是贺龙元帅留给自己家乡的宝贵精神财富，理应大力宣传、弘扬、继承。

二、为民、清廉使红军留下千古佳话

红军在大理的时间虽然不长，但却将红军精神和共产党的优良作风播撒在大理各族人民的心田，留下许多千古佳话。

1936年4月19日，红军进入宾川，政治部入住周官营李家大院。这是一座典型的白族三合院，当红军离开宾川继续北上抗日的时候，李家大院的主人李璠带着弟弟李璞义无反顾地参加了红军。长征路上长眠着兄弟俩，宾川人民心中留下兄弟俩光荣的名字。

红军干部平易近人、官兵一致的优良作风给宾川人民留下了深刻印象。1936 年 4 月 20 日，红军来到了距州城约两公里的白庄帽村，红二军团司令部就设在张锦文家的大院。

红军战士找到吴焕章了解情况，吴焕章跟着战士走进了张家大院。看到大院戒备深严，吴焕章有点害怕。这时堂屋里走出两位首长，走在前面那位身材魁伟，40 多岁年纪，身穿灰色军服，头戴一顶大沿帽，帽子上的五角星一闪一闪的。黑里透红的脸膛，丰满的面孔上长着一对翘翘的八字胡。他亲切地喊吴焕章“老乡，来，来，来，屋里坐”。吴焕章见首长态度和蔼可亲，恐惧的心情渐渐消除。屋里的另一位首长给吴焕章倒水，黑胡子首长给他递烟，并拍拍吴焕章的肩膀，亲切地问这问那。

这时大院走进两个指挥员模样的人向首长敬礼，“报告贺军长，城没有攻下。”“怎么，一个小小县城都没有攻下！”这时，其中一位指挥员说：“军长，调炮团，用炮轰。”“不，不行！城内多是老百姓，怎能用炮轰，去告诉攻城部队，要多想想办法，尽量减少城内老百姓的伤亡，天黑以前一定要拿下州城。”来报告的红军指挥员说了声“是”，就转身跑步离去。

惊呆了的吴焕章回过神来，“你就是贺……贺军长？”首长拍拍吴焕章的肩膀，拉拉他的手，微笑着说：“我就是贺龙贺胡子。老乡，谢谢你了。”

红军经过蹇街村，田里长着茂盛的甘蔗。炎热的州城地区，烈日晒得人汗流满面，热气闷得人口干舌燥。路旁甘蔗田里正在干活的杨世新的父亲，心想红军多么需要甜蜜的甘蔗去润润喉咙，可是他们却对路边的甘蔗看都不看一眼。世上哪里找这么好的队伍。杨世新的父亲很感动，想想这些年轻人比自家的娃娃也大不了多少，于是他砍下亲手种植的甘蔗送给红军。红军战士感谢地一手收下甘蔗，一手拿给老大爹一些银毫，坚持要大爹收下。一个红军看到杨大爹帽子破烂，便送给他一顶毡帽，杨大爹顺便拿来装银毫。红军每收一根甘蔗就要送下一、二个银毫或几个镍币，不一会毡帽就装满了。

红军在周官营张体亮家做饭吃，他家有一罐酸腌菜。张大爹揭开罐盖对红军说："你们尝尝，如果喜欢就吃吧！"红军尝后，觉得可口，就你一碗，我一碗的夹出来吃，每夹一碗就去给他家罐盖里放一两个银毫，一罐腌菜还没夹完，罐盖就装满了银毫。

类似的传说还有很多，但通过以上几个小故事，就足以让人们明白为什么红军队伍能够由小到大、由弱变强的真谛。

三、继往开来，积极参与实现中华民族伟大复兴的新长征

斗转星移，红军长征已经过去 70 多年了，许多红军官兵为中国革命的胜利献出了宝贵的生命。红军精神不因岁月的流逝而消失，而是作为中华民族宝贵精神财富载入史册，激励后代。

今天，中华民族正在进行实现中华民族伟大复兴的新长征。这次长征虽然没有当年红军长征时遇到的艰难险阻、血雨腥风，但艰难程度并不比当年红军长征轻松。要说当年红军的敌人都在明处，那么今天的新长征所遇到的困难和阻力就要错综复杂得多。从目前反腐所揭露出来的大量触目惊心的案例来看，一些党政干部身上已经看不到一丝一毫当年红军精神的影子。他们没有信念，没有理想，满脑子充斥的只有物欲和金钱；他们奉行"人不为己、天诛地灭"的人生信条，为人民服务的宗旨早已被置之脑后；他们追名于朝，逐利于市，什么清廉、务实在他们那里成了糊弄群众的遮羞布；他们寡廉鲜耻，什么败德丧行的事都干得出

来，红军艰苦奋斗精神早已被他们践踏无余。依靠这些蛀虫来领导实现中华民族伟大复兴无异于缘木求鱼。所以今天重温长征精神不仅是对先辈们的缅怀，更是为今天的新长征注入精神动力和力量源泉，这也就是我们隆重纪念长征七十周年的现实意义所在。

滇西行

殷鉴不忘，后事之师。在纪念抗日战争胜利七十周年之际，我有幸参加了由大理州党史学会和延安精神研究会共同组织的滇西抗战遗址遗迹考察活动，先后瞻仰了腾冲国殇园、松山抗战遗址等。站在这片洒满英雄鲜血的热土上，脑海中不时涌起当年英雄们为了捍卫国土殊死搏杀的历史画卷，耳畔似乎响彻着英雄们奋勇杀敌的怒吼。我禁不住心潮澎拜，热血沸腾。为了与未能亲赴滇西考察学习的延安精神研究会同仁分享我的感受，择其大者略抒感言。

千古一信

书信是相隔较远，暂时见不到面的人们相互交流情感与思想的工具。书信拥有悠久的历史，世界各国的人们都喜欢使用。许多书信因其内容富含哲理而流传千古，但像张问德答日本侵略者那样令人荡气回肠的书信却并不多见。回函既义正词严地表达了礼仪之邦的中国亲仁善邻、友善诚信的优秀品质，又深刻揭露了日本鬼子在腾冲犯下的累累暴行和腾冲人民誓与侵略者血战到底的浩然正气。它不仅是一篇激扬民心的讨日檄文，同时也是进行爱国主义教育的生动教材。

1943 年 9 月 11 日，驻腾冲日军行政班本部长田岛寿嗣大尉，为图控制民心、离间我军民合作，由伪组织设法转送腾冲县长张问德一封书函，黄鼠狼给鸡拜年般的请求与张问德会晤。张问德与费云章反复研究，决定回复田岛。这就是后来名闻天下的《答田岛书》，信中写道：

田岛阁下：

来函以腾冲人民痛苦为言，欲借会晤长谈而谋解除。苟我中国犹未遭受侵凌，且与日本犹能保持正常国交关系时，则余必将予以同情之考虑。然事态之演变，已使余将予以同情考虑之基础扫除无余。诚如阁下来书所言，腾冲士循民良，风俗醇厚，实西南第一乐园，大足有为之乡。然自事态演变以来，腾冲人民死于枪刺之下、曝尸露骨于荒野者已逾二千人，房屋毁于兵火者已逾五万幢，骡马遗失达五千匹，谷物损失达百万石，财产被劫掠者近五十亿。遂使人民父失其子，妻失其夫，居则无以蔽风雨，行则无以图谋生活，啼饥号寒，坐以待毙；甚至为阁下及其同僚之所奴役，横被鞭笞；或已送往密支那，行将充当炮灰。而尤使余不忍言者，则为妇女遭受污辱之一事。凡此均属腾冲人民之痛苦。余愿坦直向阁下说明：此种痛苦均系阁下及其同僚所赐予，此种赐予均属罪行。由于人民之尊严生命，余仅能对此种罪行予以谴责，而于遭受痛苦之人民予以衷心之同情。

阁下既欲解除腾冲人民之痛苦，余虽不知阁下解除之计划究将何如，然以余为中国之一公民，且为腾冲地方政府之一官吏，由于余之责任与良心，对于阁下所提出之任何计划，均无考虑之必要与可能。然余愿使阁下解除腾冲人民痛苦之善意能以伸张，则余所能供献于阁下者，仅有请阁下及其同僚全部返东京，使腾冲人民永离枪刺胁迫之痛苦，而自漂泊之地返回故乡，于断井残垣之上重建其乐园。

苟腾冲依然为阁下及其同僚所盘踞，所有罪行依然继续发生，余仅能竭其精力以尽其责任，他日阁下对腾冲将不复有循良醇厚之感。由于道德及正义之压力，将使阁下及其同僚终有一日屈服于余及我腾冲人民之前，故余拒绝阁下所要求之择地会晤以作长谈，而将从事于人类之尊严生命更为有益之事。痛苦之腾冲人民将深切明了彼等应如何动作，以解除其自身所遭受之痛苦。故余关切于阁下及其同僚即将到来之悲惨末日命运，特敢要求阁下作缜密之长思。

孟子说过："得道者多助，失道者寡助。"正如张问德县长所言，经过腾冲人民艰苦奋战，在全国人民的支援下，在沦陷两年之后，腾冲光复，日本侵略者被赶出国土。

松山怀古

云南名山大川遍布全滇，相比之下，松山实在排不上号。但因为抗战期间著名的松山战役使这座不起眼的山峰声名远播。

松山的战略地位十分重要，它扼守着滇西进入怒江东岸的交通咽喉。紧靠怒江惠通桥，"前临深谷，背连大坡"，左右皆山，松山突兀于怒江西岸，形如一座天然桥头堡，扼滇缅公路要冲及怒江打黑渡以北 40 里江面。而且掌握着怒江战场的主动权，进可攻，退可守，还与腾冲、龙陵形成犄角之势，互相呼应，松山不克，滇缅公路不通，交通运输困难，反攻龙陵、腾冲，就会得而复失。所以说松山战役是滇西战役中关键性的战役，被称为东方的直布罗陀。

1943 年初日军在太平洋战场上连遭失利之后，松山就被日军作为支撑滇西和缅甸日军防卫体系的重要据点。日军第十五军司令部专门从缅甸调来一支工兵部队，另外从中国滇西以及泰国、缅甸、印度征集大批民工约1670人昼夜施工。1944年2月21日至25日，工事完成后，为完全保密，日军将抓来的民夫以打防疫针为名，全部秘密注射处死，并焚尸掩埋，留下了骇人听闻的“千人坑”。

为了攻占松山战略要地，中国远征军从1944年6月1日炮击松山开始，历时近百天，动用了约10个团，总计2万多人的兵力。经过10次浴血苦战，以伤亡总数7763人，阵亡总人数4000人，负伤总数3773人的惨重代价，取得了毙杀日军1250人的全胜，实现了松山战役的辉煌胜利。

松山战役的胜利，打破滇西战役僵局，为最终打通公路奠定了基础，拉开了中国大反攻序幕，成为中国战略反攻阶段的“转折点”。

松山战役已经载入历史，当年英烈们牺牲的松山松涛阵阵，山下的怒江依然万古不息地一泻千里，人们在和煦的阳光下劳动生活。但我们不应该忘记历史，不应该忘记数以千计的日本侵略者孤魂野鬼还在松山上空游荡。抗日战争的胜利绝非抗日神剧所描述的那样，靠几个非男非女的奇侠就将嗜血成性的侵略者玩于股掌之上，也不是几个乳臭未干的小孩就能让穷凶极恶的侵略者举起手来那样轻松和快意，是数千万同胞铸成的血肉长城，每一寸国土的失而复得都是英烈们百战夺回。有一位当年的战地记者在描述光复后的腾冲时写道，当时的腾冲城见不到一片青叶，可以想见激战的惨烈。所以用真实的历史警示后人，让全体国民凝聚起无坚不摧的精神防线和建成牢不可破的国防体系，中华民族才能远离战争的苦难，避免历史悲剧重演。

情寄国殇园

在云南腾冲的来凤山下，在气势雄浑的叠水河边，长眠着抗日远征军的八千英灵。这就是建于祖国西南“极边第一城”腾冲的国殇墓园。腾冲国殇墓园始建于1945年1月，占地88亩，是腾冲人民为纪念中国远征军第二十集团军攻克腾冲阵亡将士而建立的陵园，也是全国建立最早、规模宏大的抗日烈士陵园。

1944年夏，为了完成打通中缅公路的战略计划，策应密支那驻印军作战，中国远征军第二十集团军以六个师的兵力向占据腾冲达两年之久的侵华日军发起反攻，经历大小战斗80余次，于9月14日收复腾冲城，日军将领藏重康美及手下6000余人全部被歼，我军亦阵亡少将团长李颐、覃子斌等将士8000余人，地方武装阵亡官兵1000余人，盟军（美）阵亡将士19名。

国殇墓园1944年冬筹建，1945年7月7日落成开放，新中国成立后，县人民政府派专人驻守，1986年正式成立管理机构“腾冲国殇墓园管理所”。

紧靠国殇墓园东侧是2013年8月15日落成的“滇西抗战纪念馆”，纪念馆两边分别建有“警钟”和“中国远征军名录墙”，镌刻着106 290名参与滇西抗战的中国远征军将士，盟军将士、地方抗日游击队、地方参战伤亡民众、协同参战部队和单位人员名单。让每一位参观者既可以全景式了解滇西抗战的恢弘史实，又能亲临国殇墓园凭吊英烈。

岁月沧桑，逝者如斯。半个多世纪过去了，中国社会经历了翻天覆地的变化。然而，岁月并没有抹去侵略者的罪孽，更不能忘记抗日军民勇赴国难、视死如归的悲壮！ 1996年11月国殇墓园被国务院公布为“全国重点文物保护单位”，2014 年被国务院公布为第一批 80 处国家级抗战设施、遗址名录。

郁达夫说：“一个没有英雄的民族是可悲的奴隶之邦，一个有英雄而不知尊重英雄的民族则是不可救药的生物之群。”据媒体介绍，许多当年为国流血牺牲的抗日英烈，曾经一段时间，在阶级斗争为纲的喧嚣声中，逝去的未能得到抚慰，活着的没有能够妥善安置，这不仅是抗日英烈之痛，更是民族之痛。令人欣慰的是，改革开放的春风同样为历史拨乱反正，国人有机会更加全面地了解了中国抗日战争的全貌。当年为国捐躯的烈士遗骨不断从韩国、缅甸接回家，当年为抗击日本强盗至今健在的民族英雄们得到了很好的安置。难怪许多华侨在战乱的非洲看到前来解救他们的五星红旗时那样激动。这是一个民族自尊、自信、自豪的生动再现。

浩气长存苍洱间
——再访周保中将军纪念馆

白族人民的优秀儿子、中华民族的民族英雄周保中的感人事迹，早在昆明求学期间，我就听马曜等白族先贤多次说起；回故乡工作以后，我又在周保中将军纪念馆创建的不同时期瞻仰过，每次都有新收获。值此周保中入党九十周年，抗日战争全面爆发八十周年之际，州延安精神研究会组织全体理事瞻仰周保中将军纪念馆，希望大家能写下各自的心得体会，故将自己的点滴体会写出来与同仁分享。

提升改造后的周保中将军纪念馆布局更加严谨合理，展品更加丰富多彩，解说更加真实感人。特别是听了敬伟德理事多年的研究心得介绍，重新拜读了杨苏、薛琳等人撰写的专著，我对周保中的崇高精神，完美人格，堪称惊天地泣鬼神的英雄业绩更加肃然起敬，感触良多。

周保中从小就喝着苍山甘泉长大，耳濡目染白族耕读传家，勤劳俭朴的优良传统，秉承白族人穷不能志短的做人追求，怀着“再穷无非讨口，不死定要出头”的理想走出苍洱大地，走向全国，走出国门，以“路漫漫其修远兮，吾将上下而求索”的敢为人先的勇气，书写了自己辉煌的人生。

周保中和他的同龄人一样，开始是怀着救国救民，实现自己人生价值的愿望走向社会的。他 15 岁就从军。备尝了在云南讲武堂的酸甜苦辣，历经了血雨腥风的生死考验，25 岁就荣升为六军十八师五十二团上校团长。只要他愿意随波逐流，以周保中的才智完全可以步入升官发财、光宗耀祖的快车道。但当他结识了当时的共产党员剑川老乡张伯简（白族）、林柏渠之后，他在他们的身上看到了中国未来的希望。周保中在 1928 年 7 月《致赵光荣信》中写道："我于十五年（即民国十五年，1926 年）春，在西北国民军失败后重回广东，此时已深刻了解中国的环境是需要革命的。外受帝国主义者的种种压迫，内受军阀官僚土豪劣绅的摧残，中国人民不但丧失了政治地位，经济地位，连生命也快难保了。这时不急起直追，努力革命，尚待何时？我有了这种认识后，便坚定地向革命的道路走去。"这时周保中的思想已经从"不死就要出头"的个人奋斗升华到立志献身谋求民族独立，人民幸福伟大事业的新境界。正因为如此，在中国革命处于低潮，许多人看风使舵脱离革命的严峻关头，周保中在郭德昭的介绍下，义无反顾地加入了中国共产党并为之奋斗终身。

在无数有名或无名的优秀共产党人中，像周保中那样的经历并不鲜见。他服从党的安排，从碧水蓝天、物产富饶的南疆到了冰天雪地、物质极度匮乏、近乎无法生存的北国大地。在完全人地生疏的环境下，多少次与死神擦肩而过，周保中以常人难以想象的大智大勇化险为夷。在他身边，既有像杨靖宇一样慷慨赴死的民族英雄，也有宋一夫那样见利忘义的叛徒。既有在周恩来、共产国际关心下健康成长的美好岁月，也有长期与党中央失去联系，完全靠自己的信念和探索艰难奋斗的日子。周保中一生，既有辉煌战例，得到毛泽东等中央领导人的高度评价，也遇到过被王明开除党籍，高岗肆意诋毁等不公正待遇，但他都以"心底无私天地宽"的博大胸襟坦然面对。我不知道周保中是否研读过白族先贤赵藩的"能攻心则反侧自消从古知兵非好战，不审势即宽严皆误后来治蜀要深思"的名联。但周保中在实践中那种审时度势、随机应变、宽严相济、严以律己、宽以待人的智慧和人品使他赢得了抗联指战员、苏联红军的信任和广大东北人民（包括许多朝鲜友人）的爱戴。这不能不说与赵藩等白族先贤们的思想高度契合。听纪念馆工作人员介绍，迄今还有许多东北游客抱着周保中雕像失声痛哭，有的甚至长跪不起，这是何等撼人心魄的情景啊！

由于历史发展的复杂性，尤其像我们党所经历斗争的严酷性、曲折性，在世界政党史上都是无与伦比的，致使党的历史上许多人和事或因史料的缺失，或因认识的局限，有时会得不到客观公正的评价，周保中也未能置身事外。知易行难，今天的人们，因为无法去亲身体验周保中那代人的感同身受，自然可以评头品足。但人们可以试想，如果没有周保中等中国共产党人不屈不挠的坚持，中国共产党领导的抗日大旗怎么能在东北大地上不间断地飘扬十四年？如果没有周保中等英烈们将中国共产党人的光辉形象植根在东北人民的心田，怎们会有抗战胜利后东北根据地的迅速建立并得以巩固，从而为加速全国的解放进程做出了积极的贡献？历史不能假设，但历史事实可以昭告后人。今天我们之所以能理直气壮地宣告中国的抗日战争是十四年，这不就是东北抗联在东北军退入关内后用鲜血写成的吗？毛泽东同志“周保中同志在东北十四年艰苦的抗日救国斗争中写下了可歌可泣的诗篇”，就是对周保中光辉业绩的充分肯定和褒奖。

周保中投身革命后，他的主要活动大多数时间不在云南，更不在家乡大理。他主政云南期间，正值国家百废待兴，他任劳任怨，夜以继日地带病工作。他忠实贯彻落实中央关于云南工作“团结第一，工作第二”的方针。为恢复云南经济，改善各族人民的生活；发展教育，培养各族人才；增进民族团结，稳定祖国边疆做了许多卓有成效的工作，却没有时间、精力和条件更多关心家乡，回报亲友，说明周保中清廉自律，大爱无疆。今天，我们缅怀周保中等革命英烈们的高风亮节，就是要激浊扬清，在新形势下续写共产党人立党为公的新篇章。

重修本主庙碑记

本主庙坐落在辖区义和、上寺、屯后三村中间，前迎天马，背枕鹤林，平畴沃野展其前，清源甘泉绕其后，真乃天人合一之吉地也。三村共建共享，体现白族亲仁善邻之民风。庙内供奉的本主相传在寺为伽蓝（大黑天神），在世为国王（南诏王阁罗凤，又名阁止阿），在庙为本主，这在白族本主崇拜中独树一帜。史载南诏王阁罗凤合六诏，统云滇，文治武功卓著，自然被生前臣民尊奉。有楹联颂扬本主“溯厥帝源流、读史采风、在昔膳楚怄开、奠安僰国、诚纬武经文、正直聪明超六诏；考诸王世系、由神封圣，而今阴阳燮理，辅翼南坛、允佑民弘道、威灵显应障全滇”。神坛上供有半蹲半跪小孩是本主公子，生性顽劣，常于春节期间将烧猪灰烬随风播撒引发火灾。本主十分震怒，本主太太只好手按天灵盖横腿将小孩拦腰夹住。本主有女三公主，聪慧贤淑，个性鲜明。骑牛择婿，与住在漆树赵家瓦窑烧炭养母的孝子张保君喜结连理。书不尽言刻古像，教亦多术化苍生，此之谓也。每年农历正月初五，先由义和村恭迎本主进村，初八上寺村接，初十屯后村接后于十二日送回神坛。每年农历六月 26 日本主诞辰，三村轮流搭台唱戏，各村杀猪聚餐，人神同欢，盛况空前。平时或祈祥纳福，或婚丧嫁娶、盖房添丁、升学远游，都要到本主庙祭奠，美其名曰“送平安子”，尤以农历六、八月为最。岁月沧桑，风雨剥蚀，本主庙日显破败。欣逢盛世，政通人和。经上寺村委会主持，州县有关部门关心支持，佑下子民踊跃捐资投工，2014 年，新落成本主大殿；2017 年，供奉子孙娘娘，六畜大王殿宇，大门又修葺一新。为弘扬白族优秀传统文化，留住乡愁，故不揣浅陋，勑石以纪其盛。

邑人赵寅松撰　岁在丁酉荷月立

初访郑家庄

郑家庄经主流媒体宣传后，这个昔日名不见经传的小村很快成了风靡全国的民族团结进步先进典型。看到故乡涌现出这张光彩夺目的名片，除了由衷自豪外，更有百闻不如一见的渴望。

天遂人愿。经历了几天连续下雨后，6 月 14 日，久违的太阳又露出笑脸，我和大理州延安精神研究会的部分理事一起踏上了前往郑家庄学习考察的旅途。

在洱源县延安精神研究会的协助下，我们首先在三营镇镇政府听取了镇政法委书记的介绍，未到郑家庄，就对郑家庄有了比较全面的了解。

郑家庄地处三营镇西南部，有“七个民族一个人”的美誉，这是因为全村 125 户分别由汉、藏、白、傣、纳西、傈僳、彝 7 个民族和摩梭 1 人组成。通过农副业齐头并进，多条腿协调发展，郑家庄 2015 年实现了全村经济总收入 1050 万元，农民人均收入 10060 元。正如中国古代先贤所言“仓廪实则知礼节，衣食足则知荣辱”。共同富裕的富足生活为建设和谐幸福的郑家庄奠定了坚实的经济基础。这些成绩的取得，得益于郑家庄持之以恒抓组织建设“强核心”，抓民主管理“聚民心”，抓生态建设“突重心”，抓民族团结“结同心”。

纸上得来终觉浅，绝知此事要躬行。在导游的带领下，我们来到心仪已久的郑家村。车刚在牌坊前停稳，我们就迫不及待地下了车。首先映入眼帘的是一排整齐的宣传栏，将郑家庄的社会经济发展介绍得一清二楚。沿着干净整洁的乡间道路，我们看到绿树掩映下的青瓦白墙民居建筑恰到好处地画上了各民族的标志性图画，让人不进其家就知道是哪一个民族居住在里边。平时只有在城市公园里才能看到的长廊，几位村民正在里边休息，脸上挂满灿烂的笑容。长廊旁边是精致雕栏围护的水池，碧绿的睡莲正含苞待放，成片的芦苇随风摇曳。经过导游介绍，我们才明白这是全村污水净化池。至此我们才读懂了生态建设“突重心”的真实含义。

雕梁画栋的本主庙是白族寻求精神慰藉的所在，随风飘荡的经幡是藏族同胞祈福纳祥的象征。各种宗教的相互尊重反映在人间就是各民族和谐相处。成立于20世纪60年代的村文艺宣传队，至今越办越好，不仅为村民带来自娱自乐的欢乐，而且在洱源县也小有名气，文化成了建设和谐郑家庄的不竭源泉。

最后我们来到郑家庄支部活动室，看到琳琅满目的国家级、省级、州县级的各种奖状，郑家庄迅速发展并成为全国各地争相来取经学习的谜底就昭然若揭了。从郑家庄党支部在百姓心中的美誉度自然而然让我想起远在数千里之外山西省的一位村支书贾月喜。他秉承一句“不能让老百姓戳脊梁骨”的入党誓言带领乡亲们脱贫致富。在全村没有一个穷人的时候他家却没有一个富人。出殡时全村男女老少为他送行，几百米的村街走了几小时，村里供销社的白纸为之脱销，山西省委书记胡富国专程赶来向他三鞠躬。可见党章对全体党员的要求是一样的，关键是要真学真做，就会有千千万万个贾月喜、何国强一样的楷模辉映祖国大地。报纸上经常有“金山银山不如绿水青山，金杯银杯不如老百姓口碑”的宣传，这些话说起来容易但要做好并不容易，正因为如此，郑家庄党支部无愧于新时期的一面镜子。

在党员活动室门卫室的墙上，一条醒目的标语让我们眼前一亮：“我为全村守一周，全村为我守一年。”意思是每一位成年村民要义务为全村值班一周，负责晚上巡逻，白天治安。做得多好啊！这不仅是一种管理，更是一种境界。

客车徐徐开动，我们与郑家庄依依惜别。心里却在默默祝福：

郑家庄，亥诗贡翘！

郑家庄，扎西德勒！

后　记

改革开放的春风化雨让我在经历十年回乡知青的磨炼后，有幸在1977年恢复高考后圆了大学梦，与浴火中重生的祖国一起，开启了我人生的新生活。作为改革开放的亲历者、见证者，我觉得有责任记录下这段难以忘怀的经历。

有一位西方哲人说过这样的话，我不能担保我说的每一句话都是真理，但我保证我说的每一句话都是真话。《屐痕泥印集》力求做到这一点。当然，由于岁月的洗刷，有些细节不可能做到百分之百准确，这不是笔者想有意隐瞒什么，而是客观原因所致。书中所有的人都是真人真事，至少写书时我都能一一说出他们的名字，只是为了尊重和不至于引起不必要的误会，除了领袖人物用真名外，其余都不写名字，望当事者见谅。

书中的一些文章都是当时所思所想，随着岁月的推移，一些论述未必妥当，当为了忠实地记录我们这代人当时的认识，出版时没有做过多的修改，以再现历史的真实。

退休以后，经常坐公交车，有时看一些年轻情侣卿卿我我，旁若无人，感叹青春可贵，对老年人而言，这些都只能是昨天的回忆；有时看到年过古稀的老夫老妻，上下车时情不自禁地相互搀扶一把，岁月无情，几十年相濡以沫走过来也不容易。做人不必要将自己太当回事，也不要将别人太不当一回事。人生几十年就像赶一趟街，钱多多买，钱少少买，无钱看看，凡事随缘，顺其自然，这样有限的生命就会绽放出无限快乐。这也是我写这段回忆的理由之一。本来这些话我只是想写给我的子孙，让他们了解一下先辈们创业的足迹，但老朋友欧光明等同志对此关心备至，建议将它变成面向公众的读物，我也就只好献丑了。

需要说明的是，由于各篇文章写作时代背景、目的不同，但论述同一个问题往往所用的材料又大同小异，所以书中时有重复的情况。虽然校勘作了处理，但还不尽如人意，敬请见谅。

民族出版社的关心，尤其是欧光明、杨蜀艳两位同志的严谨与勤奋工作，为保证本书质量付出了很多心血，再次致以衷心感谢！

本书出版得到同事和家人的帮助，我大舅杨亮才和大理学院教授赵定甲兄长逐一审读，提出了许多意见和建议，赵教授还为本书题写书名，在此一并致谢！

图书在版编目（CIP）数据

屐痕泥印集 / 赵寅松著 . — 北京：民族出版社，2019.12

ISBN 978-7-105-15962-8

Ⅰ. ①屐… Ⅱ. ①赵… Ⅲ. ①社会科学—文集 Ⅳ. ① C53

中国版本图书馆 CIP 数据核字（2020）第 005878 号

屐痕泥印集

责任编辑：杨蜀艳
封面设计：金　晔
出版发行：民族出版社
地　　址：北京市和平里北街 14 号
邮　　编：100013
电　　话：010-64228001（汉文编辑二室）
　　　　　010-64224782（发行部）
网　　址：http://www.mzpub.com
印　　刷：北京艺辉印刷有限公司
经　　销：各地新华书店
版　　次：2020 年 5 月第 1 版　2020 年 5 月北京第 1 次印刷
开　　本：640 毫米 ×960 毫米　1/16
字　　数：442 千字
印　　张：31
定　　价：80.00 元
书　　号：ISBN 978-7-105-15962-8/C · 414（汉 329）